# Clinical Supervision
A Competency-Based Approach

# 임상 슈퍼비전
## -단계별 효과적인 슈퍼비전이란 무엇인가-

Carol A. Falender · Edward P. Shafranske 공저

유미숙 · 전성희 · 정윤경 공역

학지사

## | 역자 서문 |

심리치료를 하고 가르친 지도 30년이 훌쩍 넘었다. 그러나 아직도 어렵고 가슴이 먹먹할 때가 많아 내가 왜 이 길을 선택했을까 자문하는 경우가 있다.

심리치료의 장면보다 더 힘든 일은 심리치료 슈퍼비전 시간이다. 심리치료 장면은 내가 나를 온전히 느끼며 내담자와의 관계 속에서 성장을 만들어가는 과정이지만, 슈퍼비전은 슈퍼바이저가 슈퍼바이지를 통해 내담자에게까지 이르는 변화를 기대해야 해서 더 어려울 수밖에 없다. 특히 대학에서 심리치료 훈련생들을 지도할 때는 석사과정, 박사과정 학생의 각자 역량이 다른 학생들을 어떻게 지도할지가 늘 어려운 과제였다. 이번 학기는 이 방법으로, 다음 학기는 또 다른 방법으로 훈련을 지도하였다.

그러던 중 미국 심리학회 세미나에 참석했다가 이 책의 원서인 『Clinical Supervision: A Competency-Based Approach』를 발견하였다. 그 후 박사과정 학생들과 여러 차례 정독하고 여기에 근거하여 실습하며 슈퍼비전 기술을 연마하게 하였다. 번역 작업을 함께한 역자들 역시 수업시간에 함께 공부하고, 석사 학생을 지도하며, 이 책과 함께 여러 해를 보낸 제자들로 함께 성장하는 학자들이다.

심리치료사의 훈련과정은 많으나 슈퍼비전의 훈련과정은 부족한 현실에서 이 책이 큰 도움이 될 것이라 생각하면서 번역서를 내놓는다. 이 책이 대학이나 임상 현장에서 상담자나 심리치료자를 양성하는 데 기여하기를 희망하며, 이 책에 소개되는 많은 평가 척도를 활용하면 보다 과학적인 슈퍼비전 연구의 틀을 제공하는 데 기여하리라 확신한다.

오랜 시간 동안 번역작업을 할 수 있도록 기다려 주고 격려해 주신 학지사 김진환 사장님께 감사드리며, 교정과정에서 끊임없이 수정하는 작업을 도와주신 편집부 선생님들께 깊이 감사드린다.

이 책의 출간과 함께 심리치료와 슈퍼비전 임상 현장의 발전을 기원하며…….

2015년 1월
역자를 대표하여
유미숙

| 차 례 |

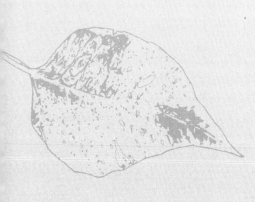

**제8장 … 슈퍼비전의 평가 — 239**

# 제1장 슈퍼비전의 실제

슈퍼비전은 치료자 교육과 훈련의 기초가 된다(ASPPB Task Force on Supervision Guidelines, 1998; Russell & Petrie, 1994, p. 27). 또한 치료자의 지식, 기술 그리고 실제 임상에 적용할 수 있는 가치관의 경험적 근거를 제공한다. 따라서 슈퍼비전은 본질적이며 상호 관련된 두 가지 기능인 슈퍼바이지의 역량을 계발 하는 동시에 내담자를 위한 임상 서비스의 신뢰도를 높이는 역할을 한다. 슈퍼 비전은 다음과 같이 정의할 수 있다.

슈퍼비전은 협력적 대인관계를 통해 (체계적으로 발달시키려는 목적이 있 는) 교육과 훈련을 촉진하는 전문적 활동이다. 이러한 슈퍼비전의 활동은 관찰, 평가, 피드백, 슈퍼바이지의 자기평가 촉진, 교육, 모델링, 상호 문제 해결을 통 한 지식과 기술의 습득을 포함한다. 또한 슈퍼비전은 슈퍼바이지로 하여금 자 신의 역량과 강점을 인식함으로써 자기효능감을 높이도록 해 준다. 이러한 슈 퍼비전의 과정은 윤리와 법을 지키는 전문적 실천을 통해 내담자를 보호하고, 전문가를 보호하며, 더 넓게는 사회의 안녕을 증진하는 방향으로 이루어진다.

우리의 견해로 보면, 효과적인 슈퍼비전은 상호 관련되어 있는 슈퍼비전 관계(supervisory realationship), 탐구(inquiry), 교육적 활용(educational praxis)의 세 가지로 구성된다. 이 세 가지 요소들은 슈퍼비전 과정에서 강화되거나 혹은 서로 절충하여 시너지를 냄으로써 영향을 주고받게 된다. 먼저 슈퍼비전 관계는 개인 간 동맹을 발달시킬 수 있는 기초를 제공하며 실제 임상에서 다룰 수 있는 책임에 대해 슈퍼비전에서 나누게 한다. 슈퍼바이저와 슈퍼바이지 사이에 형성되는 관계의 질과 특성은 슈퍼비전의 동맹에 결정적 영향을 미친다. 탐구는 치료과정에서 슈퍼바이지가 미치는 전문적 영향과 자신의 개인적 영향을 인식할 수 있도록 해 줄 뿐만 아니라 치료과정을 이해하도록 돕는다. 교육적 활용은 슈퍼바이지의 지식과 기술을 발전시키기 위해 교육, 관찰, 역할 연습과 같은 학습의 기회를 제공하는 것을 말한다. 이러한 세 가지 요소는 대인관계 기술, 강점, 가치관과 같은 슈퍼비전의 역량이 된다.

각각의 요소는 내담자에게 최상의 질적인 돌봄과 복지를 행하며 임상훈련의 목적을 이루는 슈퍼비전 과정을 확립하기 위한 고도의 관심을 요한다. 이러한 책임감은 매우 중요하며 유능한 슈퍼비전을 위한 기초로 작용한다. 독특한 직업적 활동으로서의 슈퍼비전은 명확성, 이해 그리고 전문적 훈련을 통해 발달하는 개인적 · 전문적 역량을 포함한다.

이 책은 과학적 지식에 근거하여 이론과 실제의 적용을 강조하는 역량에 기초한 슈퍼비전 방법을 소개한다. 슈퍼비전의 다양성을 최소화하거나 최근 과학적 기준을 무시하지 않으면서, 지식, 기술, 태도 및 가치의 적용과 통합을 통한 슈퍼바이지의 임상적 역량을 배우고 촉진할 수 있는 역량을 포함한 슈퍼비전의 실제를 담고 있다. 더 나아가 슈퍼비전과 치료의 네 가지 주요 요소, 즉 관계의 통합, 윤리에 기초한 실천, 다양성의 적용 그리고 이론에 기초를 둔 실천을 소개한다.

마지막으로 슈퍼비전의 접근을 통해 슈퍼바이지가 교육과 임상 훈련을 통해 습득할 수 있는 개인적 힘을 인식하게 하고 긍정심리학에서 끌어낼 수 있는 원리를 이용하며, 교육과정에 대한 정보를 제공하고 역량과 자기효능감을 증가시킬 수 있도록 하는 데 있다.

　제1장에서는 슈퍼비전에 필요한 역량과 슈퍼비전이 미치는 영향에 대하여 소개한다. 슈퍼비전의 과정에서 네 가지 주요 가치와 관련한 슈퍼비전의 접근들을 검토하고, 역량에 기초한 접근에 대하여 소개한다. 이 장의 구성에 대한 설명은 여기서 마치고자 한다.

# 역 량

　Epstein과 Hundert(2002)의 연구에서는 역량을 "개인과 사회에 이익을 제공하기 위해 일상에서 일어나는 의사소통, 지식, 기술, 임상적 논리, 정서, 가치, 반영 등을 습관적이며 분별 있게 적용하는 것"(p. 226)이라고 정의하였다. 또한 역량이란 특별한 실행과 관련된 충분한 자격을 갖춘 상태 또는 그런 능력을 실행하는 데 필요한 훈련 요건을 갖춘 상태를 의미한다. 그러므로 역량은 절대적이거나 제한된 전문적 행동만을 말하는 것이 아니라 필요한 요건을 충분히 갖춘 광범위한 개인의 전문적 능력을 말한다. Roe(2002)는 역량을 치료사가 되기 위해 이수해야 하는 교과과정으로 특징지어지는 전문적 역량의 투입모형 접근과 치료사가 실행해야 하는 특정 역할과 기능을 강조하는 산출모형 접근으로 구분하였다. 비록 Kitchener(2000)는 "임상가(훈련받는 사람)의 유능성을 요구하는 것은 실제적이거나 전문적 지식을 포함하는 숙련된 단계로 명확해지는 것이지만, 역량의 의미 (그리고) 역량의 부재 가운데서 그것을 확인하는 것이 쉽다고 정의하는 것보다 쉬울 수 있다."(pp. 154-155)고 결론 내렸지만, 우리는 역량을 정의하고, 평가하며, 개발할 수 있다고 여긴다. 산출모형 접근에서는 역량을 전문적 활동(예: 심리평가, 가족치료, 인지행동 치료)을 수행하기 위한 지식, 기술, 가치, 정서를 포함한 한 개인의 치료 능력이라고 설명한다. 역량을 단순히 능력들을 모아 놓은 것과 구분할 필요가 있기 때문에 특정 기술의 발달에 초점을 둔 투입모형의 슈퍼비전과 훈련이 필요하다. 앞으로 설명할 임상 활동을 수행하는 데 필요한 특정 요소에 초점을 맞춘 슈퍼비전은 우리의 인식을 높이고 역량을 강화시키는 데 도움이 된다.

훈련과정에서 역량을 평가한다는 것은 개인의 능력이 훈련에서 요구하는 것과 어느 정도 일치하는지를 측정하는 것이다. 학생과 전문가 모두 역량을 갖추어 실행할 의무가 있지만, 대학원생의 역량의 기준은 전문가나 유자격자와 같지는 않다. 역량에 기초한 슈퍼비전에서는 발달 단계에 맞추어 역량을 측정할 수 있도록 기준을 만들었다. 예를 들어, 1년차 학생들의 심리평가 분야에서 역량은 교육받은 대로 검사를 수행하는 능력, 검사 도구를 정확하게 채점하는 능력이 될 것이다. 일정 기간 훈련을 받은 후의 역량은 보고서의 검사 점수를 해석하는 능력까지 확대될 것이다. 또한 이후에는 잘 작성한 심리평가 보고서가 역량의 평가 기준이 될 것이다. 이렇게 역량에 기초하여 수행의 수준을 정확하게 평가함으로써 전문성과 신뢰도를 높일 수 있게 된다. 역량에 대한 전반적 평가보다 지식, 기술, 가치를 반영한 평가는 훈련 동의서나 계약서를 작성할 때 구체적 목표가 될 수 있다.

## 슈퍼비전의 성과

일반적으로 슈퍼비전은 치료자의 훈련과 교육에 영향을 미치며, 내담자를 치료하는 슈퍼바이지의 역량을 모니터하고 증진시킨다. 슈퍼바이저의 중요한 역할은 슈퍼바이지의 행동을 모니터함으로써 슈퍼바이지가 내담자에게 최선의 치료를 할 수 있도록 돕는 것이다. 또한 슈퍼바이저는 슈퍼바이지가 적절하면서도 윤리적·전문적 실천을 할 수 있도록 돕는다. 치료의 질을 보장한다는 것은 슈퍼바이저가 윤리적 책임을 진다는 것을 말한다. 이는 슈퍼비전에서 교육의 기능, 훈련의 기능, 평가의 기능보다 우선시된다. 좋은 슈퍼비전은 내담자의 문제를 해결하기 위해 치료 절차나 지식과 이론을 어떻게 적용할지에 대해 분명한 틀을 가지고 접근한다. 학교 교육과 연수는 이론에 기초하여 역량을 확립하고,

치료 기술과 지식을 적용한다. 직업적 전문성은 임상 역량의 발달과 함께 성장한다. 슈퍼비전은 전문직으로서의 가치관과 책임감, 정체성을 갖고 목표를 세울 수 있게 한다. 또한 치료 역량이 증대되는 것 외에도 자격증을 취득하기 위한 과정이나 인턴과정, 실습 등을 통해 훈련생이 성장하게 되어 자기효능감을 갖게 되고, 자기평가를 하게 되며, 역할에 동화되는 성과들을 이루게 한다. 슈퍼비전은 치료 전문가로서의 역량을 발달시킬 수 있도록 돕는 모든 과정을 말한다. 따라서 궁극적으로는 슈퍼바이지가 그 분야에서 동료로서 역할을 수행할 수 있도록 돕는다.

형성평가와 총괄평가는 훈련동의서의 일정한 형식이나 평가를 구조화하는 것으로 슈퍼바이지에서 제공하며 슈퍼바이지의 전문성 발달을 모니터링하는 책임을 지게 된다. 슈퍼바이저는 슈퍼바이지의 능력을 평가하고 확인하여 다음 단계의 훈련 혹은 발달을 위한 준비를 한다. 평가자와 관찰자로서 슈퍼바이저의 기능은 슈퍼비전의 중요한 면이며, 슈퍼바이저는 슈퍼바이지에 대한 책임, 교육과 훈련에 대한 책임, 전문가로서의 책임, 궁극적으로 공적 책임을 져야 한다. 평가적 기능과 연관된 성과는 슈퍼바이저가 대학 프로그램을 자문하고, 치료자의 교육과 훈련에 참여하는 것을 말하는 것으로, 슈퍼바이저는 초보자가 적절한 준비를 할 수 있도록 피드백을 하고, 필요한 상담도 하게 된다.

슈퍼비전은 슈퍼비전 자체로 훈련이 된다. 슈퍼비전은 임상 훈련뿐만 아니라 전문가로 성장하는 발달의 과정에서 꼭 필요하다. 슈퍼비전에서 경험한 모든 것은 자기평가 기술과 태도의 발달에 영향을 미친다. 또한 슈퍼비전의 경험은 일생 동안 자신의 역량을 발달시키는 데 영향을 미친다. 임상적 슈퍼비전의 과정에 대한 접근들은 다음과 같다.

# 슈퍼비전의 접근들

문헌들을 살펴보면 슈퍼비전에 대한 지식이 슈퍼비전의 역량과는 다르게 발전하고 있음을 알 수 있다. 또한 체계적인 접근들(J. M. Bernard & Goodyear, 1998; Falender et al., inpress; Watkins, 1997b)이 소개되면서 슈퍼바이저의 수만큼이나 슈퍼비전에 대한 수많은 접근들이 있다. 몇몇 접근들은 "한 사람의 슈퍼바이저가 다른 사람을 더 효과적으로 돕기 위해 노력하는 슈퍼바이지를 만나는 것과 같은 일반적 목적을 가진 대인관계 상호작용"(Hess, 1980a, p. 25)에 초점을 맞추고 있다. 반면 다른 접근은 "한 사람이 다른 사람의 치료적 역량의 발달을 촉진시키는 것에 목표를 두는 1대 1의 초점화된 대인관계"(Loganbill, Hardy, & Deloworth, 1982, p. 4)를 통한 기법의 발달을 강조한다. 또 다른 접근은 내담자를 더 잘 이해하기 위한 목적으로 내담자에게 초점을 맞춘 교수적 접근방법인(Dewald, 1987) 반면, 역량을 강화시키기 위한 다차원적 역할을 강조하는 관리자 형태의 슈퍼비전이 있다(Peterson, Peterson, Abram, & Stricker, 1997, p. 377). 이처럼 이론과 지식이 바탕이 되어야 함에도 불구하고 대부분의 슈퍼바이저들은 슈퍼비전, 교육, 훈련 등의 교육 없이 슈퍼비전을 실행하고 있다(ASPPB Task Force on Supervision Guidelines, 1998; Scott, Ingram, Vitanza, & Smith, 2000). 슈퍼바이저는 과거의 슈퍼바이저를 따라하거나, 치료와 교육을 통해 배운 기술 혹은 슈퍼바이지로서 자신이 경험한 슈퍼비전에 기초하여 슈퍼비전을 하는 듯하다. 비록 그런 비공식적 '훈련'이 한계가 있고 적절하지 못한 면들도 있지만, 심리치료의 역사에서 슈퍼비전은 중요한 훈련 수단이 되었다(Tipton, 1996).

일반적으로 학문적 훈련을 받은 치료사는 상담소나 병원의 수련과정과 인턴과정을 통해 슈퍼비전을 경험하게 된다. 직원은 인턴을 훈련할 책임을 지게 되고, 이를 위해 치료사로서 자신의 경험에 의존하게 된다. 심리치료 분야에서 이러한 슈퍼비전이 이루어져 왔다. 이러한 접근은 임상 지식과 기술이 상황에 맞게 쉽게 변화될 수 있지만, 훈련이나 사례를 감독할 수 있는 준비가 충분히 되어 있다는 검증되지 않은 가정에 기초한다. 초기의 슈퍼비전은 슈퍼바이저의 권위를 강조하였고, 그런 이유로 도제식 모형으로 시작되었다(Binder & Strupp, 1997b, p. 44). 초기 교수적 자문은 환자의 행동에 있어 역동성을 가르치는 데 초점을 두었지만 Ekstein과 Wallerstein의 *The Teaching and Learning of Psychotherapy* (1958)의 출판으로 슈퍼바이지의 심리과정과 내용에 대한 관심이 높아졌다. 슈퍼비전은 슈퍼바이지의 저항, 불안, 학습적 문제들에 초점을 맞추는 경험적 과정으로 변화되었다(Frawley-O'Dea & Sarnat, 2001, p. 34). 이러한 발달과 함께 슈퍼비전은 다른 강조점을 제공하는데, 먼저 환자의 역동이나 슈퍼바이지의 역동에 관심을 가지면서 교수적 방법이나 과정에 기초한 방법들로 이루어지는 것이다.

슈퍼비전 발달 단계의 과정에서, 슈퍼바이저 자신이 받았던 슈퍼비전 경험이 슈퍼비전을 익히는 데 중요한 역할을 한다. 교수 방법의 다른 대안이 없는 경우, 이전 슈퍼비전에서 잘못된 점까지도 훈련받은 그대로 지속된다(E. L. Worthington, 1987). 그러한 접근이 세대를 거쳐 임상가에서 임상가로 전문적으로 실행되면서 목표와 과정의 차이가 애매해졌지만, 결과적으로 슈퍼비전 가운데 인식하지 못했던 특별한 훈련의 필요성을 알게 되었다.

심리치료 전문가의 수는 1950년에 7,500명에서 2000년에는 84,000명까지 증가되었고(American Psychological Association: APA, 2002d), 슈퍼비전의 과정과 결과에 대한 연구(Bergin & Garfield, 1994)는 경험을 기반으로 한 실행이 가능해졌다(Chambless & Hollon, 1998; Clinical Treatment and Services Reserach Workgroup, 1998; Task Force on Promotion and Dissemination of Psychological Procedures, 1995). 특히 상담심리학에서 효과성 검증에 대한 관심이 증가되면서 슈퍼비전의 과정과 결과에 초점을 맞춘 연구들이 이루어졌다. 지난 20년 동안 슈퍼비전 모형들은 훈련의 질을 개선하려는 목적과 슈퍼비전의 과정을 과학적으로 연구하고 더 잘 설명하려는 목적으로 소개되어 왔다.

J. M. Bernard와 Goodyear(1998, p. 16)가 말한 것처럼, 심리치료 이론이 확대되고 슈퍼비전이 발전함에 따라 슈퍼비전의 과정에 기초한 분류가 필요하게 되었다. 즉, 슈퍼비전의 과정에 대한 이해를 바탕으로 슈퍼비전의 발달모형을

설명하였다(Loganbill et al., 1982; Stoltenberg & McNeill, 1997; Stoltenberg, McNeill, & Delworth, 1998; Watkins, 1995b 참조). 그러나 초기의 이러한 접근들은 규범적인 것보다는 기술적인 접근으로 이루어졌다.

## 심리치료에 기초한 접근

슈퍼비전은 기본적으로 치료 접근과 기법들을 다룬다. 슈퍼비전에서 접근모형은 주요한 이론적 배경—정신역동 접근(Binder & Strupp, 1997b; Dewald, 1987, 1997; Ekstein & Wallerstein, 1972; Frawley-O'Dea & Sarnat, 2001; Rock, 1997), 인지적 접근과 인지행동적 접근(Friedberg & Taylor, 1994; Fruzzetti, Waltz, & Linehan, 1997; Liese & Beck, 1997; Milne & James, 2000; Perris, 1994; Rosenbaum & Ronen, 1998; Woods & Ellis, 1997), 내담자 중심과 실존주의 접근(Mahrer & Boulet, 1997; Patterson, 1997; Sterling & Bugental, 1993), 상호주관적 접근(Bob, 1999) 그리고 체계적인 접근과 가족 체계적 접근(Breunlin, Rampage, & Eovaldi, 1995; Liddle, Becker, & Diamond, 1997; Liddle, Breunlin, & Schqsrtz, 1988; Storm, Todd, Sprenkle, & Morgan, 2001)—으로 발달하는 특징이 있다. 이러한 심리치료에 기초한 접근들은 슈퍼비전 과정에 다양한 방법을 추가하였다. 불가피하게 이론적 배경은 슈퍼비전에서 논의하는 내용의 선택과 관찰에 영향을 미친다. 예를 들어, 인지행동 치료자들은 인지와 행동의 관찰을 가장 중요하게 여긴다. 또한 정신역동적 임상가들은 치료자의 정서 반응과 경험에 관심을 갖는다(Frawley-O'Dea & Sarnat, 2001; Liese & Beck, 1997; Rock, 1997). 이론에 기초한 개입은 슈퍼비전 훈련의 초점이 되며, 특정 임상 기술은 유용하게 사용되기도 한다. 예를 들어, 합리적 정서행동치료의 관점에서 Woods와 Ellis(1997)는 슈퍼바이지가 "그들 자신의 비합리적 사고에 대해 논의하고 탐색하는 REBT 이론과 행동…… (그리고) 훌륭한 역할 모델이 되도록"(p. 112) 격려하였다. 체계론적 슈퍼바이저는 치료과정과 슈퍼비전 과정에서 관계를 평가하기 위해 체계 전체의 기능과 역할을 고려한다. 그렇기 때문에 체계론적 접근에서는 내담자, 슈퍼바이지, 슈퍼바이저를 둘러싸고 있는 현실을 탐색하는 것이 대화의 초점이 된다(Bob, 1999). 더 나아가 치료적 세팅에서 도움이 될 만한 내용의 훈련은 슈퍼비전에서 유용하게 적용된다. 예를 들어, 인지행동적 치료 기법들(예: 의제 설정, 과제, 요약 기술)은 그 기법을 교육하기 위해 슈퍼비전에서 그 기술을 직접 다룬다(Liese & Beck, 1997, p. 121).

심리치료 모형에 대한 관점들의 통합과 기술은 임상적 배경이 슈퍼바이저의 세계관에 영향을 미치고 효과적 학습방법에 영향을 미치는 것처럼 필연적인 것이다(J. M. Bernard & Goodyear, 1998, p. 18). 심리치료에 기초한 접근들의 이점은 슈퍼비전에서 임상 기법을 시연하고, 모델링할 수 있으며, 지속적으로 개념화할 수 있다는 점이다. 그러나 이러한 접근들은 슈퍼비전에서 스킬라와 카리브디스(Scylla and Charybdis, 역자 주-스킬라와 카리브디스는 트로이 전쟁에서 오디세우스가 고국에 돌아오는 길에 만난 괴물로 항해하는 사람들이 바위동굴 쪽으로 가면 스킬라가 잡아먹고 건너편 기슭으로 가면 카리브디스가 삼켜 버려서 파도 치는 좁은 해협에서 한쪽으로 치우치지 않고 두 괴물 사이를 지나가는 일이라 너무 어려운 일이라는 것을 뜻하는 용어임)에 대해 입증하는 것인지도 모른다. 이런 접근들을 하나씩 적용하는 것이 초기에 임상 기법을 배우는 데 효과적인 것처럼 보이지만, 다양한 책임을 져야 하는 슈퍼비전에서는 한계를 갖는다. 슈퍼비전의 목적은 심리치료의 목적과 다르며, 그렇기 때문에 임상 훈련과 사례 감독의 목적에 맞게 슈퍼비전의 단계별로 사용하는 접근과 학습의 초점이 분명해야 한다.


## 발달적 접근

슈퍼비전의 발달모형(Loganbill et al., 1982; Sansbury, 1982; Stoltenberg et al., 1998)은 메타이론의 특징을 가지며(Watkins, 1995b), 다양한 이론적 신념들을 적용한다. 발달모형은 초보자가 숙련된 치료자로 성장하는 발달과정을 단계적으로 보여 준다. 발달모형에서 각 단계는 흥분과 예기 불안, 의존과 동일시, 비용에 대한 여유와 부담스러움 그리고 동일시와 독립 등의 침체, 혼란 및 통합으로 이루어져 있다(Loganbill et al; Friedman & Kaslow, 1986). 발달모형은 발달과정에 있는 훈련생의 자율성, 동기, 인식(Stoltenberg et al., 1998)과 이들의 통합을 강조하며(Hogan, 1964), 훈련생의 정서적 특징(Frirdman & Kaslow, 1986)과 기술의 발달(Grater, 1985)을 강조한다. Stoltenberg(1981)와 Stoltenberg와 Deloworth(1987)가 개발하고 Stoltenberg 등이 정리한 통합적 발달모형(Integrated Developmental Model: IDM)은 오늘날 활용도가 높은 모형으로 〈예시 1-1〉에 설명하였다. 이 모형은 내담자에 대한 훈련생의 인지적 · 정서적 인식 수준을 고려할 뿐만 아니라 훈련생의 자율성, 개별화, 독립성, 노력, 열정 및 투자에 대한 동기를 고려한다. 또한 자율성의 증가부터 내담자의 인식 변화까지 발달의 순서를 제안하며 궁극적으로 독립적 기능을 할 수 있도록 한다. 슈퍼바이지의 발달에 따라 슈퍼바이저의 행동은 발달 단계에 맞게 조절해야 한다. Stoltenberg 등이 만든 슈퍼비전 행동목록은 〈예시 1-1〉에서 상세하게 설명하였다. 슈퍼바이지의 발달 수준 질문지(McNeill, Stoltenberg, & Romans, 1992)는 훈련생의 발달 단계를 평가하기 위해 고안되었다. 발달적 곡선이 존재하지만 훈련에 참여하는 초보자와 슈퍼바이지들에게 선험적 가정을 적용하는 것은 강점과 역량의 관점에서 도움이 되지 않는다. 우리는 슈퍼비전의 경험에 기반하여 발달의 요소들에 대한 기본 틀을 만들었다. 이는 비체계적이며 개인적 관찰에 의해 얻어진 것으로 타당성을 확립하기 위해서는 더 많은 연구와 그 효과성에 대한 검증이 필요하다.

이와 더불어 발달이론들은 슈퍼바이저(Stoltenberg et al., 1998; Watkins, 1993; 이 장의 〈표 1-1〉 참조), 인턴 교육자(Lamb, Anderson, Rapp, Rathnow, & Sesan, 1986; Lamb, Roehlke, & Butler, 1986)와 인턴, 박사과정 후 연구원을 위해 제시되었다(Kaslow & Deering, 1994; Kaslow & Rice, 1985; Lamb, Baker, Jennings, & Yarris, 1982; Lipovsky, 1988). 슈퍼바이저 발달이론은 메타이론적이고, 순차적이며 고정된 목표의 과정 등으로 슈퍼바이지의 발달모형과 비슷한 특징들을 가진다. 슈퍼바이저 발달모형은 Stoltenberg 등(1998), Watkins(1993)와 Rodenhauser(1994) 그리고 Hess(1986, 1987b)에 의해 명료해졌다. Watkins(1993)는 슈퍼바이저가 발달과정에서 직면하게 되는 초기 이슈들, 즉 능력이 있는 것과 없는 것

## 〈예시 1-1〉 Stoltenberg와 McNeill 그리고 Delworth의 이론

슈퍼바이지의 발달 수준에 따른 특징
(발달은 특별한 영역이며, 이 책에 소개된 8개 영역에 걸쳐 다르게 일어난다.)

수준 1 슈퍼바이지
- 높은 불안을 보인다.
- 높은 동기를 보인다.
- 슈퍼바이저에게 의존한다.
- 가이드라인에 따르거나 기법의 실행에서 지나치게 자신에게 초점을 맞춘다.
- 평가에 대한 두려움이 있다.

수준 1 슈퍼바이지의 슈퍼바이저
- 지지적이고 규범적이어야 한다.
- 구조화된 긍정적 피드백을 주어야 한다.
- 직면은 최소한으로 사용해야 한다.
- 관찰과 역할극을 통해 교육을 해야 한다.
- 치료 개입에 대한 내담자의 반응에 집중하고, 기술의 발전을 스스로 모니터하며, 개념화 기술 습득을 격려하고 강조하기 위해 이론에 대한 설명은 뒤로 미루어야 한다.
- 수준 2의 슈퍼바이지는 뛰어난 수준 1의 슈퍼바이저가 될 수 있다.

수준 1에서 수준 2로 변화를 촉진하는 방법
- 자율성 증가를 격려한다.
- 구조화를 줄이기 시작한다.
- 익숙한 한 가지 기법보다 새로운 기법들의 적용을 격려한다.
- 내담자와 치료자의 반응과 과정에 초점을 맞추도록 한다.

수준 2 슈퍼바이지
- '시련과 고난'의 기간을 경험한다.
- 의존성 대 자율성의 혼란을 경험한다.
- 확신과 동기의 동요를 경험한다.
- 공감 능력이 증가되어 내담자에게 초점을 맞춘다.
- 내담자와 성공적인 분위기를 생각한다.
- 자신의 한계에 대한 이해가 증대된다.
- 개입에서 치료적 자기(self)를 사용한다.
- 일정하지 않은 이론과 개념의 통합을 보인다.
- 평가에 대해 민감하고 불안해한다.

**수준 2 슈퍼바이지의 슈퍼바이저**

- 구조화된 틀과 지지를 통해 균형 있게 자율성을 기를 수 있도록 한다.
- 역량에 대한 현실적 경계를 갖고 자율성과 확신이 증가하도록 한다.
- 역전이를 고려하고 설명한다.
- 자기, 방어, 전이, 정서 및 슈퍼비전 관계를 다룬다.
- 이론과 개념을 상세히 설명한다.
- 인식이 증가하면서 촉진적 개입을 사용하고 도전한다.
- 슈퍼바이지의 동일시를 돕고, 그의 강점과 약점을 이해한다.
- 슈퍼바이지의 탈이상화를 수용한다.
- 비디오테이프를 모니터링하고 직접 관찰한다.
- 같은 내용에 대해 다차원적인 이론적 개념화를 진행한다.

**수준 3 슈퍼바이지**

- '폭풍 후의 고요한' 태도를 보인다.
- 안정적 동기를 보인다.
- 자율성이 확고하다.
- 내담자, 과정, 자기에게 초점을 맞춘다.
- 내담자의 치료에 대해 마음속으로 전문가적 주체성을 갖게 된다.
- 불신에 의해 무력해지지 않는다.
- 자신의 강점과 약점을 수용한다.
- 높은 공감과 이해를 보인다.
- 자신을 치료적 개입에 사용한다.
- 내담자의 정보, 개인적 반응, 이론상의 정보 및 경험적 정보를 통합한다.
- 유연한 접근에 대한 도전을 받게 된다.
- 반응과 느낌, 생각을 다루면서 적절하게 조절된 공감 능력을 갖게 된다.
- 개인적 강점과 약점에 대해 수준 높은 통찰력을 갖게 된다.
- 확신이 증가하고, 방어하지 않으며, 약점을 인정하게 된다.

**수준 3 슈퍼바이지의 슈퍼바이저**

- 자신의 영역을 넘어서는 부분의 실행에 대해 지속적으로 신중하게 평가한다.
- 다른 영역도 통합할 수 있도록 한다.
- 주의 깊게 모니터링을 지속한다.
- 자율성과 성장을 강조한다.
- 지나치게 구조화된 슈퍼비전 환경이나 간섭은 피한다.
- 지지적인 슈퍼비전 환경을 조성한다.
- 직면시킨다.
- 슈퍼바이저-슈퍼바이지의 관계와 역전이, 병렬과정에 집중한다.

- 슈퍼바이지가 자기발견을 하도록 한다.
- 실험과 탐색을 격려하며, 판단하지 않는 태도로 공감적인 상호작용을 한다.
- 전문성의 발달과 관련한 충고를 하고, 필요한 일을 조사한다.

수준 2에서 수준 3으로 변화를 촉진하는 방법
- 영역과 관계없이 안정된 동기를 갖도록 격려한다.
- 영역과 관계없이 개념과 행동의 유연성을 기른다.
- 전문가의 정체감을 형성하도록 격려한다.
- 영역과 관계없이 개인적 이해의 발달을 격려한다.
- 개인적 삶에서 일어나는 사건의 영향을 평가하도록 격려한다.

출처: Stoltenberg, McNeill, & Delworth(1998)를 요약함

(슈퍼바이저로서 실행할 능력이 있다고 느끼는 것에 동의하는 것), 자율성과 의존성(독립적으로 실행하는 것에 대한 동의), 정체성과 정체성의 혼란(슈퍼바이저의 역할에 대한 혼란과 정체성에 대한 동의), 자기인식과 자기인식의 부족(슈퍼비전의 과정과 역할을 고려한 인식에 대한 동의)을 설명하였다. 슈퍼바이저는 각 이슈들의 연속선상에서 선호하는 비율을 정해야 한다. 초보 슈퍼바이저는 '역할 충격' 혹은 슈퍼바이저로서 직업을 사칭하는 사기꾼처럼 느끼는 현상을 경험한다. 발달과정은 역할의 통합과 궁극적 숙달로 정체성의 형성을 강화하는 방향으로 회복하고 변화한다. Watkins(1993)는 높은 수준의 슈퍼바이저는 높은 수준의 정체성과 기술을 보여야 하고, 높은 역량의 수준과 자기인식, 자율성을 보여야 하며, 슈퍼바이지의 성장을 더욱 촉진하고, 슈퍼바이지에게 호의적이며, 전이와 역전이를 더 효과적으로 다루고, 슈퍼비전 관계에서 경계에 대한 이슈와 갈등을 더 효과적으로 다룰 수 있어야 한다고 하였다.

초보 슈퍼바이저는 전반적으로 역할이 불안정하기 때문에 경직된 모습, 위기관리, 훈련생의 실행이나 실수 그리고 피드백의 개인화, 관대하지 못하거나 지나치게 열정적이고 감독하는 것으로 급한 변화를 보인다. 경험이 쌓이면 슈퍼바이저로서 자신감이 생기고 정체성이 강화된다. 몇몇 슈퍼비전의 유형들을 통해 예측이 가능해지고 훈련생의 발달 기준을 알게 되면서 적절한 책임감을 갖게 된다. 슈퍼바이저가 경험이 쌓이고 정체성이 강화되면서 안정감을 통해 배움에 대

**〈표 1-1〉 슈퍼바이저 발달이론들**

| | | | | |
|---|---|---|---|---|
| Hess (1986) | 단계 1 시작<br>슈퍼바이지에서 슈퍼바이저로 이동, 주제에 대한 인식, 피드백에 대한 민감성, 자기의식 및 교육의 초점 부족 | 단계 2 탐색<br>확신 증대, 효과성 확대, 작업을 평가하는 능력의 강화, 고용인의 역할에 한정되어 있음 | 단계 3<br>슈퍼비전에 대한 확신, 정체감 강화, 개입에 대한 관심, 일보다는 관계를 중요시, 배움의 주제에 초점을 더 맞춤 | |
| Stoltenberg, McNeill, & Delworth (1998) | 수준 1<br>전문가 역할 강조, 모델로서 최근 슈퍼바이저에 대한 의존, 높은 불안, 구조화된 피드백의 형식을 더 선호 | 수준 2<br>여전히 높은 수준의 혼란과 갈등, 동기의 변화, 슈퍼바이지에 대한 과도한 초점 혹은 일반적으로 초점의 상실, 훈련생에게 치료 준비를 하도록 유도, 편안한 영역을 찾는 것 지속 | 수준 3<br>안정되고 일관된 동기 | 수준 4<br>통합적이고 숙련된 슈퍼바이저의 역할 가정 |
| Watkins (1993) 슈퍼바이저 복합 모형 | 단계 1 역할 충격<br>'가면 현상'(역자 주-사회적으로 존경을 받는 지위의 사람들이 경험하는 불안으로 가면이 벗겨져 자신의 모습이 드러날지 모른다는 생각으로 힘들어하는 것을 말함)의 경험, 약점 인식, 슈퍼바이저로서의 정체감 부족, 압도되는 느낌, 피드백에 대한 민감성, 슈퍼바이지에게 '공격' 혹은 위축 | 단계 2 회복과 변화<br>첫 번째 단계가 슈퍼비전의 정체감 형성을 향해 나아감, 강점 재인식, 확신 증가, 정체감 형성 시작, 더 형식적인 자기평가의 발달 시작 | 단계 3 역할 강화<br>확신 증가, 더 현실적 기술에 대한 평가, 정체감에 대한 완전한 발달, 전이와 역전이가 확인됨 | 단계 4 역할 숙달<br>지속적이고 일관되고 통합된 정체감, 작업에 대해 평온하고 현실적인 감각, 실수에 대한 편안함 |
| Rodenhauser (1997) | 단계 1<br>명성 있는 슈퍼바이저에 대해 무의식적 경쟁 혹은 무의식적 동일시 | 단계 2 개념화<br>개념들에 대한 개인적 발견 | 단계 3 통합<br>슈퍼비전이 관계라는 것을 배움 | 단계 4<br>예언 가능한 지식의 강화, 교수-학습 모형 강화 |
| Littrell, Lee-Borden, & Lorenz (1979) | 단계 1<br>슈퍼비전 관계의 확립과 정의, 슈퍼비전의 역할은 목표 설정을 촉진하는 데 사용됨 | 단계 2<br>슈퍼바이저는 슈퍼비전의 회기를 구조화하고 관리하는 데 책임감을 가짐, 교사와 상담자의 역할을 함 | 단계 3<br>슈퍼비전 구조화의 책임이 훈련생에게 이동함, 자기평가를 격려받음, 슈퍼바이저는 컨설턴트로 활동함 | 단계 4<br>훈련생은 독립적으로 기능함 |

한 개방감과 열망이 나타나고 슈퍼바이지로부터의 조언, 수용이나 열의의 증가, 다양한 이론의 통합, 과학에 기초한 실행 능력을 수용할 수 있다.

다문화 상담역량, 다문화 슈퍼비전(Carney & Kahn, 1984; D'Andrea & Daniels, 1997; Leong & Wagner, 1994), 민족 정체성(제6장에서 설명함; Helms, 1990; Sabnani, Ponterotto, & Borodovsky, 1991), 심리평가와 같은 특정 임상 기술(Finkelstein & Tuckman, 1997)에 초점을 맞춘 발달모형이 소개되었다. 이 모형은 역량을 다양하게 강화시키도록 적절하게 훈련을 조절하는 것을 중요하게 여긴다.

발달적 접근은 슈퍼비전의 기대와 역할의 조화에 기여하며 슈퍼바이지의 욕구에 맞는 슈퍼비전을 격려한다. 발달 접근들이 경험적이며 흥미롭고 '경험적 타당성'(Sansbury, 1982)을 보이더라도, 이에 대한 실증적 지지를 얻지는 못했다. 문헌 고찰에서 확인된 연구들을 보면(Ellis & Ladany, 1997; Stoltenberg, Mcneill, & Crethar, 1994; Watkins, 1995b) 연구 방법론을 정확히 따른 연구는 소수였다. 표집의 크기가 매우 작거나, 슈퍼바이저에게 지나치게 높은 점수를 주거나, 자기 보고에만 의지하거나, 통계상 불규칙하거나, 연구 모형이 충분하지 않은(Ellis & Ladany, 1997; Ellis, Ladany, Krengel, & Schult, 1996) 등의 방법론상에 문제를 가지고 있다. Ellis와 Ladany(1997)는 "과거 15년 동안 연구의 질은 전체적으로 표준 이하였다."(p. 492)고 보고했고, "핵심 전제들과 이론들이 검증되지 않았다." (p. 493)고 결론지었다. 그들은 슈퍼비전 과정이 현재의 모형에서 설명하는 것보다 더 복잡하다고 하면서 훈련생의 성격적 측면과 다른 경험들이 슈퍼비전의 경험과 유사하거나 더 큰 영향력을 갖고 있다고 제안하였다.

실증적 지지를 얻는 데 실패한 것과 더불어 다수 실제적 고려사항들이 치료 세팅에서 발달적 접근의 유용성에 한계를 드러내었다. 동질성이 나타나지 않거나 훈련단계를 건너뛰고, 가끔 훈련이 교육 경험 그리고 슈퍼비전에 대한 차이를 고려하지 않고 통합되었다. 게다가 치료 계획에 실증 연구를 적용하는 것과 같은 실제적으로 중요한 점들은 발달모형에 포함되지 않았으며, 은유를 사용하거나 진행과정을 적용하고, 비언어적 의사소통을 하거나, 평가 전략에 발달을 적용하거나, 문화나 다양성의 개념을 적용하는 것(M. T. Brown & Landrum-Brown, 1995; Wisnia & Falender, 1999)은 발달모형의 요소에 포함되지 않았다. 감지하기 힘들지만, 중요한 자기보고서의 정확성, 왜곡, 내담자–치료자 요구들과 같은 슈퍼비전 과정의 측면은 발달모형에 반영되지 않았다.

그러나 연구에서는 슈퍼바이저의 행동이 발달 수준과 관련있다고 밝히고 있다. Stone(1980)은 경험이 많은 슈퍼바이저가 슈퍼바이지에게 더 계획적으로 설명한다고 밝히면서 슈퍼바이저가 계획하고 개념화하는 행동은 슈퍼바이지의 발달 수준에 따라 차이가 있다는 Watkins(1995b)의 견해와도 일치한다고 보았다. Marikis와 Russell 그리고 Dell(1985)은 경험이 많은 슈퍼바이저일수록 언어 표현이 더 많고, 자기개방적이며 상담 기술과 관련하여 직접적 교육을 하려 한다고 설명하였다. E. L. Worthington(1984a)은 박사 전 과정과 후 과정 슈퍼바이저들 사이에 분명한 차이가 있음을 소개하면서, 경험이 많은 슈퍼바이저는 슈퍼비전 시에 유머를 더 많이 사용한다고 하였다. 그러나 후속 연구에서는 경험이 많은 슈퍼바이저는 어려움을 겪고 있는 슈퍼바이지에게 부정적인 개인적 투사를 더 적게 하며, 문제에 영향을 미칠 수 있는 다양한 상황이 있음을 기꺼이 받아들인다는 점을 발견하였다(E. L. Worthington, 1984b). 초보자는 매우 단순화하거나 잘못된 개념화를 하는 반면, 경험이 많은 상담자는 매우 복잡하게 하거나, 특정 도식을 사용한다는 내용을 검증하였다(Mayfield, Kardash, & Kivlighan, 1999). 초보자는 겉으로 드러나는 세부사항들에 집중을 하지만, 경험이 많은 임상가는 치료와 관련된 차원과 내용에 집중한다(Kivlighan & Quigley, 1991). McCarthy 등(1994)은 경력이나 학력의 별다른 차이가 없다고 했으며, Rodolfa 등(1998)은 자격증을 취득한 후 얼마나 지났는지 여부와 슈퍼비전 방식 그리고 슈퍼비전 실제와는 차이가 없다고 밝혔다. Ellis와 Dell(1986)에 따르면, 슈퍼비전 행위가 슈퍼비전을 실시하는 능력을 발달시키지는 않으며, 즉 특정 훈련을 통해 개선되고, 발전된다. 그러나 이러한 관찰은 일부의 연구들에서 나온 것으로 반복적인 연구는 이루어지지 않았고, 연구가 반복적으로 이루어졌다 하더라도 방법론적으로 문제가 있었다.

대부분 이론이나 실증적 연구 없이 훈련생의 발달에 대한 슈퍼비전의 영향을 설명하였고, 강한 긍정적 관계가 존재한다는 가정이 있음에도 불구하고 내담자의 결과나 만족 역시 슈퍼비전의 영향이라고 설명하였다(Holloway & Neufeldt, 1995). Watkins(1995b)는 치료적 효과의 잃어버린 연결고리가 되는 E. L. Worthingtons(1987)의 요약을 반복하며, "내담자의 변화 혹은 전략이 미치는 영향력 또는 이론적으로 적절한가 또는 적절하지 않은가의 문제들에 대해 실제로 관심을 기울이지 않고 있다."고 하였다(Watkins, 1995b, p. 668). 그러나 Goodyear와 Guzzardo(2000)는 Watkins의 주장에 반대하면서 슈퍼비전과 내담자의 결과 사이에 긍정적 관계는 특별한 슈퍼비전 과정이 훈련자-내담자의 작업동맹에 영향을 미친다는 인식의 결합으로 생각될 수 있으며(Patton & Kivlighan, 1997), 내담자와 치료자의 작업동맹은 치료적 결과와 연관이 있다고 보았다(Horvath & Symonds, 1991). 슈퍼비전의 복잡한 면을 잘 설명하기 위해 더 세분화할 필요가 있음에도 불구하고, 이런 접근들은 치료 성과에 영향을 미치는 전문적 특정 영역과 일반적인 영역을 명확히 하는 데 도움이 된다.

## 과정 중심 접근

사회적 역할 슈퍼비전 모형(J. M. Bernard & Goodyear, 1998)이라고도 불리는 과정 중심 접근은 슈퍼비전에서 일어나는 사건을 분류하기 위한 것으로서 슈퍼비전의 진행과정, 목표 그리고 구성원의 역할을 중요시한다. 이 접근은 특히 슈퍼바이저와 훈련생의 목표가 기대에 어느 정도 일치하는가와 관련된 것으로서 슈퍼비전의 평가와 진행과정에 대한 연구의 신뢰도와 타당성을 제공하려는 목적을 가진다. 다른 과정모형은 역량을 강화시키기 위한 특정 훈련을 적용한 생태학적 행동모형(Kratochwill, Lepage, & McGivern, 1997), 미시상담(Daniels, Rigazio-Digilio, & Ivey, 1997), 경험주의 학습모형(Milne & James, 2002)이다. 여기서는 이 모형들에 대해 설명하지는 않지만, 슈퍼비전의 과정에 대한 이해를 돕기 위해서 J. M. Bernard(1997)와 Holloway(1995, 1997)의 슈퍼비전 모형의 예를 간략하게 제시한다.

### 구별모형

J. M. Bernard(1997, p. 310)는 훈련 중인 슈퍼바이저에게 '가장 단순한 지도'를 제공하기 위해 슈퍼바이저의 개입을 개념화하는 구별모형(discrimination model)을 제안하였다. 이 모형은 다음과 같은 세 가지 영역으로 구분되는데, 치료 목적을 갖는 대인관계 활동으로 상담과는 다른 '과정'(혹은 개입 기술), 내담자가 표현한 정보에 민감하게 반응하는 능력인 '개념화 기술' 그리고 성격이나 문화처럼 치료과정에 영향을 주는 한 개인으로서 훈련생의 전체를 설명하는 '개인화 기술'(Bernard, 1997, pp. 310-311 참조)이 그것이다(예: Bernard, 1997, pp. 310-311). Bernard(1997, p. 311)는 이러한 차원이 원래 모형에 포함될 수 있다고 하였지만, Lanning(1986)은 '전문적 행동'을 추가해 네 개의 영역을 제안하였다. 구별모형의 두 번째 부분은 슈퍼바이저가 훈련생에게 반응할 때 취할 수 있는 세 가지 일반적 역할로 교사의 역할(슈퍼바이저는 훈련생이 역량을 갖추기 위해 필요한 것이 무엇인지를 결정할 책임이 있다), 상담자 역할(슈퍼바이저는 훈련생의 관계나 내면을 다룬다), 자문가의 역할[슈퍼바이저는 "훈련생이 내담자와 작업하는 것에 대한 자신의 생각, 통찰 및 느낌을 신뢰하도록 격려하는"(J. M. Bernard, 1997, p. 312)]을 제안했다. 이 모형은 슈퍼비전의 훈련적 측면을 정확하게 설명하기 위한 것이며(J. M. Bernard & Goodyear, 1998, p. 30), 슈퍼비전의 주요 역할을 설명하고, 슈퍼바이지의 욕구와 슈퍼바이저의 반응 사이에 일치도를 평가할 수 있게 한다. 예를 들어, 슈퍼바이지는 사례개념화에 대한 조언을 필요로 하는데 슈퍼바이저가 개념화를 촉진하기보다 교사의 역할을 하여 진단을 제공한다면, 불일치가 발생할 것이다. 이 모형의 적절성은 실증 연구를 통해 입증하지는 못했지만, 이 접근은 슈퍼바이저의 역할이 슈퍼바이지의 요구에 맞는 유용한 도구가 될 수 있음을 알려 준다(Ellis & Ladany, 1997, p. 467).

## 슈퍼비전의 체계적 접근

Holloway(1995)는 "슈퍼바이저와 슈퍼바이지 사이의 동맹 관계에 영향을 미치는 다양한 요소들"(p. 6)을 소개하였다. 그녀는 슈퍼비전의 진행과정과 결과에 영향을 미치는 일곱 가지 상호 관련 요소들을 정의하였다. 슈퍼비전 과정의 핵심 요소는 슈퍼비전 관계로, "권력(힘)과 개입의 측면과 같은 관계의 구조, 참여자들 사이에 관계의 발달과 같은 관계의 단계, 슈퍼비전의 기능과 목표와 같은 슈퍼비전 계약"(p. 42)을 포함한다. 모든 요소, 즉 내담자, 슈퍼바이저, 훈련생, 교육, 슈퍼비전의 기능과 목표는 역동적인 상호작용을 하면서 슈퍼비전 관계에 영향을 미친다. 면접과 슈퍼비전 회기의 전사록을 분석한 체계적 접근의 슈퍼비전(Systems Approach to Supervision: SAS)을 통해 Holloway는 각 요소들이 다른 요소에 어떻게 영향을 미치고 있는지를 설명하면서 '공유하는 상호작용 현상'(p. 117)으로서 슈퍼비전에 대한 부가적 관점을 제안하였다. 그래서 대인관계의 상호성을 강조하였고, 슈퍼비전의 상호작용과 관련하여 참여자들이 공유하는 의미를 중요하게 여기고 있다(p. 118). 구별모형과 유사하게, SAS는 슈퍼비전의 관계에 영향을 미치는 상호작용이 무엇인지를 평가하는 방법을 제공하고, 효과적으로 역량을 기르는 상호작용을 평가할 수 있도록 한다. 역량의 단계를 가정하는 발달적 접근과는 다르게, SAS는 슈퍼바이저와 슈퍼바이지 사이의 관계를 형성하는 것으로서 슈퍼바이지의 특정 욕구에 초점을 맞춘다.

## 과정 중심 모형의 유용성

과정 중심 모형들은 슈퍼비전의 과정에 영향을 미치는 상호 관련된 요소들을 이해하기 쉽도록 틀을 제공하며, 실행 연구를 수행할 수 있도록 실천의 각 요소들을 정의하는 개념을 설명한다. 치료자 중심이나 과정 중심 모형은 임상적 역량을 향상시키기 위한 슈퍼비전 목적에 대한 과정을 명확히 한다. 슈퍼비전 과정에서 관찰되는 대인관계적 그리고 전후 관계상의 복잡성은 슈퍼비전이 독특한 실습을 포함하므로 임상가, 전문가 혹은 연구자로서의 경험을 통해 저절로 발달하지 않기 때문에 역량이 요구된다는 주장을 지지한다.

## 슈퍼비전의 현황

슈퍼비전은 임상실습과는 다른 것으로 새롭게 인식되고 있다. 훈련 가이드라인을 통해 슈퍼비전 경험이 필요하다는 인식은 일찍부터 자리잡았지만(APA Committee on Training in Clinical Psychology, 1947, 1965a, 1965b; Hoch, Ross, & Winder, 1966; Lloyd & Newbrough, 1966; Raimy, 1950), 1990년대 들어서야 슈퍼비전은 전문 분야로 공식 인정을 받게 되었다(Association for Counselor Education and Supervision, 1995; APA Committee on Accreditation, 2002; Dye & Borders, 1990; Holloway, 1995, pp. 104-106; Peterson et al., 1997). 그리고 많은 문헌에 알려지기 시작한 것은 불과 20년 내의 일이다. 예를 들어, PaycINFO(APA, 2002c)의 문헌 연구를 보면 '슈퍼비전'이라는 문구가 1980년대까지 32번만 인용되었던 반면, 최근 10년 동안의 문헌에서는 1,279번 인용되었다.

슈퍼비전의 이론 연구 및 실제가 발전하고(J. M. Bernard & Goodyear, 1998; Hess, 1987b; Hollowy, 1995; Watkins, 1997b), 두드러진 역량으로의 슈퍼비전의 승인, 전문적 책임감과 의무를 포함하는 문제인식의 증가(APA, 2002e; ASPPB, Task Force on Supervision Guidelines, 1998; Saccuzzo, 2002)하였음에도 불구하고 슈퍼비전에 대한 교육과 훈련은 충분하지 않다. 임상 슈퍼비전은 치료자가 해야하는 전문적 활동 중 하나이지만[예: APA 12 분과 구성원인 대학의 전임교원 38.3%(Tyler, Sloan, & King, 2000)와 APA 29 분과 구성원의 48%(Norcross, Hedges, & Castle, 2002)가 정기적으로 슈퍼비전을 하고 있다], 대부분의 치료자들은 슈퍼비전을 통한 공식적인 훈련과 슈퍼비전을 받지 못하고 있다(Scott, Ingram, Vitanza, & Smith, 2000). 이러한 주장과 일치되게, Rodolfa 등(1998)은 슈퍼바이저를 대상으로 한 연구에서 박사과정의 프로그램(42%), 인턴 연수과정(25%)에서 최소한의 훈련을 받는다고 보고하고 있다. 이를 바탕으로, *ASPPB Task Force on Supervision Guidelines*(1998)는 다음과 같이 설명하였다.

슈퍼비전은 사람을 보호하는 중요한 역할을 하며, 치료자의 훈련과 실습에 중요한 역할을 함에도 불구하고, 심리학 분야에서 슈퍼바이저에 대한 훈련 기준이나 이수과정을 만들지 않은 점은 놀라운 일이다(예: 자격, 슈퍼비전의 내용, 평가). 슈퍼바이저는 슈퍼비전에 대한 공식적인 교육이 이루어지지 않고 대부분 슈퍼바이지로서 자신들의 경험에 의존한다. 게다가 현재의 슈퍼비전이 다양한 목적을 가지고 있고 그 과정이 매우 복잡함에도 불구하고 단순한 가이드라인만을 고수하고 있다(pp. 1-2).

슈퍼비전의 중요성에 대한 인식이 커지고 있지만, 슈퍼바이저를 지원하거나 훈련하려는 노력과 관심을 수반하지는 않았다(Milne & James, 2002, p. 56 참조)는 역설이 존재하기도 한다. 분명 자격 요건으로서 요구되는 것 이외에도 더 나은 교육의 기회와 슈퍼비전을 통한 훈련은 임상 슈퍼비전의 역량을 향상시키기 위해 필요하다. 이러한 목적은 내담자의 복지를 보호하며, 그들이 받게 되는 임상의 질을 향상시키고, 동시에 다음 세대 임상가에게 요구되는 훈련을 위해 필수적이다. 우리는 슈퍼비전에서 역량에 기초한 접근이 이러한 책임을 달성할 수 있는 모형이며, 과학적 연구를 통해 검증된 효과적이고 달성 가능한 모형이라고 제안한다.

## 임상 슈퍼비전의 역량에 기초한 접근

슈퍼비전의 모든 접근은 역량의 강화를 목적으로 한다. 하지만 역량을 기초로 한 접근은 슈퍼비전에 착수하여, 실제 수행하는 명확한 틀과 방법을 제공하며 슈퍼비전의 과정과 결과를 평가한다. 역량에 기초한 교육과 마찬가지로 이 접근은 실제 상황에 지식과 기술을 적용하는 능력을 강조하며 학습과 훈련 프로그램 모두를 평가하는 기준으로서 수행 결과로 사용한다(U.S. Department of Education, National Center for Education Statistics, 2002; Urch, 1975; R. A. Voorhees, 2001b). 이러한 초점은 증거를 기초로 한 프로토콜과 미국 전공의교육위원회(Accreditation Council for Graduate Medical Education: ACGME, 2000)와 미국 전공의협회(American Board of Medical Specialties: ABMS)(Leach, 2002)에 의해 최근 알려진 문제에 기초한 평가로 훈련을 개선하는 것을 포함하는 건강관리차원의 책임 이행을 강조한다.

심리학 분야에서 역량에 기초한 훈련 프로그램을 개발하였으나 광범위하게 적용되거나 충분히 평가되지 않았다. Fantuzzo(1984)는 MASTERY 방법을 고안하였고, Fantuzzo와 Moon(1984), Fantuzzo, Sisemore와 Spradlin(1983), Sumerall, Lopez와 Oehlert(2000), Kratochwill과 Bergan(1978), Kratochwill, Van Someren와 Sheridan(1989), Stratford(1994)는 심리평가, 면담 기술, 다양한 임상 훈련에 대해 역량에 기초한 훈련과정을 개발하였다. 얼핏 보기에 역량에 기초한 슈퍼비전 접근이 임상 훈련에서 이전에 늘 해 왔던 것과 다르지 않게 보일지 모르지만, 많은 훈련 프로그램을 통해 진행과정이 분명해지고 새로워질 것이다. 이어서 우리는 역량에 기초한 슈퍼비전 접근의 이론과 절차들을 설명하고 슈퍼비전의 과정이 된다고 여기는 상위 가치들을 전반적으로 설명하고자 한다.

## 역량에 기초한 슈퍼비전의 절차

개념학습 모형은 역량에 기초한 접근의 기초가 된다. [그림 1-1]은 지식, 기술, 가치라는 세 가지 영역들 사이의 상호 관계 및 발달의 단계를 보여 주며, 역량을 정리하며 논증을 통해 그것을 평가한다.

사다리의 아랫부분인 첫 번째 단계는 임상 전문가가 되기 위한 기초 단계인 개인의 목표, 가치 및 대인관계 능력을 말한다. 다음 단계인 대학원 교육(다른 삶의 경험을 포함하는, 예: 취업, 자원봉사 서비스 등)은 전문성을 사회화하도록 지식, 기술 및 가치의 습득에 기여한다. 임상 훈련은 학습의 형식과 슈퍼비전에서의 상호작용 기술, 능력, 지식 그리고 가치[1]의 통합적 학습경험을 제공함으로 임상

---

1) 심리학적 실습의 가치중심 성격으로서 R. S. Voorhees(2001a)가 개발한 모형에 '가치'라는 용어를 추가하였다.

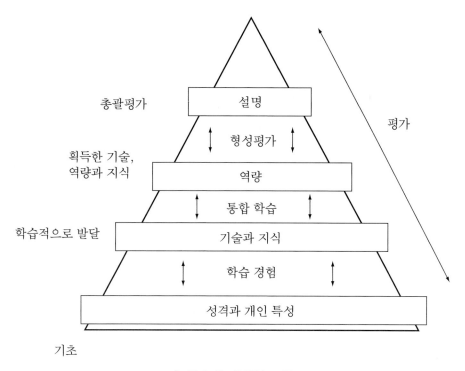

[그림 1-1] 개념학습 모형

출처: U.S. Department of Education(2002)에서 인용함, 저작권 없음

적 역량이 되게 한다(R. A. Voorhees, 2001a, p. 9 참조). 평가는 총괄평가와 형성
평가로 이루어진다. 형성평가(피드백)는 자기평가와 외부에서 하는 피드백이 일
치되는 것을 중요하게 여기며, 교육의 단계를 통합하여 지속적이고 협력적으로
이루어진다. 역량이 충분히 발달되었음을 슈퍼바이저와 슈퍼바이지가 동의할
때 총괄평가가 이루어질 수 있다. 역량은 예정된 계획보다 기본 준비에 의해 형
식적으로 평가되며, 협력과 자기평가는 훈련 단계를 통해 강화된다. 앞서 논의
한 역량은 외적 기준과 분명하게 정의되며 항상 강화될 수 있음을 가정하고 있
다. 임상 훈련에서 외적 기준이 분명하면 슈퍼바이저와 슈퍼바이지가 적절한 훈
련을 할 수 있게 되고, 슈퍼비전의 수행 목표를 맞게 세울 수 있으며, 발전된 평
가 절차를 진행할 수 있게 된다.

### 슈퍼비전 목표와 목적의 확립

역량에 기초한 접근의 사용은 슈퍼바이저와 슈퍼바이지가 훈련의 목표와 목적을 계획하고 이를 달성하는 과정을 확립하는 데 도움이 된다. 핵심은 역량을 키우는 과정에 포함된 지식, 기술 및 가치관을 정의하는 것이다. 역량에 기초한 접근을 실행하는 첫 번째 단계는 훈련의 초점이 되는 역량이나 개입을 정의하는 것이다. 이때 각각의 진행과정은 분리되어있지 않아서 교육 전문가는 임상 현장의 요구들을 고려하고 역량이 실제 임상과 관련 있음을 확실하게 하기 위해 그 분야의 문헌을 검토한다. 또한 역량에 기초한 교육 철학으로 역량은 실제 직업 세계의 요구와 직접적 관련이 있어야 한다. 한 번 선택된 필수지식, 기술 및 가치는 역량이 정의되는 형식을 조합하여 슈퍼비전 초기에 초점이 된다. 예를 들어, 초기 면접에서 경청 기술, 진단에 대한 지식, 위기 평가, 다양성에 대한 인식 및 대인관계 기술은 관심의 초점이 된다. 역량에 대해 정의하고 측정 가능한 단위로 세분화함으로써(Bers, 2001, p. 29 참조) 역량의 구성요소를 정의하게 되면 슈퍼바이지와 슈퍼바이저는 특정요소에 집중할 수 있게 된다. 예를 들어, 다수의 기술들은 효과적으로 초기 면접을 하도록 요구되어지는데 어떤 슈퍼바이지는 초기 라포 형성을 잘하는 반면, 다른 슈퍼바이지는 진단의 초점이 되는 질문을 잘하는 경우 등을 말한다. 역량을 세분화하게 되면, 피드백과 학습 전략을 세울 때 강점이 되는 영역을 강화하도록 할 수 있고 부족한 지식은 가르치고 발달시키도록 할 수도 있다. 자기평가와 자기보고처럼 관찰 가능한 행동들은 형성평가(피드백)를 하기 쉽게 해 준다.

훈련 목표가 전체적으로 프로그램이나 배치를 확인하더라도, 슈퍼비전마다 개별 평가와 목표를 세울 것을 추천한다. 계획적으로 역량에 기초한 접근은 일정한 발달 수준을 바탕으로 계획을 세움으로써 훈련생에게 목표를 할당하는 것보다는 개별적 역량의 발달을 강조한다. 이러한 개인의 능력 발달을 강조하는 것은 특정 훈련 집단뿐 아니라 개별 훈련생들 사이에서도 분명한 다양성이 존재한다는 경험에 의한 것이다. 우리의 관점에서 기술의 습득은 동질적인 과정이 아니라 이질적이고 불연속적인 과정이다. 역량에 기초한 접근은 개인적 필요에 따라 계획하는 슈퍼바이저의 개별적 역량이 목표가 된다. 훈련 목표, 학습 진행과 평가 방식은 슈퍼비전 계약서를 작성할 때 포함된다(제3장 참조). 실제 슈퍼비전과 훈련 목표의 일치는 슈퍼비전 관계를 형성하게 하며 연구와 초보 지도를받는 학습과정의 초점을 분명히 할 수 있도록 해 준다.

## 슈퍼비전의 사례 관리와 학습과정

　역량을 확인하고 목표와 기대를 명확히 한 후, 슈퍼바이지는 그들의 이전교육, 임상 훈련 그리고 현장교육(교육적 프레젠테이션, 공개수업, 사례관찰, 실습을포함하는)을 이용하여 임상 서비스를 제공하기 시작한다. 슈퍼바이지의 임상 작업에 대한 슈퍼비전이 시작되면서 내담자 보호와 교육적 성장의 목표를 갖게 된다. 슈퍼바이저는 슈퍼바이지의 관찰을 자문함으로써, 치료적 상호작용에서 슈퍼바이지의 반영과 치료에 영향을 미치도록 슈퍼바이지를 돕는다. 이 단계는 슈퍼바이저와 슈퍼바이지가 상호작용의 성격, 치료자 관점의 이론과 문헌, 대안적접근을 포함하는 실제 임상에서 일어난 사례들을 관찰하고 논의하면서 협력적탐구를 진행시킨다. 효과적 슈퍼비전은 임상과정에 방어적이지 않은 탐구를 촉진하며, 판단하는 질문을 하거나 비판하기보다는 통찰을 통해 깨달음을 얻게 하는 탐색을 진행함으로써 질문을 모델링하여 자기반영적 피드백을 하도록 돕는것이다. 이러한 과정에서 슈퍼바이저는 질적인 보호에 대한 책임을 기억해야 한다. 슈퍼바이저는 내담자의 욕구를 충족시킬 수 있는 슈퍼바이지의 능력을 결정한다. 몇몇 슈퍼바이저들은 효과적 치료를 위해 훈련생이 독립적으로 할 수 있게하는 반면 다른 경우는 더 직접적으로 사례 관리를 하기도 한다.

　역량에 기초한 접근의 핵심은 측정 가능한 역량의 발달을 이루도록 학습의 과정을 정의하는 것이다. Kolb(1984)의 경험학습 모형을 근거로 Milne과 James (2002)는 우리의 견해인 역량에 기초한 접근에 호의를 보이며 임상적 슈퍼비전접근을 발달시켰다. 이 모형에서 기술의 습득과 이해는 "구조화된 학습 환경 내에서 반영, 개념화, 계획 및 실제 경험이라는 네 가지 방식을 통해"(Milne & James, 2002, p. 57) 완성된다. 학습자의 행동과 반영에 있어 자신의 행동과 제시된 개념화나 지식을 깊게 인식하게 되면서 그 행동이 내포하는 의미를 알고 앞으로 일어날 행동을 미리 예상하게 된다. 이 접근의 목표는 슈퍼바이지가 경험, 반영, 개념화, 계획, 실행과 같은 학습의 사이클에 적극적으로 참여하게 하는 것이다. 이 사이클은 임상 훈련과정과 슈퍼비전 경험의 핵심이 된다. 또한 이 사이클은 지속적 경험에 바탕을 둔 학습을 나타낸다([그림 1-2] 참조). 슈퍼바이저는 교수적 가르침, 역할극, 모델링과 같은 교육적 방법들을 사용하여 학습자가 "경험학습 사이클에 참여하도록"(p. 57) 돕는다. 슈퍼바이저는 학습자가 균형 잡힌 중재를 통해 행동하도록 격려한다(〈표 1-2〉 참조).

학습 사이클은 임상 서비스를 제공하는 슈퍼바이지의 경험에서 시작하며 치료 회기에서 무엇이 일어났는지를 이해함으로써 슈퍼바이지의 반영을 돕고, 다음 회기에서 필요한 것이 무엇인지를 계획하도록 한다. 슈퍼비전 후 슈퍼바이지는 회기에 대한 이해가 달라지고 새로운 행동을 할 수 있게 된다. 전체적 사이클은 한 번의 슈퍼비전에서 이루어지기도 하지만 그 외의 시간에 완성되기도 하는데, 경험, 반영 및 개념화의 단계는 계획과 실습이 실행되기 전에 반복해서 일어나기도 한다. 반복된 과정을 통해 사이클은 특정 기술, 지식 그리고 가치로써의 학습이 임상 과업을 확인하고 점차적으로 역량을 형성하도록 촉진한다.

이 모형은 행동을 기호화하기 위한 절차인 교사의 PETS를 사용하여 중재가 균형있도록 하는 정도와 교육자가 경험적 교육에 몰두하는 정도를 평가함으로 평가된 사이클을 촉진하여 슈퍼바이저의 역량에 대한 의미를 제공해 준다(Milne, James, Keegan, & Dudley, 2002). 예를 들어, 슈퍼바이지로 하여금 경험학습 활동에 참여하도록 촉진하지 않고 단지 경청과 지지만 하는 슈퍼바이저는 좋지 않은 평가를 받게 될 것이다. 이 모형은 슈퍼바이저의 역량을 측정 가능한 행동으로 구분하여 훈련의 내용을 효과적으로 평가하는 방법을 보여 준다. 다른 방법이나 모형 또한 역량에 기초한 접근으로 슈퍼비전에 사용될 수 있다. 중요한 점은 발달을 위해 역량에 대한 정확한 정의가 내려져야 하며 발달을 촉진하도록 진행되어야 한다는 것이다.

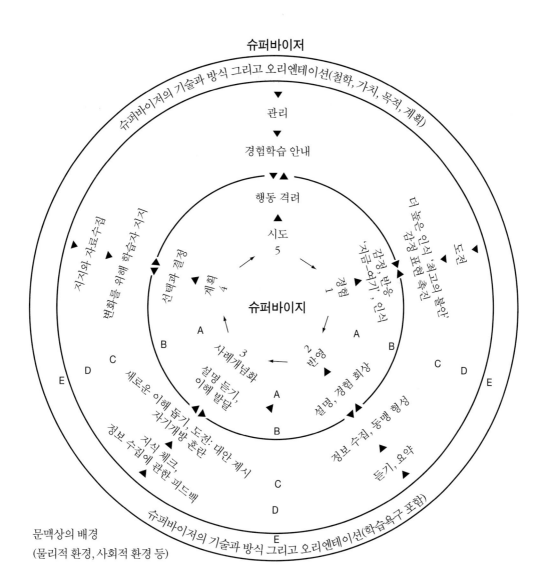

**[그림 1-2] 효과적인 슈퍼비전의 경험학습 모형**

출처: Milne & James (2002). The Observed Impact of Training on Competence in Clinical Supervision. *British Journal of Clinical Psychology, 41*, pp. 55-72. ⓒ British Psychological Society. 허가하에 게재함

〈표 1-2〉 교육과 슈퍼비전에 대한 평가(Process Evaluation of Teaching and Supervision: PETS)를 통한
슈퍼바이저와 학습자의 행동 분류

| 슈퍼바이저 | 행 동 |
|---|---|
| 1. 모니터 | 회기의 흐름을 관리하고 조직화하는 것(예: "나는 오늘 ~를 다루기를 원합니다." "자, 시작해 봅시다." "당신은 오늘 어떤 것에 대해 말하기를 원합니까?") |
| 2. 경청 | 경청과 관찰에서 얻기, 조용히 놀이에 집중하는 것, 듣기(경청)는 언어적 피드백이나 비언어적 피드백 없이 이해하는 것 |
| 3. 지지 | 언어적 · 비언어적 확신, 동의, 격려(예: "그거 좋군요." "괜찮네요." "잘했어요." "좋아요."), 끄덕임, 미소, 웃음, 공감, 따뜻함, 진솔함 |
| 4. 요약 | 연결과 이해를 명확히 하기 위해 정보를 요약하는 것(예: "옳다고 받아들인다면 나를 보세요." "그래서 당신이 했었던 것들은…….") |
| 5. 피드백 | 학습자의 행동, 생각, 느낌에 대해 강점과 약점을 포함한 긍정적 · 부정적 내용을 담아 언어적 피드백이나 글로 써서 피드백을 주는 것(예: "당신이 핵심 주제로 설정한 것은 매우 좋아요." "당신은 내담자와 관계없는 걸 다루고 있어요." "가장 좋은 행동의 실험이었어요.") |
| 6. 정보 수집 | 지식을 시험해 보지 않고 정보와 사실을 요구하고 훈련생의 문제를 정의하는 것(예: "그녀의 나이는 몇 살인가요." "처음 경험한 사건은 무엇인가요?" "그때 당신은 무엇을 했나요?" |
| 7. 이론 지식의 확인 | 능력에 대해 모니터하고, 체크하고, 평가하는 것을 명확하게 하고, 견해를 듣는 것(예: "당신은 여기서 무엇을 할 건가요?" "Beck에게 ~에 대해 어떤 것을 제안할 건가요?" "당신은 여기서 어떤 종류의 목표를 세울 건가요?" |
| 8. 도전 | 학습자에게 자신의 견해에 대해 이유를 생각해 보거나 다시 한 번 검토해 볼 수 있도록 하는 것―배경 지식을 체크하는 것과 유사하게(예: "그 밖에 당신이 여기서 할 수 있는 것은 어떤 것인가요?" "~에 대해 더 좋은 방법은 무엇이 있을까요?") |
| 9. 정보, 교육 | 학습자에게 자료의 요약을 제공하고, 정보를 전달하고(예: 사실, 그림, 이론, 체계적 정리, 의견, 방법), 교수적 접근을 사용하며(예: 전통적 교수), 학습자가 획득해야 하는 목표가 무엇인지를 직접 가르치는 것에 집중하는 것(예: "일반적으로 여기에서 다룰 것은……." "이 회기에서는 패닉을 다루는 시도가 있네요." "이 상황에서 이 접근방법은……." |
| 10. 경험해 보기: 모델링, 역할극, 기타 | 학습자의 능력을 개발하기 위해 실제를 연습하는 것(예: 올바른 실행을 보여 주기, 모델링, 역할극 사용, 학습 과제의 수행, 행동 시연을 평가하기) |
| 11. 자기노출 | 경험, 제한, 목표와 같은 자신에 대한 새로운 어떤 것을 개방하는 것(예: "나는 항상 이 사례가 다루기 어렵습니다." "나는 내 스스로 ~가 개선되기를 바랍니다." "나는 스스로 ~을 하기가 어렵습니다.") |
| 12. 불일치 | 학습자의 견해 혹은 사실에 대한 이해에 언어적 · 비언어적인 피드백(의견 차이를 포함)을 하는 것(예: 머리를 흔들거나 언어적 교정) |
| 13. 비디오 관찰 | 훈련생과 함께 치료 회기에 대한 비디오를 보는 것 |
| 14. 기타 | 앞에 말한 내용 범주에 포함되지 않는 것들: 관찰되지 않은 행동들, 다른 행동들, 과제에서 벗어난 행동들(예: 잡담, 농담, 자료 정리, 준비) |

## 형성평가와 총괄(전체)평가

평가는 슈퍼비전의 중요한 의무이며, 사례 관리와 내담자의 질적 관리 및 학습과정을 확고히 해 준다. 형성평가는 슈퍼비전 중 지속적으로 이루어지며, 임상 서비스를 수행하는 데 슈퍼바이지의 효과성에 초점을 맞추어 연구하고 논하는 것을 포함하는 형식적·비형식적 절차 모두를 사용한다. 평가 도구와 관찰과정은 임상과정에 있는 슈퍼바이지에게 신뢰성, 타당성과 함께 유용한 피드백을 제공한다. 형성평가는 슈퍼바이지의 역량 수준, 치료과정에 반영되는 슈퍼바이지의 능력 그리고 치료에 기여하는 정도를 평가한다. 총괄평가는 더 공식적 평가이며, 슈퍼바이지와 대학, 훈련 프로그램, 전문가 및 궁극적으로는 대중에 대한 슈퍼바이저의 책임을 확실히 하기 위해 이루어진다. 총괄평가는 슈퍼바이지가 역량을 충분히 발휘했는지, 훈련 목표를 충족했는지 그리고 주어진 능력을 충분히 발휘했는지를 평가한다. 이런 평가는 형식적 평가로 보통 훈련의 중간 지점이나 끝에 진행되며, 훈련 기록의 일부가 된다. 역량에 기초한 접근은 훈련 과정에서 다루어야 할 특정 능력인 지식, 기술 및 가치를 정의하여 목표를 분명하게 세우는 것을 강조하기 때문에 훈련 목표, 훈련 활동 그리고 평가과정 간의 높은 일치를 얻을 수 있다.

또한 우리는 평가가 슈퍼바이지의 약점뿐 아니라 강점에 대한 설명을 포함하는 피드백을 제공함으로써 강화될 수 있다고 여긴다. 전문성 개발은 개인의 강점과 가치관을 바탕으로 내세운다. 비록 임상 훈련이 발달을 이끌기에 적합하지 않더라도 전문적 훈련과 실습은 훈련생이 소유한 강점과 가치관의 영향을 받는다. Seligman(2002)은 최근 임상 훈련과 실습에 적합한 강점 24가지를 정의하고 있다. 예를 들어, 호기심, 학습에 대한 열정, 개방된 마음, 인내심, 정직, 공정함은 교육과정과 역량의 발달에 영향을 미칠 것으로 여겨지는 강점들이다. 임상 과정에 훈련생의 감정이 발휘되도록 피드백을 주고 도움을 줄 때, 훈련생이 임상과 훈련 장면에서 강점과 가치에 관심을 기울이게 된다.

우리가 생각할 때, 슈퍼바이저에 의해 수행된 평가와 동등하게 중요한 것은 슈퍼바이지의 자기평가 능력의 발달이다. 반성적 자기평가는 치료에 영향을 미치는 모든 요소를 평가하는 태도를 완성시킨다. Schön(1983, 1987, 1995; Bevan, 1991 참조)은 '행위 중 반성(reflection-in-action)'하는 치료자의 수련 능력을 언급하면서 치료과정과 치료적 기여도를 이해하도록 돕는 개인적 자원을 포함하는 정보를 자연스럽게 이용할 수 있는 것이라 했다. 우리는 슈퍼바이지가 어떻게 지식을 획득하는지 고려함으로써 성찰을 격려한다. 이러한 탐색은 치료 회기와 슈퍼비전에서 구성된 이해로 깨달음을 얻게 됨으로써 메타인지의 발달을 이끈다. 이러한 인식은 지식이나 실행의 정보를 가리게 하는 성향이나 태도에 대한 비판적 고찰을 허용한다. 또한 반성은 슈퍼바이지가 치료를 진행할 때 강점과 가치관뿐만 아니라 임상 경험을 통한 개인적 의미에도 영향을 미치게 된다. Hoshmand (1994)는 다음과 같이 소개하였다.

> 반성은 슈퍼비전에서 슈퍼바이지가 소리 내어 생각하고 스스로에게 질문하면서 촉진된다. 예를 들어, 슈퍼바이지는 치료 회기 녹음한 것을 다시 들으며 대안 행동을 결정하는 데 의문이 드는 지점을 비판적으로 확인할 수 있다. 그 행동이 맥락에 맞는지, 상호작용에 영향을 미치는지를 평가하고, 가능한 대안들을 고려하여 자신의 선택이 합리적인지를 반성함으로써 생각과 행동을 맥락에 맞게 할 수 있게 된다. 반성적 자기질문은 실습에서 편견을 확인하고, 가정된(추정되는) 의미들을 분석하도록 도와준다(Arnoult & Anderson, 1988)……. 배움에 대한 성찰의 태도로, 반성은 자기 관찰과 모니터링의 형식으로 이루어진다. 자기이해를 포함한 지식의 개인화된 접근은 중요한 부분이다(Hamacek, 1985). 따라서 반성적 태도의 발달은 그 사람 전체에 초점을 맞춘 전인교육과 학습에 가깝다(p. 182; Hoshman & Polkinghorne, 1992; Neufeldt, Karno, & Nelson, 1996 참조).

이러한 형태의 질문을 해봄으로써, 슈퍼바이지는 치료과정에 미치는 영향을 인식하고 행위 중 반성을 격려하며, 자기 모니터링과 훈련 그리고 사려 깊은 실행을 촉진하게 된다.

역량에 기초한 접근을 적용하면 슈퍼바이저와 슈퍼바이지는 자기평가와 반성 능력과 같은 특정 역량을 발달시킬 수 있는 훈련 목표를 세울 수 있다. 치료와 슈퍼비전에서 슈퍼바이저와 슈퍼바이지는 경험이 쌓이면 반성과 이해, 계획과 실행을 위해 협력하게 된다. 슈퍼바이저는 내담자의 안녕을 강화하고 배움을 촉진할 수 있는 다양한 기술을 사용한다.

## 심리학 실습에서 주요한 가치들

슈퍼비전에 영향을 미치는 많은 요소 중 네 가지 주요한 가치는 진술한 관계, 윤리적 실천, 다양성의 적용 및 과학적 실천으로, 이 가치들은 인문과학으로서의 심리학이나 치료에서 필수적이다. 우리는 이러한 가치가 슈퍼비전의 모든 면에 영향을 줄 수 있음을 제안하며, 동시에 많은 관심을 갖기를 바란다.

### 관계에서의 진솔함

치료의 진행과 성과를 위해서 상담자-내담자 관계의 중요성은 의심의 여지가 없으며, 슈퍼바이저-슈퍼바이지의 관계 역시 중요하다(J. M. Bernard & Goodyear, 1998; Bordin, 1983; Ellis & Ladany, 1997; Holloway, 1995; Ladany, 2002; 제2장 참조). 임상 훈련과 관련된 피할 수 없는 개인적이고 전문적 도전들이 밝혀지고 지지적으로 토의되면서 강한 작업동맹을 형성하게 된다. 그렇기 때문에 우리는 진솔한 관계를 만들고 유지할 것에 대한 책임을 중요하게 생각한다.

진솔함은 도덕적 결백함뿐 아니라 완전한 상태를 말한다. 이러한 의미들은 슈퍼비전 관계에서 설명된다. 변질된 관계, 즉 전문적 책임에 부주의하거나 경계를 위반하게 되면 진솔함이 손상되며 미흡한 슈퍼비전으로 끝나게 된다. 유사하게, 슈퍼바이저와 슈퍼바이지가 적극적으로 슈퍼비전을 활용하지 않는다면(예: 임상 작업에 영향을 주는 모든 요소를 고려하는 것), 그 과정은 손상되거나, 실제로 거의 완성되지 못하게 된다. 진솔함은 내담자에 대한 책임과 슈퍼바이지에 대한 책임감을 갖고 협력적이고, 신뢰할 수 있으며, 지지적 슈퍼비전 동맹 관계를 발달시킬 수 있게 하는 슈퍼비전 동맹의 발달에 영향을 미친다.

### 윤리적 가치에 의한 실천

심리학은 가치판단에 영향을 받지 않는 '객관적' 과학이라기보다는 실제 치료와 연구를 통해 신념과 가치관을 구체화해 나가는 인간적인 학문이다. 심리학자들이 "개인, 지역 및 사회를 개선하고자"(APA, 2002a, Preamble) 하는 서비스를 하기를 바라는 것은 전문가로서의 가치와도 일치하고(Sinclair, Simon, & Pettifor, 1996), 인간 복지에 대한 신념을 반영하는 것이다(APA, 2002a).

슈퍼바이저는 전문적 가치, 원칙 및 윤리의 중요한 역할 모델이 되며, 슈퍼비전은 전문직으로서 책임감을 갖춘 가치의 중요성을 인식하도록 한다. 더 나아가, 그러한 탐색은 가치를 기초로 하는 심리학적 실제를 강조하는데, 예컨대 좌절하는 내담자에게 희망을 주는 격려나 내담자의 자기 책임을 도전하게 하는 것은 개입 기술이 될 뿐 아니라 도덕적으로 가치 있는 행동이다.

임상 훈련을 경험하는 심리학과 학생들은 이 전문적 의미를 발견하게 된다. 대다수 훈련생의 책임이 강화되면서 그들의 가치에 대해 나눌 수 있는 기회를 갖게 된다. 우리는 슈퍼바이저가 슈퍼비전에서 치료나 상담보다는 가치관에 대한 탐색이 전문적 훈련으로 더 중요하다고 본다. 가치관이 우리의 모든 결정에 영향을 미친다는 점에 주의해야 하며, 전문가 훈련에서 모델링을 통해 자신의 가치관을 명료하게 해야 한다는 점 역시 기억해야 한다. 마지막으로 슈퍼비전은 윤리와 역량이 동전의 양면처럼 함께 존재한다고 강조하는데, 윤리는 역량을 필요로 하고, 역량은 윤리적 실천을 필요로 한다. 슈퍼비전은 가치가 지식이라는 천을 짜는 작업이라는 인식과 함께 모든 사례가 윤리적으로 이루어져야 한다는 인식을 이끌어야 한다.

### 다양성의 적용

모든 형식에서 다양성을 적용하는 것은 인간의 권리와 존엄성에 대한 존중의 표현이다(APA, 2002a, Principle E). 미국 심리학협회는 이 개념을 다음과 같이 설명하였다.

> 심리학자는 사생활, 비밀 보장, 자기결정에 대한 개인의 권리와 모든 사람에 대한 가치와 존엄성을 존중한다. 심리학자는 사회적 안전망이 개인 혹은 지역사회의 복지와 권리를 보호할 필요성이 있음을 인식하고 있다. 심리학자는 연령, 성별, 성 정체감, 인종, 민족, 문화, 국가 배경, 종교, 성적 기호, 장애, 언어, 사회경제적 지위 같은 역할의 차이와 개인과 문화를 존중하고 인식해야 한다. 또한 이런 집단의 구성원과 작업을 할 때 이와 같은 요소들을 고려해야 한다. 심리치료자는 이 요소에 기초한 그들의 작업에 영향을 주는 편견을 제거하려고 시도하고, 이런 편견으로 다른 사람들의 행동을 묵인하거나 참견해서는 안 된다(APA, 2002a, Principle E).

얼핏 보기에 이 원리는 쉽게 들릴 수 있지만, 다른 가치들처럼 실행하기 어려운 것이다. 다양성에 대한 올바른 인식을 발달시킨다는 것은 심리치료에서 도전이 된다. 근본적으로 다양성의 수용이란 우리의 현실과 정체성에 바탕을 둔 도덕성, 가정 및 신념과 관련한 '불가피한 틀'의 해체를 의미한다(C. Taylor, 1989). 해체란 계층, 예상되는 상황들, 내부자적 관점에서 벗어나 상황을 이해하기 쉽게 만드는 것을 말한다(Rosenau, 1992, p. 120). 우리의 목적을 위해 인간의 본성에 대해 암묵적으로 가정하는 반객관주의자(주관주의자)의 자세를 가정하는 것은 의미가 있다. 또한 정체성을 사회적으로 구성된 것이라고 여기며 한 사람이 태어나고 관계를 맺게 되는 것으로 문화적 특권이라고 주장한다. 또한 차이가 발생할 때 본질적 차이로 보기보다는 다른 것(예: "그들은 다르다.")으로 인식한다. Gadamer(1962, 1976)는 "모든 것을 이해하는 가장 최후의 분석은 자신을 이해하는 것"(굵은 서체는 원문에서 강조함, p. 55)이라고 말한다. 이러한 포스트모더니즘의 관점에서 "모든 사람은 '다문화적인 존재'이고, 모든 상호작용은 다문화적이라는 점을 인식함으로써 다양성을 적용하기 시작한다. 우리 삶의 모든 경험은 우리 자신의 문화적 관점에 의해 형성되고 지각된다"(APA, 2002b).

임상에서 다양성의 적용이란 다른 사람의 경험을 이해하기 위해 필수적으로 우리의 지각에서 문화적 편견과 한계에 대한 통찰을 얻게 하며, 문화 차이와 개인 차이를 존중하고 인식을 발달시킴으로써 심리학적 평가와 개입의 적절성을 평가하도록 한다. 슈퍼비전의 주요 책임과 도전은 다양성의 역량을 발달시키도록 하는 것이며, 문화적으로 적절하게 치료에 적용할 수 있도록 하는 것이다(제6장 참조; APA, 2000b). 많은 학자가 설명한 다양성에 대한 정의는 문헌에서 소개하고 있다. 우리는 다양성의 역량이 슈퍼바이저와 슈퍼바이지의 자기인식을 포함하며, 다양성은 치료와 슈퍼비전에 참여한 사람들, 즉 다양한 요소들을 갖고 있는 사람들의 상호작용 과정이라고 생각한다. 다양성을 적용한 슈퍼비전은 내담자, 슈퍼바이지, 슈퍼바이저의 전제들(가정들), 가치관, 편견, 기대, 세계관 사이에 이루어지는 상호작용을 충분히 알고 깨닫는 인식의 과정을 수반한다.

문화적 그리고 다양성의 역량을 발달시키는 것은 미국과 같이 "인종적으로 다양해지면서 문화적 실천과 서비스의 위기가 높아지고 있는 상황에 특히 더 적절하다"(APA, 2002b). 미국의 의학저널에 따르면, "정신적인 질병의 진단과 치료를 효과적으로 하기 위해서 개인의 심상과 정체성을 형성하는 모든 특성을 고려해야 한다. 이러한 영향을 이해하지 못하면 어려운 결과가 발생할 수 있을 것이다"(U.S. Department of Health and Human Services, 1999).

## 과학적 정보에 근거한 실행

심리학자를 과학자–실천가(역자 주–상담자는 인간 행동을 이해하기 위해 끊임없이 연구하는 과학자이면서 연구를 통해 발견한 지식을 인간 변화를 위해 적용하는 실천가를 일컫는 용어임)(Academy of Psychological Clinical Science, 2002; Raimy, 1950), 실행가–철학가(Peterson et al., 1997), 임상 과학자(Belar & Perry, 1992), 지역 임상 과학자(Stricker & Trierweiler, 1995) 또는 과학적 실천가(Peterson, 2000)로 여길지라도, 전문가의 특성을 정의하는 한 가지는 실천과 과학의 통합이라는 점이다. 과학과 실천의 관계는 대립적인 것이 아니라 "그것은 심리학 분야의 임상 훈련에 같은 기여를 한다."(APA, Committee on Accreditation, 2000e, p. 3)고 본다. 우리의 견해로 과학적 실천은 주요 가치이며, 슈퍼비전의 초기 목적 중 하나는 임상 서비스를 하는 데 과학과 실천을 어떻게 통합할지를 배우는 실제 경험을 하는 것이다. 우리는 Holloway와 Wolleat(1994)이 다음과 같이 말한 것에 동의한다.

> 슈퍼비전의 목적이 과학과 실천을 연결하는 것이기 때문에 슈퍼비전은 심리학의 실천과 관련된 모든 활동 중에서 가장 복잡하다. 역량 있는 슈퍼바이저는 심리학적 과학의 영역뿐 아니라 치료의 영역과 훈련생의 발달과 관련된 영역도 다룰 수 있어야 한다. 역량 있는 슈퍼바이저는 이러한 다양한 지식의 기초가 어떻게 관련되어 있는지를 이해할 뿐만 아니라 개별 사례에 그것들을 적용할 수 있어야 한다(p. 30).

임상 교육자로서 슈퍼바이저는 이러한 과업의 선두에 서 있다. 슈퍼바이저는 과학을 기반으로 한 지식과 실천이 슈퍼비전에 어떻게 체계적으로 적용되는지를 가르치고 설명한다. 사례 자문과 슈퍼비전에서 그런 실천의 적용을 모델링하고 과학적 연구 문헌을 적극적으로 사용함으로써(예: Kanfer, 1990 참조) 임상에서 연구를 시작하고 참여할 때 과학적 실천을 확립하게 된다(Borkoves, Echemendia, Ragusea, & Ruiz, 2001). 더욱이 훈련생들은 "연구자로서 의문을 가지는 태도"(Shakow, 1976, p. 554)를 서서히 배우고, 관찰하고 비판적으로 사고하며, 가설을 검증하는 것을 통해 치료과정을 더욱 통합적으로 이해할 수 있게 된다.

## 책의 구성

슈퍼비전은 내담자를 보호하고, 훈련생이 전문가로서의 윤리와 서비스에 대한 의무를 철저히 이행하면서 과학적 실천의 가치, 태도 및 역량을 발달시킬 수 있도록 돕는 데 목적이 있다. 이 장에서는 연구 문헌들을 조사하고, 역량에 기초한 임상 슈퍼비전의 모형을 설명하였다. 슈퍼비전과 치료에서 과학적 접근을 하기 위해서는 실증적 연구 자료들을 바탕으로 할 것을 권한다. 우리는 많은 연구 문헌의 문제점들을 확인하였으며, 조사가 필요한 이슈들에 초점을 맞추었다.

이 책의 각 장은 슈퍼비전의 효과적 실행, 역량, 개인적 요소, 슈퍼비전의 동맹 관계, 다양성의 역량, 윤리적 · 법적 책임, 사례 관리, 평가와 같이 슈퍼비전을 실시하는 데 기초가 되는 주제로 구성되어 있다. 우리는 임상 슈퍼비전의 실제를 향상시키도록 하는 여러 도전과 기회들의 존재를 논의하는 것으로 이 책을 마무리하였다. 이 주제들이 구성상 각각 분리되어 있을지라도 각 장은 상호 관련성이 매우 높다. 예를 들어, 윤리는 다양성의 역량을 조직하는 능력 없이는 갖출 수 없으며, 치료와 슈퍼비전의 동맹은 개인적 요소에 대해 집중하지 않고서는 이해할 수 없다.

우리는 책의 내용에서 슈퍼비전과 치료에 필요한 역량들 사이의 관계를 강조한다. 슈퍼비전의 관계에서 필요한 다양한 능력, 즉 슈퍼비전의 동맹에 집중하는 것은 치료에서 훈련생이 동맹을 확신하는 능력과 일치한다는 점이 우리의 견해다. 우리는 역량의 중요성을 설명하기 위해 슈퍼비전과 치료에 대해 각각의 예를 들어 설명하였다. '훈련생'을 '슈퍼바이지'라는 용어로 바꾸어서, 이 책의 내용이 인턴과정과 연수과정에서 임상 훈련의 전체 범위에 이르기까지 적용할 수 있도록 고려하였다.

이 책은 심리학자들을 위해 썼지만, 여기서 설명하는 역량에 기초한 모형은 정신건강 전문가, 정신치료, 사회사업, 상담 등에 적용될 수 있다. 슈퍼바이저로서, 교육자로서, 임상가로서, 슈퍼바이지로서 자신의 경험에 활력을 불어넣으면서 다른 사람들에게 기여할 수 있도록 하였다. 이는 철학적 기초를 세우는 것으로 이 책에서 설명하고 있다. 당신이 책을 읽을 때 슈퍼비전에서 당신의 경험과 우리의 연구 내용들을 생각하며 잠시 되돌아볼 것을 제안한다. 그렇게 할 때 당신은 과거에 얻었던 것과 놓쳤던 것이 무엇인지를 더 자세히 생각해 볼 수 있을 것이며, 미래에 다른 사람들에게 무엇을 제공해 줄 수 있을지를 알게 될 것이다.

# 제2장 효과적인 슈퍼비전을 위해서 무엇이 필요한가

'최고의' 슈퍼바이저와 '최악의' 슈퍼바이저에 대한 연구는 슈퍼비전의 질을 높이는 데 영향을 미치는 요소가 무엇인지를 이해하기에 유용한 자료가 되며, 다음 장에서 설명하고 있는 역량의 차원을 정의하는 기준으로 활용될 수 있다. 이 장에서는 효과적인 슈퍼비전이라는 슈퍼바이지의 지각에 영향을 미치는 요소들을 정의하고 '좋은' 슈퍼바이저를 설명하며, 좋은 슈퍼바이저와 좋은 치료자를 구분할 수 있는 특성을 정의하기 위해 문헌들을 검토한다. 최고의 슈퍼비전이나 최악의 슈퍼비전과 관련된 질적 연구의 개관에서 슈퍼비전의 질을 높이는 데 영향을 미치는 요소들로 갈등 해결, 자기개방, 멘터링, 문화, 성별, 양식을 제시한다. 이 장의 마지막 부분에서는 최고 혹은 최악의 슈퍼바이저를 이해하는 것이 효과적 슈퍼비전을 위한 역량의 개발과 실제에 어떠한 영향을 미치는지 상세히 담았다. 이 장에서 설명하고 있는 내용들은 특히 "심리전문가들의 공식적 훈련의 절반은 슈퍼비전을 통한 학습"(Bent, Schindler, & Dobbins, 1991, p. 124)이기 때문에 의미가 있다.

'이상적 치료자'와 '이상적 슈퍼바이저'의 성격 특성은 동일하게 적용될 수 있다고 여겼다(Carifio & Hess, 1987). 이러한 특성으로는 슈퍼바이저의 능력, 관용, 자기인식, 공감, 존중, 진솔함, 구체성, 자기개방이 있다(Raimy, 1950). 그러나 McCarthy, DeBell, Kanuha 및 MaLeod(1998)는 유능한 슈퍼바이저를 숙련된 상담가와 동일하게 여기는 것이 사회적 통념이라고 여겼다. 또한 McCarthy 등은 이상적 슈퍼바이저와 치료자가 동일함을 입증할 수 있는 연구가 부족하다고 보았다. 그렇기 때문에 이상적 슈퍼바이저는 슈퍼비전과 치료를 명확히 구분하고, 슈퍼바이지에게 슈퍼비전의 일환으로 상담을 하지 않으며(Carifo & Hess, 1987), 목표가 다를 경우에는 다른 기술을 사용한다. 한편 유능한 슈퍼바이저는 슈퍼비전을 하는 동안 공감, 진솔함과 같은 치료적 특성을 활용한다는 점을 주목할 필요가 있다(Stout, 1987).

최고의 혹은 최악의 슈퍼비전에 대한 대다수의 연구에서 슈퍼바이지의 발달을 조사하는 데에 방법론적 결함이 있었다(Ellis & Ladany, 1997). 최고와 최저만을 기준으로 한 자기보고 방식의 연구는 효과적인 슈퍼비전이 만족감과 즐거움을 동시에 줄 수 없다는 점에서 한계가 있으며(Ladany, Ellis, & Friedlander, 1999) 취향과 같은 변수들이 연구에 영향을 미칠 수 있음을 시사한다. 더구나 이러한 결과를 지지할 만큼 충분한 연구가 이루어지지 않았으며, 결과들은 아직 가설 단계에 불과하다. 그러나 이 장에서는 좋은 슈퍼비전의 구성요소에 대한 몇 가지 합의된 내용들을 제시하고 있다. 각각의 요소들은 몇 개의 문헌 고찰과 연구로 증명되었다(Henderson, Cawyer, & Watkins, 1999; Neufeldt, Beutler, & Banchero, 1997, Worthen & McNeil, 1996). 즉, 슈퍼비전의 중요한 두 가지 요소는 지지적 관계와 작업 동맹이다.

# 질 높은 슈퍼비전에 대한 연구

## 지지적 관계

유능한 슈퍼바이저에 대한 연구들은 슈퍼비전 관계의 핵심 역량이 되는 질 높은 슈퍼비전 관계의 프로파일을 제공하며, 슈퍼비전 역량의 핵심적 부분을 결정한다(Henderson, Cawyer, & Watkins, 1999; Worthen & McNeill, 1996). 슈퍼비전을 슈퍼바이저와의 관계에서 이루어지는 심리치료 기술로 설명한 Ekstein과 Wallerstein(1958)의 관점에서는 이러한 결과가 타당하며, 문헌 고찰에서 "슈퍼비전 관계의 질은 성공적 슈퍼비전을 위해 중요하다."(p. 495)는 점을 이끌어 낸 Ellis와 Ladany(1997)의 관점에서 봐도 이러한 연구 결과는 당연하다. 슈퍼비전 관계에서 중요하게 여기는 특성들 대부분은 치료 동맹 관계에서 중요하게 정의하는 요인들과 유사하다(Stein & Lambert, 1995). 질 높은 슈퍼비전의 관계는 촉진적 태도, 촉진적 행동 그리고 실천의 조화를 수반한다. 촉진적 태도와 촉진적 행동은 슈퍼바이지가 반드시 거쳐야 하는 갈등과 자기분석에 대한 슈퍼바이저의 공감과 이해를 말한다. 또한 촉진적 태도는 슈퍼바이저와 슈퍼바이지 사이에 팀워크를 형성하게 한다(Henderson, Cawyer, & Watkins, 1999). 촉진적 행동이란 공감(Carifio & Hess, 1987; Nerdrum & Ronnestad, 2002; Worthen & McNeil, 1996), 따뜻함과 이해(Hutt, Scott, & King, 1983; Martin, Goodyear, & Newton, 1987), 타당성의 관점을 갖거나 확인하기(Wulf & Nelson, 2000), 수용적(Hutt et al., 1983), 다가가기 쉬우며 주의 깊음(Henderson et al., 1983), 개인의 진실성, 자율성 존중(Henderson et al., 1999; Hutt et al., 1983), 강점 보고(Heppner & Roehlke, 1984) 그리고 비판단적 자세를 취하는 것을 말한다. 유능한 슈퍼바이저는 유연하고 진실되고(Carifio & Hess, 1987; Nelson, 1978), 관심을 갖고 있으며, 경험이 많고 현재에도 정기적으로 상담을 하고 유머감각이 있으며 슈퍼비전에 유머감각을 활용하는 사람을 말한다(E. L. worthington, 1984a).

또한 유능한 슈퍼바이저는 슈퍼바이지가 경험과 지식을 쌓을 수 있도록 학습을 촉진하는 능력을 가지고 있으며(Henderson et al., 1999), 슈퍼바이지의 자발성을 최대한 발휘하도록 개방된 태도로 접근한다. 특정 요소로는 전문성(Allen, Szollos, & Williams, 1986; McCarthy et al., 1994), 기술(Hutt et al., 1983), 이론적·기술적·개념적 지식(Watkins, 1995b), 치료의 내용을 분석하는 능력(Henderson et al., 1999) 등이 있다. 학습을 촉진하는 행동으로는 슈퍼바이지의 탐색과 시도를 격려하고(Worthen & McNeil, 1996), 슈퍼바이지의 행동·느낌·태도·갈등과 관련한 자기개방을 격려하며(Hutt et al., 1983; McCarthy et al., 1994), 슈퍼바이지의 개인적 특성을 이해하고 슈퍼비전 관계의 역동을 이해하며(Gandolfo & Brown, 1987), 슈퍼바이지의 경험을 일반화시키기 위해 자기개방의 시기를 인식(Worthen & McNeill, 1996)하는 것이다.

Nelson(1978)은 슈퍼비전에서는 흥미가 경험과 지식보다 더 중요한 것처럼 보인다고 하였다. 질 높은 슈퍼비전은 지속적으로 이루어진다는 점에서 구분되며(질은 접촉의 기간, 빈도와 관련 있다), 덜 양호한 슈퍼비전 경험 후에 발생하는 결과와는 분명히 달랐다(Allen et al., 1986).

평가는 효과적인 슈퍼비전의 요소로서 매우 가치 있는 것으로 여겨졌다. 평가란 미리 명시된 절차에 따라 합의된 목표에 도달했는지에 대해 구조화된 피드백을 정기적으로 제공하는 것을 의미한다. 평가의 요소로는 격려와 건설적 비판(Henderson et al., 1999), 슈퍼비전과 관계에 대해 합의된 목표와 기대를 명확히 하는 것(Leddic & Dye, 1987), 직면(Gandolfo & Brown, 1987; Henderson et al., 1999; C. D. Miller & Oetting, 1966) 등이 있다.

이론을 바탕으로 슈퍼비전을 하거나(Allen et al., 1986) 서로 공유하고 있는 이론적 틀을 활용하는 것(Kennard, Stewart, & Gluck, 1987; Putney, Worthington, & McCullough, 1992)은 가치 있는 슈퍼비전의 기술이다. 이러한 기술은 슈퍼비전의 바탕으로서 이론적 토대가 중요함을 말하는 것이다. 슈퍼바이저와 슈퍼바이지가 같은 이론적 배경을 지니고 있을 때 내담자의 치료에 더 큰 영향을 미칠 수 있다(Steinhelber, Patterson, Cliffe, & LeGoullon, 1984).

Putney 등(1992)은 인지행동주의를 지향하는 슈퍼바이저는 인본주의, 정신역동 및 실존주의 이론을 지향하는 슈퍼바이저보다 기술과 전략에 초점을 두고 자문가의 역할을 취하는 반면 인본주의, 정신역동주의 및 실존주의 슈퍼바이저는 사례개념화에 초점을 둔 관계 중심 모형을 주로 사용하는 등 이론적 배경이 슈퍼바이저와 슈퍼바이지의 관계에 영향을 미칠 수 있다고 제안하였다.

개인적 성장을 강조하는 슈퍼비전은 기법이나 기술에 더욱 가치를 부여한다(Allen et al., 1986). 최고의 슈퍼바이저는 슈퍼바이지의 성취감, 창의성, 존중하는 마음, 내적 조화 및 지혜를 기르도록 돕는다(P. D. Guest & Beutler, 1988). 슈퍼바이지는 심리치료의 '창조적' 측면과 관련된 개인적 배움을 강조한다(Allen et al., 1986).

슈퍼바이지와 슈퍼바이저는 가장 좋은 슈퍼비전을 구성하는 요인이 무엇인지에 대해 합의할 수 없을지 모르지만, 슈퍼비전의 양과 질이 초보자와 경력자를 구별하는 중요한 기준의 하나가 된다는 것에는 동의할 것이다(Stedmen, Neff, Donahoe, Kopel et al., 1995). Rotholz와 Werk(1984)는 슈퍼바이지는 자발성이 부여된 행동을 더 선호하는 반면, 슈퍼바이저는 인지적으로 구조화된 행동을 더 선호한다고 보고하였다. 최상의 슈퍼비전에 대해 슈퍼바이저들은 학생에게 피드백을 주는 것이 기본이라고 인식하는 반면, 슈퍼바이지들은 지지적 · 촉진적 관계에서 직접 배우는 것에 더 가치를 두고 있었다(E. I. Worthington & Roehlke, 1979). 몇몇 사례에서는 슈퍼비전 관계에 대해 실제 지각한 것보다 슈퍼바이지의 기대가 더 낮은 사례가 있을 가능성이 있다. 하지만 대부분의 슈퍼바이지들은 슈퍼바이저에게 기대했던 수준보다 분명 더 높은 수준의 공감적 이해, 무조건적 존중 그리고 조화로운 관계를 경험했다(J. C. Hansen, 1965).

## 작업 동맹

강한 작업 동맹은 슈퍼비전에 대한 높은 만족도와 관련 있기 때문에(Ladany et al., 1999), 작업 동맹을 확립하는 능력은 슈퍼비전의 역량으로 고려되어야 한다.

작업 동맹은 관계 또는 결속력, 목표에 대한 동의, 일에 대한 동의로 이루어진다 (Bordin, 1994). 신뢰, 존중, 돌봄과 같은 강한 정서적 결속력으로 결합된 슈퍼비전은 역할 갈등과 역할 혼란을 거의 경험하지 않게 된다. 그렇게 맺어진 동맹 관계는 갈등을 더 쉽게 해결할 수 있다(Ladany & Friendlander, 1995). 슈퍼비전에서 슈퍼바이저가 자기개방을 늘리는 것은 동맹 관계를 견고하게 만드는 데 영향을 미친다. 슈퍼비전에서 강력한 동맹 관계는 슈퍼바이저의 자기개방과 관련성이 매우 크다(Ladany & Lehrman-Waterman, 1999). Goodyear와 Bernard (1998)는 의도한 치료 목표대로 진행했는지에 대한 슈퍼바이저의 최종 평가는 슈퍼바이저와 슈퍼바이지의 작업 동맹의 질과 관련이 있다는 Patton과 Kivlighan(1997)의 연구를 인용했다.

슈퍼비전의 유형을 제시하고자 하는 몇몇 시도들이 있어 왔다. Lochner와 Melchert(1997; 32% 응답률)는 이론적 배경 및 심리치료의 개념화 방식과 인지적 차원을 덧붙여 설명했다. 이상적 슈퍼바이저는 과제 지향적이어야 하며(초보 훈련생과 관련되는 전형적 접근), 따뜻하고, 지지적이며, 슈퍼바이지에게 우호적이어야 한다. 행동주의의 이론적 배경을 선호하는 인턴들은 과제 지향적 슈퍼바이지를 더 선호하는 반면, 정신역동이나 인본주의의 이론적 배경을 가지고 있는 인턴들은 슈퍼바이저의 따뜻함, 지지 및 친근함을 더 선호하였다.

슈퍼비전은 모든 유형을 포함한 다차원적 형태이어야 한다는 결론에도 불구하고, Friedlander와 Ward(1984)는 세 가지의 유형으로 범주화하였다. 첫째, 긍정적이고 지지적인 것을 의미하는 요소인 '매력', 즉 친근함, 따뜻함, 신뢰, 개방 및 유연함이다. 둘째, 투입성, 몰입성, 반영성, 창조성 및 기민성을 포함한 지각과 직관을 포괄하는 '대인관계의 민감성'이다. 셋째, 목표 지향적 · 교훈적 · 규범적 · 평가 지향적이며, 실제와 구체성을 포함하는 '과제 지향'으로 구분하였다. 인지행동주의를 지향하는 슈퍼바이저는 과제 지향적인 측면의 비율이 더 높은 반면, 정신역동주의와 인본주의 슈퍼바이저는 대인관계의 민감성에 더 높은 비중을 두었고, 과제를 지시하는 정도는 낮은 것으로 나타났다. 이것은 자기노출을 포함한 다른 다양한 양상과 관련이 있음을 의미하는 것이다(Ladany

& Lehrman-Waterman, 1999).

Cherniss와 Equatios(1977)는 최상의 슈퍼비전은 슈퍼바이저가 슈퍼바이지에게 질문을 함으로써 스스로 자신의 문제를 해결하도록 하는 통찰에 기초하는 것이라고 설명했다. 슈퍼바이저가 슈퍼바이지에게 치료과정에서 정서 반응을 다루고 질문을 격려함으로써 최상의 슈퍼비전이 정서에 바탕을 두어야 한다고 제시하였다. 슈퍼바이저가 내담자의 역동과 치료자의 임상적 기법에 관하여 조언·제안·해석을 하는 교육 및 자문형 접근은 슈퍼바이지가 선호하며, 지역사회 정신건강 환경에 대한 연구에서 가장 많이 적용되고 있는 유형이다. 비간섭주의 접근은 만족도가 낮았으며, 권위주의적 접근은 거의 불만족이었다. Cherniss와 Equatios(1977)는 이상적 슈퍼바이저는 통찰과 정서에 기초로 하여 교육 및 자문형 접근을 높은 비중으로 구성하여 다차원적 유형을 조합하여 사용한다고 밝혔다.

## 질적으로 높은 슈퍼비전에서의 발달모형

발달모형에서는 '바람직한' 슈퍼바이저의 조건이 무엇인지에 대해 설명하고 있다. 발달모형에 따르면, 초보 훈련생은 높은 수준의 구조화로 지시, 교육, 기술에 기초한 훈련에 가치를 두는 반면, 경력자는 역전이에 대한 쟁점을 포함하여 다양한 수준에서 이론을 기초로 한 개념화, 개인과 전문적 발달을 강조하는 것을 더 선호한다고 제안하였다. '서툰 슈퍼바이저'는 슈퍼바이지의 발달 수준과 기술의 발전에 민감하지 않았다(Maguson, Wilcoxon, & Norem, 2000).

# 슈퍼바이저가 선호하는 슈퍼바이지

슈퍼비전은 양방향 과정이기 때문에, 슈퍼바이지의 다양한 요인들이 긍정적 슈퍼비전에 영향을 미친다. 대부분의 연구들이 슈퍼바이지의 관점에서 슈퍼바이저에게 관심을 갖고 있지만, 몇몇 연구에서 효과적이고 바람직한 슈퍼바이지의 특성과 슈퍼비전에 긍정적 영향을 미치는 슈퍼바이지의 특성을 소개하고 있다. 특히 슈퍼비전에 대한 적절한 반응과 효과적 활용은 평가적 요소를 포함하고 있고 슈퍼바이지에게 암묵적으로 평가받을지 모른다는 기대를 갖게 하기때문에 (슈퍼비전의 평가 활동들이) 슈퍼비전의 활용과 효과적 반응으로 구성되어 있음을 명확히 설명하는 것이 중요하다.

　슈퍼바이지의 역할에 대한 이러한 정의는 슈퍼비전의 과정에서 슈퍼바이지가 확립해야 하는 기본 조건과 역할을 제시해 준다(Vespia, Heckman-stone, & Delworth, 2002). 슈퍼비전에서 사용하는 슈퍼바이지의 특성을 정의한 목록이 개발되었으며, 평가는 슈퍼바이지와 슈퍼바이저를 통해 수집되었다. 초보 슈퍼바이지들은 '적절한 시점에 도움을 요청하는 것'이라고 응답한 비율이 가장 높은 반면, 경력 슈퍼바이지들은 '기꺼이 성장하고자 하는 욕구를 표현하는 것'이라고 응답한 비율이 가장 높았다. 인턴들은 '슈퍼비전 회기에 적극적으로 참여하는 것'이라고 응답한 비율이 가장 높았다. 반면 슈퍼바이저들은 '내담자의 안녕이 슈퍼바이저에게 중요한 일일 때 슈퍼바이저의 지시를 이행하는 것'이라는 항목에 가장 많은 응답을 하였다. Vespia 등(2002)은 비실험 사후 분석을 통해 슈퍼바이저와 슈퍼바이지의 평가에서 차이가 있음을 제시하였다. 개인 역동에 대한 인식을 설명하고 피드백을 하는 것에 대한 슈퍼바이저의 평가는 슈퍼바이지의 평가보다 더 낮았다. 이와 유사하게 Henderson 등(1999)은 슈퍼바이저가 아닌 슈퍼바이지의 평가가 슈퍼비전의 효과에 영향을 준다고 보고하였다. Vespia 등의 슈퍼바이저가 사용하는 평가 양식(Supervisor Utilization Rating Form)은 효과적 슈퍼비전을 위한 슈퍼바이지의 행동을 명확하게 보여 준다. 그리고 각 기능의 발달 수준에서 슈퍼바이지와 슈퍼바이저의 지각의 차이를 뚜렷하게 보여 준다.

　Kauderer와 Herron(1990)은 슈퍼바이저는 훈련과정에 적극적으로 참여하고, 자기개방에 제한적이며, 치료와 슈퍼비전을 분명하게 구별하고, 의존적이지 않고 자신 있는 훈련생을 긍정적으로 본다고 보고하였다. 그러나 Kauderer와 Herron의 연구는 표집 대상의 크기가 매우 작고 연구 수행 기간이 매우 짧았다는 제한점이 있다.

　슈퍼바이저는 효과적인 슈퍼비전에 영향을 주는 훈련생의 능력으로 학습 내용을 개념화하고 치료와 통합하는 능력, 내담자가 반응을 보였을 때 그에 대한 자신의 정서적 반응을 인식하는 능력 그리고 치료에서 자신의 반응을 활용하는 능력이라고 설명하였다. 또한 슈퍼바이저들은 효과적인 슈퍼비전을 이끄는 슈퍼바이지 관련 요인으로 내담자와 동료, 슈퍼바이저와 관계를 맺는 능력, 윤리체계와 가준을 지키는 능력, 유연성을 들었다(Henderson et al., 1999). Efstation과 Patton 그리고 kardash(1990)는 슈퍼바이지의 평가에서 슈퍼비전 관계에 중요한 요소로서 라포를 형성하는 것과 내담자에게 초점을 맞추는 것이라고 설명하였다.

　Wong과 Wong(2002)은 슈퍼바이저가 슈퍼바이지에게서 격려와 지지를 받고 싶은 욕구에 지나치게 몰두해 있을지도 모른다는 우려를 나타냈다. 그들은 "치료에서 슈퍼바이지가 나의 접근에 감탄했다." "나의 지시를 따르는 것이 가장 도움이 되었다." "나를 신뢰하고 있고 의심하지 않는다."(p. 8)라고 언급한 내용들을 인용했다.

## 훈련에서의 차이

　훈련에서 최고의 혹은 최악의 슈퍼바이저에 대해 의견이 일치하더라도 몇 가지 흥미로운 점이 있다. 예를 들어, 임상 레지던트 훈련에서 가장 좋은 평가를 받은 슈퍼바이저의 조건으로는 (a) 레지던트가 내담자의 경험에 대한 내용을 발전시키도록 허용하고(Shanfield, Matthew, & Hetherly, 1993), (b) 임상적 갈등(Shanfield, Hetherly, & Matthews, 2001), 개인적 관심(Shanfield et al., 2001)을 소개하며 그리고 (c) 슈퍼바이지를 공감(Shanfield, Mohl, Matthews, & Hetherly, 1992) 하는 것들이었다.

　가족치료 슈퍼비전에서 Liddle과 Davidson 그리고 Barret(1988)은 슈퍼바이저의 역량이 훈련생의 만족도와 관련되어 있음을 설명하였다. 이들은 앞에서 논의한 관계, 개념화, 피드백 및 기술에 덧붙여 역할 모델로서 슈퍼바이저를 바라보았고, 슈퍼바이지의 자발성을 촉진하는 슈퍼바이저를 높게 평가하였다. 또한 녹화 내용 분석이나 읽기와 같이 슈퍼비전을 구조화하고 개인에게 맞는 모형을 적용하며, 훈련생의 기술과 경험에 맞는 슈퍼비전을 제공하고, 강점과 약점에 대한 자기평가를 할 수 있도록 교육하며, 사례에 대해 자문하고, 슈퍼비전의 유연성을 보여주는 슈퍼바이저를 높게 평가하였다.

## 경험적으로 지지된 결과

Ellis와 Ladany(1997)는 몇몇 연구 문헌을 방법론적으로 고찰해 본 결과 슈퍼비전의 양극단(최고와 최악)의 차이, 즉 슈퍼비전의 목표 설정의 중요성과 슈퍼바이저와 슈퍼바이지의 슈퍼비전에 대한 지각의 차이, 그리고 실제와 이상적 슈퍼비전의 차이에 대한 경험적 연구가 존재한다고 밝혔다. 그러나 전반적으로 지난 15년 동안 수행된 연구의 질은 표준 이하라고 보았다(Ellis & Ladany, 1997).

대부분의 연구들은 슈퍼바이지의 보고에 기초하고 있었으며, 좋은 슈퍼비전과 정적 관계를 미칠 것이라 기대했던 다양한 변수들 혹은 치료의 효과성과 서로 관련이 없는 것으로 나타났다. Holloway와 Carroll(1996)은 "내담자의 결과에 미치는 슈퍼비전의 영향에 대한 조망 능력의 상실은 부모 역할의 향상을 위해서 오로지 부모-자녀 관계를 바라보는 것과 같다."(p. 54)고 설명하였다. 주의할 점은 슈퍼바이지의 만족감과 슈퍼바이지의 효과성 사이의 차이에 대해서는 관심을 두지 않았다는 것이다. Goodyear와 Bernard(1998)는 도넛 공장 고객의 만족도와 유사하다고 언급하며, "슈퍼바이지 또는 슈퍼바이저에게 슈퍼비전의 만족도에 대해 묻는 것은 그들의 경험에 대한 영양학적 가치에 대해 최소한의 정보를 부여하는 것이다."(p. 10)라고 설명하였다. 만족도는 슈퍼바이지로서의 성장이나 내담자에 대한 효과성과 관련된 것이 아니라 아마도 호감, 친근함, 관계, 친밀도 또는 다른 다양한 요인과 관련되어 있을 수도 있다. Goodyear와 Bernard는 슈퍼바이저가 슈퍼바이지에게 호감을 갖게 되면, 슈퍼바이저는 슈퍼바이지에게 높은 수준의 긍정적 평가를 하는 경향성이 있다고 보고하였다. 또한 슈퍼바이저가 슈퍼바이지에게 호감을 가지면, 슈퍼바이지 역시 슈퍼바이저에게 더 높은 호감을 나타낸다고 하였다. 슈퍼바이지는 호감을 가지는 슈퍼바이저에게 더 높은 만족도를 표현하는 경향이 있다.

# 최악의 슈퍼바이저

## 상호작용 문제를 일으키는 잠재적 양상

문제가 되는 슈퍼비전은 치료의 진행에 부정적 영향을 미치며 궁극적으로 슈퍼바이지에게도 부정적 영향을 미친다. Kadushin(1968)은 문제가 있는 슈퍼비전의 상호작용 양상과 본보기가 되는 '게임들'을 설명하였다. 각각은 마치 함께 춤을 추듯, 슈퍼바이지의 행동은 슈퍼바이저의 부적절한 행동을 이끌어 내면서 부적응적 상호작용 패턴을 보였다. 이러한 패턴은 경계를 넘는 것으로 끝나게 된다. 한 예로, 슈퍼바이지는 슈퍼바이저의 통찰을 칭찬하면서 슈퍼바이저에게 잘 보이려고 하였다. 그러면 슈퍼바이저는 전능하게 보이려는 욕구와 정서적 욕구 때문에 슈퍼바이지에게 올바른 피드백을 제공하는 데 어려워지게 된다. 다른 예로, 슈퍼바이지가 슈퍼바이저에게 커피를 마시거나 점심을 함께하자고 권함으로써 슈퍼비전의 관계를 다르게 설정하면서 친구 관계로 변형된 경우도 있다. 다른 경우는, 슈퍼바이저가 잘 모르는 분야(문서나 이론)에 대해 슈퍼바이지가 언급할 때 권위가 떨어지게 되고 슈퍼바이저의 무지를 은폐하는 관계를 맺게 되는 경우다. 또 다른 경우, 슈퍼바이지는 자신을 슈퍼바이저와 비교하여 개인적 혹은 전문가로서의 경험(예: 물질 남용, 자녀 양육, 공적 업무)에 대해 언급하기도

하였다. 또한 어떤 슈퍼바이지는 슈퍼비전 시간에 어떤 사례에 대해 논쟁을 하려 하거나 상호작용에서 벗어난 질문들을 하였다. 또 다른 예로, 슈퍼바이지는 슈퍼바이저를 유능한 존재로 여기며 부모처럼 그의 조언과 안내, 충고에 의존하였다. 다른 경우로, 슈퍼바이지는 슈퍼바이저의 제안과 개입을 성실히 따라 하고, 슈퍼바이저와 슈퍼바이지가 하지 못한 일을 기록하였다. 이때 슈퍼바이저가 방어하지 않고 불리한 상황이 많아져 슈퍼비전이 무산되었다. 또 다른 슈퍼바이지는 몇몇 슈퍼바이저들의 모순된 개입이 혼란스럽다고 표현했다. 슈퍼바이저는 자신에게 맞서는 것에 대해 그들의 위치를 보호하기 위해 방어적 태도를 취했다. 다른 경우, 슈퍼바이지는 자신이 한 실수를 인식하고 자책했다. 슈퍼바이저는 슈퍼바이지를 지지하고, 편안하게 해 주며, 칭찬을 해 주는 것이 필요하다는 점을 발견했고, 그들은 슈퍼바이지에게 불안을 일으키는 '잘못'에 대해 논의하는 것을 피했다. 다른 예에서, 슈퍼바이지는 개인적 문제가 표출되자 현명한 슈퍼바이저가 그 문제를 해결할 수 있게 도와주기를 요청했다. 슈퍼바이저는 할 수만 있다면 도움을 주려 했고, 치료로 경계를 넘으려 했다. 또 다른 예에서는, 슈퍼바이지가 슈퍼바이저의 의견에 동의하지 않고, 슈퍼바이저는 슈퍼바이지가 방어를 일으킨 것으로 상호작용을 재정의하였다. 한 슈퍼바이지는 슈퍼바이저가 질문에 단순하게 답했을 때 더욱 어려운 질문으로 쩔쩔 매도록 했다. 슈퍼바이저는 슈퍼바이지가 질문하는 것이나 동의하지 않는 것을 저항으로 여겼다.

각각의 예에서 슈퍼비전 관계와 그 경계에서 일어날 수 있는 잠재적인 위험과 약점을 설명하였다. Kadushin(1968)은 이러한 게임을 하는 것은 슈퍼바이저에게 손해라고 언급하였다. 그러나 이 게임들을 과정 이슈로 다룬다면 궁극적으로 모두에게 도움이 될 수 있는 가능성이 있다고 설명하였다. 가치 있는 실습은 슈퍼바이저와 슈퍼바이지 연구 집단에서의 각각의 패턴을 언급하며 지식적으로 다룬다. 슈퍼비전의 맥락에서 발생할 경우 직접적으로 분류되고 다룰 수 있다. 동일시와 직면은 슈퍼바이지와 슈퍼바이저 모두에게 매우 효과적인 도구다.

## 훈련과정에서 최악의 슈퍼바이저

'최악의' 슈퍼바이저에 대한 연구는 '최고의' 슈퍼바이저에 대한 연구와 정
반대된 특징을 갖고 있는 것은 아니다. 대신 그 연속선상의 끝은 고유한 특성을
지니고 있다(Hutt et al., 1983). Magnuson 등(2000)은 E. L. Worthington이 설
명한 '잘못된 슈퍼비전'에 대한 중요한 원리를 설명하였다. 이 원리는 슈퍼비전
의 모든 요소를 말하는 것이 아니라 큰 주제를 제외한 세밀한 내용에 초점을 두
고 있으며 균형이 잡혀 있지 않은 슈퍼비전을 말하는 것으로 훈련생의 발달적
욕구에 민감하지 않고, 발달적으로 부적절한 슈퍼비전을 하거나 슈퍼바이저의
방식이나 견해와 다른 견해를 갖는 것을 허락하지 않거나 견해의 차이를 인정하
지 않는 경우, 또한 슈퍼바이저가 준비되어 있지 않거나 훈련받지 않아서 일어나
는 개인적·전문적 태도에 대한 모델링이 부족한 경우, 또는 전문가로서 전문성
에 무관심하거나 게으르고 책임감이 없을 때 일어나는 개인적·전문적 태도에 대
한 모델링이 부족한 경우들이다. 잘못된 슈퍼비전은 조직 관리(organizational-
administrative), 인지적 기술(technical-cognitive), 관계적 정서(relational-
affective)와 같은 분야에서의 문제를 포함한다. 조직 관리의 영역에서 책임감에
대한 기대나 기준을 분명하게 설정하지 않았고, 슈퍼바이지의 욕구를 평가하지
않았다. 인지 기술적 영역에서 슈퍼바이저는 임상가로서 또는 슈퍼바이저로서
기술이 부족한 것으로 보였고, 전문가로서 신뢰할 수 없었다. 관계적 정서 영역
에서 슈퍼바이저는 안정감 있는 환경을 제공하지 않았고, 너무 단정 짓거나 교정
적인 피드백을 하였으며, 훈련생의 발달적 욕구에 민감하지 못하거나 슈퍼바이
저와 슈퍼바이지 사이에 일어나는 주제를 피하고, 개인에게 책임을 지웠다. 이
많은 범주는 심리학자의 윤리규정과 행위규범(Ethical Principles of Psychologists
and Code of Conduct)에 제시된 윤리 원칙 A부분에서 '해서는 안 되는', 행동지
침(American Psychological Association, 2002a, p. 3)을 위반한 것으로 나타났다.
비록 이것이 초기의 연구라고 할지라도 질적으로 우수한 슈퍼비전과는 반대되
는 것이었다.

또 다른 사람들이 설명한 최악의 슈퍼바이저의 예로 효과적 훈련 전략과 역할 모델이 부족한 슈퍼바이저, 흥미가 없고 역량이 부족한 슈퍼바이저가 포함된다. 훈련생이 이러한 슈퍼바이저를 '최악'이라고 평가하는 것을 알지만 슈퍼바이저가 자신을 어떻게 평가하는지는 알 수 없다. 최악의 슈퍼바이저에게 받는 슈퍼비전은 유익하지 않았고, 슈퍼비전 시간도 적었으며, 슈퍼바이지와 이론적 개념적 불일치로 상충되었고, 너무 비지시적이거나, 명확하지 않거나, 슈퍼바이지와 개인적 갈등이 있거나, 절차와 같은 문제에 대해 너무 많은 시간을 보내거나, 전문성이 부족하거나, 자신의 업무에 대한 이야기를 많이 하였다(McCarthy et al., 1994). 그들은 슈퍼비전 회기를 취소하거나, 중단하거나, 슈퍼비전에 집중하지 않는 것처럼 보였다(Chung, Baskin, & Case, 1998). 또한 슈퍼비전 시간에 개인 문제를 이야기하는 데 몰두하며 시간을 보냈다(Allen et al., 1986; Ladany & Walker, 2003). 최악의 슈퍼바이저는 자신의 '노선'에서 벗어나는 것을 지적하고, 자신을 따르기를 강요하는 권위주의적 슈퍼바이저였다. 무간섭주의와 권위주의 슈퍼비전 방식은 모두 훈련생의 낮은 만족도와 연관된다(Cheiniss & Equatios, 1977).

최악의 슈퍼바이저는 훈련생의 결점을 강조하고, 경직되어 있으며, 편협한 면이 있었다(Watkins, 1977c). 그들은 슈퍼바이지의 가치를 하락시키고(Allen et al., 1986), 간접적이거나 회피적으로 말하며, 개별화를 인정하지 않는다(Wulf & nelson, 2000). 최악의 슈퍼비전에서 가장 중요한 측면은 관계로, 슈퍼바이저가 슈퍼바이지를 신뢰한다는 느낌보다는 불신하고 있다고 느꼈다. 그러면서 훈련생은 지지보다는 비판을 예상하기 시작하였다. 순환적으로 슈퍼바이저는 둔감해지고 갈등을 인식하지 못하며, 슈퍼바이지를 탐색하려는 데 책임감을 보이지 않았다(Hutt et al., 1983). 최악의 슈퍼바이저는 슈퍼비전 기술을 개선하기 위해 훈련하는 데 관심이 없고 방어적이었다(Watkins, 1997c).

## 부정적 슈퍼비전에 대한 분석

　몇몇 연구자들은 효과가 없거나 수준 미달인 슈퍼비전의 원인들을 분석해 왔다. Nelson과 Friedlander(2001)는 슈퍼바이지가 느꼈던 부정적 슈퍼비전의 경험을 분석했다. 그들은 관계의 시작에서 경험한 내용, 어려움의 특성, 원인이 되는 요인들을 범주화하였다. 관계의 초기에서 부정적인 요소들은 훈련의 관계적 측면에서 냉담하고 책임지지 않으려 하며 너무 바쁜 슈퍼바이저를 포함한다. 어려운 점은 힘 겨루기가 일어나거나 슈퍼바이지가 나이 · 경험 · 지식의 측면에서 더 높은 수준이라고 인식되는 상황에서 비롯되는 역할 갈등이었다. 또한 이러한 범주 안에서 슈퍼바이저가 슈퍼바이지와 친구가 되려 하거나, 슈퍼바이지에게 비밀을 털어 놓거나, 슈퍼바이지를 대화 상대로 여기는 경우와 같은 역할 갈등이 존재하였다. 성 또는 문화에 대한 세계관의 차이에서 오는 오해도 있었다. 또 다른 원인으로는 슈퍼바이지가 상담센터나 환경 등에 관여하는 경우였다.

　부정적 슈퍼비전은 특정한 부정적 사건을 통해 그 실체를 확인할 수 있다. Ramos-Sanchez 등(2002)은 연구 대상의 21.4%의 인턴과 실습생이 슈퍼비전에서 부정적 경험을 하였다고 보고하였다(28% 응답률). 부정적 경험을 보고한 슈퍼바이지는 약한 슈퍼비전 동맹 관계를 형성하였고, 슈퍼바이저에게 낮은 수준의 만족도를 나타냈다. 몇 건의 부정적 사건은 비판적이고 판단적인 태도와 관계가 있었다. Gray, Ladany, Walker 그리고 Ancis(2001)는 슈퍼비전에서 일어나는 '역생산적 사건'의 유형에 대해서 슈퍼바이지의 향상된 부분보다는 부정적 측면에 초점을 두고, 슈퍼바이지를 이해하지 못하며, 슈퍼비전에 대한 준비를 해 오지 않고, 부적절한 자기개방을 하는 슈퍼바이저의 행동들이라고 설명하였다. 슈퍼바이지는 역생산적 사건이 일어나는 동안 자기 자신, 슈퍼바이저 그리고 슈퍼비전 관계에 대해 부정적 사고를 갖게 된다고 보고하였다. 슈퍼바이지는 그 사건이 인식되고 다루어지기를 원하지만(몇 가지 예로, 그들은 초기에 그렇게 했었다), 그렇게 하는 것은 안전하지 못하다고 느꼈다. Veach(2001)는 '부정적 사건들'에 대한 범주로서 슈퍼바이지의 부족한 실행에 초점을 맞추는 것은 실패한 슈퍼비전이라고 덧붙였다.

다른 연구자들은 관계, 역량, 정서 인식 또는 자율성과 관련된 슈퍼비전의 과정에서 주요 변화 지점이나 주요 사건들을 연구(Ellis, 1991a)하였다. 이 사건을 경험한 후 슈퍼바이지는 슈퍼바이저에게 결정권을 맡기거나, 방어적이거나, 경계거나, 표현을 자제하고 그만두거나, 더 나은 슈퍼비전에 대해 적극적으로 고민하게 되는 결과를 보이거나(Gray et al., 2001), 슈퍼바이저가 가르치는 것을 따르는 척하게 되기도 하였다(Moskowitz & Rupert, 1983). 따르는 척한다는 것은 슈퍼바이저가 하지 않은 것들을 한 것처럼 꾸미고 그 과정의 기록을 왜곡하거나 수행에서의 어려움을 숨기는 행위를 말한다.

사례들에서 보면, 역생산적 슈퍼비전 사건들은 결국 내담자에게 부정적 영향을 미치게 된다. 대인관계와 대인관계 방식에서 부정적 사건들이 자주 발생하게 되며, 특정 슈퍼비전의 과업을 수행할 때나 의무감으로 슈퍼비전을 할 때 이런 사건들이 발생할 수 있다. 제8장에서는 문제가 되는 슈퍼비전에 대한 더 심도 있는 논의를 할 것이다.

# 최적의 슈퍼비전과 관련된 요인

## 갈등 해결

Moskowitz와 Rupert(1983)는 슈퍼비전에서 일어나는 갈등의 원인을 검토한 연구 문헌들에서 연구 대상의 38%가 슈퍼바이저와 갈등이 있었다고 보고한 사실에 비추어 볼 때, 유능한 슈퍼바이저는 갈등을 잘 다루었을 것이라 밝혔다. 슈퍼비전 방식(지시와 지지)에 대한 갈등은 더 쉽게 성공적으로 해결하는 반면, 이론적 지향성과 치료적 접근과 관련된 갈등의 해결은 실체화되거나 성공적으로 다루어지지 못했다. 가장 해결하기 어렵고 가장 높은 비율로 보고된 내용은 개인적 문제를 포함하는 갈등이었다. 거기에는 훈련생들은 갈등을 확인하고 논의하는 슈퍼바이저를 선호한다는 강한 암시가 존재한다. 158명의 연구 대상자 중 86%는 슈퍼바이저가 갈등 상황을 인식하고 논의를 시작하는 것을 선호하는 반면, 13.9%의 훈련생은 슈퍼바이저가 문제를 인식하고 슈퍼바이지가 논의를 시작할 수 있도록 기다려 주는 것을 선호하였다. 실습생 52명 중 40명은 자신이 먼저 슈퍼바이저와 토론을 시작했다고 보고하였다. 40건의 사례 중 절반 정도가 토론을 통해 슈퍼비전 상황을 개선하였다. 소수의 집단에서는 토론은 시도했으나 개선이 없었으며, 슈퍼바이저의 행동이 자신들이 원하는 방식대로 변화하지 않거나, 슈퍼바이저가 훈련생의 개인적인 문제가 갈등의 핵심이라고 느꼈던 것으로 나타났다.

효과적 슈퍼비전의 핵심은 슈퍼바이저가 문제를 확인하고 그것들에 대해 이야기를 나누기 시작하는 것이다. 문제를 알면서도 슈퍼바이지가 이야기를 시작하도록 기다리는 것은 바람직하지 못한 일이다. 중요한 문제는 훈련생이 제기하는 갈등이나 슈퍼바이지의 부정적 피드백에 대한 슈퍼바이저의 반응이다. 훈련생이 자주 불평이나 갈등을 이야기하거나 부정적 피드백을 할 경우, 슈퍼바이저가 대립적이거나, 방어적으로 대하거나, 비난조로 이야기하거나, 노골적으로 화를 내게 되면 훈련생과 더 큰 갈등이 발생하게 된다. 슈퍼바이저가 슈퍼바이지의 부정적 피드백과 눈에 띄는 의견 차이 영역에 대해 방어적으로 반응하지 않는 것이 중요하다. 방어하지 않은 반응은 슈퍼비전 수업이나 지지 집단에게 훌륭한 역할극이 될 것이다.

## 슈퍼바이저의 개방

신뢰와 소통을 바탕으로 슈퍼비전 동맹 관계를 확고하게 형성하는 역량은 효과적 슈퍼비전을 위해서 필수적이다. Ladany와 Walker(2003)는 슈퍼비전에서 개방은 신뢰할 만한 의사소통을 바탕으로 슈퍼비전 동맹의 요소인 정서적 유대 관계에 직접 영향을 미친다고 설명하였다. 다음으로 슈퍼바이저의 개방은 모델링될 수 있으며, 슈퍼바이지의 개방을 격려하게 된다고 하였다. Ladany, Hill,

Corbett 그리고 Nutt(1996)는 연구를 통해 슈퍼바이저에게 개방을 하지 않는 여덟 가지 사항을 보고하면서 그 문제를 포함시키는 것이 중요하다고 보았다. 개방을 하지 않는 사람들 대부분은 개인적 주제, 평가, 임상에서의 실수, 일반적인 관찰에 대해 혹은 슈퍼바이저에 대해 부정적 반응을 하는 것에 대해 걱정하였다. 이들 중 90%는 자기개방하지 않는 슈퍼바이저에게 부정적 경험을 갖고 있었던 것으로 조사되었다. 슈퍼바이지가 슈퍼비전 동맹을 약화시키는 부정적 느낌이나 두려운 느낌들을 지나치게 개인적이고 중요하지 않은 것으로 보았기 때문에 개방이 일어나지 않는 것이라 보았다. Yourman과 Farber(1996)는 연구 대상의 39.8%(35.2% 응답률)가 임상적 실수에 대해 슈퍼바이저에게 알리는 것에 실패했다고 보고하였다. 게다가 30%는 슈퍼바이저가 잘못했다는 생각이 들 때 거의 개방하지 않거나 조금만 개방을 하였다. 연구 대상의 약 50%는 슈퍼바이저가 훈련생에게 경청하길 원한다고 말했다고 보고하였으며, 59%는 슈퍼바이저에 대한 부정적 느낌을 개방하는 것은 안전하지 않다고 느끼는 것으로 나타났다. 개방을 강화하는 요소들은 역전이에 대해 이야기를 나누는 것과 슈퍼바이지의 만족도였다.

또 다른 연구에서 훈련생의 91%는 슈퍼바이저의 의도에 의해서 최소한 한 번 이상의 자기개방을 경험했던 것으로 보고하였다(21% 응답률). 자기개방이 가장 자주 일어나는 영역은 개인적 주제, 애매모호한 상담 경험, 상담의 갈등과 관련된 내용이었다(Ladany & Lehrman-Waterman, 1999). 슈퍼바이저의 73%는 개인적 주제에 대해 최소 한 번의 자기개방을 했다. Ladany와 Lehrman-Waterman(1999)은 슈퍼비전 시간이 낭비되는 것, 슈퍼바이지에게 과도한 기대를 하도록 하는 것 그리고 역할 전도의 위험에 대해 언급하였다. 반면 슈퍼바이저가 내담자에게 드는 감정과 관련한 자기개방, 자신이 경험했던 상담에서의 어려움과 성공 경험, 슈퍼비전 관계에 대한 개인적 피드백, 전문가로서의 경험, 대리 경험을 이야기하며 가르침을 줄 때 이러한 자기개방이 촉진적인 것으로 나타났다. 슈퍼비전에서 개방을 유발하는 사건과 관련한 지각에는 차이가 있을지 모른다. Reichelt와 Skjerve(2002)는 연구는 대상이 적고 방법론적 측면에서 논의할 부분이 있었지만, 슈퍼비전에서 일어난 사건을 슈퍼바이저와 슈퍼바이지가 지각하는 데 차이가 있었다. 지각에 차이를 보인 일들은 슈퍼바이저의 교육 방식, 숨은 의도, 견해 그리고 내담자에 대해 이야기할 때 훈련생의 정서적 반응에 대한 논의를 회피하는 것들이었다. 반면 훈련생 중심의 접근과 교육 방식, 훈련생의 생각을 탐색하는 것에 대해서는 슈퍼바이저와 슈퍼바이지의 지각이 매우 일치하였다. 갈등을 예방하고 해결하며 개방과 관련한 역량을 정의하기 위해 깊이 있는 탐색이 필요하다.

　슈퍼바이저는 슈퍼바이지에게 개방하지 않는 분명한 선이 있는데, 이에 대해 Ladany와 Melincoff(1999)의 연구에서 슈퍼바이저의 98%는 훈련생에게 정보를 주지 않았다고 보고하였으며, 매우 자주(사례의 74%에서) 개방하지 않은 피드백의 내용은 대부분 슈퍼바이지의 전문성을 형성하는 데 방해가 되는 슈퍼바이저의 부정적 반응들로, 그러한 피드백의 억제는 슈퍼바이지의 행동이 발달과정상 적절한 행동이라고 인식되었기 때문이거나, 훈련생이 특정 피드백을 받아들일 준비가 되지 않았다고 느꼈기 때문으로 볼 수 있다. 슈퍼바이저는 그러한 주제들에 대해서는 간접적 방법이나 일반적 내용을 제시하는 것으로 조절하였다. 두 번째로 가장 잦은 빈도로 비개방이 일어난 사례(67%)는 슈퍼바이저 자신의 삶과 관련한 개인적 주제였고, 슈퍼바이저는 이 주제와 관련하여 경계를 분명히 하였다. 훈련생의 실행에 대한 부정적 반응은 56%가 이야기하지 않았고, 훈련생의 개인적 문제는 전체 비개방의 37%, 슈퍼바이저에 대한 부정적 자기효능감은 32%, 훈련 상황의 역동은 27%, 슈퍼바이저의 임상적인 전문성의 문제는 22%, 훈련생에게 끌림은 10%, 내담자에 대한 훈련생의 반응은 4% 그리고 다른 훈련생과의 슈퍼비전 경험은 전체 비개방의 4%였다. 슈퍼바이저들이 부정적 인상이나 긍정적 인상에 대해서는 개방하지 않는다는 점은 주목할 만하다. 평가적 피드백은 훈련생에게 도움이 될 것이다. 문화는 자기개방의 문제에서 중요한 요소가 된다. Constantine과 Kwan(2003)은 내담자와 치료자 모두에 대한 고려가 슈퍼바이저-슈퍼바이지-내담자의 3인에 대한 고려로 확대될 수 있다고 설명했다. 그들은 피부색과 같은 것들은 "피할 수 없이"(p. 584) 개방해야 하는 것이라고 설명하였고, 치료자의 신중한 자기개방과 전이-역전이로 일어나는 부적절한 자기개방도 고려해야 한다고 하였다. 처음 두 범주 내에서 반응한 내담자(슈퍼바이지)에 대한 인식과 평가는 신중한 자기개방 이후에 이루어져야 한다.

## 멘터링

사람들이 가장 높게 평가하는 훈련생의 사회화의 요소는 멘터링이다. Johnson(2002)은 멘터에 대해 다음과 같은 다양한 정의를 설명하였는데, "멘터는 매우 특별한 전문성이 있어 멘티가 추구하는 것을 지지하는 사람이며, 멘티에게 지식, 충고, 도전 및 상담을 제공하는 사람을 말한다"(p. 88). 멘터는 어떤 훈련이나 슈퍼비전을 받지 않고도 스승이자, 조언자이며, 역할 모델을 제공한다. 멘터링은 자유의지에 권한을 부여하는 정도에서 슈퍼비전과 다르며, (예: 후배들에게 행해진다)(by virtue of its volitional quality) 슈퍼비전에 비해 평가적이거나 법적인 요소도 없지만 관계가 더 길게 유지된다. 그러나 몇몇 슈퍼바이저는 그들의 슈퍼바이지에게 멘터가 되려고 한다. Koocher(2002)는 남성학적 개념을 피하기 위해 제자보다는 '멘터에게 맡겨진 사람' 멘터링을 받는 사람으로 부르도록 했다. 멘터에게 맡겨진 사람들은 그들의 일에서 빠른 진전을 보였으며 전문가적 정체성과 직업 만족도가 더욱 강화되었음을 보고하였다. 흥미롭게도 다른 심리학 분야 학생들(73%, Johnson, Koch, Fallow, & Huwe, 2000)보다도 임상심리학 학생들(53%)이 비교적 적게 멘터링을 받아 왔으며 심리학 박사는 의학박사보다도 멘터가 되는 것을 더 좋아하지 않았다(Clark, Harden, & Johnson, 2000). 멘터링은 비즈니스과 같은 사업에서 더 자주 활용되었다.

학대적(Tapper, 2000), 역기능적(Johnson & Huwe, 2002) 그리고 부정적(Eby, McManus, Simon, & Russell, 2000) 슈퍼비전의 실행에 대한 관심의 증가는 이전에는 관심을 갖지 않던 멘터링의 어두운 측면에 관심을 쏟게 하였다. 왜냐하면 슈퍼바이저와 마찬가지로 멘터는 큰 힘을 갖게 되기 때문에, 멘터와 멘터링을 받는 사람과의 관계 사이의 불균형은 잠재적 학대와 관련되어 있다. 역기능적

관계는 비생산적인 것으로 정의되며, 한쪽 혹은 둘 모두 스트레스의 결과로 갈
등 상황을 경험하게 된다. 결과는 착취, 방해나 횡포가 될 수 있다. 멘토링 관계
의 다양한 역할들 때문에 윤리적인 면에 관심을 갖는 것은 중요하다(Johnson &
Nelson, 1999). 멘터가 될 사람들은 더 준비되어 있고, 훈련받고, 더 지지적이도
록 요구하며, 멘토링의 기능에 중요하게 여기는 가치가 일치되어야 한다. 예를
들어, 대학의 소수학과의 모든 학생이 멘터처럼 되기를 원한다고 하였으나 이수
증명서는 없이 완성해야 하는 연구의 책임과 할당량만 있었다(Dickinson &
Johnson, 2000). Johnson과 Huwe(2002)는 멘토링 문화를 만들어 역기능을 예
방할 수 있는 단계들을 소개하였으며, 새로운 교육자를 고용할 때의 기준으로서
멘터 기술을 사용할 수 있는 잠재적 멘터를 고용할 것을 제안하였다. 또한 멘터
훈련과 멘터 모니터링을 제안하였고, 멘터가 되는 교수에게 보상을 줄 것과 역
기능에 대한 분명한 기준을 만들 것을 제안하였다.

## 문 화

‘최상의’ 슈퍼비전과 ‘최악의’ 슈퍼비전에서 문화의 역할은 상당히 무시되
어 왔다. 한 예로, APA의 구성원인 소수민족(18인종) 학생들이 미국의 상담센터
에서 인턴으로 일하면서 참여했던 슈퍼비전에서 주요 사건들을 조사한 연구 자
료가 있다(Fukuyama, 1994a). 슈퍼바이저와 슈퍼바이지 모두에게 긍정적 사건
과 부정적 사건을 이야기할 것을 요청하고 그들의 전문성 발달에 기여하는 기관
혹은 환경적 상황을 설명하면서 다수의 범주가 분명해졌다. 슈퍼바이지는 가능
한 한 정형화되지 않고, 개방되고, 지지받는 것을 더 좋아했다. 슈퍼바이지는 임
상에서 어려운 내담자들, 특별히 문화적 이슈와 같은 임상의 작업에 대한 슈퍼
바이저의 설명에 가치를 두었으며, 슈퍼바이지와 내담자의 문화 모두를 수용하
고 안내하는 슈퍼비전에 가치를 둠으로써 그들의 전문적 지식의 향상을 통해 다
문화 경험의 기회가 되는 데 가치를 두었다. 몇몇 부정적 사건들(N= 4)은 슈퍼
바이저가 슈퍼바이지에게 무례한 표현을 사용하고, 슈퍼바이지가 내담자와 같

은 문화일 때 문화적인 영향을 받는 것으로 내담자의 행동을 이해한 것에 대해 의문을 가지며, 문화적으로 특별한 규준에 대한 인식이 부족한 슈퍼바이저(예: 문화적으로 일관된 행동을 역전이로서 해석함으로써)와의 슈퍼비전이었다.

McRoy, Freeman, Logan 그리고 Blackmon(1986)은 슈퍼바이저와 슈퍼바이지의 문화의 인식에 대한 연구에서 언어 장벽, 편견이나 편협함, 문화적 차이에 대한 지식 부족, 학생의 방어, 견해의 차이, 배경의 차이, 경험의 차이와 같이 슈퍼비전 관계에서 나타나는 다문화적 어려움들을 설명하였다. 28%의 슈퍼바이저와 훈련생의 16%는 이 영역들에서 실제로 문제가 있었다고 답하였다.

슈퍼비전에서 문화와 다양성에 대한 주제가 다루어져야 한다는 강력한 제안이 있었다. 이것은 슈퍼비전의 역량이 되며, 소수민족 인종 집단(McNeill, Hom, & Perez, 1995)의 슈퍼바이지와 관련 있을 뿐만 아니라 슈퍼비전에서 정치적 태도(Stone, 1997)보다는 비판적 생각, 탐색적 태도, 알아가려는 태도로 다루어야 한다고 보았다(Stone, 1997). 역량은 다문화적 심리학에 기반을 둔 지식과 배려를 포함한다. 유연함은 고정관념을 해결하는 방법으로 고정관념을 유연함의 부족으로 보았으며(Abreu, 2001), 유연함은 개방성에 대한 인지 양식과 관련된 것이다. 차별과 우월주의는 인식하지 못하거나 오해의 결과로 우연하게 혹은 의도적으로 암암리에 발생한다(McNeill et al.). 우리는 문화에 접근하는 데 영향을 주는 일반적 시각을 알 필요가 있으며, 이론과 개입(McNeill et al.)에 영향을 주는 유럽 중심의 인식을 수용할 필요가 있다. Constantine(1997)은 연구에서 인턴의 30%와 슈퍼바이저의 70%는 다문화적 상담을 할 수 없다고 보고하였다. J. M. Bernard(1994)는 슈퍼비전에 대한 최소한의 요구는 한 사람의 슈퍼바이지로서 다문화적 역량을 갖추는 것이라고 제안하였다. 이 주제와 관련한 논의는 제6장에서 자세히 다룰 것이다.

## 성 별

Allen 등(1986)은 몇 가지 차원들 중 성별의 차이에 대해서 언급했으나, 대부분은 슈퍼비전의 질과 슈퍼바이저의 성별은 관련이 없다고 하였다. 이러한 견해 차이는 여성 훈련생의 능력을 덜 지지하는 것(Nelson & Holloway, 1990), 남성 내 담자의 주제와 여성 내담자의 주제(Sells, Goodyear, Lochtenberg, & Polkinghorne, 1997)를 포함하며, 일반적으로 슈퍼비전에서 성별 고정관념에 영향을 받는다 (J. M. Bernards & Goodyear, 1998). 페미니스트 슈퍼바이저는 지적인 것과 개인 적 도전에서 무조건 긍정한다고 설명했다(Porter & Vasquez, 1997).

　　남자 슈퍼바이지들이 선호하는 '최고의' 슈퍼바이저들은 평가와 동료의 관찰 에 대한 강조를 중요하게 여겼다. 또한 남자 슈퍼바이지들은 슈퍼비전의 기술적 인 면을 더 강조하였다. 여자 슈퍼바이저의 경우 성차별 태도나 행동을 보이지 않는 것이 최선이라고 여겼다(Allen et al., 1986). 남자 슈퍼바이지에게 가장 '나 쁜' 슈퍼바이저는 다른 슈퍼바이지와 경쟁을 유도하는 슈퍼바이저였다. 또한 나쁜 슈퍼바이저라고 생각되는 슈퍼바이저는 실제 기술은 가르치지 않고, 새로 운 심리치료 단계에 대한 탐색을 격려하지 않는 사람이었다(Allen et al., 1986). 여자 슈퍼바이지에게 가장 나쁜 슈퍼바이저는 성차별적 언어를 사용하고, 전형 적 성역할을 강조하며, 성에 의한 슈퍼바이지의 가치를 미묘하게 하락시키고, 개인적 사생활을 침해하는 슈퍼바이저였다. 일을 하는 여성주의자들은 과도한 지시를 하거나 순응을 요구하는 슈퍼바이저를 최악의 슈퍼바이저라고 설명하였 다. 즉, 슈퍼바이지의 갈등 · 걱정 · 문제에 대한 병리적 해석을 하거나, 성차별 적 시각으로 바라보거나, 인종차별주의적 시각으로 바라보는 슈퍼바이저도 최 악의 슈퍼바이저라고 설명하였다(Porter & Vasquez, 1997).

## 선호하는 슈퍼비전의 형식

　　Goodyear와 Nelson(1997)은 가족치료에서 선호하는 슈퍼비전의 형태에 대 한 선행 연구에서 슈퍼바이저와 훈련생이 효과적이라고 보고한 것을 비교하였 다. 재검토에서 가장 많은 비율의 슈퍼비전 형식은 '슈퍼바이저와 훈련생이 치료회기의 비디오테이프를 검토하는 것'과 '훈련생과 직접 전화연결로 슈퍼비전을 하는 것'이었다. 훈련생과 슈퍼바이저 모두 이런 형태를 첫 번째와 두 번째로 평가했다. 세 번째 선택에서 슈퍼바이저들은 '훈련생이 일방경으로 치료팀에 참여한 것'을, 훈련생들은 '슈퍼바이저가 훈련생과 협동 치료를 한 것'과 '일방경 뒤에서 훈련생이 치료에 참여하는 것'을 선택하는 약간의 차이가 있었다. "훈련생을 고려하여 중간 회기의 휴식시간을 이용하여 슈퍼비전을 하는 것"은 슈퍼바이저에게 네 번째, 훈련생에게는 다섯 번째였다. 훈련생과 슈퍼바이저에게 가장 자주 사용되었던 슈퍼비전의 형태는 훈련생과 슈퍼바이저 모두에게서 85% 이상 응답되었던 '개별 사례 회의'다. 개별 사례 회의는 슈퍼바이저가 열네 번째로 선호하는 형태이며 훈련생들은 열 번째로 선호하는 형태로 McCarthy 등(1988)은 개별 슈퍼비전이 가장 좋다는 '믿음'에 확신을 갖게 되었다. 집단 슈퍼비전은 두 번째로 자주 사용되는 형식이었는데, 슈퍼바이저는 다섯 번째로, 훈련생은 아홉 번째로 선호하는 것이었다. 슈퍼바이지가 자주 사용하는 기술로 '특정 사례를 읽는 것'이었으며 '슈퍼바이저가 슈퍼바이지에게 특정 치료 기술을 보여 주는 것'은 훈련생과 슈퍼바이저 모두에게 높은 순위는 아니었다(각각 12위, 17위). 가장 선호도가 낮은 형태는 슈퍼바이지에게 축어록을 요약하도록 하는 것이었고, '슈퍼바이지에게 가르칠 때 이어폰을 사용하여 회기 중에 슈퍼비전을 하는 것(특히 훈련생에게 낮은 순위로 나타남)', 가족치료에서 관계를 묘사하도록 실제 공간에 신체를 배치하는 형태로 가족을 놓는 가족 조각기법들이 있었다.

비디오테이프와 슈퍼바이저의 관찰은 훈련생의 치료 회기와 관련한 정보를 얻는 데 가장 좋은 방법이라는 Nelson(1978)의 연구와 대조적이라는 점이 흥미로운 점이지만, 치료 기법을 가르치기 위해 훈련생이 슈퍼바이저의 치료를 관찰하는 것과 훈련생이 협동 치료자로서 참여하는 것은 선호도가 높았다. 훈련 프로그램 관리자는 가장 강력한 슈퍼비전 방법으로 라이브 슈퍼비전을 할 수 있고, 비디오테이프를 재검토하고, 오디오테이프를 재검토하고, 자기보고식 리포트를 쓰는 협동치료라고 평가했다(Romans, Boswell, Carlozzi, & Ferguson, 1995). 슈퍼바이지는 토론을 덜 강조하면서 슈퍼바이저의 실연이나 비디오테이프 그리고 대학원 훈련과정의 관찰을 더 선호한다고 보고하였다(Gonsalvez, Oades, & Freestone, 2002). Milne과 Oliver(2000)는 참여자가 개별 슈퍼비전(100%)을 받는 동시에 집단 슈퍼비전을 받거나(43%가 사용한) 협동치료(29%)를 하게 되면 더 유연해진다는 점을 밝혔다. 그러나 변화에 저항하고, 약한 훈련생의 경우 거부할 가능성과 필요 이상으로 시간이 많이 요구되는 것은 이러한 방법들을 슈퍼비전에서 자주 실행하지 않는 이유가 된다.

훈련생과 슈퍼바이저가 가장 일반적으로 사용하는 슈퍼비전의 형태와 가장 선호도가 높은 슈퍼비전의 방법에는 차이가 있었다. 교육자(관리감독자)들은 개별 사례 회의를 가장 효과적인 슈퍼비전 방식이라고 생각했지만, 그것은 다른 형태들보다도 가장 편리하기 때문이라고 설명하였다(Romans et al., 1995). 그러나 이 결과는 이 분야에 대한 연구가 거의 없고 결과를 치료(내담자) 결과와 연결시키지 않았기 때문인 것으로 여겨졌다. 비디오테이프를 검토받은 훈련생은 치료를 더 잘하고, 참여도가 높았으며, 실제로 문제행동의 해결을 더 잘하는 것으로 나타났다. 일반적인 믿음과는 달리, Ellis, Krengel 그리고 Beck(2002)은 일방경 뒤에서 슈퍼바이저가 관찰하거나, 비디오나 오디오 녹음을 하는 것이 상담자를 불안하게 만들고, 좋지 않은 행동을 끌어내지는 않는다는 연구 결과는 이러한 경향을 뒷받침하였다. 상담자의 교육과 슈퍼비전 협회(Association for Counselor Education and Supervision, 1995)의 '슈퍼비전에 대한 윤리 원칙(APA에 채택되지 않음)'에서도 회기의 음성 녹음이나 비디오 녹화는 기본으로 정의하였다. 라이브 슈퍼비전은 내담자를 가장 잘 보호할 수 있는 방법이며, 대리 경험을 통해 최고의 배움을 얻게 하며, 더 어려운 내담자를 치료할 수 있게 한다. 비디오 재검토와 라이브 슈퍼비전 모두는 즉각적 피드백이 허용되며, 훈련생과 내담자의 언어적·비언어적 행동들을 평가할 수 있게 하며, 슈퍼비전과 치료의 중재를 발전적으로 할 수 있게 한다(Goodyear & Nelson, 1997).

Breunlin, Karrer, McGuire 그리고 Cimmarusti(1988)는 비디오 관찰 슈퍼비전에 대해 소개하였다. 이 방식에서 여섯 가지 원칙은 정서와 인지과정을 다루는 것을 최소화하고 최고의 슈퍼비전을 제공하는 것이다. 이 가이드라인은 훈련생의 발달과 관련한 슈퍼비전의 목표를 세우고, 상황 전반에 내적 과정과 관련하여 회기 후에 느낌들이 곧 느껴지도록 하고, 훈련생이 변화할 수 있도록 교정에 초점을 두고 부분적으로 테이프를 선택하며, 회기를 관찰할 때 계획한 목표와 비교하여 코멘트하고, 목표를 적절하게 수정하며, 각성 수준(이완과 긴장의 중간 지점)을 적절하게 유지해야 한다는 여섯 가지 원칙을 설명하였다. 이러한 실습들은 스트레스를 받지 않으면서도 슈퍼바이지를 적극적으로 변화하도록 한다.

집단 슈퍼비전이 집단과정을 다루는 73%의 사이트와 함께 65%의 박사학위전인턴십 사이트(51% 응답률)에서 다루어 졌더라도(Riva & Cornish, 1995), 슈퍼비전의 형식은 그다지 별로였다(Marcus & king, 2003). 예를 들어, 비공식적인 동료애로 강화된 정서적 학습요소는 잠재적 이득이었다(Marcus & King, 2003). 집단 슈퍼비전을 성공으로 이끄는 요소에 대한 관심이나 개별 슈퍼비전과 다른 집단 슈퍼비전의 방법론에 대한 관심이 부족한 이유로(J. M. Bernard & Goodyear, 1998) 집단 슈퍼비전을 하는 것이 안전하지는 않다. 단일 사례연구에서 집단 응집력과 개인상담의 지침을 따르는 것은 집단 슈퍼비전의 긍정적인 면이다(Werstlein & Borders, 1997). Riva와 Cornish(1995)는 성공적 슈퍼비전과 관련된 요소로서 치료적 요소들에 대한 탐색과 리더십 방식에 대한 조사와 집단 결속력에 대한 연구를 제안하였다. 집단 슈퍼비전은 시간, 비용 및 전문성에서 경제적이라는 이점이 있어, 슈퍼바이저에게 의존하지 않고, 훈련생이 자기에 대한 평가를 준비하며, 더 많은 내담자를 경험하고, 각 내담자에 대해 조망해 볼 수 있으며, 성장을 촉진하도록 피드백하는 것을 모델링하고, 다른 훈련생을 관찰하는 슈퍼바이저의 능력을 배우고, 위기 관리나 행동 기법을 배울 수 있다(J. M. Bernard & Goodyear, 1998). 집단은 거울과 같은 반영적 공간이 되며, 초보 훈련생에게는 안전함을 제공한다(Scanlon, 2002). 그러나 Enyedy 등(2003)은 구성원들과의 문제, 슈퍼바이저와의 문제, 슈퍼바이지의 불안 또는 다른 부정적인 정서들, 실행상의 제약 및 시간 관리의 부족을 집단 슈퍼비전의 장애로 설명하였다. 촉진적 집단 슈퍼비전이란 부정적인 면에 초점을 맞추기보다는 긍정적 집단 상호작용과 피드백을 촉진하는 것을 말하는 것으로, 진행에 영향을 줄지도 모르는 다양성에 대해 다루고, 집단을 구조화하고(시간과 진행), 불안을 일반화하여 촉진적 집단 슈퍼비전을 할 수 있다. 집단 슈퍼비전을 높게 평가하는 것은 더욱 체계적인 탐색의 필요성에 대한 근거가 된다.

## '최고' 그리고 '최악' 의 슈퍼바이저에 대한 이해가 실제 슈퍼비전에 어떤 영향을 미치는가

가장 좋은 슈퍼비전이란 슈퍼바이저의 수준에서 할 수 있는 지지적 분위기 속에서 가능하다고 설명하면서, 부드럽고, 양육적이며, 희망적이고, 긍정적인 분위기와 유머감각이 있는 분위기에서 질 높은 슈퍼비전이 이루어진다. 슈퍼비전은 훈련생 집단과 개인의 욕구에 맞게 조절하는 역량에 기초한 교과과정에 기초하고 있다. 그 분야에서 새로운 생각, 중재, 정보 그리고 새로운 모형에 대한 지속적 설명과 연구가 이루어지고 있다. 다른 정신건강 전문가나 심리치료사의 역할을 모델링하고 법과 윤리 원칙을 고려하는 것들을 포함하여 전문성을 키우는데 관심을 기울이고 있다.

슈퍼비전의 관계에서 중요한 것은 다음과 같다.

- 서로 간의 신뢰, 존중 및 촉진적 관계는 강력한 슈퍼비전 관계의 특징이다.
- 슈퍼비전에 열정과 에너지를 쏟는 것은 중요하다.
- 슈퍼비전 시간, 시간에 대한 책임, 슈퍼바이지의 발달적 욕구에 민감한 것, 자율성을 격려하는 것 그리고 불편함에 대한 개방은 '최고'의 슈퍼바이저가 가장 가치를 두는 질적인 것들이다.
- '최상의' 슈퍼비전 관계란 슈퍼비전에 참여한 두 사람 모두의 실수를 개방하는 것이다. 그러나 불만과 갈등을 확인할 책임은 슈퍼바이저에게 있다.
- 직면은 기대, 적절한 피드백 그리고 평가 구조를 분명히 하게 하는 바람직

한 요소다.

- 슈퍼바이저가 슈퍼바이지의 불평, 갈등 그리고 슈퍼바이지의 부정적인 피드백에 어떻게 반응하는가는 슈퍼비전 관계에서 중요하다. 훈련생들은 종종 훈련을 받는 도중에 슈퍼바이저가 대립적이거나, 방어적이거나, 비난하거나, 노골적으로 화를 낸다고 한다. 슈퍼바이저가 슈퍼바이지의 부정적 피드백에 방어하지 않는 것은 중요하다.

- 해롭고 좋지 않은 슈퍼비전은 앞에서 제시했던 것보다 더 광범위하게 나타났다(Ellis, 2001; Nelson & Friedlander, 2001; Gray et al., 2001). Ellis는 슈퍼바이지에게 자신들의 권리와 책임을 가르쳐서 슈퍼바이지가 슈퍼바이저에게 더 적절하게 대처할 수 있도록 하거나 교육자나 다른 사람들에게 도움을 요청할 것을 제안했다.

- 회기를 녹화하거나 라이브 슈퍼비전을 하는 것은 슈퍼비전의 책임과 효과를 높여 준다. 슈퍼비전에서 비디오 역할 연습이 추천되었다.

- 슈퍼바이지가 '최악의' 슈퍼바이저에 대한 부분을 읽은 후 그런 특성들이 확인되거나, 몇 가지가 자신에게 적용된다고 슈퍼바이지가 말했다면, 슈퍼비전 경험, 슈퍼비전 훈련의 수준, 슈퍼비전에 대한 태도에 대해 알아볼 필요가 있다.

- Veach(2001)가 설명한 개념은 문제를 평가하는 데 유용하다. 지식 부족, 기술 부족, 이슈가 되는 문제, 개인의 병리, 전이-역전이 그리고 문화적 차이로 어려움이 있는가?

- 슈퍼비전 방식에 대한 슈퍼비전을 받거나 혹은 자문을 받는 것은 중요하다.

- Veach(2001)는 갈등 해결을 훈련받을 뿐만 아니라 동료 슈퍼비전도 슈퍼바이저의 감독을 받을 필요가 있다고 설명하였다.

- 적절한 슈퍼비전과 동맹 관계를 발달시키기 위해서는 시간을 할애할 필요가 있다(Nelson, Gray, Fried lander, Ladany, & Walker, 2001).

## 역량

우리는 '최고의' 슈퍼비전을 위해 필요한 역량들을 설명하였다. 하지만 그것이 경험적으로 지지된 것은 아니다. 역량들은 다음과 같다.

- 지지, 자율성 및 격려를 통해 훈련생의 자기확신을 강화시키는 능력
- 슈퍼바이지와 동맹 관계를 발달시키고, 강력한 동맹 관계를 맺는 모델이 되는 능력
- 피드백을 하고, 비평을 하며, 형성평가와 총괄평가를 하는 능력
- 슈퍼비전의 다양한 형식들을 알고 각 형식에서 필요한 기술에 대한 지식을 갖는 것
- 융통성과 유연함을 갖는 것
- 이론적 배경으로 사례개념화를 잘 설명하는 것
- 위기에 직면했을 때조차 유머감각이나 적절함을 유지하여 평형 상태를 유지하는 능력
- 자기평가에 개방적이고 슈퍼바이지와 동료들의 평가에 개방적인 것

# 제3장 기술적 역량 확립하기

지난 10년 동안 심리학 분야에서의 주된 이슈는 치료자의 발달과 역량에 관한 내용들로서 심리학의 교육과정을 만들고 자격증과 실천의 기준을 정하는 것이었다. '투입모형(input model)'은 치료자의 역량을 키우기 위한 교육과정에 초점을 두고 있으며, '산출모형(output model)'은 역량을 갖춘 치료자로서 실천해야 하는 역할과 활동에 대한 전반적 내용에 초점을 두고 있다(Roe, 2002). 투입모형과 산출모형 모두에서 슈퍼비전의 역량은 중요한 요소이며, 각 과정을 촉진한다. 이 장에서는 치료자와 슈퍼바이저의 투입모형 차원과 산출모형 차원의 역량을 살펴본다. 또한 역량을 갖춘 치료자에 대한 과거의 개념들을 정리하고, 다른 분야에서는 역량에 어떻게 접근하고 있는지, 역량의 평가는 어떻게 이루어지고 있는지를 소개한다. 또한 유능한 훈련생과 슈퍼바이저란 어떤 것인지, 유능한 슈퍼바이저가 되기 위한 과정은 무엇인지를 다룬다. 훈련 프로그램을 구성하기 위해 역량을 이해하는 것은 슈퍼비전의 계약, 평가 및 평가 절차를 확립하기 위해서 중요한 일이다.

# 유능한 치료자: 과거와 현재의 개념

치료자의 역량이란 지식, 기술 및 가치관을 통합하여 주의를 기울여 일을 하며, "일이나 역할 혹은 책임을 적절하게 수행할 수 있도록 학습된 능력"(Roe, 2002, p. 195)이라는 의미로 정의해 왔다. 이에 대해 Kaslow(2002)는 현장에서 수용될 수 있는 성취 기준을 세우는 것이 필요하다고 제안하였다. 또한 자신의 성취 수준을 판단하고 역량을 적용하는 능력(Kaslow, 2002)과 하위 능력을 소개하였다. 하위 능력은 지식, 기술 및 태도를 통합한 기능(예: 검사 실시 능력, 집단 치료 수행 능력)을 의미한다. 능력은 충분하진 않지만 필요한 것이며 실천의 조건이 된다. 다른 개인적이고(예: 동기와 에너지), 상황적인 요소들(예: 사회적 지지, 관리)은 역량을 실천하는 데 결정적 역할을 한다(Roe, 2002).

우리는 가장 먼저 투입모형에 대해 살펴보고자 한다. 역량에 기초한 교육과정을 향한 심리학의 움직임에 대한 주요 역사에 대해 Weiss(1991)는 보울더 컨퍼런스에서 임상심리학자의 훈련은 대학에서 진행되던 개인적 성격에서 벗어나 일반적 내용을 포함하게 되었다는 점을 언급하였다. Weiss는 NCSPP(1989~1990년) 회의 내용을 다음과 같이 요약 설명하였다. 즉, "(a) 핵심 역량은 교육과정의 주요 구성 요소가 되며, (b) 내용에 기반을 둔 핵심적 교육과정은 그 자체로 끝나서는 안 된다."(p. 21)라고 언급하였다.

심리치료 훈련과 교육 과정에서 역량의 평가에 대한 관심은 1973년 베일 컨퍼런스에서 시작되어(Weiss, 1991), 미션베이에서 세분화되었다. 역량을 갖춘 치료자를 설명할 수 있는 개념의 틀을 만드는 것과 산출모형과 일치하도록 하는 것이 주요 내용이다. Polite와 Bourg(1991)는 미션베이 결의에서 제기된 내용을 소개하였다. 관계적 역량 혹은 치료적 관계를 확립하고 유지하는 것은 심리학의 다른 모든 역량에 대한 기본이며 필수조건이라고 설명하였다. 다른 전문적 역량들은 뒤이어 정의되는 지식, 기술 및 태도를 설명한다(Roe, 2002). 여기서 말하는 지식이란 자신과 다른 사람에 대한 지식 그리고 하나 이상의 심리학 분야에서 자료와 관련된 전문적 지식을 말한다. 기술이란 공감적 의사소통을 하고, 상 대방을 참여하게 하며, 편안한 분위기를 만들고, 라포를 형성하고, 존중하여 의 사소통하는 능력을 말한다. 마지막으로 태도란 지적 호기심, 융통성, 개방적 사 고, 심리적 건강, 변화가 일어날 수 있다는 믿음, 변화에 대한 민감성, 성실함과 진술함, 공감 능력, 다른 사람에 대한 존중, 개인적 관계 그리고 자신에 대한 인 식을 의미한다(Mission Bay Conference Resolution for Professional Psychology Programs, 1987을 기초로 한 Polite & Bourg, 1991 결의 보고).

　이러한 훈련에 대한 개념의 통합은 1996년 미국심리학회(APA)에서 발표되었 고, 후에 전문 심리학 훈련을 위한 안내서에서 개정되었으며, 투입모형과 산출모 형을 연결하면서 역량에 기초한 평가와 프로그램의 설계를 위한 메커니즘을 제 공하였다(APA, 2002e). APA의 『전문 심리학 프로그램의 원리와 안내서(*Guidlines and Prinsiples for Accreditation of Programs in Professional Psychology*)』(2002e) 의 'B 영역: 프로그램 원리, 목표, 훈련 계획'은 다음과 같다.

　　　꼭 이수해야만 하는 역량을 교육과 훈련의 목표로 정하였다. 필수적인 역량 은 (a) 프로그램의 철학과 훈련모형 그리고 (b) 실습을 처음 시작하는 인턴들 을 위한 실제적 영역들로 구성된다(p. 12).

또한 B 영역은 다음과 같이 언급하였다.

　　　이 프로그램을 통해 인턴들의 전문적 치료 기법, 능력, 숙련도, 역량 그리 고 분야에 대한 지식을 쌓기를 바란다. 즉, (a) 효과적인 개입(공감적이고 지 지적인 치료를 포함한), 평가와 진단의 이론과 방법, (b) 자문과 평가, 슈퍼비 전의 이론과 방법들, (c) 학문적 탐색 전략 그리고 (d) 앞의 모든 내용과 관련 된 개인의 다양성과 문화적 주제다(APA, 2002e, p. 13).

B 영역에서 역량은 특별한 기법과 지식 영역으로 정의된다. 각각의 프로그램

은 다음 단계로 나아가기 위한 매개인 역량을 갖출 것으로 기대된다. Barlow (1981)가 이전에 언급한 것처럼, 경험적 개입들은 훈련에서 두드러지게 드러나지 않으며[Hays et al.(2002)이 지지함], 가령 임상 연구가 임상에 영향을 미치더라도 최소한이다. 핵심은 훈련의 경험적 측면과 연구를 강화하는 것이다. 사이트 방문자들은 역량을 평가하는 방법과 성공적 프로그램을 완성하기 위한 기준을 정하고 요건을 충족시킬 수 있는 방법에 초점을 둔다. 심리학 교과과정을 구성하는 '핵심 역량'이나 역량이 특정 세부 프로그램에 의해서 달라지거나 유사해질 수 있는지에 대해서는 논란이 있다(Benjamin, 2001). 역량에 대한 평가가 모든 훈련생을 유사한 발달에 도달하도록 이끌거나, 모든 훈련생을 동일한 목표 지점에 도달하도록 이끌 것이라는 우려가 역량에 기초한 교육자들에 의해 제기되었다(Weiss, 1991).

심리학자들이 역량을 표준으로 여기면서 역량의 개념과 평가는 규범적 측면에서 기준에 근거한 것으로 변화되었다. 역량에 대한 다양한 정의들이 있다. 산출의 측면은 특별히 동의한 기술 영역(B 영역으로)으로, 보다 높은 단계의 능력 또는 특성을 갖춘 것으로 정의하고, 지속적인 실행의 단계이며 자격 기준이다. 투입의 측면은 순차적 증가에 대한 업무평가다. 전문적 역량이란 "적용하는 기법과 심리학적 모든 요소를 포함하는 복합적이고 다차원적인 개념"(Procidano, Busch-Rossnagel, Reznikoof, & Geisinger, 1995, p. 426)으로 설명된다. Shaw와 Dodson (1988)은 실제 도달해야 하는 능력들을 소개하였다. 그들은 심리치료자로서 필요한 역량을 다음과 같이 설명하였다. (a) 치료를 위해 이론이나 개념적 틀을 사용하는 능력, (b) 내담자의 주요 문제를 인식하는 능력, (c) 행동 변화를 촉진하고 변화를 위한 환경을 만들기 위해서 중재 기법을 능숙하게 사용할 수 있는 능력, (d) 이러한 개입들을 적용할 때(또는 적용하지 않을 때)의 지식 등이다. 또한 유능한 심리학자가 갖추어야 할 역량으로 다음의 내용을 추가하였다. (e) 자신과 자신의 역할을 인식할 수 있는 능력 그리고 (f) 문화, 인종, 성별에 대해 인식할 수 있는 능력과 상호작용에서 자신과 내담자(가족) 집단의 다양한 변화를 인식할 수 있는 능력이다.

우리는 이제 특정 역량들을 살펴볼 것이다. Gould와 Bradley(2001)는 역량의 분야를 기술하면서 대인관계 기술과 이론적 지식 및 기술의 다차원적인 부분들에 대해서 설명하였다. 학교 및 전문 심리학 프로그램 협의회(The National Council of Schools and Programs in Professional Psychology: NCSPP, Peterson et al., 1991)에서 역량의 영역을 여섯 가지로 분류하여 정의하였고, 역량의 평가에 대한 발달과정을 설명하면서 "한 단계의 역량은 이전 단계의 역량에 영향을 받는다."(p. 12)라고 주장한 Sumerall 등(2000)이 이를 확장하였다. 이 과정에서 효과적 작업 동맹의 발달과 유지는 가장 중요한 요소다. 평가, 개입 그리고 발전된 임상 기술의 사용은 심리 현상과 관련된 정보의 해석, 문제의 확인, 문제를 조직화하는 것과 관련되어 체계적 모형을 따른다. 다음은 학습자(내담자, 학생 또는 그 밖의 사람들)의 태도, 지식 및 기술의 교육을 위한 내용이며, 심리학자와 그 밖의 사람들이 슈퍼비전을 포함하여 일반인에게 제공하는 서비스, 조직화, 지도와 같은 행동 관리에 대한 것이다.

도덕적 가치, 윤리 및 법과 관련된 갈등을 다루기 위한 문제 해결 전략들의 실천과 지식을 포함하는 윤리는 핵심 능력이다. 이 영역에서 역량은 개인적 차이, 문화적 다양성 그리고 전문적인 발달과 같은 개념을 이해할 수 있도록 적절한 태도를 발달시키는 것이다. Sumerall 등(2000)이 지지하는 발달 개념은 발달모형과 조화되는 것으로 역량이 동시에 형성되지 않기 때문에 중요하다. 전문가, 실행가로서가 아닌 적임자로서 요구되는 역량의 정의는 효과성을 논의하고 프로그램의 문화를 아우르는 공통의 언어로 제시된다(Stratford, 1994).

심리학자에게 각각 역량의 필요성을 명료히 하는 것보다 훈련 결과의 표준으로 정의될 수 있다. Robiner와 Fuhrman 그리고 Ristvedt(1993)는 전문심리학교육연합회(The Joint Council on Professional Education in Psychology)에서 다음의 내용, 평가의 요소들로 효과적 대인관계 능력, 전문적 판단 능력, 내적 강점과 한계에 대한 자기평가, 슈퍼비전, 상담, 교육의 필요와 관련된 것들이다. 또한 다양한 환경 및 문제와 욕구에 대한 평가를 수행하고 개입 기법을 결정하는 능력을 제안하고 있으며, 윤리적·법적 원칙을 적용하는 능력과 적절한 훈련을 선택하여 자기인식을 통해 전문가로서의 정체성을 성장시키는 능력(Stigall et al., 1990, Robiner et al., 1993. p. 5 재인용)을 포함하고 있다. 이러한 접근은 평가의 조직화를 요구하는 노력이라고 볼 수 있다.

특정 과업을 중심으로 정의하는 결과 중심 모형에서 역량은 MASTERY라고 표현하며(Fantuzzo, 1984), '숙련된(mastering) 지식, 기술적 능력의 평가(assessing), 최소한의 기준이 되는 역량을 갖춘 것(setting), 역량의 훈련(training), 법적·윤리적 원칙과 관련된 이해의 평가(evaluating), 수준의 재검토(reviewing) 그리고 지속적으로 교육을 받는 것(yielding)'의 첫글자다. MASTERY는 아동-지능 검사에서 성공적으로 사용되어 왔다. 기술을 평가하고 정의하기 쉽게 일의 내용을 명확하게 할 필요가 있으며, 이 접근은 일부 의료체계와 유사한 것으로 의료적 기술과 일의 분석은 결과적으로 더 높은 단계의 능력으로 적용할 수 있다.

# 의료 · 치과 · 건강 전문직의 접근

심리학자들과 유사한 일을 하고 있는 다른 분야의 사람들 역시 심리치료사들을 훈련하는 과정에서 사용했던 것보다 더욱 정교하게 역량을 정의하고 평가하여 왔다. 이러한 분야의 예는 경영관리(McClelland, 1998), 의학(Epstein & Hundert, 2002; Neufeld, 1985), 간호(Brady et al., 2001), 치의학(McCann, Babler, & Cohen, 1998), 기타의 건강 관련직(American Society for Healthcare Education and Training, 1994)들이며, 이들은 역량의 평가를 실시하고 연구하는 분야들이다. 대다수의 이러한 전문직은 자격증과 인증 절차를 위해 역량을 측정하며, 주로 '산출모형'에 초점을 두고 있다.

의료계에서는 기술의 변화와 임상적 판단, 임상적 근거, 문제 해결 등의 주요 사건과 관련한 의사의 인식과정을 중요하게 생각한다. 자신의 경험에 바탕을 둔 검증을 위해 학위 취득자를 요구하는 것은 환자 보호의 질에 긍정적 혹은 부정적 영향을 미칠 수 있다(Norman, 1985). 의사의 전문 역량이란 "개인과 사회의 이익을 위해서 소통하고, 지식, 기술, 의학적 근거, 정서, 가치, 반영 등을 익숙하고 분별력 있게 사용하는 것이다."(Estein & Hundert, 2002, p. 2)라고 정의한다.

　치과 의사의 전문 역량이란 전문성, 환자에 대한 정확한 진단, 건강한 구강 환경을 유지하는 것, 회복, 건강을 촉진하는 것, 관리 운영 능력으로 세분화된다. 의사의 기본적이고 전문적 기술 외에도 실천과 관련된 면들을 포함하고 있다. 심리학에서는 그 능력의 일부로 슈퍼비전을 포함하지만, 경영, HMOs(역자 주- Health Maintenance Organization, 건강관리 기구: 미국의 민간 건강보험 기구로 관리보호 플랜의 일종이다)와 보험과 같은 관리 능력은 포함하지 않는다. 이러한 점에서 치과 의사들이 설정해 놓은 내용을 심리학자들이 생각해 보는 것은 유용할 수 있다. 역량을 강화하기 위한 자기평가는 평가의 기본이며 일생 동안 지속되어야 한다(McCann et al., 1998). 자기평가의 또 다른 가치는 실천 능력과 매우 밀접한 관련이 있다. 이러한 견해에 따라 심리학에서는 치료 방법을 검토하기 위해 McNamara(1975)가 제안한 평가와 모의실험 절차를 사용하였다. 동료의 검토는 기술을 평가하는 또 다른 방법이다.

　정신과 의사들은 핵심 역량을 설명하기 위해 "심리치료의 학습과정을 촉진하는"(Rodenhauser, Rudisill, & Painter, 1989, p. 370) 슈퍼바이지의 태도를 정의하였다. 일반적으로 슈퍼바이지의 태도란 슈퍼바이지의 개인적인 특성(예: 개방성, 신뢰성 등), 슈퍼바이저와의 관계를 촉진하는 슈퍼바이지의 특성(예: 관심, 동기, 적극성, 열의, 의욕 등), 내담자와의 관계를 촉진하는 슈퍼바이지의 특성(예: 개인적 호기심, 융통성, 공감), 이론 학습을 촉진하는 슈퍼바이지의 특성(예: 지적 개방성, 지적 호기심, 추상 개념화 능력), 상담과정과 상담기법의 학습을 촉진하는 슈퍼바이지의 특성(예: 최소한의 방어, 피드백의 수용, 모호한 상황을 인내하기, Rodenhauser et al., pp. 370-371)으로 분류하고 있다.

# 역량 평가의 측정과 방법

Sumerall 등(2000)은 역량의 정의와 상관없이 "사용하는 모형이 다르다 하더라도, 역량을 획득하기 위해서는 역량을 평가할 수 있는 도구와 훈련 계획을 세워야 한다."(p. 14)고 하였다. Roe(2002)는 역량, 지식, 기술, 태도 및 개인의 특성을 포함한 구성을 제안하였다. 여기서 지식, 기술 및 태도를 기본 역량의 요소라고 설명하고 있으며, 통합된 유형은 더 높은 수준의 역량이 된다.

역량의 평가는 "복잡한 기준을 가진 유동적인 것"(Robiner et al., 1993. p. 5)으로 설명되어 왔다. 심리학 훈련에서 평가와 심리 진단을 경시하는 경향으로 인해 역량 기반 교육과정을 발전시키는 데 어려웠으며(Falender, 2000), 인턴 지원자가 적은 것으로 확인된다(Lopez, Oehlert, & Moberly, 1996). 역량 평가의 모호성을 감소시킬 수 있는 요소는 측정 가능성, 조작 가능성, 수량화 및 타당화다.

역량 분석에 대한 의료계의 접근은 다양하고 유용한 방법들을 보여 준다. 문제 해결과 통찰에서의 필수 역량으로 반영적 접근과 철학적 접근이 가장 오랫동안 고려되었고, 가치 있게 여겨졌다. 그러나 이와 같은 접근은 역량과 기술을 체계적 연구나 구체적 접근과 접목시키는 데 어려움이 있었다. 역량을 정의하는 전통적 방법들은 전문가 집단을 포함시키는 표집의 문제로 어려움이 있었다. 의료계에서는 주요 사건에 대한 접근이 주로 사용되었지만, 가장 좋은 혹은 가장 나쁜 사례에만 초점을 두었기 때문에 적절한 실천에 대해서 알기는 어려웠다. 그리고 절차를 기록하는 것만으로는 역량(있는 행동)을 설명할 수가 없었으며, 단지 일어났던 행동을 간단히 기록했을 뿐이었다(Norman, 1985).

안면 타당도, 전체 타당도, 내용 타당도, 신뢰도, 합치도, 예언타당도, 구인 타당도, 경제성과 시간의 활용성, 측정의 목적과 일치도와 같은 측정이 필요한 임상 역량들이 있다(Neufeld, 1985). 타당성을 높이기 위해 하나의 기법이나 양식만을 사용하기보다 다양한 양식을 사용하는 것이 더 바람직하다. 기법은 평가되는 역량의 특성과 평가자나 개인의 주관에 따라 다르다(Sumerall et al.,

2000). 예를 들어, 포트폴리오에 대한 비판은 시간적 요구 그리고 각각 독특한 부분에 대해 정수화하거나 평가하는 데에서의 신뢰성 부족으로 설명할 수 있다. 슈퍼바이저와 슈퍼바이지의 이론적 배경이 유사하다면 평가에서 신뢰도는 더욱 높아질 것이다(Dienst & Armstrong, 1988).

훈련생의 역량은 '뛰어난' 면을 분석하는 것부터 접근한다. Peterson과 Bry (1980)는 훈련 프로그램에서 평범하거나 또는 부족하다고 생각하는 능력들과 (역량 면에서) 뛰어나다고 생각되는 개인의 전문 역량들을 연구하였다. 그들은 우수한 집단을 통해서 4개의 일반적 요소와 항목들인 책임, 따뜻한 인간관계, 민감성 그리고 경험을 통해 습득한 내용들(자기확신, 전문적 기술, 자존감, 성숙과 헌신)을 얻게 되었다. 행동주의자가 아니며 상호작용을 강조하는 슈퍼바이저들 사이에서 따뜻함은 일반적으로 역량 평가에서 높은 점수를 받는다.

역량의 요소를 설명할 때 개인적 특성과 긍정적 변화는 종종 무시되곤 한다 (Herman, 1993). 개인적 특성은 치료적 동맹 관계를 형성하는 능력과 공감, 관심, 유머감각과 같은 치료자의 의사소통 기술을 말한다. Shaw와 Dodson(1998) 은 초보 훈련생은 치료자로서 잘 성장하기 위해서 이러한 개인적인 특성들을 지니고 있어야 한다고 언급하였다. 이상적인 훈련생은 공감적이고, 양육적이며, 민감하고, 특정 기술을 배울 때 영특함을 보인다. 대부분의 훈련 프로그램들은 훈련생 선발과정에서 개인의 부족한 면을 강조하며, 기술 지향적이다. 권위 있는 프로그램에서 개인적 특성을 심사한다 하더라도 일반적으로 역량에 근거하기보다는 직관에 의존하거나, 인터뷰나 추천서 또는 그 사람의 설명에 의지하곤 한다(Procidano et al., 1995).

심리학에서 사용하는 역량 평가는 일반적 기업 경영에서 사용되는 평가와 뚜렷한 차이를 보인다. 후자의 경우, 훈련이라는 넓은 범주로부터 경영 간부들은 성공이라는 기준으로 평가하며 그 기준을 고려해 역량을 평가한다(McClelland, 1998). 면접 대상자들에게 세 가지의 긍정적 혹은 부정적 상황을 주고 각각의 예에서 말과 생각, 느낌, 행동과 관련하여 답하게 하였다. 관리자들은 기술적 능력이 우수한 사람과 평균인 사람들을 구분하여 분석하였고, 이러한 두 집단의 역량을 구분하는 것은 명확하였다. 우수한 실행 능력을 가진 사람들은 분석적 사고, 개념화, 유연함, 영향력과 권위, 창의성, 자기확신을 갖고 있었다. 관리자는 모든 상황에서 각자의 능력을 반드시 활용하지는 않는다. 조직의 분위기와 일은 관리자의 능력에서 변화를 요구한다. 이러한 접근은 특정 기술을 전달하는 역량을 정의하는 틀을 제공한다.

Moore(1984)는 보험사 직원들이 훈련 전후 슈퍼비전의 평가와 자기평가를 사용한 것에 대해 소개하였다. 평가에는 문제 해결 능력, 결단력, 변화에 적응하는 능력, 시간 관리 능력, 계획과 조직화 능력, 기여 정도, 자기관리 능력, 갈등 조절 능력, 대인관계 능력, 의사소통 능력, 직업에 대한 지식 그리고 수행의 질과 양에 대한 내용이 포함된다. 성취도가 낮은 사람을 관찰하고 더욱 훈련을 강화하기 위하여 점수로 기록한다.

이러한 사례는 역량의 변수들을 정의하는 모형이 된다. 그러나 이러한 변수들은 상담과는 다르며, 심리치료까지 일반화하기는 어렵다.

Morrison과 O'Connor 그리고 Williams(1991)는 대학원 과정에서 제시하는 역량에 대한 보고서를 분석하였는데, 보고서들은 치료적 관계, 관계 윤리 및 면접에 대해서는 매우 강조하고 있는 반면, 문화적 접근에 대해서는 다소 가볍게 다루는 경향이 있음을 밝혔다. 또한 그들은 지능 검사, 객관적 성격 평가, 아동 평가에 대해서 강조하였다. 또한 슈퍼비전 기법들과 경영상의 문제에 대해서는 간과하고 있었으며, 실행에 대한 법적 · 윤리적 · 전문적 기준은 보통 수준으로 다루고 있었다. 게다가 훈련은 역량에 대해 정의해 왔던 것을 항상 반영하지는 못했다.

## 심리치료 훈련생의 역량

우리는 두 가지 맥락에서 슈퍼바이지의 역량, 즉 (a) 훈련생이 훈련을 시작하기 전에 이미 지니고 있는 능력, (b) 훈련 프로그램을 통해 습득할 필요가 있는 기술들을 평가하였다. 첫 단계는 능력을 여러 가지 맥락에서 정의하는 것이며, 이는 훈련에 참여하기 위해 필요한 부분이다. 두 번째 단계는 역량의 평가 방법을 개발하기 위해 필요한 측면이다. 이때의 교육과정은 평가 가능한 역량을 가르치는 것으로 변경되어야 한다(McCann et al., 1998). 그러나 훈련 담당자들은 역량을 근거로 평가하는 것이 매우 어렵고 시간이 많이 걸린다는 점을 알게 되었다. 어떤 접근에서는 훈련의 목표로 역량을 진술하고 세부적으로 목표를 분류할 필요가 있다. 치료 매뉴얼이 있을 때에는 매뉴얼의 절차와 단계에 맞게 치료를 진행하는 것을 역량이라고 정의하고 있다(Lambert & Ogles, 1997).

역량을 분석하는 어떤 접근에서는 특정 세부 요소들을 평가해 왔다. 적절하게 기능을 하는 슈퍼바이지의 역량과 기술을 결정하는 것은 매우 중요한 일이다. 슈퍼바이지의 역량과 목표는 발달 수준에 따라 달라진다. 예를 들어, 일 년 동안 훈련받은 실습생은 내담자의 문제를 개념화하고, 문제 해결을 위한 치료 계획을 세우고, 목표와 관련된 구체적이고 특정한 기술을 가지고 있다(Talen & Schindler, 1993). 사실 목표를 세우는 것은 슈퍼바이지와 슈퍼바이저의 관계를 안정되게 만드는 데 바탕이 될 수도 있고, 평가를 용이하게 한다(제8장 참조). 역량은 특정 전문성 혹은 특정의 환경일지도 모른다. 예를 들어, 자신의 역량을 평가한다는 점은 대부분의 훈련생에게 적용될 것이다. 그러나 역량 평가의 유형은 전문 분야(예: 신경심리학, 성격, 발달)에 따라 달라진다.

교육과정에서는 역량을 다음과 같이 적용한다. (a) 훈련 전, 훈련 중, 훈련 후의 평가로서 자기보고와 슈퍼바이저 보고를 통한 역량의 평가, (b) 훈련에 대한 기대와 요건을 측정 가능한 용어로 명확하게 기록하고 체계적으로 정리한 훈련계약서, (c) 훈련생의 역량과 개선이 필요한 부분에 대한 보고서, (d) 훈련생에게 필요한 역량에 초점을 맞춘 슈퍼비전 계획, (e) 훈련을 하는 동안 각 능력에 대한 평가 그리고 (f) 슈퍼비전 일반 영역에서의 평가뿐 아니라 특정 영역의 역량에 대한 객관적 평가다.

훈련생의 초기 평가는 척도를 통해서 훈련생 자신과 슈퍼바이저가 평가를 하게 된다. 자기평가에서는 훈련을 받고 나면 필수적으로 습득될 것이라 예상되는

**〈예시 3-1〉 훈련생의 자기평가 형식의 역량 평가**

| 평가 | 1 나는 유능하다. | 계획 | a 슈퍼비전 |
|---|---|---|---|
| | 2 나는 변화나 도움이 필요하다. | | b 비디오/오디오 테이프 재검토 |
| | 3 나는 경험이 없다. | | c 사례 발표 |
| | | | d 기타(상술하시오) |

다음의 기법에 역량을 기술하시오. 　　　　　　　　자기평가:

| 이론과 실행의 배경:<br>구체적인 모형: | 시작<br>9/ | 6개월<br>3/ | 최종<br>8/ | 해석/<br>방법론 |
|---|---|---|---|---|
| 심리역동 | | | | |
| 인지행동 | | | | |
| 가족 체계 | | | | |
| 해결 중심 | | | | |
| 위기모형 | | | | |
| 기타(상술하시오) | | | | |
| 특정 놀이치료 | | | | |
| 기간: | | | | |
| 단기치료 | | | | |
| 장기치료 | | | | |
| 양식: | | | | |
| 집단 | | | | |
| 개인 | | | | |
| 가족 | | | | |
| 내담자 집단:<br>발달 단계: | | | | |
| 유아기 | | | | |
| 학령전기 | | | | |
| 초등학교-잠복기 | | | | |
| 중학교 | | | | |
| 고등학교-사춘기 | | | | |
| 과도기의 청년기 | | | | |
| 기타 | | | | |

(계속)

| 내담자 집단:<br>다양한 고려사항 | | | | |
|---|---|---|---|---|
| 문화 | | | | |
| 인종 | | | | |
| 성별 | | | | |
| 성적 기호 | | | | |
| 장애 | | | | |
| 청각장애 | | | | |
| 기타(상술하시오) | | | | |
| **정신의학적 진단/평가** | | | | |
| 개성, 지적 능력, 신경정신과 교육에서 훈련 동안 사용되는 모든 측정 목록과 각각의 서류를 평가하시오. | | | | |
| | | | | |
| **부가적인 임상적 기술들** | | | | |
| 상담(상술하시오) | | | | |
| 프로그램 평가 | | | | |
| 사례 관리 | | | | |
| 기타 | | | | |
| **치료적/팀 기술들** | | | | |
| 협동작업(팀워크) | | | | |
| 치료 동맹 | | | | |
| 자료 수집 | | | | |
| 진단–분석 | | | | |
| 협동 치료 | | | | |
| 기타 | | | | |

슈퍼바이저 해석(코멘트)
- 이 질문지는 훈련생의 자기평가에 대한 동의 여부와 상관없이 슈퍼바이저가 각 기간에 훈련생의 다양한 면들을 평가하기 위한 목적으로 사용된다.
- 이 질문지는 특정 프로그램이라는 점에 주목하고, 개별적 프로그램의 요소에 맞게 내용을 조정할 수 있다.

역량, 경험 및 방식을 적절하게 습득했는지를 스스로 평가한다. 자기평가는 자기인식을 강화시키기 위한 것으로 슈퍼바이지와 슈퍼바이저 모두에게 필요한 중요한 역량이다. 〈예시 3-1〉은 아동, 청소년 및 가족에 대한 인턴을 위한 사전 평가 양식의 예다. 평가서는 훈련 시작 전, 즉 사전-훈련 평가로 완성된다. 또한 앞서 언급하였듯이, 두 번째 단계는 슈퍼비전의 기대와 과정을 명확히 하기 위해서 슈퍼비전 계약서 또는 동의서를 작성하는 것이다.

'2점' 또는 '3점'으로 체크된 항목은 슈퍼비전에서 특정 기술의 발달을 계획할 때 우선순위가 된다. 세부 영역에서 슈퍼바이저와 슈퍼바이지는 더욱 세밀하게 역량을 발전시켜야 한다. 훈련생에게 어떤 개입이 필요한지 그리고 전문 영역이 무엇인지를 체크하면서 훈련생의 경험을 평가한다. 훈련생의 발달 수준을 평가하기 위해 다양한 단계가 사용된다. 훈련생의 실행 수준은 광범위하다. 프로그램은 훈련생들과 훈련 팀이 발전할 수 있도록 각각의 임상과 관련하여 자기평가 척도와 슈퍼바이저의 평가 척도를 개발하는 것이다. 보통 3점 리커트 척도를 사용한다.

우리는 이 모형에 집단의 개념을 추가하였다. 예를 들어, 만약 가족이라면 이론적 특징, 실제적 지식, 안정됨, 편안함, 가족의 순위와 관련된 경험을 고려해야 한다(〈예시 3-2〉 참조). 또한 여기에는 기술 이면의 것들에 대한 질문도 있다. 예를 들어, 슈퍼바이지는 가족 집단에서 어린 아동을 데리고 하는 가족치료가 아니라 가족치료와 놀이치료에서 훈련받게 될 수도 있다.

**〈예시 3-2〉 아동, 가족 그리고 슈퍼비전 경험의 평가 사례**

아동 경험
- 아동-연령과 발달 단계
- 아동과 관련된 배경
- 아동 발달 조사
- 발달의 연속선, 이정표 그리고 발달의 과정
- 발달의 단계(예: 사춘기)
- 아동 또는 청소년과 편안하게 대화하기

- 아동 또는 청소년과의 작업에서 목표를 유지하기
- 발달에 대한 내면화된 지식(예: 무엇이 발달적인 접근인가, 신중함은 무엇인가)
- 놀이의 사용(모형, 이론, 사례)
- 상호작용 시 나타나는 문화적 · 성적 다양성을 편안하게 수용하기
- 광범위하게 표현되는 문제
- 새로운 상황에 대한 반응(예: 발현된 문제들, 아동의 행동)

## 가족 경험
- 가족 안에서 자신의 개인적 경험
- 가족치료 훈련 이론들
- 특별한 모형 전문가적 의견
- 임상 경험의 관찰
- 가족의 개념화에서 아동의 통합(경험 그리고 개념화된 통합과 같은 분명한 증거)
- 다양한 가족 구성원들과의 편안한 관계

## 슈퍼비전 경험
- 긍정적인, 부정적인 또는 혼재된
- 최소한 하나의 긍정적인 역할 모델의 확인
- 라이브 슈퍼비전
- 오디오나 비디오테이프의 사용, 녹음의 빈도
- 슈퍼비전에서의 편안함
- 슈퍼비전 과정에 대한 태도
- 슈퍼바이저에 대한 태도
- 사용된 이론적 모형
- 이전 슈퍼바이저의 성별 또는 차이점

# 슈퍼비전의 목표

　　교육이나 슈퍼비전의 진행과정에서 훈련 계약서와 관련된 역량의 평가, 즉 훈련생의 발달 수준, 목표 설정과 관련한 슈퍼비전 계획을 수립해야 한다. 교육의

경우 계획서를 통해 슈퍼바이지는 부족한 부분에 대한 평가서를 작성하거나 사정평가를 함으로써 분명한 계획을 세울 수 있을 것이다. 계획은 그 영역에서 말한 특정 경험을 위주로 작성한다. 계획을 통해 관찰 가능한 목표를 정하고, 그 목표를 달성하기 위한 행동의 단계를 정하는 데 도움이 된다. 예를 들어, 행동문제를 가진 취학 전 아동을 다루는 능력의 증가가 목표라면 관련된 치료 매뉴얼이나 문헌 읽기, 문제와 나이가 유사한 아동과 가족을 선정하기, 취학 전 아동 집단을 함께 다루어 보기로 단계를 세울 수 있을 것이다. 연령과 문제가 유사한 아동과 가족을 대입해 보고 취학 전 아동 집단을 함께 이끌어 보는 것으로 단계를 세울 수 있을 것이다. 만약 회기에서 슈퍼바이저와 훈련생이 정서 표현에 초점을 두고 있다면, 슈퍼바이저는 훈련생과 함께 회기의 녹음테이프를 재검토하게 된다. 그래서 치료를 진행하는 동안 인식하지 못했던 정서를 분명하게 하도록 도와야 한다. 이때 슈퍼바이저는 훈련생이 치료과정에서 느끼는 감정들을 명확히 하도록 돕는 것으로 행동을 계획하게 된다. 또한 내담자의 정서도 분명히 할 수 있도록 계획하게 된다. 목표가 이뤄졌음을 확인하는 방법 또한 계획 단계에서 상세히 다뤄야 한다.

# 슈퍼바이저의 역량

우리는 역량 있는 치료사를 배출하기 위해 대학원 과정, 실습, 인턴과정, 연구과정, 슈퍼비전 등에서 상당한 노력을 기울여 왔지만, 불행히도 슈퍼바이저의 역량에 대한 평가와 발달과정에는 관심이 없었다(Association of State and Provincial Psychology Board, Task Force on Supervision Guidelines, 1998). 치료를 잘하는 임상가는 슈퍼바이저가 될 수 있으며, 보통 자신의 슈퍼바이저로부터 슈퍼비전 기술을 습득하고 경험을 통해 배울 수 있다고 여겼다. 하지만 이러한 인식은 감소하고 있으며, "점차 체계적 슈퍼비전 훈련을 필요로 하게 되었다. 더 이상 현재의 상태를 방관하지만은 않는다"(Watkins, 1992, p. 147). 대학원 과정에서 슈퍼비전 훈련에 대한 연구(Scott et al., 2000)는 슈퍼비전 훈련의 필요성으로 인해 많은 변화가 일어났다. 슈퍼비전 교육과정은 대학원 상담 프로그램의 85%에서 제공된다고 보고되었으나, 임상에서는 단지 34%만이 제공된다고 보고되었다 (48% 응답률). 상담 프로그램의 79%가 슈퍼비전 실습을 실시하고 있는 반면, 임상에서는 단지 34%만이 슈퍼비전 실습을 실시하고 있었다. 마지막으로 슈퍼비전 교육에서 임상심리 프로그램의 응답자들은 상담 프로그램의 학생들보다 슈퍼비전 역량을 평가하는 다양한 방법들이 부족하다는 보고가 더 많았다(Scott et al.). 인턴과정에서 교수적 세미나는 프로그램의 39% 정도 차지하였다. 그 프로그램들은 슈퍼비전의 훈련을 실시하지 못했는데(209개의 조사 중 94개 응답), 그 이유는 스케줄이 너무 빡빡하거나 슈퍼바이저의 수가 적절하지 않기 때문이었다(Scott et al). McCarthy 등(1988)은 슈퍼비전을 하기 위해서는 준비가 필요하지 않다는 믿음을 갖고 있는 것 같다고 하였다.

치료자가 슈퍼바이저가 되기 위해서는 변화가 필요하다. 슈퍼바이저가 되기 위해서는 다양한 임상 장면에서 사용할 수 있는 광범위한 기술이 필요하고, 어떤 부분에서는 심도 있는 기술이 필요하다. 슈퍼비전에서는 이러한 다양한 기술들을 실행하게 된다. 즉, 훈련생과 내담자의 다양한 요소에 대한 교육과 기술이 필요하다. 슈퍼비전의 전반적 영역에 대한 기술을 갖추어야 한다. 즉, 훈련생의 사정, 교육 계획과 개입, 법과 윤리, 평가와 관련된 내용을 슈퍼비전할 수 있는 기술을 지녀야 한다. 또한 슈퍼비전의 관계나 동맹 관계를 다룰 수 있어야 한다. 이러한 많은 기술들은 대학원이나 인턴 수련과정에서 체계적으로 다루지는 않았다. 결과적으로 심리치료 자격증은 슈퍼비전을 시작하기 위해 필요한 것이기는 하지만, 슈퍼비전의 역량과 같은 의미로 사용될 수는 없다.

Cobia와 Boes(2000)는 슈퍼바이저의 필수적인 역량에 대해 다음과 같이 정의하였다.

- 슈퍼바이지가 실행하는 영역에서 역량을 갖추는 것
- 그 분야에서 슈퍼비전을 받은 경험이 충분하거나 가르친 경험이 많을 것,

또는 두 가지 모두를 경험한 것
- 자격이 없는 영역에서 슈퍼비전을 하지 않는 것

Nelson 등(2001)은 슈퍼비전에서 측정이 가능한 역량 두 가지를 소개하였다. 즉, 슈퍼바이지와 동맹 관계를 형성하는 능력과 슈퍼비전에서 관계의 갈등을 조정하는 능력이다.

APPIC(Association of Psychology Postdoctral and Internship Center, 2002)에서는 슈퍼비전 역량의 주요 요소들을 제안하였는데, 슈퍼비전 역량이란 단순한 능력을 넘어 일생 동안 변화하는 발달과정이라고 여긴다. 슈퍼비전 역량은 가치, 신념, 편견, 갈등과 같은 전문적이고 개인적 요소에 영향을 받는 법과 윤리에 관심을 갖고, 모든 다양한 형태에 관심을 두면서 발달해 나가야 하며, 발달의 전체 단계에서 동료 평가와 자기평가가 필요함을 제안하였다(Falender et al., in press).

ACES Standards for Counseling Supervisors는 슈퍼비전의 역량을 개념 정의할 수 있도록 효과적인 슈퍼바이저의 11가지 특성에 대해 소개하였다(Association for Counselor Education and Supervision, 1990). 좋은 슈퍼바이저의 핵심 요소는 자신의 성격과 특징을 설명할 수 있는 능력을 갖추기, 법과 윤리, 슈퍼비전 관계, 슈퍼비전 방법과 기법, 발달과정, 사례개념화, 사정과 평가에 대한 지식을 갖추기, 보고서 작성 능력 및 슈퍼비전 연구를 하는 능력을 갖추기 등이다.

특성, 지식 및 역량과 관련한 이러한 틀은 슈퍼바이저의 역량을 정확하게 설명하는 데 도움이 된다. 이 틀을 사용하면 슈퍼비전의 역량을 평가할 때 특정 상황에 맞게 양식을 변형할 수 있다. 그러나 여기서는 상호작용과 관련된 기준을 추가하여 훈련과정에서 나타나는 상호작용 과정을 평가 내용에 반영하도록 할 것이다.

발달의 관점에서 보면 초보 훈련생은 자신에게 몰입하다가 점차 주위 환경과 내담자에게로 관심이 확대된다. 발달의 관점에서 대학원이나 인턴 수련과정에서 슈퍼비전을 받아야 하는지, 박사학위 취득 후에 훈련을 받아야 하는지에 대해서는 아직 논쟁 중이다. 대학원 과정에서 슈퍼비전을 가르치는 것을 지지하는 학자들은 슈퍼비전에 대한 강의가 필요하다는 점을 강조한다. 이들은 학기가 높은 대학원생이 슈퍼바이저의 역할을 하면서 훈련생으로서 최근의 유사한 경험을 나눌 때 더 큰 이해와 공감이 이루어진다고 주장한다. 한편 반대하는 학자들은 슈퍼비전이 효과적이려면 실제 계획, 개념화, 성숙, 안정감을 요구하기 때문에 초보자에게 슈퍼비전을 하기 위해서는 임상 기술과 다른 능력들(다문화, 법적, 윤리적 요소 등)을 잘 통합할 수 있어야 한다고 주장한다. Stolenberg와 McNeil 그리고 Delworth(1998)는 1단계 치료자를 슈퍼비전하기 위해 2단계의 슈퍼바이저 훈련을 주장했다. 2단계에서 머무르고 있는 슈퍼바이저는 다른 슈퍼바이지와는 맞추기가 어려울 수 있는 반면, 보호를 유발하는 1단계의 슈퍼바이지와는 잘 맞는다(Stoltenberg, McNeil, & Delworth, p. 163). 치료사들은 "메이저리그에서 유소년 야구선수를 가르치는 것과 유사하다."(p. 159)고 말하면서, 치료에 대해 배우고 있는 중에는 슈퍼비전을 줄 수 없음을 경고했다. 우리는 초보자에 대한 슈퍼비전이 더 복잡하다는 점을 제안하였다.

## 자기평가

　심리학 박사들의 지식 반감기는 10~12년 정도다(Dobin, 1972). 정확히 말하면, 대학원에서 학습했던 내용의 절반 정도의 능력은 지속적으로 평가하고 교육을 받더라도 12년이 지나면 쓰이지 않게 된다. 그나마 대학원에서는 보다 쉽게 새로운 영역을 배울 수 있는 기회가 있었지만, 박사 학위 이후에는 그런 기회를 갖기 어렵다. 결국 심리학자가 자격증을 획득한 이후에는 자신의 능력 평가를 대부분 자기평가의 형태로 하게 된다(Shaw & Dodson, 1988). 다시 말해서, 의사나 슈퍼바이저는 자신의 역량과 수행 가능한 영역에 대한 평가를 해야 한다. 안타깝게도, 우리는 자신을 평가하기 위한 준비가 충분히 되어 있지 않다. Belar 등(2001)은 의사들이 처음 시작할 때 자신의 준비를 평가하기 위해 사용할 수 있는 자기평가 모형에 대해 설명하였다. 그것은 의료적 문제를 가진 내담자에게 서비스를 제공하기 위한 모형이며, 다른 분야에 적용하기에는 적합하지 않다. Belar 등의 모형은 최근의 연구와 필수 역량들을 담고 있다. 즉, 직장 동료 또는 다른 전문가와 함께 상의하기, 멘터와 동일시하기, 경험이 조금씩 발전해 나가는 것을 확인하기, 특정 영역에서 동료들과 스터디 그룹 만들기 등이다.

Belar 등(2001)이 소개한 이 모형은 슈퍼바이지에게 자기평가의 원칙을 가르치기에 매우 좋다. Belar 등은 구조화된 학습 환경을 통해 슈퍼바이지의 역량을 증가시키고, 실행력을 갖추며, 전문성을 확립하도록 도울 것을 제안하였다. 즉, 계획 없이 교육을 받기보다는 역량을 강화시키도록 계획된 체계적인 교육을 해야 함을 주장하였다.

Borders와 Leddick(1987)은 슈퍼비전의 지식과 기술에 대한 자기평가 도구를 개발하였다(〈부록 G〉 참조). 훈련생과 관련된 교육 방식, 치료와 자문의 수행 능력, 임상 실제와 평가를 연구하는 능력과 관련된 항목들이 포함되어 있다. 슈퍼바이저의 역량 척도에서는 개념화, 치료 기술, 슈퍼비전에 대한 지식, 프로그램 운영, 개입 기술들, 슈퍼바이저로서의 상호작용 기술들을 상세하게 평가한다. 척도는 슈퍼바이저를 위한 자기평가 또는 슈퍼바이지가 작성한 평가로 사용될 것이다.

자기 모니터링과 더 포괄적 접근인 자기평가를 구별하는 것은 매우 중요하다. 자기평가는 이전의 경험과 교육에 기초를 둔 좀 더 포괄적인 판단과 관련되는 반면, 자기 모니터링은 역량에서 중요한 요소를 지속적으로 자문하는 과정이다. Cone(2001)은 자기 모니터링에 관한 두 가지 방법을 제안하였다. 즉, 행동을 확인하는 것과 발생 빈도를 기록하는 것이다. 이 기법은 분명한 행동을 목표로 하는 개입에는 매우 유용하다. 그러나 자기 모니터링은 매우 한정되고, 특정 행동에 초점을 두기 때문에 평가로 사용하기에는 문제가 된다(Cone, 2001). 자기 모니터링은 자기평가 계획을 정리하고, 범위를 결정하는 첫 단계로 유용하게 사용할 수 있다.

# 슈퍼바이저의 역량 평가

비록 슈퍼바이저의 역량을 일반적으로 훈련에서는 평가하지 않는다고 하더라도(Sumerall et al., 2000) 관심은 기울여야 한다. 연봉 협상을 위해 실시하는 기관의 연례적인 직원 평가는 슈퍼비전이나 훈련에 대한 훈련생의 피드백을 반영하지 않는 형식적 평가로 이루어진다.

# 치료자에서 슈퍼바이저로의 변화

슈퍼바이저로서의 역할 변화와 그 역할에 따른 복잡한 역량들은 특별한 주의를 필요로 한다. 치료자에서 슈퍼바이저로의 변화에 대해서는 상당 부분 간과되어 왔다. 이러한 과정을 설명하는 두 개의 모형으로 Cormier와 Bernard(1982)의 모형과 Borders(1992)의 모형이 있다. Cormier와 Bernard(1982)는 이러한 과정에 구별모형(J. M. Bernard, 1997)을 적용했다. 그들은 슈퍼바이저의 관찰력, 진행 능력, 의사소통의 특징을 확인하는 것과 행동 기준을 정의할 것을 제안하였다. 슈퍼바이저의 특정 역할은 슈퍼바이저가 되는 과정에서 매우 중요하다. 어떤 역할이 과해지면 변칙적 슈퍼비전이 될 수 있기 때문에 교사, 상담가 및 자문가로서의 역할을 모니터링 해야 한다.

Borders(1992)는 치료자에서 슈퍼바이저로 변화하기 위해 필요한 인식의 변화를 설명하고 효과적 태도들을 설명하였다. 그녀는 변화하는 효과성에 대한 몇 가지 가능한 위치로 설명하였다. 첫째, 슈퍼바이지를 슈퍼바이저와 치료자의 대리인으로 보는 시각이다. 이 모형에서 슈퍼바이저는 슈퍼바이지를 치료자로 보며, 슈퍼바이지가 수행을 하고, 테이프를 재검토하면서 내담자에 대해 자세히 기록하고, 역동에 대한 가설을 세우고, 내담자와 함께하는 작업을 계획하는 것이다. 슈퍼바이지의 반응이나 질문에 대해서는 신경 쓰지 않고 내담자를 중요하게 여기면 슈퍼바이지는 실망하고 당황할 수도 있다.

둘째, 슈퍼바이지를 내담자로 보는 것이다. 슈퍼바이저는 슈퍼바이지의 역동이 상담 중에 문제를 일으키는 원인이라고 가정하면서 슈퍼바이지의 개인적 문제를 중요하게 여긴다. 슈퍼바이저의 부적절한 평가 때문에 슈퍼바이지가 상담과정에서 실제로 적용한 기술이 무엇인지를 구별하지 못할 수도 있다.

셋째, 슈퍼바이저가 슈퍼바이지를 교육생이나 학습자로 여기는 것이다. 이러한 관점은 슈퍼바이지의 욕구에 대한 학습과 이러한 욕구를 다루기에 앞서 슈퍼바이지가 내담자와 좀 더 효과적일 수 있는 전략을 포함한다. 이 모형에서 슈퍼바이저와 슈퍼바이지는 전반적 학습과정을 사전에 계획하지만 내담자의 복지도 함께 고려한다. 슈퍼바이저가 슈퍼바이지에게 영향을 주면서 동시에 슈퍼바이지의 행동에 영향을 받는 양방향의 과정이 될 때 더 높은 단계로의 성장이 이루어질 것이다. 이 과정은 슈퍼비전이란 내담자, 슈퍼바이지 및 슈퍼바이저로 구성된 실제 관계를 언어로 탐색하는 과정이라고 설명한 Bob(1999)의 내러티브 슈퍼비전과 비슷하다.

Borders(1992)는 효과적으로 슈퍼비전하기 위해 비디오테이프를 검토하거나, 회기에 대한 사전 계획을 세우고, 성공적 사례와 사건들을 목표에 맞게 기록할 것을 제안하였다. 또한 직접 관찰 및 슈퍼비전, 동료와의 재검토, 효과적인 슈퍼비전 모델링하기, 상호작용에 대한 회상(Interpersonal Process Recall)(Kagan & Kagan, 1997) 등을 사용할 것을 제안하였다.

## 훈련모형

일부 모형은 슈퍼바이저를 훈련시키기 위해 제안되었다(J. M. Bernard & Goodyear, 1998; Borders et al., 1991; Powell, Leyden, & Osborne, 1990). 훈련 프로그램으로는 기술 발달 프로그램, 개인 성장 프로그램, 통합 프로그램 등이 있다. 기술의 발달을 목표로 하는 프로그램에서 슈퍼바이저는 슈퍼바이지와 내담자의 치료를 돕고, 교육을 통해 기술과 개념의 습득을 강화한다. 개인의 성장을 강조하는 모형에서는 내담자에 대한 슈퍼바이지의 반응에 초점을 두며, 이를 통해 슈퍼바이지의 민감성, 조망 능력 및 통찰을 강화시킨다. 통합모형은 내담자와 관련된 개인의 인식과 기술의 통합을 돕는 것이다(Hart, 1999; Getz, 1999에서 인용). J. M. Bernard와 Goodyear(1998)는 교수적 훈련과 경험적 훈련을 모두 강조하였다.

　슈퍼비전의 모형은 교사, 상담가, 자문가(Ellis & Dell, 1986), 촉진자, 관리자(J. M. Bernard & Goodyear, 1998), 관찰 평가자, 조언자, 모델, 조력자(Holloway, 1999)를 가장 중요한 슈퍼바이저의 역할로 제안하였다. Taibbi(1995)는 교사, 안내자, 문지기 및 자문가로 슈퍼바이저의 발달을 설명하였다. Carroll(1999)은 슈퍼비전의 역할과 업무와 관련한 일곱 가지 특성 즉, 교수-학습, 상담, 관찰, 평가, 자문 및 행정을 소개하였다. Holloway와 Carroll의 통합된 개념은 우리에게 폭넓은 관점을 제시한다. 즉, 슈퍼비전의 다양한 단계, 다양한 역할 모델, 각각 중요하게 언급된 특성을 보여 준다. Holloway와 Carroll의 개념을 통합한 모형은 슈퍼바이저의 역할에 대해 다음과 같이 소개하였다. 즉, 반영에 대한 토론(자문), 멘터링(모델링, 지지, 공유), 초보자와의 관계 형성(관찰, 평가, 조언), 슈퍼비전과 교육과의 연결, 이론과 개입의 연결(교육), 슈퍼비전의 발달모형에 대한 인식 통합, 슈퍼비전의 사회적 역할 모델에 대한 인식 강화(모델링) 다양성, 전후 관계, 법적·윤리적 고려의 통합 등이다.

　J. M. Bernard와 Goodyear(1998)는 슈퍼비전 워크숍에 대한 개요를 소개하였다. 그녀는 슈퍼비전에서 초보자를 훈련하기 위해 다양한 방법과 활동들을 사용하였다. 슈퍼바이저는 훈련생의 놀이치료 회기의 녹화 자료를 관찰하고, 치료를 하는 '슈퍼바이지'에게 어떤 피드백을 할 것인지를 준비한다. J. M. Bernard (1997)의 구별모형을 사용하여 활동들을 분류하였다. 즉, 구별모형은 교사, 상담가 및 자문가로 활동하는 슈퍼바이저의 중재, 개념화와 성격에 초점을 두고 있다. Bernard는 슈퍼비전의 계획에 발달의 틀을 추가하여 개입이 적절함을 강조하였다. 다음 단계의 훈련은 이전 단계에서 관찰 대상이 되던 슈퍼바이지가 그의 슈퍼바이저와 역할극을 하는 것이다. 그리고 나서 슈퍼비전 회기를 녹화하

면서 두 사람이 역할 바꾸기를 해 본다. 훈련은 6회기 이상 진행된다. 구별모형, 상호작용에 대한 회상(Interpersonal Process Recall: IPR), 마이크로트레이닝, 라이브 슈퍼비전, 평가, 법적 · 윤리적 주제들은 이 회기에서 중요하다. 비디오, 사진, 역할극의 사용으로 훈련을 강화시킨다. 이 내용들은 주요 모형에서 드물게 사용되고 있으며, 슈퍼비전에서 중요한 주제로 대두되고 있다.

Borders 등(1991)은 자기인식, 이론과 개념, 기술과 기법을 주제로 하는 교육과 정을 제안하였는데, 일곱 가지 교과 영역은 다음과 같다. 모형, 슈퍼바이지의 발달, 방법과 기법들, 슈퍼비전의 관계, 윤리, 법, 전문가 자격 규제와 관련된 주제들, 평가 그리고 경영 기술이다. 초보 슈퍼바이저가 자신의 실천과 신념을 교육과 정 내에 통합할 수 있도록 기회를 주는 것과 마찬가지로, 이 교육과정에 자기인식을 포함시키는 것은 중요하다. 또한 교과과정에서 불안과 같은 개인적인 주제를 다룸으로써 슈퍼바이저로서의 발달을 돕는다. 그러나 이러한 교육과정은 다양성이나 문화적 역량에는 간접적으로 접근한다. 교육과정의 완전한 틀은 Borders 등의 연구(1991)에서 소개되었는데, 이 모형은 매우 복잡하다(Russell & Petrie, 1994).

Powell 등(1990)은 슈퍼바이지와 다루어야 하는 주제와 관련하여 '윈-윈' 전략의 관점에서 훈련생의 실천 평가하기, 신뢰 확립하기, 경계 세우기, 관계와 관련된 주제 다루기, 좋아하지 않는 일을 하기와 같이 슈퍼비전 내에서 다루기 어려운 주제들을 포함한 핵심 교육과정을 개발하였다. 이러한 접근은 Borders 등(1991)의 것과 다르지만 상당 부분 일치되는 내용이 있다.

또 다른 접근은 노련한 치료자이며 초보 슈퍼바이저의 슈퍼비전이다. 이 접근에서 훈련 중에 있는 슈퍼바이저는 슈퍼비전 회기를 녹화하게 된다. 슈퍼비전 과정은 훈련 중에 있는 슈퍼바이저의 발달 단계와 함께 슈퍼바이지에 대한 지식과 신뢰, 화신, 유연성 및 불안 감소를 위한 슈퍼바이저 훈련을 돕는 것에 대한 병치에 초점을 둔다.

대안적 접근으로는 집단 슈퍼비전으로 초보 슈퍼바이저를 훈련하는 것이다. 집단 슈퍼비전에서 초보 슈퍼바이저가 경험한 일과 관련한 요인 분석(Elliss & Douce, 1994)에서는 슈퍼바이저의 불안, 중재 선택의 어려움, 집단의 역동(경쟁

대 지지), 책임감(내담자의 복지와 슈퍼바이지의 성장 간의 긴장), 병렬과정, 힘겨루기, 개인 간 차이, 성적 유혹 등이 있었다. 이 각각의 요인들은 초보를 잘 교육하는 과정에 미치는 슈퍼바이저의 영향이라는 말로 설명하였다.

　Neufeldt(1999a, 1999b)가 소개한 슈퍼비전 매뉴얼은 초보 슈퍼바이저에게 어떤 구조를 제공한다. 슈퍼비전의 상호작용과 발달에 대한 예를 매 주마다 갖고서 슈퍼바이지에게 반영적 질문을 하도록 하여 심리·정서적으로 균형을 잡을 수 있도록 한다.

　매뉴얼에 따른 치료 프로토콜의 범위 내에서 슈퍼바이저의 기능은 매뉴얼된 슈퍼비전도 포함한다(Henggeler & Schoenwald, 1998). 이렇게 세분화된 접근은 치료자와 슈퍼바이저가 구체적 진행과정을 따르도록 하는 데 매우 유용하다. Henggeler, Schoenwald, Letourneau 그리고 Edwards(2002)는 "슈퍼비전이 치료자의 성장에 가장 밀접하고 중요한 기여를 한다는 가정"(p. 156)에 초점을 맞춤으로써 슈퍼비전의 실제가 치료의 성실도에 영향을 미치는지를 연구하였다. 지지받았던 슈퍼바이저의 경험이 치료자와 가족의 협력에 긍정적인 영향을 미친다는 점을 밝혔다.

　개인적 요인들, 즉 역전이, 슈퍼바이저의 동맹, 동맹의 파괴, 슈퍼바이저가 되는 과정은 매우 복잡하다. 초보 슈퍼바이저들의 슈퍼바이저는 내담자와 훈련생(치료자), 훈련생(치료자)과 슈퍼바이저, 슈퍼바이저들의 관계를 조정하고 통합하며, 윤리적 가치에 기초한 실행을 하고, 다양성을 인식하고, 다양한 수준의 상호작용을 한다. 평가는 이러한 면들을 책임감 있게 통합해야 한다. 슈퍼바이저의 성장을 돕는 수많은 접근들이 있지만, 더 많은 관심과 연구가 이루어져야 한다.

## 역 량

- 훈련의 주제와 치료 장면에 적합한 역량
- 훈련과정에서 책임을 갖고 목표를 명확히 설명하고 정의하는 기술
- 훈련생의 기술을 평가하여 목표에 맞게 역량을 통합하는 능력

# 제4장 슈퍼비전에서 개인적 요소 다루기

임상가들은 치료 장면에서 전문적이고 개인적인 정보들을 이끌어 내야 하고, 이 자료에서 이끌어 낸 가치관들은 "서로 뒤엉켜 있어서 그것들을 구별하는 것이 사실상 불가능하다."(Beutler, Machado, & Neufeldt, 1994, p. 244)는 점을 보통은 인식하고 있다. 임상가는 문화에 깊이 뿌리 박혀있는 가치와 신념, 의식의 저편에 있는 해결되지 않은 갈등에 이르기까지의 모든 영향을 이해하는 것이 매우 중요하다. 슈퍼비전의 목적은 슈퍼바이지에게 심리치료의 과정이 가치가 개입된 활동이라는 마인드를 갖도록 돕는 것이며, 인간 본성과 관련한 개인의 가치와 신념이 치료과정을 이끄는 이론과 기법에 영향을 준다는 마인드를 갖도록 슈퍼바이지를 돕는 것이다. 슈퍼비전 활동 자체는 개인적인 영향에 관한 주제와 비슷하기 때문에 슈퍼바이저들은 그들의 행동에 필연적으로 영향을 미치는 신념, 가치관 및 성향에 대한 인식을 넓혀 가야 한다. 이 장에서는 치료 장면에서 나타나는 개인적 영향과 가치와 상연과 병행하는 과정을 포함하는 역전이에 관한 최근 고려사항 그리고 개인적 요소와 자기개방 측면에서의 슈퍼비전 접근에 대해 소개한다.

# 가치관과 심리치료

심리치료가 가치중립적이라는 가설은 더 이상 지지받지 못한다. 포스트모더니즘에서는 모든 인식과 개념, 행동은 문화적으로 전해 오는 의미를 통해 구성된다고 보았다. 지각과 인식은 객관적 관찰의 결과라기보다는 오히려 문화의 의미를 구성한 결과다(Lyotard, 1984; Rorty, 1991; Rosenau, 1992). 상담이론들은 인간의 본성에 대한 여러 관점을 포함하면서, 일부에서는 상담이론이 "우리의 불안정을 설명하기 위한 시도이며, 세상에 대한 일반적인 이미지를 제공하기까지의 종교적 사고의 현대적 형태이며, 우리가 삶의 가치, 죽음의 본성 및 도덕적 근거를 향해 취해야 할 태도"(Browning, 1987, p. 1200; Jones, 1994 참조)라고 제안하였다. 타인을 이해하고 돕고자 하는 노력은 우리의 전체 신념체계에 속해 있는 한 기능이다(O'Donohue, 1989, p. 1466; Jones, 1994 참조). 말하자면, 심리치료자로서의 신념은 우리의 다른 신념들과 분리될 수 없다는 의미다. 가치 중립성을 가정하는 것은 심리치료가 절대적인 도덕적 틀 안에서 신념과 가치를 재구성하는 행동 변화의 과정이기 때문에 중요하다(Prilleltensky, 1997). 심리치료자는 (내재된 명확한) 신념을 가지고 내담자가 자신을 바라보는 방식에 변화를 일으켜 내담자의 행위를 변화시키기 위해, 그리고 내담자가 살고 있는 세상을 변화시키기 위해 내담자의 가정된 세계 속으로 들어간다(Frank & Frank, 1961, 1991; London, 1964). 항상 그렇지는 않지만, 치료 행위는 심리치료자가 내담자의 의미와 행동을 구체화하는 기준 체계의 가치 전환을 포함한다(Kelly, 1990). 철학적이고 이론적인 연구와 경험적 연구에서는 전문적인 가치관뿐만 아니라 개인의 가치관도 치료에 영향을 미친다고 여기며(Beutler, 1981; Tjeltveit, 1986), 개인의 가치관은 치료 효과에 중대한 영향을 미친다(Beutler, 1979). 그러므로 임상가와 슈퍼바이저는 실습에서 개인이 어떤 영향을 미치는지를 고려해야 한다.

# 역전이

　역전이는 잠재적으로 치료에 영향을 미치는 치료자의 개인적 반응으로 폭넓게 인식되어 왔다. 내담자에게 치료자가 부적절한 영향을 미치는 것과 치료과정에 대한 치료자의 주관이 미치는 영향에 대한 관심은 Freud(1912)로부터 시작하여 꾸준히 증대되었다. 역전이에 영향을 미치는 요인들로는 전이(Freud, 1910), 투사(Heimann, 1950), (내담자와 타인과의) 동일시(Racker, 1953), 치료자와 내담자의 관계에서 상호 주관성(Natterson, 1991), 치료자의 개인적 신념과 가치관이 있다. 이와 같은 관점에서 우리는 임상가가 편향된 지각과 반응으로 내담자를 이해하려 하면 안 된다는 점을 제안한다. 대부분의 이런 방식은 자각하지 못한 채 일어난다(Ogden, 1988, p. 22 참조). 이러한 자각과 반응은 치료자가 내담자와 치료 회기를 더 잘 이해하도록 치료 자료를 공개함으로써 일어나며, 치료자의 미해결된 저항과 콤플렉스에 의한 한계가 발생하여 치료를 방해하기도 한다(Freud, 1910, p. 145).

　역전이가 비록 많은 문제를 일으키기는 하지만, 치료자는 치료 훈련과정을 통한 개인적 반응을 억제하고자 교육을 받을 수 있으며, 이를 통해 치료적으로 유용한 객관성과 기술적 중립성을 확보할 수 있다고 가정한다. 심리치료의 다른 형태들, 특히 실존적-인본주의적 접근과 경험적 접근에서는 임상가의 진솔함, 진실한 자기표현, 훈련된 자기개방이 치료과정을 촉진시키는 긍정적인 역할을 한다고 강조한다(Bugental, 1965; Mahrer, 1996; Rogers, 1951; Schneider, Bugental, & Pierson, 2001). 치료의 이론과 접근에서 많은 차이가 있음에도 불구하고, 치료자가 개인적으로 표출한 반응의 잠재적 위험성과 역전이를 인식하는 것은 중요하며, 이와 관련하여 훈련이 필요하다.

　포스트모더니즘의 인식론을 포함한 현대의 임상 학문(예: Neimeyer & Mahoney, 1995; Stolorow, Atwood, & Orange, 2002)에서는 가치중립적 객관성에 대해 논의가 있어 왔다. 물론 역전이는 치료에서뿐 아니라 모든 사람에게 나타나는 불가피한 특성일 수 있다. 우리는 치료자나 슈퍼바이저가 내담자나 슈퍼바이지를 이해할 때 항상 어떤 관점을 갖고 있다는 점을 안다. 즉, 개인적 의미가 구성된 문화, 책임, 개인의 관심사에 영향을 받는다(Fischer, 1988; Gergen, 1994; Giorgi, 1970; Polkinghorne, 1988; C. Taylor, 1989). 그럼에도 불구하고, 중립적 태도(Poland, 1984)는 내담자의 "본질적 다름"(p. 285)을 존중하고, 개방적인 마음 자세(Franklin, 1990)를 통해 이루어진다. 또한 개인의 신념과 가치를 유지할 권리는 치료의 특징이다(Shapiro, 1984). 또 다른 사람들은 치료자의 "최소한의 주관성"(Renik, 1993)을 언급하며 개인적 영향을 "핵심 기법"(Renik, 1996, p. 496)으로 여긴다. 또한 상호 공동으로 구성(Gill, 1994; Hoffman, 1983, 1991)된 상호주관적(Atwood & Stolorow, 1984)인 치료적 상호작용을 설명한다.

치료나 슈퍼비전 관계에 영향을 미치는 개인적 요소들에 대한 견해는 Dunn (1995)의 상호 주관성에 대한 견해, 즉 "치료 슈퍼비전 과정의 핵심은 참여자들의 주관적인 반응들이 설명할 수 없이 뒤엉켜 혼합된 상태에서 비롯된다. 내담자 [슈퍼바이지]의 심리학에 대한 지식은 특정 치료[슈퍼비전]의 상호작용에서는 상황 맥락적이며 독특한 것으로 여겨진다."(p. 723, 진한 서체는 원문에서 강조)와 같이 한다. 치료와 슈퍼비전 관계의 상호 주관적 성향에서의 지식과 관심을 넘어서, 치료와 슈퍼비전 작업 동맹의 신뢰성을 위협하며 도전하게 하는 상연(enactment) 과 병렬과정에서의 역전이가 존재한다는 것을 인식한다.

이러한 상연은 종종 개인의 심리적 갈등을 반영하기도 하면서 두 사람에게 상보적 방식으로 일어난다(Chused, 1991; Hirsch, 1998; Jacobs, 1986; Johan, 1992; McLaughlin, 1987, 1991; Roughton, 1993). 상연은 상호 구성된 개념이며, 내담자와 치료자, 슈퍼바이지와 슈퍼바이저 모두에게 개별적이면서도 동시에 자극이 된다. 이러한 상황은 내담자나 슈퍼바이지(치료자나 슈퍼바이저)와 관계를 맺는 데 문제가 되는 방식들을 빠르게 통찰할 수 있는 기회가 된다. 즉, 실제로 "상연의 어떤 형태는 통찰의 전조 증상이 된다."(Tyson & Renik, 1986, p. 706) 두 사람은 상연을 이끌어 갈 뿐만 아니라 자기중심성에 의해 상연을 시작하고 구성한다. 상호작용의 상호 주관적인 특성에 따라서 역전이 상연은 자주 일어나며 피할 수 없는 것이 된다. 심지어 불가능한 목표일지 모르지만 치료와 슈퍼비전의 목표는 역전이를 없애는 것이 아니라 오히려 역전이를 전문적 관계에 도움이 될 수 있도록 하는 것이다.

　또한 역전이 현상들은 병렬과정의 형태로 슈퍼비전과 치료 관계에서 동시에 일어날 수 있다. 병렬과정이란 임상가가 내담자의 행동을 무의식적으로 동일시하여 내담자의 역동을 슈퍼바이저에게 행동한 결과를 말한다(Arlow, 1963). 상호 주관적 관점에 따르면, "병렬과정은 내담자, 슈퍼바이지와 슈퍼바이저로부터 시작될 수 있으며, 둘의 관계에서 시작하여 다른 상대에게 영향을 미친다. 그후 슈퍼바이지와 분석가에게 전해져 전이와 역전이의 최초의 양상은 두 번째 양자 관계에 영향을 미친다"(Frawley-O'Dea & Sarnet, 2001, p. 172). 처음에는 문제가 없었을지라도 병렬과정은 치료 동맹과 슈퍼비전의 동맹을 손상시키며 모든 참여자를 악순환의 과정으로 몰아갈 가능성이 있다. 그러므로 슈퍼바이저와 슈퍼바이지는 치료와 슈퍼비전의 관계에서 일어나는 상호 교류와 행위 안에서 전이-역전이 역동의 발현에 주의를 기울여야 한다.

　치료나 슈퍼비전의 관계에서 병렬과정을 경험하는 사례의 경우 정리되지 않은 역전이들에 의해 결과적으로 치료나 슈퍼비전의 동맹 관계가 파괴되거나 치료자가 의도하지 않게 부적응적 대인관계 패턴을 지속시킬 수 있다. 비록 경험적 연구가 부족하지만, Gelso와 Hayes(2001)의 문헌 연구에서는 역전이의 영향을 받은 행동은 해로우며, 역전이는 관리가 필요하다는 점을 제안하였다. 역전이의 영향에 대한 최근의 연구에서 이러한 결론을 지지하는 추가적 연구가 발표되었다. Hayes 등(1997)은 결과가 좋지 못하거나 보통으로 평가된 사례에서 역전이가 성공적으로 관리되지 못했으며, 그 결과 "치료 효과는 역전이의 정도에 반비례한다."(p. 145)는 점을 발견하였다. 이러한 결과가 소수의 연구에 한정된 것일지라도, 이는 만약 역전이가 관리되지 않으면 치료에 해로운 결과를 가져올 수 있음을 시사한다. 분명, 경계의 침범, 위법 행위 그리고 불법 행위(예: 성적인 위법)는 개인적 요소들의 위험과 잘못 관리된 역전이에 의한 위험을 보여 준다(제7장 참조).

슈퍼비전은 이러한 주관적 영향들을 검토할 수 있는 환경을 제공하며, 슈퍼바이지로 하여금 역전이를 치료에 도움이 되도록 만드는 기술을 개발하도록 할 뿐만 아니라, 슈퍼바이지 스스로 주관적 반응에 대한 통찰을 촉진시킨다. 마찬가지로 적절한 때에 이루어지는 자문 형식의 슈퍼비전은 특히 슈퍼비전의 관계에 미치는 개인의 영향을 탐색하고, 동맹이 손상된 상황에서 관계를 회복하도록 도울 수 있다. 이러한 활동의 목적은 슈퍼바이지나 슈퍼바이저 누구도 개인의 영향이나 내용들을 완전히 이해하고 인식할 수 없다는 점을 경고하려는 것이다. 무의식적 역전이 반응들이 잠재적으로 위험하며, 특히 둘의 관계에서 힘의 불균형이 존재하기 때문에 치료와 슈퍼비전의 과정에서 개인의 영향을 다루는 역량은 결국 같은 것이라고 볼 수 있다.

# 슈퍼비전에서 역전이 다루기

역전이는 좁게는 기술적 측면부터 넓게는 모든 개인적 반응을 포함하며, 임상가나 슈퍼바이저가 무의식적 전이와 심리적 갈등이나 욕구를 표현함으로써 전문적인 행동을 방해할 수 있는 반응이라는 견해를 보인다. 슈퍼바이저와 슈퍼바이지가 서로 매력을 느끼거나, 성적 관심을 갖거나, 경쟁심이나 질투심을 느끼고 혹은 관심을 덜 갖거나, 서로 사귀는 등 관계에서 일어날 수 있는 갈등을 똑같이 경험하게 될지도 모른다. 약점을 동일시하거나, 반복적으로 경계를 침범하는 상호작용을 하고, 관계에서 정서적 철수와 과잉 개입은 역전이의 부정적 영향이다. 적절한 공감, 관심, 온정과 끌림이 역전이 감정으로 변형되면 오해가 생기거나 개인적 욕구나 성격의 갈등 때문에 오해가 발생할지도 모른다(Celenza, 1995). 더욱이 개인적 반응들은 잘못된 추측에서 나온 편견과 선입관이거나 또는 전문가의 윤리와는 다르게 다양성에 대해 편협함이 있음을 암시하는 것일지도 모른다. 유사한 과정들이 치료 관계와 슈퍼비전 관계에서 모두 존재하며, 슈퍼바이저는 슈퍼바이지의 치료에서뿐만 아니라 슈퍼비전에서 똑같이 자기반영적이며, 개인적 요소에 대해 민감하게 자각할 필요가 있다. 비록 다음 논의들은 슈퍼비전의 실제에 초점을 맞추고 있지만, 지금까지의 접근은 역전이에 대한 자기 모니터링과 자기반영을 촉진시키고, 동료 슈퍼비전과 자문을 하는 슈퍼바이저들에게 매우 도움이 될 것이다.

역전이를 다루는 것은 슈퍼비전의 중요한 일 중 하나이며, 슈퍼바이지 역시 역전이의 중요성을 인식하고 있다. Yourman과 Farber(1996)는 슈퍼비전에서 역전이를 다루는 것과 슈퍼바이지의 만족도는 정적 상관이 있다고 보고하면서, "슈퍼바이저가 역전이를 자주 다룰수록 슈퍼바이지의 비개방성은 낮아진다는 것"(pp. 571-572)을 발견하였다. 연구 문헌에서는 역전이를 효과적으로 다루는 능력은 대부분의 심리 기술 역량 중에서 필수 역량이라고 보고하고 있다. Gelso와 Hayes(2001)는 자기통찰, 자기통합, 공감, 개념화 능력 및 불안을 관리하는 능력은 역전이 관리에 필수 요인들이라고 밝혔다. 이러한 요소들은 치료자를 긍정적으로 평가하는 데 영향을 미치며(VanWagoner, Gelso, Hayes, & Diemer, 1991), 슈퍼바이지가 역전이 행동을 나타내는 것과는 부적 상관이 있는 것으로 나타났으며(Friedman & Gelso, 2000), 초기 연구에서는 치료자와 슈퍼바이저의 성과(결과)에 대한 평가와 정적 상관이 있는 것으로 나타났다(Gelso, Latts, Gomez, & Fassinger, 2002). 슈퍼비전은 특히 슈퍼바이지의 개념화 능력을 증진시키는 데 적합하며, 통찰, 공감 그리고 불안의 억제와 관련된 대인관계 역량을 키우도록 격려의 분위기를 제공할 수 있다.

슈퍼바이지가 좌절하거나, 지루해하며, 주의가 산만해지거나, 짜증이 난다고 보고할 때, 슈퍼바이지가 일반적으로 행하는 치료에서 벗어나 있거나, 치료의 틀이 붕괴되거나, 치료의 진행 방향을 잃었을 때, 또한 내담자에게 행동의 **변화**가 거의 일어나지 않거나 치료 동맹을 형성하는 데 위협이 되는 경우에는 슈퍼바이지의 주관적 반응을 탐색해야 한다. 슈퍼비전은 초보자가 역전이로 겪게 되는 문제를 최소화할 수 있는 관리 전략을 개발하도록 돕는다(E. N. Williams, Judge, Hill, & Hoffman, 1997; E. N. Williams, Polster, Grizzard, Rockenbaugh, & Judge, 2003). 슈퍼바이저는 치료 중에 슈퍼바이지가 역효과가 나는 행동을 하거나, 치료 목표와 일치하지 않는 행동을 할 때, 수련자로서 방어하거나, 벗어난 행동을 할 때 역전이를 고려하게 된다. 슈퍼바이저는 주관성에서 벗어나 객관적으로 관찰할 수 있는 이점을 가지고 있으며, 슈퍼바이지(치료자)의 의식에서 막힌 부분을 알아차릴 수 있다.

슈퍼비전에서는 동맹 관계를 바탕으로 개인적 가치와 요소에 대해 정기적으로 생각해 봄으로써 역전이의 탐색이 이루어진다. 역전이와 관련한 개인의 신념과 태도에 대한 탐색을 통해 다양한 역량을 발달시킬 수 있을 것이다(제6장 참조). 역전이를 잘 다루기 어려울 때에는 다른 개인적이고 전문적인 영향의 맥락에서 검토해야 한다. 반영을 촉진하고 역전이를 다루는 개입들은 특정 기술을 사용하여 감정 반응과 행동 반응을 명료화하고, 그들의 관련성을 명료화하도록 탐색을 확대하는 것이다. 슈퍼바이저의 자기개방은 역전이를 다루는 과정을 '일반화'시킬 뿐만 아니라 진술함을 촉진시키고, 슈퍼바이지가 모델링을 할 수 있게 한다. 비디오 관찰은 슈퍼바이지의 태도, 행동 및 정서에 변화를 일으키는 상호작용의 흐름을 확인하기 위해 활용될 수 있다. 슈퍼비전은 치료 동맹에 미치는 역전이의 영향을 평가할 수 있도록 교육받아야 한다. 특히 동맹 관계가 변화되었거나 동맹의 파괴가 일어난 사례의 슈퍼비전과 교육에서 메타 커뮤니케이션(역자 주-말이 아닌 시선, 동작, 몸짓 따위를 사용하는 커뮤니케이션을 말함, 제5장 참조)의 사용이 추천된다(Safran & Muran, 2000a, 2000b, 2000c).

역전이를 다루는 데 가장 중요한 것은 슈퍼비전과 치료의 경계를 유지하는 것이다. 슈퍼비전에서는 슈퍼바이지의 개인적 주제가 표면화되었을지라도 슈퍼비전을 받는 사례에 대한 특정 상호작용 과정에 주의를 기울이고 그러한 내용을 사례 중심으로 고려해야 한다. 반면 슈퍼비전에서 개인적 갈등의 탐색을 촉진하는 것은 슈퍼비전 동맹 관계를 손상시키며 내담자나 슈퍼바이지 어느 누구에게도 도움이 되지 않는다. 슈퍼바이지가 역전이로 인해 전문가로서의 성장을 방해받는다면 분석을 추천할 필요가 있다. 슈퍼바이지에게 분석을 권하는 것은 교육과 관련 없는 분석가(치료자)와 개인적 문제들을 다룸으로써 치료과정과 동맹에 역전이가 영향을 주지 못하도록 관리하는 방법이 된다.

# 자기개방

개인적 영향을 표현하는 많은 방법 중에서 자기개방은 개인의 영향이 표현되는 가장 분명한 형태이며, 특별한 슈퍼비전에서의 관심이 요구된다. 치료자의 개방은 치료적 개방에서 불가피하게 이루어진다. 슈퍼비전에서 자기개방은 사회화와 교육의 역할을 하며 임상에서 다루어지는 반응과 설명으로서의 모델링과 공감적 지지를 위해 필수적인 것이다. 전문적 실습과정을 통해 치료자와 슈퍼바이저는 의도적으로 때로는 자신도 모르는 사이에 자기를 드러낸다. 그들이 집중해야 할 내용의 선정, 관찰, 개입 및 행동 방식에서 치료자와 슈퍼바이저는 암암리에 그들 자신의 태도와 가치관, 책임을 전달하게 된다. 이러한 자기개방은 "치료자에 관한 개인적인 어떤 부분을 드러내는 진술"(Hill & Knox, 2001, p. 413)로 광범위하게 정의된다. 자기개방은 치료와 슈퍼비전의 과정에서 중요한 일이며, 치료를 촉진시킬 수도 혹은 방해할 수도 있다. 치료나 교육을 위해 사용하는 의도적 자기개방과 역전이 같은 비의도적 개방은 구분되어야 한다. 어느 경우에든 뚜렷한 자기개방은 슈퍼비전에서 고려해야 할 문제다.

## 의도적 자기개방

연구 문헌들은 다소 제한된 영역이지만 치료자의 자기개방은 아주 드문 일이라고 소개하고 있다. Hill과 Knox(2001)의 연구에서는 3.5% 정도가 자기개방을 한 것으로 보고하였다(p. 414). 자기개방을 하는 이유로는 인식을 증가시키기 위해, 적절한 행동을 모델링하기 위해, 치료적 동맹을 촉진하기 위해, 내담자의 경험을 일반화하기 위해, 사고와 행동의 대안을 제시하기 위해, 개방에 대한 내담자의 요구에 반응하기 위해서였다(Hill & Knox, 2001, p. 414; Stricker, 1990). 상담이론의 관점에서 보면, 인본주의 심리치료자들이 정신분석 치료자들보다 자기개방을 시도할 경향이 더 높다. 치료자를 대상으로 한 면담 연구와 소수의 심리치료 연구의 결과에서 치료자의 자기개방은 도움이 되는 것으로 인식된다고 보고하였다. 초기의 연구는 치료과정에 대한 내담자의 참여 정도 및 치료자가 도움이 되었는지에 대한 내담자의 평가와 치료자의 자기개방이 정적 상관이 있다는 점을 밝혔으며(Hill et al., 1988), 격려가 되는 자기개방이 도전적 자기개방보다 더욱 유용한 것으로 나타났다(Hill, Mahalik, & Thompson, 1989).

의도적인 자기개방은 실존-인본주의 심리치료, 치료에 전략적으로 개입하는 기법 혹은 정신분석 치료에 참여하도록 하는 방법으로서 진솔함의 가치를 반영한다. 이러한 사례들에서 보면, 치료자의 자기개방은 피드백을 포함하여 치료과정과 관계에 도움이 되는 기능을 한다. 메타 커뮤니케이션의 특징으로 자기개방은 "온전히 진실된 분위기"(Renik, 1995, p. 493)를 확립해 나가는 자기해석의 형태를 제공하며, 임상가가 알고 있는 내용뿐만 아니라 알아 가는 과정을 드러내도록 촉구한다(S. Gerson, 1996, p. 642). Cooper(1998)는 "우리는 내담자에 대한 생각을 언어로 말할 필요를 느낄 때가 있다."(p. 152)고 말함으로써 분별 있는 자기개방의 사용을 지지하였다. 그러한 설명은 자기개방에서 치료자가 내담자의 경험을 조직하는 방식으로 표현할 수 있기 때문에 객관적인 것으로 보기 어려울 수도 있다고 보고 있다. 하지만 역전이는 메타 커뮤니케이션의 과정에서 드러날 수 있으며, 특히 치료자가 이해한 생각을 이야기하고 치료자가 특별한 것으로 여기는 상호작용의 면들을 설명할 때 나타난다. 해석, 관찰 및 공감적 표현들은 치료자가 내담자에게 하듯이 내담자도 치료자에게 드러낼 수 있다. Hoffman(1983)은 내담자가 치료자의 경험에 대한 해석자의 역할을 할 수 있으며, 더 나아가 "역전이를 밝히는 것이 일반적으로 경솔해 보이지만 어느 정도의 자기개방은 불가피하며 바람직하다. [그리고]…… 유용한 선택을 했을 때…… 다양한 정서를 표현했을 때였다."(p. 418; Aron, 1991 참조)고 덧붙였다.

Bridges(2001)는 의도적 자기개방은 치료자가 "내담자의 언어와 전문적 지식을 바탕으로 초점화시켜 진술하게 감정을 표현하도록 모델링하고, 치료에 대한 견해를 공유할 수 있게 한다."(p. 23)고 제안하였다. Hill과 Knox(2001)가 연구를 수행하여 재검토한 결과를 바탕으로 치료상의 실습 지침을 다음과 같이 추천하였다.

1. 치료자는 자기개방을 드물게 사용해야 한다.
2. 치료자의 자기개방에 대한 적절한 주제는 전문 지식을 토대로 표현하는 것인 반면, 가장 적절하지 못한 주제는 성적인 내용과 신념을 포함하는 것이다.
3. 치료자는 현실을 확인하고, 내담자의 경험을 일반화하고, 적절한 행동의 모델이 되고, 치료적 동맹을 강화하기 위해, 대안적 사고나 행동을 제시하기 위해 일반적으로 자기개방을 사용한다.
4. 치료자는 자신의 욕구에 의해 내담자에게 집중하는 것에서 벗어나거나, 치료의 흐름을 방해하거나, 내담자에게 부담을 주며 혼란스럽게 하거나, 경계를 흐리게 하거나, 내담자를 과도하게 자극하는 자기개방은 피해야 한다.
5. 치료자의 자기개방은 내담자의 개방을 이끌어 내는 데 특히 효과적인 것으로 보인다.
6. 치료자의 개방에 내담자가 어떻게 반응하는지를 주의 깊게 관찰하고, 내담자 반응에 대해 질문하고, 질문을 통해 얻은 정보를 통해 개념을 정리하고, 중재 방법을 결정해야 한다.
7. 관계를 맺는 데 어려움을 가진 내담자를 치료하는 데에서 치료자의 자기개방은 특히 더 유용할 수 있다.

이러한 논의에서 치료과정(특히 메타 커뮤니케이션의 과정)에서 어느 정도의 자기개방은 자연스럽게 일어나는 과정이라는 점을 밝혔다. 치료자가 '익명성의 경계를 위반하는 것'(Hill & Knox, 2001, p. 416)은 내담자에게 강력한 영향을 미칠 수 있다는 사실을 고려해야 하겠지만, 그러하더라도 의도적 자기개방은 특정 치료 상황에서 도움이 된다. Bachelor와 Horvath(1999)는 치료적 관계에서 "치료자의 자기개방은 어떤 내담자에게는 관계의 질을 개선하는 데 도움이 되지만, 다른 내담자에게는 효과가 적을 수 있다."(p. 143)고 논하였다. Gabbard(2001)

는 "역전이에 대한 자기개방은 일부 유용하지만, 일부의 감정 공유는 내담자를 압도하고 치료를 손상시키는 방식으로 나타나게 될 것"(p. 983)이라고 하였다. 그러므로 치료과정에서 의도적 자기개방을 사용할 경우에는 깊게 생각하고 분별력 있게 판단하여 적용해야 한다. 자기개방이 전문적 개입 방법으로 사용될 수 있으려면 많은 임상 경험이 필요하다. 슈퍼바이저의 면밀한 관찰과 제안 없이 초보자가 '생각을 언어로 표현하기(thinking aloud)'와 자기개방을 사용하는 것은 권하지 않는다. 자기개방에 의한 대부분의 문제는 이미 개방을 하고 난 후에 슈퍼비전을 받게 된다. 자기개방, 치료자 내부의 압박감, 자기개방의 효과에 관심을 두어야 하며, 역전이와의 관련성이 고찰되어야 한다. 치료자의 개인적 이익을 위해 자기개방을 의도적으로 사용하고 내담자에게 영향을 주는 것은 치료 동맹을 해하고, 전문가로서의 윤리를 위반한 것이라 할 수 있다. 그러한 행동은 전문적 훈련에 대한 슈퍼바이지의 타당성에 의심의 여지를 남긴다.

슈퍼바이저는 자기개방을 사용할 때 개인의 영향력을 모니터링하면서 슈퍼비전 과정에 자기개방이 미치는 영향력을 인식할 필요가 있다. 슈퍼바이저의 자기개방이 슈퍼바이지에게 행동을 배우도록 자극하는지에 대해 특히 주의할 필요가 있다. 자기개방이 슈퍼비전에서 동맹 관계를 형성·유지하고 학습과정에 적극적 참여를 촉진한다는 점에서 유용하다(제1장 참조). 그러한 과정에서 벗어난 자기개방은 불필요하고, 역효과가 일어날 것이며, 역전이(예: 동경 받고 싶은 욕구)가 반영된 것일 수 있다(예: 칭송받기 위해). 즉, 이는 슈퍼비전이 부적절함을 의미한다.

## 자기개방

치료나 슈퍼비전의 과정에서 신중하지 못한 자기개방은 역전이가 일어나고 있음을 반영하는 것이며, 내담자나 슈퍼바이지에게 사적인 내용을 말하거나, 개인적 태도나 반응을 드러내고, 내담자나 슈퍼바이지와 갖는 관계와 관련된 생각들을 이야기하는 형태로 나타날 수 있다. 의도하지 않은 자기개방은 적절한 실습에서 벗어나는 '느낌'과 침해받는 것과 같은 불쾌감을 느끼게 한다. 치료자나 슈퍼바이저는 혼란, 불안 혹은 개방 이후의 수치심을 경험할지도 모른다. 사례에서 보면, 치료자나 슈퍼바이저는 자기개방을 완전히 의식하지 못할 수도 있으며, 다른 사람의 반응을 통해서만 알 수 있거나, 슈퍼비전이나 조언을 얻는 과정에서 회기를 검토할 때 깨닫게 될 수도 있다. 어떤 사례이든 자기개방에 대해 검토하는 것은 도움이 된다. 또한 슈퍼비전에서 비판적이거나 수치심을 일으키는 피드백을 피하는 것은 중요하다. 의도하지 않은 자기개방은 관계에서 역전이를 이해하고 개인이 지나치게 영향을 미치는 것을 완화시킬 수 있는 기회가 된다. 의도하지 않은 자기개방과 함께 치료자나 슈퍼바이저의 사생활이 예기치 않게 노출될 수도 있다(B. Gerson, 1996; Gold & Nemiah, 1993; Ulman, 2001). 이러한 상황은 분명하게 드러나는 상황(예: 임신, 예기치 않은 질병, 유산)에 대한 논의, 공식적으로 이야기되는 것(예: 강연, 출판, 상), 내담자나 슈퍼바이저가 비공식적으로 얻는 정보(예: 대기실에서 기다리는 동안 치료자에 대한 언급을 우연히 듣는 것)를 통해 일어나게 된다. 이러한 개방은 치료자나 슈퍼바이저 그 누구도 의도하거나 의도하지 않은 역전이로 드러난 것이 아니기 때문에 치료 기술의 하나인 개방이라고 할 수 없다. 그럼에도 불구하고 이러한 경험들은 치료나 슈퍼비전의 관계에 영향을 미치기 때문에 슈퍼비전에서 다루어져야 한다. 슈퍼비전은 슈퍼바이지가 경계를 잘 다루는 방법뿐만 아니라 무엇을 개방해야 하는지를 결정하도록 하는 데 매우 유용하다. 경계 설정의 목적은 내담자에게 부담을 주려는 것도 아니고, 익명성을 깨고자 함도 아니다. 훈련 초기에 이런 문제를 논의하는 것은 후에 전문가가 되는 과정에서 그런 환경을 만나는 것이 불가피하기 때문에 도움이 된다.

자기개방을 포함하는 교육과 훈련의 측면에서 슈퍼바이저는 자기개방의 본질을 평가해야 하는 도전적 업무를 가지게 된다. 이때 슈퍼비전의 주제는 자기개방의 목적, 자기개방의 효과가 무엇인지 등이 된다. 자기개방이 의도적이든 비의도적이든 간에 슈퍼비전 동맹에 미치는 영향과 사례 감독에 미치는 영향, 훈련에 미치는 영향을 평가하는 것이 필요하다.

# 슈퍼비전에서 개인적 요소를 다루는 역량

살펴본 것과 같이, 개인이 미치는 영향은 매우 많으며, 이는 모든 기술적 개입과 훈련의 장면에서 수반된다. 치료에 대한 이해를 깊게 하고, 개입의 근원을 정확히 알며, 개인적인 내용과 전문적인 내용을 구분하는 것은 매우 어렵다. 슈퍼비전이든 조언이든 간에 우리의 개입은 과학에 근거해야 하지만, 아직은 인간적 속성에 더 영향을 받는다. 그러므로 슈퍼비전과 치료에서 주된 논의가 되는 개인적 요소와 전문적 요소에 대해 관심을 쏟을 필요가 있다. 슈퍼비전이나 치료 관계에서는 역전이에 의해 동맹 관계가 잘못 맺어질 가능성을 갖고 있다. 관계에 통합을 유지하는 것이 중요하다는 관점에서는 슈퍼바이저가 슈퍼바이지의 치료뿐 아니라 슈퍼비전에 영향을 미치는 개인적 요소에 민감하고 자기반영적으로 될 책임이 있다는 점을 강조했다.

슈퍼바이저는 치료자가 내담자에게 역전이를 일으킨 것과 유사한 방식으로 슈퍼바이지에게 역전이를 일으킨다(Teitelbaum, 1990). 슈퍼비전 관계에서는 힘과 지위의 불균형 때문에 슈퍼바이저에 의한 역전이가 남용될 가능성이 크다. 비록 제한된 연구이지만, Ladany, Constantine, Miller, Erikson 그리고 Muse-Burke(2000)는 슈퍼바이저의 역전이에 관한 질적 연구를 수행하였다. 슈퍼바이저의 역전이를 일으키는 요소들과 관련하여 내용분석을 한 결과, 인턴의 개인적인 방식, 슈퍼바이저의 미해결된 개인적 문제, 인턴과 슈퍼바이저의 상호작용들, 내담자-치료자(인턴)의 상호작용들, 슈퍼바이지(인턴)-슈퍼바이저의 상호작용들 그리고 슈퍼바이저와 슈퍼비전 환경 간의 상호작용 등이 있었다(Ladany et al., 2000, pp. 106-108). 슈퍼바이저들은 정서적 범주와 병렬과정의 상황에 대한 경험을 보고하였다.

슈퍼바이저는 슈퍼비전에서도 치료와 마찬가지로 자기반영적이어야 하며, 동료 슈퍼비전과 조언을 활용함으로써 슈퍼비전의 동맹 관계에 부정적 영향을 미치는 요소들을 자각해야 한다. 슈퍼비전에서 개인적 요소들을 다루는 데는 많은 역량이 필요하다. 이것들은 이 장의 마지막에 정리해 놓았다.

슈퍼비전과 치료의 관계에서 역전이가 미치는 영향과 개인이 미치는 영향에 대해 관심을 갖는 것은 슈퍼비전의 실습에서 절대적으로 필요하다. 역전이에 관심을 갖지 않거나 개인이 미치는 과도한 영향에 관심을 갖지 않는 것은 치료를 감독하고 효과적 교육을 제공하는 슈퍼바이저로서의 능력을 의심하게 하고, 관계의 통합을 위협하게 한다. 슈퍼바이지나 슈퍼바이저가 개인적으로 미치는 영향을 탐색할 능력이 없거나, 탐색하지 않으려 하거나, 원칙을 따르지 않으려 한다면, 우리는 교육이나 슈퍼비전을 받는 것은 적합하지 않다고 제안한다.

## 역량

- 치료와 슈퍼비전에서 가치관에 기초한 본질을 이해하는 것
- 역전이와 관련한 연구 문헌의 이해와 치료와 슈퍼비전에서 역전이가 나타나는 것을 이해하는 것
- 통합, 민감도, 공감, 따뜻함, 치료 능력, 경계의 유지, 역전이 관리 능력과 같은 슈퍼비전 동맹의 확립과 유지에 영향을 미치는 개인적인 전문적 기술들
- 슈퍼바이지에게 통찰, 자기통합, 위기 관리, 공감, 개념화 능력을 촉진시키는 슈퍼비전 행동. 또한 역전이에 관한 정보와 이론의 제공, 즉 개인이 미치는 영향력과 역전이가 나타나는 것을 관찰하고 주의를 기울임. 이러한 것들이 나타날 때 조사되어야 할 현상으로 보고 솔직하고, 비난하지 않고, 비평하지 않는 태도로 돌봄. 또한 개방형 질문을 사용함
- 피드백을 제공함. 자기개방을 사용하고 치료과정에서 역전이 반응들을 모니터링하여 동료 슈퍼비전과 상담을 실시하는 것

# 제5장 슈퍼비전 관계와 치료 동맹

    치료 동맹은 치료과정에서 필수적인 것이라고 반복적으로 설명되었고, 슈퍼비전 관계에서도 마찬가지로 중요한 것으로 여겨졌다. 이 장에서는 치료적 관계와 슈퍼비전의 관계에 동맹을 유지시키거나, 동맹을 위협하고, 동맹 파괴의 원인이 되는 접근들을 설명하며, 동맹과 관련한 연구 논문들과 실험연구의 개관을 제시한다.

    25년 동안 진행된 연구들의 메타분석 결과, 치료 성과에 가장 큰 영향을 미치는 변수는 치료적 관계와 치료적 동맹이라는 점을 밝혔다(Bachelor & Horvath, 1999; Horvath, 1994, 2000, 2001; Horvath & Symonds, 1991; Lambert, 1982; Lambert & Barley, 2001; Lambert & Bergin, 1994; Luborsky, 1994; Martin, Garske, & Davis, 2000). Horvath(2001)는 90개의 임상 연구 문헌들을 대상으로 메타분석을 실시하고, "20년 동안의 연구들을 살펴본 결과, 치료 성과와 치료자와 내담자 사이에 형성되는 동맹의 질은 일치하였다. 치료 성과가 누구의 관점—치료자, 내담자, 관찰자—에서 평가되든지 간에 치료 관계가 매우 중요함이 개별 치료 유형에서 나타난다." (p. 365; Beuter et al., 1994; Binder & Strupp, 1997a 참조)

고 밝혔다. 연구자들도 분산이 크지 않음을 지적하였는데, 예를 들어, Martin 등 (p. 27)은 7%(Beutler & Harwood, 2002; Stevens, Hynan, & Allen, 2000 참조) 정도 로 보았지만, 치료 관계의 질이 치료 성과에 영향을 준다는 제안과 그래서 훈련 에서 중요하게 다루어야 하는 부분이라는 점을 임상적 경험에 근거하여 예상하 기 쉽지 않은 부분이라고 보았다(American Psychological Association, Division 29 Task Force on Empirically Supported Therapy Relationships, 2002, p. 5).

성격 변화를 위한 필요충분 조건으로의 Rogers(1957)의 동일시와 함께 Sterba (1934), Zetzel(1956) 그리고 Greenson(1967)의 정신분석적 공헌을 확장하며 Bordin(1979)은 치료적 동맹이 내담자와 치료자가 함께 만드는 창조물이라고 제안하면서 그와 관련된 '목표와 일의 변화, 유대, 변형'이라는 세 가지 특징과 의 관련성을 설명하였다. 동맹은 적절한 파트너가 되거나, 유대가 증가되면서 치료적 과업과 목표를 이루기 위해 내담자와 치료자가 함께 작업함으로써 형성 되는 것으로, "함께하는 활동을 통해 함께하는 경험이 증가하여 서로에 대해 존 중과 신뢰를 갖게 되고, 좋은 느낌을 갖게 되어, 서로를 이해하게 된다"(Bordin, 1994, p. 16). 변형은 작업 동맹에 대한 내담자의 참여에 중요한 일탈을 제공한 다. Bordin(1979)은 내담자의 문제는 치료 관계에서 나타나게 될 것이고, 이는 치료의 초점이 될 것이라고 하였다. 동맹 관계 초기에 나타나는 변형은 치료적 관계를 형성하기 어렵게 만든다. 반면 동맹 관계가 형성된 이후에 나타나는 변 형은 치료적 관계 내에서 반복적으로 일어나는 환자의 뜻대로 되지 않는 경향으 로 설명된다. 변형과 파괴는 치료에서 일반적으로 나타나는 변화의 기회가 된 다. "'동맹 작업'은 손상된 관계를 회복하고 자신과 관계에 대한 새로운 생각 (Bordin, 1976, 1989)을 갖게 한다"(Horvath, 1994).

Safran과 Muran(1998)은 확장된 치료적 동맹의 개념, 즉 치료적 동맹이란 "환 자의 능력에 대한 신뢰와 희망, 항상 도움을 줄 수 있을 것이라는 치료자에 대한 믿음으로 변화의 핵심이라는 점"(p. 7)을 강조함으로써 특히 유용함을 제안하였 다. 그들은 슈퍼비전에서 우리가 고려해야 할 네 가지 사항들을 소개하였다.

- 치료적 동맹의 개념은 관계의 상호 의존성과 치료적 요소를 강조한다. 치료적 요소의 의미는 특정 대인관계 상황에서만 이해될 수 있다.
- 치료자의 개입을 안내한다.
- 치료 동맹의 파괴는 내담자의 표상세계를 이해하는 단서가 된다.
- 내담자를 다양한 능력과 경험을 갖춘 존재로 바라보는 관점에서는 치료 목표에 대해 내담자와 치료자가 합의하는 것을 중요하게 여긴다.

치료 동맹의 발달에 영향을 주는 요인들은 슈퍼비전 동맹을 형성할 때에도 역시 영향을 준다. Bordin(1983)은 합의한 목표에 기초한 모형(예: 특별한 기술을 습득하고, 내담자에 대한 이해를 넓히며, 서비스의 규범을 지키는)과 그 목표를 달성하는 방법에 대해 슈퍼비전의 관점에서 설명했다. 치료적 관계에서 정서적 유대나 치료적 동맹은 치료의 목표를 달성하기 위한 협력과정을 통해 형성될 것이다. 슈퍼비전에서 관계의 질은 슈퍼바이지에게 중요하며, 이러한 점들은 슈퍼바이지의 개인적 요소를 다룰 때 특히 두드러진다(제3장 참조). 좋은 슈퍼바이저는 깊은 공감, 비판적이지 않은 자세, 확신, 수용적 태도, 탐색과 도전의 격려, 성실함, 자율성, 따뜻함, 본질을 이해하는 것과 같은 특성들을 지니고 있다. Ladany (2002)는 강력한 슈퍼비전 작업 동맹은 특히 다문화적 역량을 가르치거나 훈련생이 자기개방을 할 때나 하지 않을 때 슈퍼비전의 과정과 결과에 중요한 영향을 미친다고 하였다. 그러나 "초보이거나 훈련이 부족한 슈퍼바이저는 슈퍼비전 동맹과 관련하여 간과하거나 잊어버리는 부분이 있다"(p. 15). 슈퍼비전 동맹의 발달은 우리 모형에서 핵심이며, 관계의 진솔함을 포함하는 상위 가치로 지지된다. 우리는 치료적 관계와 슈퍼비전 관계에서 동맹의 변형과 파괴를 다루는 슈퍼비전의 접근에 관심을 기울였다.

# 슈퍼비전에서 동맹에 대한 주제 다루기

초이론적(transtheoretical, 역자 주-행동의 변화가 점진적으로 이루어지는 과정을 거치며, 이를 위해서는 개인이 여러 가지 과제를 수행해야 한다고 보는 관점) 또는 범이론적(pantheoretical) 관점에서 동맹은 치료 결과에 중요한 영향을 미친다(Safran, 1993b). "'치료'과정을 구성하는 사람들의 상호작용 유형, 정서, 기대, 가치, 태도에 대한 폭넓은 관점을 말한다. 강줄기에 영향을 주는 큰 물줄기처럼 혹은 치료자의 기법과 기술처럼 내담자와 치료자의 다양한 성격은 치료과정에 영향을 준다"(Binder & Strupp, 1997a, p. 121). 그래서 동맹의 발달에 영향을 미치는 개인적 요소들을 중요하게 다루는 것은 슈퍼비전의 핵심이 된다.

비록 치료적 동맹이나 슈퍼비전 동맹의 형성과 유지는 함께 만드는 것이지만, 임상가와 슈퍼바이저는 동맹의 발달을 촉진하는 일차 책임을 지게 된다. 치료자와 슈퍼바이저의 전문적 훈련뿐만 아니라 개인적 요인은 동맹을 형성하는 데 영향을 미친다. 진솔함, 책임감, 따뜻함, 공감 능력과 같은 개인의 특성은 유대 관계를 발달시킨다(Rogers, 1957). 슈퍼바이저는 슈퍼비전 관계에서 드러나는 슈퍼바이지의 성격 특성에 집중해야 할 뿐만 아니라 슈퍼바이지의 대인관계 능력을 향상시키고 강점을 강화하는 데에도 관심을 기울여야 한다. 사회 문화의 영향을 받는 개인의 가치와 태도는 다른 사람의 경험과 세계관을 이해하고 공감하는 데 영향을 미친다. 문화에 둔감하거나 다른 개인적 요인 때문에 초점을 잘못 맞추게 되면 내담자(슈퍼바이지)는 치료자(슈퍼바이저)에게 이해받지 못하고 도움받지 못한 것으로 느끼게 된다. 이러한 요인은 개인 역량을 기르는 원인 중 하나이며 개인적 요인에 집중하는 것은 치료의 기본이 된다. 우리는 치료에서 동맹의 변형과 파괴를 경험하는 슈퍼바이지를 돕기 위한 슈퍼비전 접근에 대해 논의하고자 한다.

내담자에 대한 개인적 반응이나 역전이의 다른 형태인 부정적 반응은 치료 초기에 경험하게 되는 도전이다. 비록 내담자에 대한 정보, 치료적 관계에 대한 정보 그리고 슈퍼바이지의 태도에 대한 정보를 수집해도 그러한 경험은 적절한 동맹의 발달을 위협한다. 이러한 부정적 반응의 원인은 내담자와 임상가의 개인적 변수가 원인일 수도 있고(Sexton, Hembre, & Kvarme, 1996), 상호작용에서 초점을 잘못 맞춘 결과일 수도 있다. 적대적 내담자는 긍정적 동맹 관계를 맺을 가능성이 낮으며, 히스테릭, 자기애적, 반사회적 및 편협함과 같은 성격 요인은 동맹 관계와 부적 상관이 있는 것으로 밝혀졌다(Muran, Segal, Samstag, & Crawford, 1994). 이 결과는 경계선-자기애적 내담자를 치료할 때 치료자는 부정적 반응과 역전이를 관리하는 데 더 어려움을 느낀다는 이전의 연구들과 일치하며, 치료적 동맹 관계를 초기에 발달시키는 것 역시 임상가가 어려워하는 부분이라는 이전의 연구들과 일치하였다(Gabbard et al., 1988; Gabbard & Wilkinson, 1994). 치료자에 대한 부정적 반응을 예상하고 이해할 수 있지만, 이에 대해 치료자가 적절하게 반응하는 데 실패하면 치료가 중단되거나 동맹이 파괴되는 결과를 갖게 될 것이다. 특히 초보자는 자신의 개인적 반응을 표현하기보다는 관리하는 기술을 배우고 또한 자신의 반응을 탐색하기 위해 슈퍼비전을 받아야 한다.

슈퍼바이저로서 어려울 때는 슈퍼바이지가 자신의 개인적 어려움을 인식하지 못한 채 부정적 상호작용 패턴을 보이고 이것이 강화될 경우다. 이러한 상호작용은 훈련의 부족이나 훈련을 받지 못해 일어날 수 있는 문제보다 슈퍼바이지의 일반적 관계 특성이나 개인적 특성을 더 많이 반영하게 된다. 내담자에 대한 윤리적 책임이라는 관점에서, 슈퍼바이저는 치료자의 치료 중에 나타나는 행동에 더 관심을 기울이고 치료의 위기를 피할 수 있도록 도와야 한다. 때론 교육이 필요한 시점에도 슈퍼바이지가 질문하는 자세를 취하고 방어적 태도에서 한 발 물러나 더 적절하게 대처하도록 방향을 조정해 주는 것으로도 악순환을 끊기에 충분하다. 불안, 위험 및 통제를 상실한 상황을 초보자의 부적응적 반응으로 볼 수 있다. 무능함을 느끼고 불안이 높아지면, 초보자는 전문적으로 훈련받은 내용을 잊게 되고 행동에서 개인의 영향을 더 많이 받게 된다. 슈퍼바이지가 불안과 자기비판이 증가되면 내담자와 멀어져 예민하게 비판하거나 통제를 호소할지 모른다. Ackerman과 Hilsenroth가 말한 부정적 태도(2001; 경직된, 불확실한,

착취적인, 비판적인, 거리가 있는, 긴장한, 냉담한, 괴로운)는 적대적 상호작용을 강화하고 치료자의 중재에 영향을 미친다. 또한 이러한 경향들은 치료자로 하여금 역전이를 일으키고, 치료를 위기에 빠뜨리게 될 것이다. 치료자는 기법을 적용하는 데에서 내담자에게 유연하게 반응하기보다 더 권위적이고 경직되게 대처할 것이다. 이러한 상황에서 치료적 중재는 자기보호 차원에서 사용되며, 내담자를 공격하게 될지도 모른다.

슈퍼바이지는 (a) 치료적 상호작용에서 자극이 되는 속성과 마음의 상태, (b) 회피하는 마음, (c) 상호작용의 영향과 중재의 적용 그리고 (d) 대안이 되는 행동에 집중하도록 도움받을 수 있다. 더 나아가 질문을 통해 슈퍼바이지가 역전이를 통찰할 수 있도록 하며 치료 동맹을 위협하는 일들을 견제하도록 돕는다. 슈퍼바이지는 통찰과 공감적 이해를 통해 반응적이고 적절한 개입을 하여 대처할 수 있게 된다. 치료적 위기를 극복함으로써 슈퍼비전에서 행위의 본질을 분명히 하는 작업을 시작하게 된다. 또한 슈퍼비전을 통해 자신이 미치는 영향을 이해하고 치료적 동맹의 파괴가 어떻게 일어나는지를 배우게 될 것이다. 슈퍼비전에서 지속적으로 나타나는 역전이와 부정적 반응이 치료 관계에서 실패의 근본적 원인이라는 것은 의심할 여지가 없다. 현실에 기초한 이러한 탐색은 초보자가 부담을 느끼고 치료에서 어려움을 겪을 때 이루어질 수 있다. 슈퍼비전은 치료자 자신의 반응을 탐색할 수 있는 안전한 장소를 제공받을 필요가 있다.

## 동맹을 파괴로 이끄는 것들

치료 동맹의 발달과 유지는 치료의 성공에 결정적 영향을 미친다. 실제로 이는 치료를 시작하는 데 가장 중요한 것 중 하나다. Horvath(2001)는 "처음 5회기 내에 동맹 관계를 잘 발달시키지 못하면, 성공적 치료를 할 수 있는 가능성이 확연히 줄어들게 된다. 즉, 잘못된 동맹 관계는 치료 성과를 위태롭게 할 수 있다."(p. 171)고 언급하였다. 치료는 강력한 동맹 관계뿐만 아니라 Bordin이 언급한 것처럼, 동맹 관계의 위기를 성공적으로 해결함으로써 이루어진다. 동맹의 변형은 치료과정에서 자연스러운 현상처럼 보인다(Bachelor & Salame, 2000; Bordin, 1994; Safran & Muran, 2000a, 2000b, 2000c).

치료 동맹의 파괴가 일어날 때 슈퍼바이저는 임상가, 교육자 및 평가자로서의 역할이 분명해진다. 슈퍼바이저는 내담자의 안녕을 위해서, 치료과정을 안전하게 하기 위해서 슈퍼바이지에게 교육, 상담 및 조언을 해야 한다. 또한 경험을 통해 배우고 그 내용을 실행에 옮길 수 있는 슈퍼바이지의 능력을 평가해야 한다. 치료적 관계에서 나타난 위기는 초보자가 부정적 반응이나 해로운 과정을 효과적으로 다루는 방법을 잊게 할 만큼 치료자의 개인 감정을 불러일으킨다. 이러한 상황은 전문적 요소들보다는 개인적 요소들의 상호작용 상황에서 일어난다. Safran(1993a, 1993b), Safran과 Muran(1994, 1995, 1996, 1998, 2000a, 2000b, 2002c) 그리고 그 밖의 연구자들(Bordin, 1979, 1994; Horvath, 2000, 2001; Safran, Muran, Samstag, & Stevens, 2001)이 소개한 이론들과 경험적 접근들은 동맹의 파괴를 회복하도록 도우며, 동맹 파괴의 원인과 치료적 동맹에 대해 이해할 수 있도록 돕는다.

동맹의 위협은 두 참여자의 개인적 주제를 포함하여 상호작용을 복잡하게 만드는 것으로 시작한다. 초기에 갖는 치료에 대한 기대의 차이는 초기에 동맹의 형성을 방해할지 모른다. 때로는 치료자가 의식하지는 못하지만 반복적으로 일어나는 적대적 상호작용 패턴들은 치료를 위협하거나 동맹을 형성하지 못하게 한다. 초보자는 새로운 전문적 역할을 수행하는 데에서 이해할 수 없는 수행 불안, 미숙함, 대인관계 불안 때문에 이러한 것들을 하는 데 특히 더 어려움이 있다. 게다가 대인관계 초기의 패턴에서 비롯되는 개인의 한계는 부정적 과정을 더욱 악화시켜 내담자의 자극에 더 방어적으로 될지도 모른다. 슈퍼바이지는 정서적 외상이나 상처가 되는 상호작용을 효과적으로 다룰 개인적인 전문적 준비가 되어 있지 않을지 모른다. Safran과 Muran(2000b, 2000c)은 슈퍼바이저가 슈퍼바이지를 훈련하여 동맹 관계가 깨지는 것을 관리할 뿐만 아니라 슈퍼비전의 동맹이 위협될 때 직접 다루는 임상모형을 제시하였다.

## 동맹 관계를 위협하는 원인들

동맹 관계가 깨지거나 약화되는 이유는 다음 두 범주들이 충돌을 일으키기 때문이다. 즉, (a) 치료 과업과 목표 그리고 (b) Bordin(1979; Hill, Nutt-Williams, Heaton, Thompson, & Rhodes, 1996; Safran & Muran, 2000b)의 개념을 기반으로 한 유대 관계에서 문제가 발생하기 때문이다. 이러한 범주들이 동맹 관계의 변화를 일으키는 두 개의 독립변인(동의-신뢰와 관계)이 된다는 몇 가지 자료가 있다(Andrusyna, Tang, DeRubeis, & Luborsky, 2001). 어떤 상황에서든 불일치, 오해 및 혼란은 공감적·협력적 관계의 발달에 부정적 영향을 준다. 변형은 치료의 과정에서 일어난다. 예를 들어, 적극적이고 지시적인 접근들은 내담자가 통제받고 있다고 느끼게 하여 동맹 관계를 깨뜨리는 원인이 되며(Safran & Muran, 2000a 참조), 치료(경험적 치료)에서 내담자는 유용한 활동인지에 대해 질문하거나 자신들의 경험을 다르게 드러내고 싶어 할지 모른다(Watson & Greenberg, 2000, p. 175).

신념과 가치관의 차이를 이해하지 못할 때 조율이 어려울지 모른다. 치료자는 내담자가 중요하게 여기는 문제에 대해 소홀히 다루거나 무시할지도 모르며 내담자의 문화, 전통, 도덕 및 신념에 대해 민감하게 다루지 못할지도 모른다. 다른 예로, 강렬한 전이-역전이 행동들은 개인적 요인들에 근거해서 유발될 수도 있다. 내담자와 치료자는 서로를 이상하다고 느끼거나 '이해되지 않는다.'고 느끼게 되어 동맹 관계가 손상될지도 모른다. 이러한 마음의 상태에 의해 불안과 불신이 증가되고, 몇몇 내담자(와 임상가)에게는 적개심을 일게도 한다. 이러한 반응들은 초연한 듯하거나 무심하게 받아들이는 것에서부터 불신과 적대감이 있는 표현들로 나타난다. 치료에 대한 기대의 차이는 유대 관계를 맺는 데에서의 갈등 요인이 되며, 반대로 치료 과업에서 신뢰와 공감이 깨짐으로써 의미 있게 참여하지 못하도록 만든다. 이러한 조율되지 않은 악순환이 성립되면 동맹 관계는 악화된다.

슈퍼바이지가 내담자에 대한 부정적 느낌을 슈퍼바이저에게 개방하는 것이 편안할 수 있지만(Yourman & Farber, 1996), 많은 슈퍼바이지는 동맹 관계가 깨진 내용을 전할 때 슈퍼바이저의 반응을 두려워하거나 당황을 느낀다. 게다가 그들은 치료적 동맹 관계가 어떻게 해서 약해졌는지 알지 못하거나 지각하지 못할지도 모른다. 슈퍼바이저들은 (a) 갈등이나 잘못된 조율이 발생한 이유와 특성을 명확하게 하기 위해 슈퍼바이지와 협력하면서, (b) 부정적 역전이 반응을 처리하고, 또한 (c) 문제를 해결하기 위한 임상적 방향을 제시하거나 슈퍼바이지를 격려하면서 도움을 줄 수 있다. 초기 슈퍼비전 개입의 목적은 부정적 역전이가 일어나는 상황에서 객관적 자세를 취할 수 있도록 돕는 것이다. 슈퍼비전 동맹은 "[치료 관계의] 관계를 보여 주는 형태의 이탈"(Safran & Muran, 2000b, p. 108)의 과정으로, 구조화한 사건들과 의미의 반영을 촉진한다. 이 단계의 슈퍼비전 관계에서는 슈퍼바이저가 슈퍼바이지에게 수치심을 일으킬 수 있는 개입을 피하는 것이 중요하다. 슈퍼바이지 자신이 개방할 때 수치감을 경험하게 되면 좌절하게 될 것이다. 수치감을 유발하는 비판은 내재되어 있던 내담자에 대한 불만과 병행되어 슈퍼비전의 동맹을 파괴하게 될 것이다. 안전하고 협력적인 환경은 개인적 요인들에 대한 탐색을 촉진하게 한다.

동맹의 파괴를 해결하는 과정은 부정적 상호작용을 촉진시키는 상호작용과 그 내용에 대해 직접 탐색해 보는 것으로 시작된다(Rhodes, Hill, Thompson, & Elliott, 1994; Safran & Muran, 1995; Safran, Muran, & Samstag, 1994). 이러한 요소에 대해 면밀히 분석하는 슈퍼바이저를 모델링함으로써 슈퍼바이지는 내담자와 분석하는 것을 훈련받을 뿐만 아니라 이러한 탐색을 통해 서로에 대한 부정적 반응을 일으키는 근원에 대한 슈퍼바이지의 이해가 발달하도록 돕는다. 동맹 관계의 파괴는 내담자의 욕구, 원하는 것들에 대한 침해(이행하지 않음)에 의해 촉진될 수 있는데, 예를 들어 내담자가 원하지 않는 것을 하거나, 원하는 것을 하지 않거나, 원하지 않는 충고를 하거나, 초점을 정확히 맞추지 않는 것에서 동맹의 파괴가 발생한다(Rhodes et al., 1994). 또한 Omer(1994, 2000)는 치료에서 문제되는 상황들을 세 가지로 정리하였다. 즉, (a) 치료자가 내담자의 어려움을 절망적인 이야기로 확대시킨다. (b) 치료 전략이 없다(중단). (c) 부정적 태도로 치료적 상호작용을 한다. 치료자와 내담자가 치료적 효과가 없는 상호작용 때문에 어려움에 처하게 될 경우에는 지속적 좌절로 치료적 동맹 관계가 깨지게 될 수 있다. 치료 동맹을 파괴하는 행동에는 직접적 행동과 간접적 행동이 있는데, 직접적 행동의 예로 부정적 감정을 공개적으로 표현하는 것, 치료 과업이나 목표의 불일치, 자존감을 이유로 기능을 향상시키기를 들 수 있으며, 간접적 행동의 예로 무력감(효과적이지 않은), 부정적 감정이나 적대감을 가진 간접적 의사소통 혹은 치료자의 개인에 대한 무응답을 들 수 있다. 때로 슈퍼바이저는 슈퍼바이지의 중단된 사례에 대해 곤란함을 표현한 후에 좌절을 경험했음을 듣기도 한다. 물론 문제는 동맹 관계의 파괴다.

슈퍼비전 과정은 내담자에만 국한하여 파괴의 성격을 결정짓는 것을 뜻하는 것은 아니다. 오히려 슈퍼비전은 잠정적인 관찰과 해석의 발달을 의미한다. 파괴와의 동일시 그리고 과정에 대한 조사는 메타 커뮤니케이션 과정을 포함하는 협력적 노력으로서 치료적 진행을 완수하게 한다.

비록 역전이와 개인적 요인들이 고려되더라도 초기에 치료적 상호작용의 관계적 측면에 초점을 맞추는 것이 더 유용함을 발견하였다. 왜냐하면 치료자가 초기에 대인관계 교류에 대한 이해를 빨리 얻는 것은 부정적 상호작용이 반복되는 것을 방지하고 라포를 다시 형성하도록 하는 데 중요하기 때문이다. 치료자의 인지, 태도, 정서 그리고 행동에 대한 고려를 포함하는 교류의 연속적 분석을 통해 치료적 관계의 유형이 분명해질 수 있다. 치료자는 내담자의 관점에서 상호작용의 경험을 떠올리도록 격려받는다. 치료자가 내담자의 관점에서 이해하는 것은 수용적이지 않고, 위축되어 있으며, 공격적인 내담자의 행동 이면에 있는 동기를 이해하기 위해서 필요하다. 슈퍼바이저는 슈퍼바이지가 내담자에게 좋게 느꼈던 회기를 떠올리도록 돕기 위해 반영, 초점 질문, 역할극, 빈의자 기법 등을 사용한다. 미처 생각하지 못한 개인의 영향과 반응이 대인관계 교류의 초점은 아니다. 그러나 역전이의 탐색은 치료적 관계를 안정시키고, 치료자의 무의식적 행동을 줄이고, 치료적 동맹 관계를 교정하는 것이 주요 목적이다.

## 메타 커뮤니케이션으로 슈퍼비전하기

슈퍼비전의 두 번째 과업은 슈퍼바이지가 메타 커뮤니케이션을 사용하도록 돕는 것이고(Kiseler, 1996), 이러한 과업은 동맹의 회복을 위해 필요하다. 메타 커뮤니케이션은 "협력적 탐색에 초점을 맞추어 그것을 다룸으로써 관계의 순환에서 벗어나려 시도하는 것, 즉 교류적 혹은 암시적 소통이 일어나고 있는 것과 관련된 의사소통"(Safran & Muran, 2000b, p. 108, 진한 서체는 원문에서 강조)을 말한다. 상호작용에 대한 회상(Interpersonal Process Recall; Kagan, 1980; Kagan & Kagan, 1990; Kagan & Kagan, 1997)은 치료적 상호작용 속에서 슈퍼바이지가 생각하고 느끼는 것들을 설명하도록 하는 방법을 광범위하게 사용한다. 이러한 방법은 메타 커뮤니케이션에 필수적인 메타인지 기술을 훈련하고 치료과정에서 형성되는 역동을 다루는 방법을 제공한다.

Binder와 Strupp(1997a)은 "Schön(1987)이 '행동에서의 반영'이라고 불렀던 것을 포함하여, 참여하면서 과정을 관찰하는 능력과 실행과정에서 효과적인 전략을 즉흥적으로 사용하는 능력"(pp. 134-135)의 메타 커뮤니케이션의 필요성을 보고하였다. 치료적 동맹 관계를 깨뜨리는 대인관계의 교류를 분석하는 것은 전이의 해석보다 강조되어야 한다. 슈퍼바이지는 개인의 상처를 드러내는 과정뿐 아니라 새로운 임상 기술을 사용할 수 있도록 격려받고 안내되어야 한다. 더 나아가 메타 커뮤니케이션은 즉각적 상호작용이 탐색의 초점이 되는 새로운 협력적 단계로 관계를 맺도록 한다. 이것은 "치료적 관계에서 반복적으로 나타나는 순응적이지 않은 인지, 감정, 행동에 대한 지금-여기에서의 분석"(Binder & Strupp, 1997a, pp. 133-134)에 착수하는 의지를 포함한다.

내담자에게 치료적 상호작용에 대한 자신들의 경험을 개방하도록 하는 메타 커뮤니케이션의 사용은 작업 동맹을 재정립하기 위해 필수적 과정이라고 여겨졌다. Kivlighan과 Schmitz(1992)는 빈약한 작업 동맹 관계를 개선하는 것은 상담자의 도전을 증가시키고 관계에 집중하도록 한다는 것을 발견하였다. 메타 커뮤니케이션의 과정은 슈퍼바이지에게 불안을 증가시키지만, 심리치료에서 개인이 미치는 영향을 명확하게 해 준다. 심리치료자는 내담자의 관찰과 비평으로 자신의 자기인식과 행동을 발견하게 된다. 치료자 자신이 생각하는 것보다 통찰력이 없고, 공감적이지 않으며, 세심하지 않고, 도움이 되지 않는다는 말을 듣는 것은 경험이 있고 훈련을 받은 치료자라 하더라도 어려운 일이다.

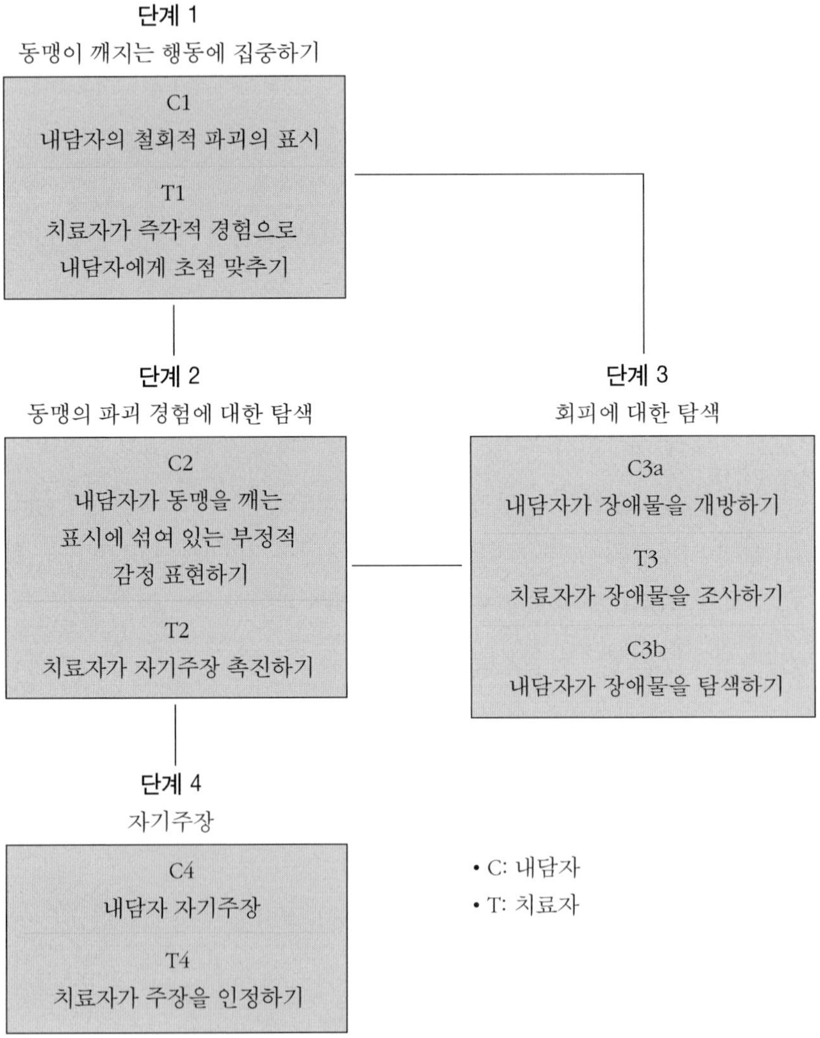

**단계 1**
동맹이 깨지는 행동에 집중하기

C1
내담자의 철회적 파괴의 표시

T1
치료자가 즉각적 경험으로
내담자에게 초점 맞추기

**단계 2**
동맹의 파괴 경험에 대한 탐색

C2
내담자가 동맹을 깨는
표시에 섞여 있는 부정적
감정 표현하기

T2
치료자가 자기주장 촉진하기

**단계 3**
회피에 대한 탐색

C3a
내담자가 장애물을 개방하기

T3
치료자가 장애물을 조사하기

C3b
내담자가 장애물을 탐색하기

**단계 4**
자기주장

C4
내담자 자기주장

T4
치료자가 주장을 인정하기

• C: 내담자
• T: 치료자

**[그림 5-1] 치료적 동맹 파괴 해결모형**

출처: Safran & Muran (2000). Resolving Therapeutic Alliance Ruptures: Diversity and Integration. *Journal of Clinical Psychology/In Session: Psychotherapy in Practice, 56*(2), 233-243. ⓒ 2000 John Wiley & Sons, Inc. 허가하에 게재함

교정의 단계

Safran과 Muran(2000b, 2000c)은 동맹 관계가 파괴되는 것을 분명히 알 수 있는 단계모형을 제시하였는데, 이 모형에서는 정서적 표현에 장애가 되는 것들을 탐색하고 내담자 자신의 파괴의 경험을 듣고 탐색해 보도록 한다. 동맹의 파괴는 철회 혹은 직면의 형태로 나타난다. 철회로 나타나는 동맹 관계의 파괴는 치료과정, 내담자 자신의 감정 그리고 치료자에게 벗어나는 것으로 나타난다. 동맹의 파괴를 직면하는 것은 치료자 혹은 치료에 대한 불만, 적개심, 분노와 같은 표현을 분명하게 하는 것을 의미한다(Safran & Muran, 2000c). [그림 5-1]은 철회로 나타나는 동맹 파괴의 회복 단계를 설명하고 있다(동맹의 갈등에 대한 제시와 모형의 상세한 설명은 Safran & Muran, 2000b 참조).

Safran과 Muran(2000c)은 동맹을 재형성하기 위해 치료자에게 필요한 변화에 대해 설명하였다.

치료자는 종종 부적응적 대인관계의 순환에 함께 참여하면서 해결과정을 시작한다. 적대적 내담자는 종종 방어적 혹은 적대적이지 않은 반응으로 표현한다. 파괴에 대해 순응하거나 회피하는 반응은 종종 지배당하거나 통제당하는 것처럼 나타난다. 예를 들어, 순응적 방식으로 반응하는 내담자는 더 나아가서 치료자가 그들을 통제하고 지배하는 부분에 대해 공격을 하려 하거나 그것에 대해 말하려 할 것이다. 그러한 상황에서 역기능적 인지-대인관계 순환을 지속하기보다는 상호작용에 대해 내담자와 메타 커뮤니케이션을 시작하고, 그들이 경험하는 감정들에 대한 인식이 치료자에게 중요하다(p. 240).

이러한 초기 단계가 시작되면서, 치료자는 치료자에 대한 부정적 피드백을 포함하는 파괴와 관련된 생각과 감정에 대해 탐색과 개방을 적극적으로 유도해 낸다. 치료자는 내담자의 경험에 공감하고, 방어적이지 않으며, 중립적(혹은 개방적) 자세를 취해야 한다.

대다수 슈퍼바이지들은 자신과 다르다는 인식을 수용해야 하며 동맹 파괴에 대한 비난이 아닌 내담자의 경험을 이해할 뿐 아니라 그들 행동의 변화가 궁극적인 목적임을 기억해야 한다. 더 나아가 치료자는 치료 중 적대적 반응을 자극하는 강렬한 감정의 변화에 머무르며 촉진하는 것에 대한 지지와 격려가 필요하다.

다음은 파괴와 관련된 사고와 감정을 탐색하는 단계로, 그런 탐색을 못하게 막는 저항과 다른 요소들, 즉 부정적 감정의 표현을 탐색한다. 초기에는 책임을 부인하고, 그다음에는 부인했던 욕구에 대해 깊이 인식하고, 마지막에는 바라는 것, 욕구, 감정에 대해 치료자와 소통하게 되고 수용하게 된다.

치료이론의 차이는 메타 커뮤니케이션의 과정에서 얻은 자료에 대한 내용과 사용 방향을 결정한다(Safran & Muran, 1998). 예를 들어, 정신역동 임상가는 치료적 상호작용에 대한 내담자의 지각과 관계의 발달에 따른 지각을 비교하는 데 흥미를 가질 것이다(Frawley-O'Dea & Sarnat, 2001), 경험적 치료자는 지금-여기에서 '경험하게 되는' 갈등에 초점을 맞출 것이다. 그리고 인지심리학자는 치료 장면에서 대인관계 교류를 형성하는 도식에 초점을 맞출 것이다(Greenwald & Young, 1998). 회복의 과정에서 이론에 따른 기법적 차이에 무관심하게 되면 지금-여기에서 일어나는 대인관계 역동을 간과하게 될 것이다. 내담자와 임상가의 협력적 작업을 통해 교류의 본질을 이해하면 동맹 관계는 튼튼한 토대 위에 재건될 수 있다. 동맹의 파괴를 해결하는 것은 치료 관계를 유지하는 데 필수적일 뿐만 아니라 내담자의 관계의 문제와 관련된 변화를 촉진하게 할 것이다. 내담자의 동맹 파괴를 회복하는 과정은 다른 관계로 일반화할 수 있도록 교정적 경험을 제공한다. 초보자가 메타 커뮤니케이션을 하기 위한 방법, 동맹 파괴와 어려움을 직면하는 방법, 개인적 요인과 역전이의 직접적 영향을 이해하는 방법 그리고 동맹의 회복을 성공적으로 촉진하는 방법을 배우는 경험은 중요한 임상적 능력의 발달을 촉진시킨다.

슈퍼비전은 슈퍼바이지가 동맹에 위협을 다룰 수 있는 모형을 제시하는 통합적인 역할과 탈피와 메타 커뮤니케이션, 특히 공감적 이해의 과정을 지지하는 관계를 제공한다. 훈련을 넘어 동맹을 회복하는 치료적 작업은 치료 효과에 필수적이며 내담자를 질 높게 보호하려는 슈퍼바이저의 열심을 반영하는 것이다.

사례에서는 임상가의 노력에도 불구하고, 동맹 관계가 돌이킬 수 없게 손상되는 경우가 있다. 내담자의 안녕과 치료를 보호하려는 슈퍼바이저는 많은 개입들을 가르칠 것이다. 예를 들어, 슈퍼바이저는 비록 슈퍼바이저가 메타 커뮤니케이션 기법을 사용하지 않을지라도, 그는 내담자의 경험에 초점을 맞추고, 내담자와 상담자 사이의 초기 동맹을 회복하려 시도하는 등 내담자와 협의하여 행동할 것이다. 협력의 유용한 시작점은 치료에 대한 내담자의 기대를 이야기하는 것이다. 이러한 논의는 치료 성과에 영향을 주는 것으로서 동맹의 목표와 과업의 구성요소를 다룬다(Horvath & Symond, 1991; Long, 2001; Tryon & Winograd, 2002). 그러한 설명에 따르면, 다른 치료자와의 치료를 추천하거나 혹은 초기에 슈퍼바이저와 협동 치료자로서 치료를 하는 일들은 치료 관계를 다시 세우기 위한 목적일 수 있다.

서로를 이해하지 못하거나, 동맹 관계가 잘못 맺어지는 일은 때로 슈퍼비전 관계 내에서도 발생할 수 있다. 메타 커뮤니케이션을 사용함으로써 슈퍼바이저는 실제에서 동맹 관계의 성장을 촉진할 수 있다. 그러한 경험들은 동맹의 회복을 넘어서 메타 커뮤니케이션의 기술을 훈련할 수 있게 하는 주요 모형이 된다. 슈퍼비전에서 다루지 않은 갈등은 슈퍼비전 진행을 손상시킬 뿐만 아니라 회피와 무반응을 수용하는 슈퍼바이저의 행동을 통해 의사소통 역시 손상될 수 있다. 슈퍼비전 관계에서 잘못된 조율에 반응하는 슈퍼바이저의 자발성과 능력은 윤리적 책임감과 전문가로서 민감하지 못한 슈퍼바이지의 그런 경향성을 가르치는 것이다(Greben, 1985). 치료와 슈퍼비전 모두 슈퍼바이지나 내담자에 대한 존중과 함께 슈퍼바이저 혹은 임상가의 권위를 세우려 하거나 주장하기보다 성숙한 이해를 돕기 위해 과정의 탐색을 확실히 하는 것이 중요하다.

슈퍼비전 사례에서 문제가 발생했을 때 초보 치료자는 자신의 능력에 대한 걱정이 증가하는 것을 경험하며 문제가 되는 사례가 치료적 평가에 영향을 미칠 것이라고 생각하게 된다. 사실 부정적 평가에 대한 두려움은 실제로 동맹 관계를 약화시키는 역할을 한다(Burke, Goodyear, & Guzzard, 1998). 슈퍼바이지가 자신의 자리가 위험하다고 믿게 되면, 더 방어적이고, 덜 개방하며, 덜 효과적으

로 대처하고, 잠재적으로 내담자와 공격적 관계를 맺게 된다. 그러나 동맹 관계
의 파괴가 치료과정에 대한 도전을 일으키고, 치료자가 실패했다는 것을 의미하
는 것이 아니라면, 학생과 인턴은 동맹의 회복을 촉진하도록 더욱 노력할 수 있
을 것이다. 평가는 동맹에서 발생하는 파괴의 사실보다는 슈퍼바이지가 동맹의
파괴를 다루는 방법과 권고에 반응하는 것으로 이루어진다. 그러나 치료적 관계
가 어려움에 처했을 때 슈퍼바이저의 충고에 따르지 않고, 슈퍼바이저와 협동해
서 작업하는 것이 불가능할 때 심각해질 수 있다. 내담자와 동맹 관계가 위협받
는 상황이 반복되거나 초기 관계에서 이런 상황들이 나타날 때, 슈퍼바이지의
대인관계 능력과 임상 능력에 대한 면밀한 평가가 필요하며, 심리치료를 실행하
기에 적절한지에 대한 평가가 필요하다.

　내담자와의 동맹 관계에 부정적 영향을 미치는 치료자의 특성은 슈퍼바이저
와 슈퍼바이지의 관계에서도 마찬가지로 같은 영향을 미치게 된다. 사실 슈퍼
비전에서 독특한 힘의 차이로 인해, 실제로 슈퍼바이저-슈퍼바이지의 관계에
실제로 해로운 영향을 미칠 수 있다고 믿는다. 예를 들어, 내담자는 별다른 위
협 없이 치료자를 쉽게 떠날 수 있지만, 슈퍼바이지는 더욱 불안정한 상황에서
파괴적인 동맹 관계가 형성될 수 있다. 우리는 치료적 동맹에 긍정적 영향을 주
는 치료자의 개인적 특성들(Ackerman & Hilsenroth, 2003, p. 1; Horvath, 2001
참조)—유연하고, 정직하고, 정중하고, 신뢰할 만하고, 확신할 수 있고, 따뜻하
고, 흥미롭고, 개방적인—이 슈퍼비전의 동맹 관계에도 유사한 영향을 줄 것이
라고 믿는다. 게다가 Ackerman과 Hilsenroth(2003)가 설명한 많은 기법들—예
를 들어 탐색, 반영, 이전 성공에 주목하기, 정확한 해석—은 슈퍼비전의 동맹
에 긍정적 영향을 미친다. 또한 관계의 질과 관련된 민감성, 조망 수용 능력은
개인적 요소와 역전이의 탐색을 촉진하기 때문에 슈퍼비전의 동맹을 확립하는
데 도움이 된다.

## 슈퍼비전 동맹 관계의 파괴와 어려움

치료적 관계의 발달에 영향을 주는 특성과 경험들은 슈퍼비전 관계에도 유사한 영향을 미친다. 공감, 따뜻함, 존중, 임상적 지식, 기술뿐만 아니라 슈퍼비전의 목표나 일과 관련된 동의서와 같은 개인적 능력과 전문적 능력은 효과적인 슈퍼비전의 동맹 관계를 형성하는 데 영향을 미친다. 대인관계에서의 실수나 잘못된 전문적 행동 혹은 전문적 능력의 부족은 작업 동맹 발달을 위협할 것이다. 슈퍼비전의 작업 동맹 조사(Working Alliance Inventory; Bahrick, 1989; 〈부록 B〉참조)는 슈퍼비전 관계에서 동맹을 형성하는 요인(즉, 과업, 결속, 목표)을 평가하기 위해 유용한 자기보고식 측정을 하였다. 또한 이 연구는 타당도와 신뢰도를 확립하는 것이 필요했다.

Ladany 등(2000)은 슈퍼바이저의 역전이가 초기 관계를 약화시킨다고 슈퍼바이지들이 믿었지만 이후에 슈퍼비전 관계가 강화되었다고 설명했다. 치료과정에서 드러나는 대인관계 역동에 대해 인턴 자신이 이해할 수 있도록 노력하는 것과 슈퍼바이저가 인턴과 대화하는 것은 도움이 되는 것으로 나타났다(p. 109). 슈퍼바이저는 동료에게 자문을 구하고, 집단 슈퍼비전에 참여하고, 인턴과 경험을 개방하면서 자신의 반응을 조절한다(p. 110). 역전이를 해결하는 중요한 과정은 역전이 반응을 확인하고, 조언을 구하며 개방을 사용하는 것이다. 그러한 과정은 의도와 다르게 표현되는 잠재적 반응을 관리하는 것에서 중요하다.

부정적이고 역효과의 경험들이 발생하고 그것들이 잘 다루어지지 않는다면 파괴와 어려움이 될 것이다. 개인적 요소가 영향을 미치는 그러한 상황은 동맹 관계를 위협하며, 치료과정을 적절히 모니터하는 슈퍼바이저의 능력, 내담자를 보호하려는 슈퍼바이저의 능력을 손상시킨다. Ramos-Sanchez 등(2002)은 인턴과 심리학과 대학원생에 대한 조사에서 참여자의 21.4%가 슈퍼비전에 부정적 경험을 갖고 있다고 보고했다(p. 199). 부정적 경험들은 약한 슈퍼비전 동맹 관계와 관련되어 있었으며, "전반적으로 슈퍼바이지에게 직업의 선택에 대해

장시간 고민하게 하고, 직업을 변경하도록 하는 것"(p. 200)으로 나타났다. Gray 등(2001)은 13명의 심리치료 훈련생들을 면접하면서 그들 각각이 슈퍼비전에서 역효과적 사건을 경험했다고 보고했다. 훈련생들은 다양한 정서적 반응들을 기술하였고, 이러한 사건들은 슈퍼비전 관계를 악화시키며 내담자와 함께하는 치료에 영향을 주었고, 슈퍼바이저에게 접근하는 그들의 방법을 변화시켰다. 예를 들어, 대부분은 슈퍼바이저와 역효과적 사건을 논의하지 않았다. 이러한 보고들은 슈퍼비전 관계에서 갈등이 필연적으로 일어난다는 이전의 연구와 일치한다. 최고의 치료는 예방이다.

　슈퍼바이저는 자신의 개인적 행동과 전문적 행동의 영향을 염두하면서 슈퍼바이저에 대해 객관적으로 이해하도록 도와야 하며, 슈퍼바이지의 욕구에 반응하려 노력하고, 슈퍼바이저와 슈퍼바이지 간에 상호 책임의식을 가져야 한다. 수치심을 수반하는 사건, 병렬과정 및 경계 침범은 슈퍼비전에서 개인적 요인이 드러났을 때 특히 중요하다.

### 수치심

　슈퍼비전에서 초보자는 역전이와 개인적 영향을 탐색하는 것이 필요하다. 그러한 탐색은 필수적으로 불편감, 불안 및 수치심을 유발하는 개인적 개방을 의미한다. 기술에 대한 지속적 평가와 더불어 역전이에 대한 탐색과 슈퍼바이지에게 초점을 맞추는 것은 비난받고 있다는 느낌을 들게 할 뿐만 아니라 비합리적인 자기비난의 경향성을 확대시킬 것이다. Alonso와 Rutan(1988)은 비록 슈퍼비전이 수치심을 자극하는 경우도 있지만 슈퍼비전에서는 드물게 나타난다는 점을 보고하였다. 수치심을 야기하는 경험들은 역효과적 혹은 부정적 사건에 영향을 받으며, 이러한 사건은 치료에서 치료자의 개인적 영향을 탐색하지 않도록 할 뿐 아니라, 심리치료에서 발생하는 실제 교류에 대해 비개방을 초래할 것이다. 이러한 상황에서 슈퍼비전의 동맹은 매우 악화되며, 내담자, 슈퍼바이지 및 훈련 기관에 대한 그들의 책임을 다할 수 없게 된다.

　수치심은 대인관계의 역동뿐 아니라 개인 내적인 역동의 결과다. 슈퍼바이지들은 자신의 잘못이나 그 영향을 슈퍼바이저와 논의할 때 당황하거나, 자신들의 수행과 내면의 기준 사이에 불일치를 깨달을 때 수치심을 느낄 것이다. 그러므로 수치심은 관계뿐만 아니라 개인적 요인들에 의해 유발된다. 전문성을 요하는 훈련의 본질적 측면에서 보면 슈퍼비전에서 경험하는 수치심이나 당황은 놀라운 일이 아니다. 슈퍼바이지로서 자신의 경험에 대해 기술한 Talbot(1995)은 이상적으로 여기는 슈퍼바이저에게 인정받지 못하거나 혹은 칭찬을 받지 못하거나 두려움을 느낄 때 수치심을 경험하게 된다고 하였다. 비록 슈퍼바이저가 비난을 조심하더라도 슈퍼바이지는 수치심을 느낄 수 있다. 그러므로 슈퍼바이저는 비개방이 증가하는 것, 특정 사례를 논의하는 것을 피하는 것, 실제의 경험과는 다르게 준비하는 것 혹은 치료의 상호작용에 대해 무미건조하게 묘사하는 것과 같은 수치심의 다른 표현[Talbot's(1995)의 경우, '밝히는 것']을 잘 관찰해야 한다. Nathanson(1992)의 작업을 참고로 하여 Hahn(2001)은 슈퍼비전에 영향을 주는 수치심의 네 가지 반응, 즉 철회, 회피, 자기에 대한 공격 그리고 다른 사람에 대한 공격을 밝혔다.

슈퍼바이저들은 공감적이고 지지적인 태도로 슈퍼바이지의 수치심과 당혹감의 감정을 탐색해야 하는데, 이러한 슈퍼바이저의 의견에 대한 슈퍼바이지의 경험과 지식에 대한 도전은 심리치료를 구성하는 학습에 포함된다.

Gray 등(2001)의 연구에서 슈퍼바이저가 역효과적 사건을 인식하지 못하고 슈퍼바이지가 그러한 사건을 논의하고 싶어 하지 않는다는 점을 설명하지만 슈퍼바이저는 순리적 태도를 취해야 한다. 슈퍼바이저는 개인적 요인과 전이에 대한 탐색뿐만 아니라, 동맹의 파괴에 영향을 미치는 수치감의 사회적·제도적 특성을 고려할 필요가 있다. Talbot(1995)은 슈퍼비전에서 수치감을 다루는 여섯 가지 방법을 제안했다. 즉, (a) 슈퍼바이지의 감춰진 수치심에 대해 방심하지 않기, (b) 치료와 슈퍼비전이 어떻게 경험되었는지를 탐색하도록 슈퍼바이지를 격려하기, (c) 심리치료에 영향을 주는 개인적 요소를 이야기할 수 있도록 격려하면서 심리치료자의 자질을 설명하기, (d) 수치심과 관련된 현상이 솔직하고 신중하게 논의될 수 있는 안전한 환경을 만들기, (e) 슈퍼바이지가 내담자에게 자신감을 갖도록 모델링함으로써 불안을 덜어 주기 그리고 (f) 행동으로 완벽하게 옮기려 시도하는 슈퍼바이지에게 충고하지 않기 등이다.

## 병렬과정

정신분석 논문(Arlow, 1963; Bromberg, 1982; Doehrman, 1976; Ekstein & Wallerstein, 1958; Searles, 1955)에서 시작된 병렬과정의 개념은 치료 관계의 역동이 슈퍼비전 관계에 영향을 주고 자극한다는 점을 시사했다. 몇몇 이론가들은 투사적 동일시로 내담자와 동일시하는 과정을 통해 내담자의 역동이 슈퍼바이저에게 일어난다고 설명한다. 오히려 전이-역전이에 의해 통찰을 얻기보다 치료자와 슈퍼바이저는 무의식적으로 파생된 역할과 대상관계를 되풀이한다(Grey & Fiscalini, 1987). 유사하게 슈퍼바이저들은 3자 관계의 병렬과정으로 생겨난 슈퍼비전 상황을 통해 상호작용 과정을 하게 된다(Gediman & Wolkenfeld, 1980). Frawley-O'Dea와 Sarnat(2001)은 "병렬과정은 치료 관계 혹은 슈퍼비전 관계 어느 쪽에서도 시작될 수 있다. 이 경우 둘 관계에 겹쳐 있는 슈퍼바이지는 병렬과정을 통해 표현되는 둘 관계의 도관이 된다."(p. 174)는 점을 발견했다. 일치된 역전이나 상보적 역전이를 수반하는 병렬과정은 반복되는 관계 패턴을 인식하도록 참여자의 역량을 소모시킴으로써 치료와 슈퍼비전 관계를 모두 어렵게 만들 수 있다. 경험적 지지에 대한 부족(Mothersole, 1999)과 몇몇 임상가의 개념에 대한 거부(L. Miller & Twomey, 1999)에도 불구하고, 슈퍼비전 관계에 영향을 미치는 병렬과정에 대한 의견은 이론적인 문헌들에서 제시되고 있다(Fruedlander, Siegel, & Brenock, 1989; McNeill & Worthen, 1989; Morrissey & Tribe, 2001).

표면적 유사함이 같은 역동을 반영하는 것은 아니기 때문에 이 개념을 적용하는 데는 신중해야 하며(Baudry, 1993), 유사한 관계 패턴(Fosshage, 1997) 사이에 독립성이 존재함에 따라 슈퍼비전 관계에서 시작된 반응은 치료에 방어적으로 재배치될 수 있다. 대인관계의 상호 주관적 특성에 대한 인식(Fosshage, 1997; Ogden, 1994)은 치료과정과 슈퍼비전 과정에 상호 관련된 혹은 독립된 영향들을 고려하도록 한다. 슈퍼비전의 내용과 과정은 슈퍼비전 관계의 독특한 역동에 의해 구성될 뿐 아니라 치료자와 슈퍼바이지의 독립된 경험과 상호 관련된 경험에 의해 야기된다. 슈퍼바이저는 치료 관계에서 존재하는 부담과 영향이 슈퍼비전에서 표현될 수 있음을 염두에 두는 것이 필요하다. 그러한 역동에 주의하는 것에 실패하면 작업 동맹에 변형과 파괴를 초래할 것이다. 병렬과정은 그들의 대인관계의 갈등, 심리적 어려움과 관련된 관계의 패턴과 정보에 대해 유용한 자료를 제공한다.

## 경계의 위반

적절한 경계의 유지는 안전하고 신뢰할 만한 전문적 관계를 형성하고 지속하도록 하며, 초보자로 하여금 치료과정에 자신이 미치는 영향을 탐색할 수 있게 한다. 전문적 경계를 위반하고 개인적 경계를 침범하게 되면 전문적 윤리(성적 문제, 이중 관계)의 문제와 비전문적 행위(무관심)로 인해 슈퍼비전 관계를 위태롭게 만들 수 있다. 관계에서 힘의 차이를 악용하는 것과 권위(평가를 위한 힘에 부여된)의 잘못된 사용은 효과적 훈련과정을 방해하고, 사례 관리를 어렵게 만든다. 이는 치료자의 역전이를 다룰 때 경계를 명확하게 구분하기가 어렵다. 치료라는 표면적 이유로 임상가의 사생활을 침범하는 것과 치료적 목적도 아니고 교육적 목적도 아닌 곳에서 슈퍼비전에서 개방한 개인적 정보를 이용하는 것 그리고 비밀 유지를 어기는 것도 분명한 위반이다. 슈퍼바이저는 이러한 명백한 행동뿐 아니라 대인관계의 문제와 갈등을 다룰 때 그리고 역전이 문제를 다룰 때 민감해져야 한다. 명확한 이해를 돕기 위해 슈퍼비전을 시작할 때 계약서를 작성하면서 슈퍼바이저의 책임, 평가의 진행과 이유, 훈련, 사례 관리의 기능과 같은 내용들을 분명하게 해야 한다. 학생과 인턴에 대한 전문적 책임을 위해 역전이의 영향과 대인관계의 문제가 미치는 영향에 관심을 가져야 한다. 슈퍼바이저의 책임은 내담자를 보호하고, 슈퍼바이지를 교육하고 훈련하는 것에 한정되어 있다. 비록 슈퍼비전에서 얻게 되는 공감, 지지, 이해 및 인식은 실제로 치료적이기는 하지만, 슈퍼바이저는 슈퍼바이지에게 치료자는 될 수 없다. 이러한 경계를 지키는 것은 치료에 영향을 미치는 개인적 요소를 인식하게 하고, 임상가로서 성장할 수 있는 기회가 된다.

슈퍼바이저는 자신이 미치는 영향을 항상 고려해야 하며, 슈퍼바이지를 존중하고, 수치심이 일어나는 상황을 최소화해야 하며, 동맹 관계의 파괴를 직접적으로 다루고, 관계에 영향을 미치는 대인관계의 측면과 개인 내적인 측면을 고려하여 적절한 경계를 유지해야 한다. 슈퍼비전에서의 이러한 활동을 통해 슈퍼바이저는 슈퍼비전의 진행에 책임을 다하면서, 역량의 모델이 되고, 교육자가 된다. 이러한 요인에 주의하면 적극적이고 상호적인 슈퍼비전 관계가 만들어질 뿐만 아니라, 적절한 슈퍼비전과 상담은 내담자를 돌보는 역량을 키우는 데 도움이 된다.

## 역 량

슈퍼비전 동맹에 필요한 역량은 다음과 같다.

- 의사소통 능력, 자기의 경험을 이해할 수 있는 능력, 슈퍼바이지의 경험을 이해할 수 있는 기술이 필요하다. 즉, 공감을 느끼고 표현하며, 지지적이고, 신뢰하고, 동맹의 유지·파괴·역전이를 인식할 수 있는 능력, 자신의 행동이 다른 사람에게 미치는 영향을 인식할 수 있는 능력
- 진솔함, 윤리에 바탕을 둔 실천, 다양성에 대한 감각, 이론에 근거한 실천 능력
- 동맹과 관련한 논문에 대한 지식과 다양한 학습 전략을 통한 메타 커뮤니케이션의 수행 능력과 교육할 수 있는 지식과 기술(예: 교육, 모델링, 역할극, 비평)

# 제6장 슈퍼비전에서 다양한 관점 갖기

다양성은 심리학 훈련의 핵심 요소임에도 불구하고 슈퍼비전과 연구에서 가장 소외되어 왔다. 다양성에 대한 관심은 광범위하게 다루기보다는 문화적 내용 —단지 특수한 면— 에 집중되어 왔다. 다양성은 모든 사회경제적 지위, 성별, 성적 선호도, 관심 갖는 것 등의 문화를 포함한다(Bingham, Porche-Burke, James, Sue, & Vasquez, 2002). Ridley와 Mendoza 그리고 Kanitz(1994)는 "최고의 교육자는 다문화적 훈련(multicultural training: MCT)을 제공할 수 있고, 그 분야에 대한 훈련이 부족하고 미숙함에 따라 손실을 겪고 있는 자신을 발견하는 것" (p. 228)이라고 설명했다. 이것은 단지 문화와 관련된 사례에서뿐만 아니라 모든 영역에 적용될 수 있다. 치료자는 운동감각 장애가 있는 내담자와 작업할 때, 라틴 아메리카계 · 흑인 라틴 아메리카계 · 아시아인 · 미국 원주민 내담자와 작업할 때 더 낮은 수준의 지각 능력을 보고했다(Allison, Echemendia, Crawford, & Robinson, 1996). 심리학 훈련에서 다양한 관점을 갖추는 것은 필수다.

이 장에서는 다문화 능력의 개념을 소개하고, 훈련에서 다양한 관점을 갖는 것의 의미와 훈련에서 다양한 관점으로 현재의 기법들을 점검하고 다루기 어려운 문제들을 설명하고자 한다. 문화 개념화와 문화적 적응에 대한 접근뿐 아니라 슈퍼비전에 적용하는 것을 고려해야 한다. 내부자적 관점(emic, 특정 인종 또는 소수집단에 대한 일반적 개념 혹은 설명)과 외부자적 관점(etic, 문화를 넘어선 전 세계적인 사람에 대한 개념)의 요소들이 슈퍼비전과 훈련에 적용된다. 우리가 접근하는 훈련모형에서는 성별과 성에 대한 기본 내용을 요약하였으며 슈퍼비전에 영향을 미치는 것으로 나이와 장애에 의해 훈련에서 겪는 상대적 어려움을 검토하였다. 마지막 부분에서는 인종과 소수민족에 대한 발달과 평가 기법을 이해함으로써 다문화적 역량을 발전시키고 다양한 관점을 갖추는 것에 초점을 두었다.

미국심리학회의 자격관리위원회는 'D 영역: 문화 차이와 개인차, 다양한 관점'과 관련한 인턴십 프로그램의 틀을 다음과 같이 마련하였다.

프로그램을 통해 치료자의 훈련에서 문화 차이와 개인차, 다양한 관점의 중요성을 인식하게 된다.

1. 개인적 배경과 인종의 차이에 대해 인턴과 직원의 관심을 끌기 위해 오랜 기간 노력하고, 체계적이고 일관성 있는 프로그램을 만들어 왔다. 즉, 다양한 사람들을 위해 훈련을 준비하고 배움을 지지하고 격려하는 것이다. 게다가 이러한 노력으로 심리학에서의 전문성을 갖추는 데 뒤떨어지거나 인턴 훈련을 성공적으로 마치기 어렵다는 이유로 프로그램에 접근조차 제한받는 일들을 예방하게 된다.
2. 이 프로그램은 상담이나 교육 현장에서 인턴에게 개인과 문화의 다양성에 대한 지식과 경험을 제공할 수 있도록 설계되어 있다. 인턴이 치료와 관련되어 문화와 개인의 다양성을 배울 기회를 갖도록 노력할 것을 약속하였다. 이 프로그램은 목적을 이루는 방법을 보여 준다(APA, Committee on Accreditation, 2002e, p. 16).

치료자에 대한 APA 윤리 원칙과 법 규정(APA, 2002a)은 다음과 같다.

연령, 성별, 성 정체감, 인종, 민족성, 문화, 국가 기원, 종교, 성적 선호도,
장애, 언어, 사회경제적 직위와 관련된 요소를 이해하는 것은 치료나 연구를
효과적으로 하기 위해 중요한 요소다. 과학적 지식과 전문적 지식들은 이 요
소들에 대한 이해를 넓히는 데 도움이 된다. 치료자는 자신의 치료 능력을 확
고히 하기 위해 필수적으로 훈련 경험, 자문 및 슈퍼비전을 받거나, 적합한 곳
을 소개받기도 한다(2.01, Boundaries of Competence, ¶b).

# 다문화

인구통계상 문화에 대해 다양한 관점을 갖는 것은 선택이 아니라 필수다. 다
수와 소수의 의미는 소수가 대다수가 되면서 더 이상 중요하지 않게 되었다. 이
러한 변화에 따라 심리학 분야에서 유럽 중심의 편견이 서서히 변화되고 있다.
Guthrie(1998)은 그의 책 『Even the Rat Was Withe: A Historical View of
Psychology』에서 심리학 분야에서 인종주의 역사의 발달을 상세히 보여 주었
다. 슈퍼바이저와 슈퍼바이지는 교육적 관점에서 문화와 다양성의 강점을 통합
하는 것이 필요하다.

슈퍼비전에서 인종주의와 같은 편견이나 문화에 대한 부정적 태도는 다양한
관점에 대한 교육과 적용을 통해 소개되었다. 교육과 경험은 차이를 존중하고
이해를 높이는 데 도움이 된다. 또한 치료자가 고정관념을 갖거나 동화되기보다
다양한 관점을 가짐으로써 개인, 문화 및 지역사회의 강점을 생각하고 치료와
성장을 위해 어떻게 통합할 수 있는지를 생각할 수 있게 된다. 치료자의 문화적
역량은 자신의 문화적 배경과 강점을 인식하고 세계관을 아는 것이다.

# 최근 경향

　일반적으로 다양성의 관점과 관련한 연구들은 문화에 대한 훈련이 부족하며, 소수민족 상담에 대한 훈련이 보통 수준으로 이루어지고 있음을 보고하였다. "소수민족에 대한 체계적인 교육과 평가의 부족은 인턴 수련과정 전이나 인턴 수련기간 동안 소수민족 내담자를 만나는 것을 고려할 때 특별히 당황하게 한다."(Mintz, Bartels, & Rideout, 1995, p. 319). APA의 이수과정을 마친 대상자들을 조사한 결과 APA의 기준을 적용하지 않고 있으며(46% 응답률), APA 윤리 기준 2.01(b, 앞에 제시함)을 지키고 있지 않음을 알게 되었다. 많은 연구와 이론들은 다양한 영역보다 다문화주의에 초점을 맞추었다. 우리는 다양성에 대해 전반적으로 고려하기를 바라지만, 이 책에서는 주로 다문화에 초점을 맞추었고 다문화와 관련한 연구 문헌들을 주로 설명하고 있다.

　Mintz 등(1995)이 대학원생들을 대상으로 조사한 결과에 의하면, 인턴들이 내담자보다 편견에 대한 교육과 경험이 더 부족했음을 밝혔다(Pope-Davis, Reynolds Dings, & Nielson, 1995). 그러나 Quintana와 Bernal(1995)은 둘 다 개선되어야 할 필요가 있기 때문에 두 훈련 집단 간 차이는 의미가 없다고 보았으며, Mintz 등(1995)도 이에 동의했다. Bernal과 Castro(1994)는 APA에서 공인한 학위과정 프로그램 104개 중에 '기본 틀'(p. 803)이 부족하다는 점을 발견하였다. 소수민족과 관련된 과정이 부족하였는데, 특히 소수민족 정신건강 연구 부분이 부족하였으며, 실습을 하는 소수민족 학생들이 대학 밖의 치료실을 사용하는 데 어려움이 있었다. 심리학 인턴들과 그들의 슈퍼바이저에 대한 연구(57.4% 응답률)에서 9명의 인턴들(30%)과 21명의 슈퍼바이저들(70%)은 다문화 상담과정을 이수하지 않은 것으로 보고하였다(Constantine, 1997). 1985년부터 1987년 사이에 훈련과정을 이수한 이수생에 대한 연구에서(48.7% 응답률) 일부는 아프리카계 미국인(37.5%), 아시아계 미국인(15.8%), 흑인 라틴 아메리카계(11.5%), 라틴 아메리카계(25.9%), 미국 원주민(7.7%), 게이(34.8%), 레즈비언(38.6%), 양성애자

(33.2%), 감각 손상을 갖고 있는 사람(18.9%)과 임상 작업을 하는 데 매우 유능한 것으로 나타났다. 심지어 그들은 이 다양한 사람들의 특성을 고려하여 치료가 이루어졌다고 보고했다(Allison, Crawford, Echemendia, Robinson, & Knepp, 1994). Allison 등은 인턴과 실습과정에서 이루어지고 있는 훈련과 학습은 다양한 사람들에게 제공하기에는 부족하다는 점을 제안하였다. APA에서 이수한 학생들은 레즈비언이나 게이 내담자를 치료하는 것보다 양성애자를 치료하는 데 준비가 더 부족함을 느꼈다(Phillips & Fischer, 1998). Allison 등(1996)의 역량에 대한 자기보고식 연구에서 심리학자들(49%)은 유럽계 미국인, 여성, 경제적 어려움이 있는 내담자를 치료하는 데 가장 역량이 있는 것으로 스스로를 평가했으며, 아시아계 미국인, 흑인 라틴 아메리카계, 미국 원주민 내담자와 상담하는 것에서는 역량이 가장 부족한 것으로 평가했다. 연구자들은 사례들의 다양성의 수준과 지각된 역량과 상관 관계가 있음을 보고하였다. 연구에 참여한 소수의 치료사들(8% 응답률)은 역량을 갖추었는지에 대한 자신이 없어도 치료를 지속했다. 치료자 자신이 지각한 역량 밖의 영역에서 치료를 하는 것은 윤리적 위반이며, 이는 지극히 걱정스러운 일이다.

## 다양한 관점을 훈련하는 데에서의 어려움

다양성의 관점에 대해 잘못 알고 있을 경우, 슈퍼바이저와 슈퍼바이지가 겪는 고통은 증가한다. 그 고통은 슈퍼바이지의 상처와 오해(Fukuyama, 1994a; McNeill et al., 1995; McRoy et al., 1986), 치료에 대한 내담자의 걱정이나 중단(Garnets, Hancock, Cochran, Goodhilds & Peplau, 1991; Pope-Davis et al., 2002; Priest, 1994) 그리고 기본지식의 부족으로 인한 평가의 실패에 대한 손해(Goodman-Delahunty, 2000)를 반영한다. 남아프리카에서 Kleintjes와 Swartz(1996)가 훈련생을 대상으로 한 소규모 연구에서는 인종을 소개하는 것에 대해 이들이 지각한 어려움을 소개하였다. '흑인' 학생들이 '백인' 사회의 슈퍼비전에서 피부색을 이야기하지 않는 다양한 이유들이 제시되었다. 훈련생들은 그 상황을 '중립적 영역'이어야 한다고 느꼈기 때문에 피부색을 이야기하는 것이 어렵다고 표현했다. 즉, 색과 차별에 병리적으로 집착하는 것처럼 보일 것에 대한 두려움 혹은 방어 수단으로 검다는 점을 이용하는 것처럼 보일 것에 대한 두려움 또는 치료를 못 하더라도 봐 달라는 의미로 지각될 것이라는 두려움 때문에 슈퍼비전에서 이야기하는 것을 어려워했다. 또한 그들은 피부색에 대한 주제를 이야기하는 것을 편안하게 느끼지 못했고, 개인적으로 다루어야 하는 주제일지 모른다고 생각했다. 다양성에 대한 다른 면들처럼 인종을 소개하는 것에 대한 체계가 없다면 이 주제들은 희생이 크다는 점에서 무시되었을지도 모른다.

슈퍼비전에서 문화에 대해 다루지 않는 이유 중 하나는 대부분의 슈퍼바이저들이 문화적 역량이나 다양성에 대해 훈련생이 알아야 할 최소한의 지식도 갖추지 못하고 있기 때문이다(J. M. Bernard, 1994). 이수 프로그램들은 슈퍼바이저들이 훈련받았던 때보다 현재에서 더 많은 문화적 역량을 강조하고 있다. 최근의 교육 분위기에서조차 통합된 문화적 접근을 하는 교육과정은 거의 없거나 단기로 다루고 있으며, 매우 소수의 과정에서만 문화를 다루고 있다(Yutrzenka, 1995). 상담기관의 훈련 책임자들(49% 응답률)은 그들 상담소의 88%가 다문화적 상담에 대한 세미나를 제공한다고 했지만, 세미나의 기간은 9회기 정도이고, 세미나에서 다문화적 주제들을 통합하여 다루거나 종교에 대해서는 거의 언급하지 않았다(Lee et al., 1999). 종교와 교회에 대해 간과하는 면이 상담 프로그램에서 확인되었고(Schulte, Skinner, & Claiborn, 2002), 임상 훈련 프로그램에서도 확인되었다(Brawer, Handal, Fabricatore, Roberts, & Wajda-Johnston, 2002). 종교는 대부분의 사람에게 두드러진 특징으로 보고되었고(Gallup & Johnson, 2003; Gallup & Jones, 2000), 대부분의 문화에서 종교 혹은 정신적인 것과 신체적·정신적·건강적에 대한 관심과 분리할 수 없는 것으로 보고되었다(Fukuyama & Seving, 1999). 트랜스젠더와 같은 주제는 무시되거나 병리적인 것으로 여겨져 왔으며(Carroll & Gilroy, 2002), 성별은 이론적 수준에서만 다뤄 왔다(Granello, Beamish, & Davis, 1997). Nilsson, Berkel, Flores, Love, Wendler 그리고

Mecklenburg(2003)는 지난 11년 간의 심리학 연구와 실제를 검토해 본 결과, 성과 종교에 대한 관심이 낮은 것으로 보고하였다. 훈련 중 종교의 역할은 Shafranske(in press)와 Shafranske와 Falender(2004)에 의해 체계적으로 조사되었다. 이수 프로그램에서 적용했던 장애의 영역에 속한 대부분의 과정은 실제로 감소되거나 지금은 거의 없다(Olkin, 2002).

이러한 교과과정을 진행하는 데 어려운 점은 민족주의와 다문화적 훈련모형에 대한 연구가 부족하고 이들 분야의 치료의 효과성과 관련한 연구가 부족하다는 것이다(Yutrzenka, 1995). 또 다른 어려운 점은 훈련과정에서 인지적으로나 정서적으로 자신이 갖고 있는 지식과 자신을 탐색하는 데에는 초점을 잘 맞추지 않는다는 것이다(Carter, 2001). 결론적으로 슈퍼바이저는 자신이 개인적으로 경험한 것과는 거리가 먼 문화에 대해 대학에서 배운 것만을 그대로 따른다는 것이다. 다문화적 역량이 부족한 슈퍼바이저는 백인 훈련생과 인종에 대해 이야기하는 것을 회피하였는데(Steward, Wright, Jackson, & Jo, 1998), 이는 아마도 인종은 그들의 정체감에서 중요하게 생각하지 않았기 때문일 것이다(T. L. Robinson, 1999). 그러나 우리는 "문화적 편협함은 단지 백인을 고통스럽게 만드는 문제가 아니라는 점"(Myers, Echemendia, & Trimble, 1991, p. 9)을 일깨워 주었다. 슈퍼바이저와 슈퍼바이지가 어떤 문화의 사람이든 간에 편견에 치우치지 않고, 슈퍼바이저, 내담자, 슈퍼바이지-치료자 사이의 다양한 환경과 문화적인 배경을 탐색하고 다루어야 한다. 어떤 문화 사람들은 다른 문화의 사람들에 대해 잘못된 판단을 할 수 있다.

일부에서는 백인의 문화가 없다고 생각한다. 오히려 백인은 어떤 다른 집단보다도 다양한 사람들로 구성되어 있어서 자신이 속한 문화, 역사, 이야기들에 대해 더욱 의식할 필요가 있다. Richardson과 Molinaro(1996)는 백인이 자신의 특성에 맞추어 자민족 중심주의를 조장하기보다는 다양한 사람들의 다른 점을 탐색하는 것이 더 중요하다고 설명하였다. 이들의 어려운 점은 백인이라는 것에 대해 지나치게 죄책감을 갖는 것이며, 훈련에 대한 다른 압력이나 비난 때문에 이를 수행하기 어려운 경우도 있었다(Lee et al., 1999). 이러한 결과들은 훈련과 치료의 모든 측면에 깊이 있고 본질적인 영향을 미친다는 점에서 기대에 어긋난다. 문화적 역량을 훈련하는 일은 가치 있는 일임에 분명하다(Carter, 2001).

또 다른 어려움은 다양성을 교육하는 과정 그 자체에 있다. 자신에게 있는 문화적 편견과 선입관을 인식하고 자기를 발견하는 과정은 저항과 방어, 억압을 불러일으킬지 모른다(Abreu, 2001). 또 다른 문제는 흑인, 백인, 라틴 아메리카계, 게이, 레즈비언과 같은 특정 집단에 초점을 맞추는 것이다. 이러한 잘못된 초점은 집단을 단위로 고려함으로써 집단 내에서 있을 수 있는 차이에 대한 이해가 부족해지고 고정관념이 증가하는 결과를 낳는다. 실제로 집단 내에서의 차이는 집단 간 차이보다 더 큰 것으로 나타났다(Suzuki, McRae, & Short, 2001). 가족, 성, 인종, 민족성에서 출발한 '집단 정체성'의 개념(Fukuyama & Ferguson, 2000, p. 82)은 다양한 요소로 설명을 해도 적절한 관심을 받지 못해 왔다.

학생이 다문화 프로그램에 참여하는 것으로 끝나지 않고 다양한 능력을 배워야 하는 이유를 설명하려는 시도로 Pope-Davis, Liu, Toporek 그리고 Brittan-Powell(2001)는 다문화에 대한 이슈를 제기하는 것뿐만 아니라 이를 육성할 수 있는 환경을 만들고 유지하도록 하기 위해 '내용의 변화'(p. 124)가 필요함을 제안하였다. 예를 들어, 다양한 민족-인종, 게이, 레즈비언, 양성애자와 관련된 내용을 프로그램에 적용하면 그러한 성향을 가진 학생의 참여를 더 높일 수 있게 될 것이다(Bidell, Turner, & Casas, 2002).

# 다문화적 역량

다문화 상담 능력은 다양한 방법으로 정의되어 왔다. Fuertes(2002)는 개념과 이론적 접근에서 차이가 있는 16개의 다문화적 역량에 대한 접근들을 정의하였고, 이론적 접근을 앞으로 어떻게 보완해야 할지에 대해 논의하였다. 가장 적절한 접근으로 D. W. Sue, Arredondo 그리고 McDavis(1992)가 APA 17분과에서 문서를 통해 "인간 행동, 가치, 편견, 예상되는 견해, 제한점에 대해 치료자의

인식 편견 없이 문화가 다른 내담자의 세계관을 이해하는 것, 문화가 다른 내담
자를 치료할 때 적절하고 상대적이며 민감한 개입 전략과 기술을 사용하는 것"
이라고 다문화적 역량을 정의하였다(p. 481). 현재까지 다문화 능력은 태도와 신
념, 지식, 기술 등의 세 가지 요인으로 범주화된다. 이 범주는 다문화 상담에 대
한 개념을 정리하고, 수반되는 연구를 수행하는 데 기초가 된다. 그러나 요인분
석 연구들은 세 가지 차원의 개념을 지지하지 않으며, 단일 요소 구성 개념을 제
안했다(Ponterotto, Rieger, Barrett, & Sparks, 1994). 다른 연구자들은 내담자와
치료자(슈퍼바이지)의 관계와 인종 정체감(Ponterotto et al., 1994)의 역할, 인종
정체감 발달에 대한 내용을 추가할 것을 제안했다(Sodowsky, Taffe, Gutkin, &
Wise, 1994). 내담자와 치료자(슈퍼바이지)의 관계는 내담자의 개방, 치료자의 행
동과 접근, 관계에서 권리와 권력을 포함한다(Pope-Davis et al., 2002). 인종 정
체감 발달은 인종의 정체성과 관련한 발달 단계를 말한다.

    D. W. Sue(2001)는 사회적 편견을 추가하여 문화적 역량을 다음과 같이 재정
의하였다.

> 문화적 역량은 내담자와 내담자 체계에 대한 최상의 발달을 이룰 수 있도록
> 하거나 행동을 하는 능력을 말한다. 다문화 상담 능력이란 모든 다양한 집단
> 에 잘 반응할 수 있도록 새로운 이론과 실천 정책 및 조직의 구조를 효과적으
> 로 발전시켜 민주 사회와 조직/사회에서 효과적으로 기능하는 데 필요한 기
> 술, 지식, 인식(의사소통 능력, 상호작용 능력, 타협 능력, 배경이 다양한 내담
> 자에 대한 개입 능력)을 상담자가 습득하는 것을 말한다(p. 802).

Ponterotto와 Casas(1987)는 훈련에 적합하게 정의하였다.

> 다문화 상담 능력은 내담자의 문화와 지위 및 내담자의 경험을 알고 내담자
> 의 독특한 욕구에 대해 신선한 전략들을 생각해 내는 능력이다. 모든 프로그
> 램에서 소수민족에 대한 주제를 과정에 포함해야 하고, 소수학생들과 전문가

들에 대한 충분한 설명이 있어야 한다. 다문화적 능력을 기르기 위한 프로그
램에서는 학생에게 이런 능력을 철저하게 가르쳐야 한다(p. 433).

자기인식이 문화적 역량의 요소이지만, 자신의 문화나 다양성에 대해 통합된 인식과 이해는 훈련과정에서 천천히 이루어졌다. D. W. Sue 등(1992)은 편견이 미치는 영향의 인식, 개인적 한계에 대한 인식, 전통이 어떻게 정상과 비정상을 정의하는 데 영향을 미치는지에 대한 인식, 개인적 민족주의에 대한 인식과 궁극적으로 인종과 문화, 인종차별을 배척하는 정체감을 찾는 움직임에 대한 자신의 이해를 포함하는 문화적 자기인식을 명시하였다. 자신이 속한 문화에 대해 인식하고 자각하는 것은 문화적 인식을 높이는 데 중요한 요소다. 인식의 주요한 부분은 자신이 속한 문화 전통 속에서 고유한 강점들과 그것이 신념, 가치 및 행동으로 어떻게 옮겨 가는지를 이해하는 것이다. 슈퍼바이저가 이 정도의 역량을 갖춘다면 최고의 슈퍼바이저가 될 것이다. 심리학 대학원생 훈련 프로그램이나 슈퍼바이저 훈련에서 자기인식을 하도록 어떻게 가르치는가에 대해서는 관심이 조금 있었지만 사전 준비가 충분히 이뤄지지 않고 있었다.

D. W. Sue 등(1992)은 내담자와 치료자(슈퍼바이지)의 상호작용 체계가 변화되는 것에 대해 문제를 제기하였다. S. Sue와 Zane 그리고 Young(1994)은 "소수민족에 대한 경험이 치료과정에 얼마나 영향을 미치는지에 대해 접근이 필요하다."(p. 809)고 하였다. Fischer와 Jome 그리고 Atkinson(1998)은 내담자 치료에 영향을 미치는 공통 요소로 치료적 관계, 내담자와 치료자가 세계관을 공유하는 것, 내담자의 기대를 충족하는 것, 그리고 치료자와 내담자가 적절하다고 생각되는 선에서 중재와 관습(전통의식)을 사용하는 것 등을 제안하였다. 이 공통 요소들은 교육과 개입을 통해 다문화주의를 통합하여 훈련생이 갖고 있는 개념들을 조직화한 것이다.

Fischer 등(1998)의 작업을 토대로 Constantine와 Ladany(2001)은 여섯 가지 차원으로 구성된 다문화적 역량의 확장을 제안하면서 자기인식의 요소를 구체적으로 설명하였다.

- 자기인식: 자신의 다문화적 정체성과 개인적 편견을 이해하고, 사회화가 가치관과 태도에 어떻게 영향을 주고 있는지를 이해하는 것
- 다문화에 대한 일반적인 지식: 심리사회적 주제, 편견적인 태도, 차별, 내부자적 관점
- 다문화적 상담에서 자기효능감: 역량에 대해 단순한 자기지각만이 아닌 행동에 근거하여 자신이 성공적으로 실행할 수 있다는 확신을 갖는 것
- 특정 내담자의 다양성을 이해하는 것: 태도, 상황 및 다른 요소들이 내담자의 행동에 어떻게 영향을 미치는지를 이해하는 것
- 작업 동맹을 효과적으로 형성하기: 작업 동맹에서 다문화적 주제를 다루는 것을 포함함
- 다문화적 상담 기술: 치료에서 다문화적 주제에 효과적으로 접근하는 능력

　Fisher 등(1998)과 Constantine과 Ladany(2001)의 개념은 일반적 상담 능력뿐만 아니라 문화에 대한 외부자적 관점과 내부자적 관점을 통합했다.

　또 다른 접근은 '꼭 실천해야 하는 다문화적 역량'(N. D. Hansen, Pepitone-Arreola-Rockwell, & Greene, 2000) 12가지를 제안했다. 다음은 Hansen 등이 문헌에서 기술한 역량들을 요약한 것이다.

- 자신의 문화 전통, 성별, 집단, 민족 정체감, 성적 기호, 장애, 연령대 등이 개인의 가치관과 가정 및 동일시하는 집단에 대한 편견에 어떤 영향을 미치는지를 인식하는 것
- 다음 요소들에 대한 지식
  - 심리학 이론, 조사 방법, 전문적 실천에 대한 역사적 그리고 문화적 변화
  - 억압, 편견, 차별이 역사와 심리학에 미친 영향
  - 동일한 집단에 영향을 미치는 사회정치적 영향(예: 빈곤, 고정관념, 낙인, 비주류) 특정
  - 문화적으로 특수한 진단, 질병 · 세계관 · 가족 구조 · 성역할에 대한 규범

　　적 가치, 성격 형성에 영향을 주는 것, 발달의 결과, 질병의 징후 등
　　- 문화적 특수성을 평가하는 기술
　• 다음과 같이 하는 능력
　　- 외부자적 관점의 가설과 내부자적 관점의 가설 평가
　　- 다문화적 역량에 대한 자기평가
　　- 평가 도구를 정하고 결론을 내리는 것
　　- 집단에 대한 편견 없이 치료와 중재를 계획하고 실행하는 것(Hansen,
　　　Pepitone-Arreola-Rockwell, & Greene, 2000, p. 654에서 요약함; 허가하에
　　　게재함)

　　Hansen 등(2000)은 훈련과정에서 다문화주의를 가르칠 수 있는 이러한 역량을 활용할 것을 제안하였다.

　　문화적 역량의 핵심은 "민족적, 언어적, 문화적으로 다양한 사람들에게 심리적 서비스를 제공하기 위한 안내(Guidlines for Provider of Psychological Service to Ethnic, Linguistic, and Culturally Diverse Population)"(American Psychological Association, 1993a)다. 특히 중요한 점은 내담자가 자신의 문화에 대해 이해할 수 있게 설명하기를 기대하기보다는 상담자가 내담자의 문화에 대한 지식을 습득할 책임을 갖도록 지도하는 것이다. 또한 "치료자는 금기와 속성과 같은 내담자의 종교, 믿음, 가치관을 존중해야 한다. 그것들은 세계관, 심리사회적 기능, 고통을 표현하는 데 영향을 미친다"(APA, 1993a, p. 46).

　　편견이나 인종주의를 고려하는 것, 문화적 신념과 가치체계를 고려하는 것, 가족 구성원과 집단의 구조·계층·문화적 신념을 고려하는 것, 가족의 자원을 고려하는 것, 종교와 신념을 고려하는 것, 치료자의 역할을 고려하는 것, 고유한 신념과 실천들을 고려하는 것, 종교나 영혼의 지도자를 따르는 것 그리고 문화적으로 민감한 실천을 위해 길을 제시하는 것들은 전반적으로 매우 중요하다. 이러한 내용은 모든 슈퍼바이지와 슈퍼바이저가 읽어야 한다.

　　APA의 '심리치료자를 위한 다문화적 상담 수련에 대한 원칙(Guidlines on

Multicultural Counseling Proficiency for Psychologist)' (American Psychological Association, Division 45, Society for the Psychological Study of Ethnic Minority Issues, 2001)은 인식, 지식 및 기술의 영역에서 훈련의 원칙과 학습 목표를 세우기 위해 민족 정체감에 초점을 둔다. 이 특정 원칙들은 훈련생을 위해 사용하기는 쉽지만, 아직 경험적인 연구들이 이루어지지 못했다.

Ancis와 Ladany(2001)는 다문화 슈퍼비전에서 슈퍼바이저에게 가이드라인을 제공하고 슈퍼비전을 평가하며 슈퍼바이지를 교육하는 것은 특히 유용한 역량임을 제안하였다. Ancis와 Ladany(2001)는 슈퍼바이저의 발달과 슈퍼바이지의 발달, 기술과 중재, 진행 및 평가에 대해 소개하였다. 이들은 슈퍼바이지의 정체성 발달을 촉진하는 다른 문화와 세계관에 대한 지식과 자기인식의 역량들을 설명하였다. 이들은 다양성에 대해 논의하고 생각해 볼 수 있는 분위기를 만들면서 고유한 자원뿐 아니라 인종주의나 차별을 이해할 필요가 있음을 제안하였다.

## 다양성의 역량에 대한 정의

다양성의 역량에 대한 정의는 많은 사람에 의해 이루어졌다. 우리는 다양성의 역량이 슈퍼바이저와 슈퍼바이지의 자기인식과 관련되어 있다고 믿으며, 내담자(가족), 슈퍼바이지(치료자) 및 슈퍼바이저의 상호작용 과정이라는 점을 안다. 이는 내담자, 슈퍼바이지(치료자) 사이의 인식, 지식과 인지 그리고 슈퍼바이저의 가치관과 편견, 기대 및 세계관, 즉 적절하고 민감한 평가와 개입 전략, 기술의 통합과 적용, 역사, 사회 및 정책에서 다양성에 대한 확장된 환경을 고려할 필요가 있다.

## 문화의 개념화

Phinney(1996), Arredondo와 Glauner(1992), Falicov(1988) 그리고 Hays (2001)는 문화와 개인 정체성의 다양한 차원에서 틀을 제안하였다. 개념을 통합

하기 위해 Phinney(1996)는 최소 세 가지 면들을 고려하여 민족성을 정의하였다. 즉, (a) 민족의 고유한 문화적 가치, 태도, 행동, (b) 같은 민족 혹은 동일한 집단에 속한 구성원들의 주체성, (c) 권력의 부족, 차별, 편견과 같은 소수민족의 상황과 관련한 경험 그리고 개인들이 이 경험에 반응하는 방법들이다. 그녀는 개인의 다양성에 따라 다르게 영향을 미치는 차원으로 민족성을 고려해야 한다고 주장하였다. 이러한 접근은 Falicov(1995)의 주장과 유사한데, 그녀는 정체성에 영향을 주는 다양한 관점들과 문화를 고려한 다차원적 접근(예: 성, 연령, 종교)을 제안하였다. 그럼으로써 복잡함을 이해하도록 더욱 훈련하고 차이를 존중하고 이해할 수 있게 될 것이며, 다양성의 역량을 확립하기 위한 우리의 노력이 더 성공적으로 될 것이라고 제안하였다.

Arredondo와 Glauner(1992)는 정체성과 세계관에 영향을 미치는 여러 가지 차원들을 소개하였다. 이 차원들은 사회 정책과 역사와 관련된 것으로서 연령·성·종교는 고정된 차원인 반면, 관계·취미·교육적 배경은 유연한 차원에 속한다.

이와는 대조적으로 Falicov(1988)는 구성원들의 유대감을 형성하는 요소로서 문화를 바라보았다. 즉, 삶의 다양한 경험에 대해 이야기를 나누는 것이다. Falicov(1988)는 다음과 같이 문화를 정의했다.

> 생태학적 위치(시골, 도시, 근교), 종교적 배경, 국적(국민성), 민족성, 사회, 신분, 성별과 관련된 경험, 소수민족의 지위, 직업, 정치적 성향, 이주 양식, 문화적 적응 상태, 동시대인으로서의 가치관, 특정 이념과 같은 다양한 상황에 속한 구성원들이 공유한 세계관과 적응 행동들로부터 나온다(p. 336).

Arredondo 등(1996)은 개인 정체성의 차원에 대해 이해하기 쉽게 설명하였는데, 인종, 종교와 같은 변수들을 제외하는 것이 아니라 개인과 가족에 대해 고려해야 하는 틀을 제공하는 것이 중요하다고 하였다. 호기심을 가지고 문화에 접근하는 '문화적 렌즈'를 사용하는 것이 중요하다. Falicov(1988)는 "각 가정은 생태학적 지위 때문에 달라진다."(p. 336)라고 결론지었다. '생태학적 지위'란 개인에게 '흑인'이나 '유대인' 같이 특정 명칭을 붙여 표현하거나 개인의 경험을 연결하거나, 견해나 가치관, 권위에 덧씌우는 것들을 말한다. 여기에서 문화에 속한 사람은 분리되기를 원하며 차이에 대해 갈등하고 있음을 고려하는 것이 중요하다. 따라서 치료자와 슈퍼바이저, 가족 등의 각 구성원들의 생태학적 지위를 고려해야만 한다.

Falicov(1995)는 문화에 대한 다섯 가지 변수들을 소개하였으며, 여기에 Wisnia와 Falender(2004)가 몇 가지를 추가하였다. Falicov(1995)의 요인들은 다음과 같다.

- 생태학적 내용 혹은 가족이 어떻게 살고 있는가 그리고 그 환경은 적합한가
- 이사와 적응 혹은 가족 구성원이 어디로부터 왔는가, 왜 왔는가, 그들의 각자의 여정에 무슨 일이 일어났었는가, 그들의 소원은 무엇인가
- 가족 구성이나 형제 순위, 그와 관련한 가치관
- 가족 생활주기, 발달 단계에서 다양하게 수반되는 일, 문화 양식
- 건강, 치료, 건강한 상태에 대한 개념

우리는 낙관론, 비관론, 전통적 믿음, 현재의 태도, 사회적 관계, 시간, 자연과 자신과의 관계, 자연과의 조화로운 삶과 같은 요소들을 세계관을 정의하는 데 덧붙였다(Ibrahim & Kahn, 1987). 또한 가치관(예: 역량 대 협력, 감정의 억제 대 표현), 신념들(예: 독립 대 상호 의존, 통제와 지배 대 조화와 차이), 인식론(예: 인지 대 정서나 결합된 것), 논리(합리적 과정), 본질(예: 객관적 요소 대 주관적 요소, 정신적인 것 대 물질적인 것), 자기에 대한 개념들을 포함하였다(Brown & Landrum-Brown, 1995). 게다가 정신과 종교적인 것에 대한 **관심**이 고조되어 왔다.

우리는 이 영역들을 정의하는 데에서 내담자를 위해서뿐만 아니라 치료자나 슈퍼바이지, 슈퍼바이저를 위해서 그들의 문화와 관련된 내용들(Falicov, 1998)

을 탐색하고 공유할 것을 제안한다. 다른 태도와 가치관에 접근하는 것은 우리에게 도움이 된다. 예를 들어, 다른 세계관을 공유하는 것은 어렵고 복잡하다. 몇몇 연구에서 문화적 다양성을 지닌 치료자도 내담자의 다른 세계관에 무지하면 부정적 결과를 일으키게 될 것이라고 제안하였다(D. W. Sue & Sue, 1990; Mahalik, Worthington, & Crump, 1999).

세계관을 공유하는 것과 관련한 이슈들은 복잡하다. 몇몇 연구에서는 비록 문화적 다양성을 지닌 치료자가 일반적인 세계관을 공유하고 있을지라도 내담자의 다른 세계관에 무지하다면 부정적인 태도를 보이게 될 것이라는 점을 보여준다(Mahalik, Worthington, & Crump, 1999; D. W. Sue & Sue, 1990).

다른 사람들의 문화와 자신이 속한 문화에 대한 접근을 주장하는 Hays(2001)는 Falicov(1995)와 유사한 틀을 제시하였다. 'ADDRESSING'라는 약어를 사용하여 치료자들은 자신의 나이(age)와 일반적 영향(가족, 정책, 사회적 사건들), 발달장애 혹은 후천적 장애(developmental or acquired disabilities), 종교(religion)와 영적 배경, 민족성(ethnicity), 사회경제적(socioeconamic) 지위, 성적(sexual)인 경향성, 전통(indigenous heritage), 국가의 배경(national origin), 성(gender)들을 목록화하였다. 치료자는 자기평가보고서를 작성하면서 치료에서 행해지는 문화적 특권을 인식하고, 최종적으로는 가치관이 미치는 영향을 고려하게 된다. 그때 동시에 내담자의 문화를 다루게 되고, 그럼으로써 내담자와 치료자 사이에 유사점과 차이점에 대한 탐색이 뒤따르게 된다.

두 가지 틀이 서로 다른 영역에 초점을 두고 있을지라도, 치료자와 내담자의 문화 비교에 초점을 두고 있다는 점에서는 유사하다. 그래서 우리는 Hird, Cavalieri, Dulko, Felice 그리고 Ho(2001)가 주장했던 것처럼, 슈퍼바이저, 내담자 그리고 치료자의 문화를 강조한다. M. T. Brown과 Landrum-Brown(1995)은 내담자, 슈퍼바이지(치료자) 및 슈퍼바이저가 협력자가 되거나 경쟁자가 될 때 그런 차원들을 존중하여 일관되게 세계관을 비교할 것을 주장하였다.

다문화 슈퍼비전은 "인종과 민족성에서 문화가 서로 다른 슈퍼바이저와 슈퍼바이지의 관계"(Fukuyama, 1994a, p. 142)로 정의된다. 게다가 제도와 행정은 주요한 요소가 된다(Peterson, 1991). 우리는 다양성의 관점으로 진행하는 슈퍼비전에서 차이, 편견 그리고 상호작용과 관련하여 다양한 변수들—내담자(가족)의 상호작용, 치료자(슈퍼바이지)의 상호작용, 슈퍼바이저의 상호작용—을 포함할 것을 제안하였다.

# 문화 변용

　문화 변용(acculturation, 역자 주-다른 문화를 가진 사회가 계속적인 접촉을 시도함으로써 각자 서로의 문화에 변화가 일어나는 것)은 소수인종(혹은 소수민족)의 내담자를 치료하는 동안 치료자의 역할과 단계들을 선택할 때 고려해야 하는 중요한 요소다(Atkinson, Thompson, & Grant, 1993). Brislin(2000; Berry, 1990에서 추론함)은 다음과 같이 문화 변용을 설명하였다. 즉, (a) 가족은 자신의 문화를 선택적으로 유지하고, (b) 주 문화의 구성원을 따라가게 된다고 설명하였다. 가족이 문화적 '통합'을 얻는다면 (a)과 (b)가 이루어지게 될 것이다. 가족이 '동화' 된다면 (b)만 이루게 될 것이다. 가족이 문화적으로 '분열/분리' 된다면, (a)만 이루게 될 것이다. 결국 가족이 사회에서 무시된다면 (a)도 (b)도 이루지 못하게 될 것이다. 문화 변용을 바라보는 또 다른 방식은 양방향의 과정으로서 자신의 민족 정체감을 유지하는 것과 '백인' 에 대한 수용의 차원으로 민족 정체성이라는 렌즈를 끼고 바라보는 것이다(Sodowsky, Kwan, & Pannu, 1995). 민족 정체성을 둘러싼 동화의 개념에서는 가족 본래의 국가는 보다 덜 중요한 것일지 모른다. 부모의 적응에 대한 자녀의 지각은 가족의 문화 적응에 대한 갈등과 스트레스에 영향을 미친다. 또한 가족 구성원들의 문화 변용은 다양하게 이루어진다. Roysircar-Sodowsky와 Maestas(2000)는 권위에 대한 존중, 전통 가족의 의무, 전통 가족의 혈연 관계와 서유럽화된 개인주의, 자치, 평등, 독단들 사이에 직면하게 되는 갈등에 초점을 맞추고 있다. 갈등이란 정체감 위기, 죄책감, 분노에서 반영되는 개인 내적인 것이다. 더 복잡한 점은 '상황에 따른 복잡성' 의 개념으로 추가되었는데, 이는 상황에 따라 다른 문화적 적응을 보이는 현상을 말한다 (Trimble, 2003).

문화 변용 상태를 명확하게 표현하는 것은 훈련생과 슈퍼바이저 모두에게 관련이 있다. 슈퍼바이저, 슈퍼바이지 및 내담자의 문화에 대한 명확한 표현은 또 다른 인구통계학적 차원으로 기술되어야 한다. Handelsman과 Gottlieb 그리고 Knapp(2002)은 Berry(1990)의 문화 변용 모형을 적용했다. 또한 윤리 기준을 그들의 개인적 도덕성으로 통합하여 윤리 도덕적 정체감을 얻게 되는 훈련생의 사회화를 적용했다(제8장 참조).

## 내부자적 관점 요소와 훈련에서의 관련성

다양성의 역량에서 어려운 점은 고정관념을 깨고 문화에 대한 새로운 지식을 받아들이는 것이다. 이 목적을 이루기 위해서 내부자적 관점(emic)과 외부자적 관점(etic)의 요소를 이해하는 것이 중요하다. 내부자적 관점의 요소의 예는 개인적 관계를 갖는 것으로 개인주의의 개념 혹은 몇몇 라틴 문화에서 더 중요하게 여기는 개인적 관계를 들 수 있다. 또 다른 예는 보호적 요소인 가족주의—개인보다 가족을 강조하고, 가족을 더 우위에 놓는다—다(Santisteban & Mitrani, 2003). 또 다른 예는, 특정 문화를 담고 있는 비언어적 단서들과 다른 사람과 대화를 하는 동안 상대방에게 어떻게 다가가는지, 눈맞춤은 어떻게 하는지와 같은 비언어적 의사소통이다. 치료에 온 아시아 문화권이나 라틴 아메리카 사람들은 치료자에게 대부분의 역할을 돌리며 언어적 억양에서 불편함을 느끼기 때문에 일반적으로 이루어지는 양자택일의 문답식 대화를 불편해한다. 또한 그들은 초기 면접에서 요구되는 개방, 특히 단독 회기의 초기 면접의 경우 더 불편해한다. 라포를 형성하고 진행하기 위해서는 오랜 시간이 걸릴지도 모른다. 유럽인 치료자가 '나'를 강조할 때 문제가 될지도 모른다. 개인보다는 관계나 가족에 초점을 두기 때문에 특정 집단의 문화에 더 동조하기 쉬운 면도 있다(Nwachuku &

Ivey, 1991). Takushi와 Uomoto(2001)는 환경에 대한 '문화적 역량'으로서 환경을 구성할 때 대기실에서 보는 잡지에 드러난 민족성과 언어, 또는 상담실 벽면의 그림과 같은 환경적인 요소 등 고려해야 할 것들에 대해 언급하였다. 문화적 불일치의 다른 영역은 과거, 현재 그리고 미래라는 치료 시간 속에 존재한다. 그러나 앞서 말한 것들은 암석처럼 고정된 것일지도 모른다. 대신 이들에 대한 지식은 반영을 하는 데 기본이 되거나 대인관계를 이해하는 데 활용할 수 있다. 집중과정, 읽기, 논의, 다문화적 삶과 치료 경험은 자신의 문화적 이해를 증가시키는 데 필요한 것들이다.

## 내담자-치료자 요소

내담자와 치료자의 상호작용처럼 훈련의 내부자적 관점 요소들의 예는 많다. 슈퍼바이지는 치료 결과에 긍정적으로 영향을 미칠 수 있는 변수들 혹은 오해를 일으킬 수 있는 영역들과 금기시하는 것들에 대해 훈련을 받아야만 한다. 내부자적 관점 요소들에 대한 이해는 가설과 신념체계에 영향을 미치는데, 예를 들어 가족을 함께 치료에 참여시켜야 하는지 아닌지 혹은 훈련생이 심리학적 폐다고지로 자신의 신념들을 다룰 수 있을 것인지 아닌지에 영향을 미친다. 결과적으로 단순한 개념들이 매우 복잡한 결과를 낳기도 한다. 예를 들어, 미국 인디언에게 "How are you?"라고 질문하는 것은 기대와 다른 결과를 낳기 때문에 평가가 불가능하게 된다(Trimble, 1991). 아프리카계 미국인 내담자에게 인종주의와 차별, 문화적 불신에 대한 그들의 불만을 진심으로 존중하고 있음을 보이는 것은 진단에 대한 부정적 편견을 피하고 전문적인 치료를 받게 하는 데 중요하다(Whaley, 2001). 아시아계 미국인은 치료에 대한 느낌을 표현할 때 고통이나 부정적 생각 혹은 부정적 느낌에 초점을 맞추게 되면 그들의 문화와 맞지 않을 수도 있다. 중국계 학생에게는 치료자가 예언자의 역할을 하는 것이 신뢰를 높이는 방법일 수 있는 반면, 카프카스 사람에게는 공감적 표현을 많이 하는 것이 신뢰를 높이는 방법이 된다. 치료에서 신뢰는 문제를 개념화하고 문제를 해결하는 방법 그리고 치료 목표를 세우는 방법들에 영향을 받을 수 있다. 이 요소들은 내담자의 신념체계와 가족의 문화에 융화되는 데 필요한 것이다(Zane & Sue, 1991). (몇몇) 어떤 문화에서는 증상에 초점을 맞춘 접근 방법이 부모가 그들 자녀의 문제를 바라보는 방식과 다를 수 있다. 예를 들어, 어떤 가족은 자퇴와 같은 아동의 문제행동을 심각하게 여길지 모르나 분노나 우울은 가볍게 생각할 수도 있다(Cause et al., 2002). 유사하게 정신건강문제의 '고통의 시작점'에 대한 교차문화 변인이 존재한다(Weisz & Weiss, 1991). 또 다른 고려해야 할 점은 치료 개념화, 비언어적 의사소통, 개방의 정도, 시간, 환경적 단서들에서 내부자적 관점과 외부자적 관점을 구별하는 것이다(Takushi & Uomoto, 2001).

## 슈퍼비전 요소

슈퍼바이저와 슈퍼바이지의 상호작용과 관련한 내부자적 관점 요소들은 거의 논의되지 않았다(M. T. Brown & Landrum-Brown, 1995). 제시한 차원들은 전통적 슈퍼비전의 중심이 되는 언어적 의사소통에 담겨 있는 가치관을 의미한다. 즉, 언어체계는 유사하거나 다르며, 권위와 사회경제적 지위를 반영한다(M. T. Brown & Landrum-Brown, 1995). Ryan과 Hendricks(1989)가 설명한 언어적 소통의 요소들은 인지, 사고 패턴 그리고 문제 해결을 포함하고 있다. 즉, 보상과 통제의 초점이 되는 동기, 가족 대 집단, 계통주의 대 평등주의와 관련된 가치관이 요소가 된다. Falocov(1995)의 개정판에서는 개입 틀과 개입 방법을 제안하고 있으며, 내담자나 가족, 슈퍼바이지, 슈퍼바이저 각자의 삶의 경험을 비교하는 것이 필요하다고 여긴다. 민족 정체감의 발달 구조와 Falicov의 차원을 함께 고려하는 것은 관계에 영향을 미치는 요소를 이해하는 좋은 방법이 된다. 예를 들어, 라틴 아메리카 훈련생이 백인 슈퍼바이저에게 라틴 아메리카 내담자와의 사례를 슈퍼비전받는다고 생각해 보자. 슈퍼바이저는 훈련생과 내담자(가족)와는 공통점이 많을 것이라고 기대할지도 모른다. 그러나 훈련생은 스페인어도 모르고 라틴 아메리카 문화에 대해서는 잘 모르는 3세대 미국인일지 모른다. 그래서 이러한 것에 불안감을 느끼며, 슈퍼바이저와 가족의 기대는 자신의 역량에 대해 갈등하는 슈퍼바이지(치료자)에게 부담이 될지 모른다. 따라서 이런 문제는 슈퍼비전에서 고정관념 없이 다루어져야 한다.

　다문화적 사고에 의해 형성된 경험주의적 치료를 제안하면서 그 치료가 전후 관계의 맥락을 살펴보고, 개입에 대한 문화적 편견을 결정하며, 이때 특정 집단의 문화적 특징과 관련하여 재맥락화할 필요가 있다(Qunontana & Athkinson, 2002). 이 과정에서 내부자적 관점으로 이해하는 것이 필요하다. Ancis(2004)의 예를 보면 도움이 될 것이다.

# 훈련에서 성별과 성적 기호

　Murphy와 Rawlings 그리고 Howe(2002)에 따르면, 게이, 레즈비언 및 양성 애자(gay, lesbian, and bisexual: GLB)에 대해 적절한 평가가 이루어지지 않고 있으며, 어떤 이들은 실제 보고된 것보다 훨씬 더 훈련을 잘 수행할 수 있을 것이라는 점에서 관심을 끌었지만 GLB(Bruss, Brack, Brack, Glickauf-Hughes, & O'Leary, 1997; Phillips & Fischer, 1998)와 트렌스젠더 내담자(Carroll & Gilroy, 2002)를 위한 성별, 성적 기호, 성 정체감과 효과적 치료에 대한 교육은 무시하는 경향이 있어 왔다. 성역할 정체감은 문화 집단 내에 또는 문화 집단 간에 다양하게 존재할 수 있다(Fassinger & Richie, 1997). 이 영역에서 가장 중요한 것은 슈퍼바이저 자신이 그들을 존중하면서 슈퍼바이지를 훈련할 때 혹은 슈퍼바이지의 모델이 될 때 GLB에 대한 주제를 다루는 것이다. Bruss 등(1997)은 강의식 교육을 하며 훈련생이 자신의 가치관과 동성애 혐오 사이에서 갈등할 때 잘 극복할 수 있도록 지지하여 궁극적으로 학습에 '자신이 도구'(p. 70)가 되어 함께할 것을 제안하였다. 이런 통합적 과정을 통해 방어가 낮아지거나 자기개방이 일어날 수 있다. GLB 훈련생이나 GLB 일반인과 작업할 때 훈련생이 이런 주제에 직면하지 않을 것이라고 가정해서는 안 된다(Buhnke & Douce, 1991). Porter

(1985)는 내면화된 여성차별주의적 태도를 탐색해 볼 것을 제안하면서 자신에게 있는 성차별 의식이나 편견이 내담자를 치료하는 데 어떤 영향을 미칠 수 있는지를 이해하는 것은 중요하다고 설명해 준다.

APA에서 레즈비언과 게이의 치료를 연구(Fassinger & Richie, 1997; Garnets et al., 1991)한 결과, 평가에서 병리적으로 보거나, 부적절한 때에 성적 기호에 초점을 맞추는 등의 편견(선입관)이 나타났다. 또한 편견으로 인하여 정체성의 발달을 이해하지 못하거나, 다른 사람들에게 개방했을 때의 충격을 이해하지 못하고 선입관으로 인해 동성과 친밀한 관계를 갖는 것에 대해서 가볍게 생각하거나, 성적 기호를 양육의 잘못으로 돌리거나 교육을 하기 위해 내담자에게 의존하고 부적절한 정보를 가르치기도 하였다. 사람들은 자신의 선입관과 고정관념을 의식하지 못하므로(Stevens-Smith, 1995) 자세히 탐색하는 것이 필요하다.

여성에 관한 주제에 더 많은 관심을 보일지라도 남성이라는 성별에 대한 주제가 덜 중요하다고 가정하는 것은 옳지 않다. 여성주의 슈퍼비전 이론들에 대한 소개(Cummings, 2000; Porter, 1985)와 남성 치료자로서의 영향과 남성의 사회화에 대해 소개하는 것은 다양성의 훈련에서 필수적이다. 독립과 자기신뢰를 강조하고, 정서 표현이 제한적이며, 공격적 대처 방식을 사용하는 남성주의의 전통들은 심리학 훈련 프로그램에서 특별한 결과를 갖는다(Wester & Vogel, 2002). 남성주의의 결과인 성역할 갈등은 전이-역전이 현상을 논의할 때 방해가 되거나 역전이를 일으키는 요인이 될 수 있다. Wester와 Vogel(2002)은 치료와 슈퍼비전 관계에서 사회화 과정에 문제가 있었던 남성을 격려하고, 사회화와 관련한 자신의 개인사(history)를 이해할 것을 제안했다.

여성주의 슈퍼비전 이론은 권력의 차이를 최소화하는 모형을 제시한다. 이 이론에 따르면, 변화의 맥락에 기인한 힘은 감소하면서 의미를 창조한다. 해결 중심 치료와 마찬가지로, 내담자와 슈퍼바이지 모두 권한을 부여받는다. 슈퍼비전은 관계의 맥락에서 치료자가 도전할 수 있도록 존중과 정서적 반응에 초점을 두는 슈퍼바이저의 능력이 존재한다(Prouty, 2001). 슈퍼비전의 계약서는 책임감을 공유할 수 있도록 도와준다(Zimmerman & Haddock, 2001).

　　슈퍼비전 만족도 수준은 슈퍼비전에서 성별과 성적 배경의 유사점과 차이점에 대해 논의하는 것과 관련이 있었다(36% 응답률, Gatmon et al., 2001). 슈퍼바이저가 먼저 이야기를 시작하는 것은 가장 낮은 단계의 논의다. 인구학적 변인과 역동을 동시에 고려하는 것은 슈퍼바이저의 의무다. 예를 들어, 게이, 레즈비언, 양성애자 및 트렌스젠더(GLBT) 집단은 성별과 성 정체감 측면에서 더 유동적 측면이 있으며, 여성주의자와 레즈비언들은 서로 공유되는 부분이 낮았다(DeAngelis, 2002). 이 연구는 성에 대한 관점이 단순히 이분법적이지 않고 지속적으로 변화한다는 점을 훈련생과 슈퍼바이저에게 알려 주고 있다.

　　GLB 내담자에 대한 치료자의 태도와 행동은 연속선으로 설명하였다. 한쪽 끝에 GLB 내담자에 대한 긍정적 태도를 가진 치료자가 있는 반면, 다른 쪽 끝에는 판단적이거나 무시하는 부정적 생각을 가진 치료자가 있다. 심지어 동성애 혐오의 수준은 상담자가 성적 주제를 회피하는 것으로 나타났다(Mohr, 2002). 성적 배경에 대한 논의를 회피한 치료자의 태도에 의해 매우 다양한 결과가 나타났다.

　　성적 배경에 대한 치료모형을 이해하는 것은 중요하다. 이성애자는 모든 성적 기호에 대해 단지 성적 취향이나 삶을 살아가는 방식에 대한 대상에서 차이가 있다고만 생각할지 모른다. 이러한 접근은 치료자가 모든 내담자를 이성애자라고 가정하고 있으며, 인권의 차이에 무지하고 고정관념을 갖고 있다고 비난받기 쉽다. 이성애를 강요하는 것은 GLB를 낙인찍는 성적인 태도를 받아들이는 것이다. GLB 내담자와 슈퍼비전을 할 때 가장 어려운 점은 내담자가 드러내지 않은 성적 기호를 다루는 것이라고 설명하였다(Reynolds & Hanjorgiris, 2000). 게다가 다양한 정체성을 가진 내담자들―예를 들어, GLB나 또 다른 소수집단의 사람들(즉, 라틴 아메리카계, 흑인 라틴 아메리카계, 아프리카계 미국인)―을 치료하는 것은 더 어렵다.

　　Mohr(2002)는 GLB를 치료하는 치료자(이성애자)의 역량을 증가시키기 위한 슈퍼비전 질문 목록을 소개하였다. 이 질문들은 슈퍼바이저와 슈퍼바이지의 성적 기호와 관련된 특정 모형이 되며, 실수나 잘못된 개념들을 어떻게 다루는지를 소개하고 있다.

# 장애를 가진 사람들에 대한 훈련

「미국장애인법(American With Disabilities Act)」(1990)에서는 장애인을 다음과 같이 정의하였다.

- 개인이 생활하는 데 하나 또는 그 이상의 신체적 · 정신적 손상이 있는 것
- 그런 손상의 기록을 갖고 있는 것
- 그런 손상을 갖고 살아가는 것

장애인이란 걷고, 보고, 듣고, 말하고, 배우고, 생각하고, 집중하고, 작업하는 데 어려움이 있는 사람이나 안면 흉터와 같은 유형의 손상이 있는 사람을 말한다. APA는 장애가 있는 내담자를 치료하는 치료자의 훈련이 부족했고, 장애인이 전체의 2% 미만이라고 정의했다(OIkin, 2002). 심지어 미국인의 15% 정도가 장애가 있었지만, 장애인과 상호작용에 대한 훈련 프로그램은 제공되지 않았다(OIkin, 2002). Olkin(2002)는 장애인과 관련한 이수과정의 수가 1989년부터 1999년까지 감소하였다고 주장했다. 즉, 장애와 관련한 이수 프로그램은 1989년 24%에서 1999년 11%로 감소되었다. 그 결과, "대부분 신체가 건강한 치료자들이 훈련을 받지 않은 채 장애를 가진 내담자와 다문화 상담을 진행하게 되었다."(Olkin, 2002, p. 132) 미국장애인법(1990)에 익숙하지 않은 전문가나 장애를 이해하지 못하는 전문가에 의해서 부적절한 평가가 이루어졌다(Goodman-Delahunty, 2000). 장애에 대해 훈련을 받은 치료자는 그런 훈련을 받지 않고 치료하는 치료자에 비해 긍정적 태도를 갖게 되며, 이는 치료의 다양성을 중요하게 생각하고 있음을 반영하는 것이기도 하다(Kemp & Mallinckrodt, 1996).

# 다양성의 요소로서의 연령

2020년까지 미국 인구의 20% 이상이 65세를 넘을 것이라고 예상하고 있다. 조사된 APA 구성원들(41% 응답률)은 노인 환자를 치료한 수가 적었음을 보고하였고, 구체적 훈련은 거의 받지 않았음을 보고하였다(Qualls et al., 2002). 연령과 노령기를 고려하여 다양성의 모든 요소를 포함시키게 되면 충분한 훈련과정이 되게 될 것이다. Molinari(2003) 등은 이러한 이들을 치료하기 위해서 필요한 기술 지식과 관련한 지침을 제공하였다. 이들은 규준 연령, 특정 평가, 고려해야 하는 진단과 치료, 윤리적으로 고려해야 할 사항과 관련하여 일곱 가지 역량의 영역들을 소개하였다. 그들에게 일어나는 부정적 삶의 경험들과 인지 신경생리학적 변화 때문에 특별한 훈련이 필요하다.

# 다양성의 역량을 강화하는 것은 무엇인가

다문화의 관점에서 사례개념화를 할 수 있는 슈퍼바이지의 역량에 대한 연구는 무시되어 왔다(Ladany, Inman, Constantine, & Hofheinz, 1997). 훈련생 자신의 관점과 개인적 경험이 훈련생의 지식과 기술의 발달에 영향을 미친다는 연구 결과에 따라서 훈련생들의 다문화적 인식이 미치는 영향에 대한 연구가 이루어졌지만, 다문화 상담 인식 척도(Multicutural Counseling Awareness Scale; Pope-Davis, Reynolds, Dings, & Ottavi, 1994)를 사용하여 단지 인식과 관련되어서만 이루어졌다.

특정 문화 집단에 대해 개별적으로 슈퍼비전을 받는 것은 특정 집단에 대한 자기역량 평가에 더 높은 점수를 주는 것과 관련이 있었다(Allison et al., 1996). Ponterotto와 Fuertes 그리고 Chen(2000)은 역량 평가에서 높은 점수들이 다양한 교육과 훈련 경험과 관련되어 있다고 결론지었다. 다시 말하면, 다양성에 대한 삶의 경험—자신의 경험 인식, 친구와 가족에 대한 경험과 인식들—은 자신의 다양성에 대한 역량을 증가시키는 구체적 훈련 경험과 관련이 있었다. Pope-Davis 등(1994)은 다문화 상담에서 슈퍼비전과 다문화 워크숍과 다양한 다문화 교육과정은 지식과 기술을 증가시키는 데 기여한다고 보고하였다. However와 Ladany 그리고 Inman 등(1997)은 훈련에서 다문화 과정을 이수하거나 다민족 내담자를 치료했던 경험과 훈련생의 다문화 사례개념화 기술 사이에는 관련이 없음을 밝히기도 하였다. 따라서 특정 과정이나 경험이 다문화적 역량을 강화시킨다는 점과 다문화적 역량에 대한 평가와 치료 성과에 미치는 영향들에 대한 추후의 연구가 필요함을 제안하였다.

또 다른 예비 조사에서는 일반 상담 역량이 다문화적 상담 역량을 예언하거나 혹은 두 가지가 일치할지도 모른다고 제안하였다. "다문화적 역량은 일반적인 상담의 역량과 유사하다"(Coleman, 1998, p. 153). 치료자가 문화에 대해 모호하게 보이는 것은 내담자로 하여금 치료자가 낮은 수준의 상담 역량을 갖추고 있다고 지각하게 한다(Coleman, 1998). Constantine(2002)은 이러한 내용을 지지하였고, 상담자의 일반적 상담 역량과 다문화적 상담 역량에 대한 내담자의 지각에서 60%에 가까운 편차가 있음을 보고하였다. 이 연구는 다문화적 상담 역량을 갖추지 못한다면 역량 있는 치료자가 될 수 없음을 보여 준다.

Constantine(2002)은 이러한 역량은 유색인 내담자에게 더 중요하다고 제안하였다. 일반적 상담 능력(공감과 신뢰를 전하는 것으로 정의되는)과 다문화적 상담 능력에서는 50% 정도의 일치가 발견되었지만, Fuertes와 Brobst(2002)는 소수민족 내담자의 만족도에는 다문화적 상담 능력이 중요한 영향을 미친다고 생각했다. 백인 졸업생을 대상으로 다문화적 상담 훈련의 잠재적 영향을 평가한 결과, 훈련생들은 인종주의와 백인 우월주의에 대한 이해가 꾸준히 증가했다고 보고하였다. 즉, 교육과 보조 자료를 읽은 45시간 후에 다문화주의를 더 잘 적용하였고, '백색'이라는 비인종주의자의 정의를 사용하게 되었다. 가장 효과적 훈련으로 토론, 초대 연설, 프레젠테이션, 비디오시청, 인종과 민족이 다른 개인들과의 상호작용의 기회를 늘리는 학급 토론(Neville et al., 1996)이었다고 보고하였다. 또한 백인 훈련생이 받았던 가장 효과적인 다문화적 상담 훈련은 비디오를 보면서 문화적 민감성과 둔감성 정도를 평가하는 훈련 방법이었고, 받아들이기 쉬운 교육은 훈련생에게 인종을 중요한 이슈로 소개하는 것이었다(Steward et al., 1998). 다문화적 역량에 대한 자기평가에서 백인보다 아프리카계 미국인과 라틴 아메리카계 훈련생들이 더 높은 점수를 주는 것으로 나타났는데, 이는 아마도 그들의 삶에 이러한 주제들이 특징되기 때문일 것이다(Contantine, 2001; Sodowsky, Kuo-Jackson, Richardson, & Corey, 1998). 개인의 문화에 대한 여정을 이해하고 정신적 주제에 대한 이해가 높아질수록(Polanski, 2003) 훈련생들의 역량이 더욱 커지게 될 것이다. 또한 자신의 문화적 배경에 대한 자존감과 지식은 문화적 역량의 핵심 요건이 된다. 이러한 이점들에 대한 예를 이 장의 후반부에서 제시하고 있다.

앞에서 다룬 다문화 훈련에서 치료자의 다문화적 역량의 평가 결과를 예측할 때 중요한 점은 다문화 훈련의 목표에 대한 정의 및 개념화와 훈련의 수행이다(Constantkne, 2001; Neville et al., 1996). 이러한 연구에도 불구하고, Gatmon 등(2001)은 슈퍼비전에서 성적 기호, 성별, 민족성에 대한 실제적 논의를 하는 것은 매우 적게 응답(12.5~37.9%)하였으며, 슈퍼바이저가 논의를 시작하는 것으로 보고되었다(36% 응답률). 인종과 다양성에 대한 주제에 대한 논의의 시작이 바로 슈퍼비전의 역량이다. 그러나 슈퍼비전에서 이러한 주제를 언급하는 것에 대해 슈퍼바이지와 슈퍼바이저의 지각에는 차이가 있을 수 있다. 상담소의 (코카시안을 포함한) 다인종 슈퍼비전 연구에서 슈퍼바이저의 93% 이상이 다인종 슈퍼비전 경험이 부족함을 슈퍼바이지에게 설명했다고 보고하였으나, 50%의 슈퍼바이지만이 들은 적이 있다고 보고하였다. 슈퍼바이지의 문화를 이해하려는 슈퍼바이저의 노력에 대한 지각에는 차이가 있었으며, 문화의 차이에 대한 논의를 슈퍼바이저가 시작하는 것과 관련해서도 지각의 차이가 있었다. 슈퍼바이지들은 슈퍼바이저가 보고했던 것보다 슈퍼바이저는 자신들을 존중하지 않고 있으며 가치 있게 보지 않고 별로 좋아하지 않는다고 느끼고 있었다(Duan & Roehlke, 2001).

# 다문화적 역량의 발달

## 슈퍼바이지

　다문화적 역량의 발달을 이해하기 위해서는 (a) 다문화적 상담 역량에 대한 발달모형(Carney & Kahn, 1984), (b) 효과적인 다문화적 슈퍼비전의 단계들 (Priest, 1994), (c) 인종적 정체성(Atkinson, Morten, & Sue, 1993; Helms, 1990; sabnani et al., 1991) 그리고 (d) 개방적 대인관계(Ancis & Ladany, 2001)와 같은 다차원적인 발달이론들을 고려해 보아야 한다. 제2장에서 설명했던 병렬과정의 발달모형에서 Carney와 Kahn(1984)는 슈퍼바이지의 다문화 상담 역량발달과 관련한 5단계를 소개하였다. 1단계의 경우, 슈퍼바이지는 다문화적 상담에 대한 지식이 거의 없으며 자기민족 중심주의적 태도로 사고를 하게 된다. 슈퍼바이저는 구조화에 초점을 두고 지지적 접근을 해야 하며, 내담자가 그의 문화, 민족, 인종 집단의 구성원들에 의해 얼마나 영향을 받고 있는지를 탐색하고 훈련생 자신을 탐색하는 데 중점을 두어야 한다. 2단계의 경우, 자기민족 중심주의적 태도에 대한 슈퍼바이지의 지각이 증가하게 되지만, 여전히 치료 진행과정에 영향을 미치는 내담자와 상담자의 발달을 이해하는 데에는 한계를 갖고 있다. Carney와 Kahn(1984)은 순진함의 후광으로 (p. 114) 자신이 수용한 문화적 역량에 대한 과도한 확신을 하게 되고, 초급 수준의 지식 습득으로 인해 제한된 이해를 하게 된다고 설명하였다. (이 사실은 다문화적 개념과 상관 관계가 없는 훈련생의 연구에서 문화적 역량에 대한 자기평가가 증가하는 것으로 설명할 수 있다.) 이 단계의 슈퍼비전에서는 훈련생과 다른 내담자가 지닌 세계관을 조사하고, 민족 중심주의 신념 구조를 검토해 보고, 다른 문화와의 의사소통을 방해하는 장벽들에 대해 훈련생이 지식을 쌓을 수 있도록 지지적이고 구조화된 환경을 제공하는 것이 지속되어야 한다. 이 단계에서 일어나는 충돌은 변화에 대한 저항으로 훈련생을 2단계에 남아 있게 하거나 3단계로 나아가게 할 것이다. 3단계의 경우, 슈퍼바이지는 문화적으로 다른 내담자를 치료하는 데 정서적 갈등을 보인다. 그들은 정중하며 문화적으로 민감한 방식을 원하지만, 자신의 편견, 가치관의 갈등, 이전의 훈련들에 의해 한계를 경험하게 된다. 이것은 인종과 문화에 대한 중요성을 경시하는 결과를 낳을 수 있다. 슈퍼바이저들은 교육과 노출을 통해서 문화적 차이에 대한 편견을 존중으로 바꾸도록 강조할 수 있다.

4단계의 경우, 슈퍼바이지는 다른 사람들의 세계관을 인정함으로써 다문화적 치료자의 역량을 지닌 새로운 전문가의 정체성을 내면화하게 될 것이다. 그들은 내담자의 민족-인종 정체성과 자신의 민족-인종 정체성을 통합하여 진행하게 된다. 이 단계에서 슈퍼바이저는 슈퍼바이지가 내담자에게 미치는 영향을 이해하도록 도우며, 상이한 문화적 요소들을 포함한 그 모든 영향을 통합하도록 돕는다. 슈퍼바이지는 특정 문화적으로 역량 있는 개입들을 위해 이성적으로 논의하도록 슈퍼비전을 이끌어야 한다. 5단계의 경우, 슈퍼바이저는 다양한 집단에 속한 개인의 권리를 옹호하며 사회적 평등과 문화적 다원주의를 보호하고 촉진하도록 행동한다. 슈퍼바이저는 점점 자문가의 역할을 하게 된다. 이 단계에서 슈퍼바이저는 어떻게 하면 효과적인 변화의 주체가 될 수 있는지를 이해하고, 개인적인 약속과 행동 전략들을 명확히 하도록 돕는다.

이 모형이 발달에 근거하고 있지만(예: à la Stolenberg et al., 1998), 문화적으로 다양한 내담자-슈퍼바이지-슈퍼바이저의 무수히 많은 관계와 슈퍼바이저의 문화적 역량에 대한 다양한 수준들에 대해서는 다루지 않았다. 그러나 다문화에 대한 주제가 훈련과정에서 나중에 통합됨으로써 과정을 완수하는 초보자가 거의 드물다(J. M. Bernard, 1994; falender, 2001).

## 슈퍼바이저

Priest(1994)는 효과적인 다문화적 슈퍼비전 역량을 획득하는 단계들을 설명하였다. 첫 번째 단계는 슈퍼비전에 영향을 미치는 문화적 차이에 대해 슈퍼바이저가 부인하는 것이다. 두 번째 단계는 차이에 대해 슈퍼바이저가 인식하는 것이다. 그러나 슈퍼바이저의 감정에 압도되어 그것과 관련해 무엇을 해야 하는지에 대한 역량은 부족한 상태다. 세 번째 단계는 슈퍼바이저가 슈퍼비전 관계에 영향을 미치는 문화들의 유사점과 차이점을 정의하기 시작하는 단계다. 네 번째 단계는 슈퍼바이저가 문화의 테두리 안에서 적합한 것이 무엇인지를 결정하는 단계다. 다섯 번째 단계는 슈퍼바이저가 문화적 차이를 적용하기 시작하여 슈퍼비전 과정을 강화시켜 발전하는 단계다. 여섯 번째 단계에서 슈퍼바이저는 새로운 기술을 습득하면서 슈퍼바이지의 문화와 상호작용에 대해 존중하며 방법론적으로 일반화할 수 있게 된다. 내담자나 가족은 이러한 틀을 직접 고려하지는 않는다. 그러나 이러한 단계의 설정은 슈퍼바이저가 문화적 역량을 습득하여 성장하는 데 유용한 틀이 될 수 있다.


# 인종과 정체성 발달


자신의 인종 정체성과 민족주의적 편견에 대한 인식은 다문화적 슈퍼비전을 이해하는 데 있어 발달 과업이며(Sabnani et al., 1991) 중대한 일이라고 설명한다 (D'Andrea & Daniels, 1997). 대부분의 문헌은 다른 문화 집단보다 우세한 것으로 보이는 백인과 흑인 혹은 아프리카계 미국인의 정체감 발달에 초점을 맞추고 있다. 여기에서는 백인 정체감 발달모형과 소수집단 정체감 발달모형에 대해 설명하고자 한다. Sabnani 등(1991)이 제시한 백인의 정체감 모형은 이전 모형들을 통합하였고 단계적 진행을 제안하였다. 슈퍼바이지와 슈퍼바이저의 발달 단계에 대한 인식은 백인이 다문화 훈련을 받아들이기 쉬운 변화하는 단계에 있다는 사실을 강조하여 다문화적 역량의 구성 요소들을 잊게 하곤 한다. 즉, 1단계는 문화에 대한 내부자적 관점 지식의 습득이 필요하며, 내부자적 관점의 상담 기술을 시작하는 사전 개방 혹은 사전 접촉의 단계다. 2단계는 인도주의의 가치관과 신념을 유지하면서 동시에 백인의 규준에 따르는 것에 대한 딜레마를 경험하는 단계로서 갈등의 단계다. 이 단계에서는 특정 문화에 속한 개인에게 더 적합한 상담 기법을 발달시키고, 상담을 하는 데 장애물을 확인하고, 정서적 충격과 인종 편견에 대한 더 큰 이해가 필요하다. 3단계는 백인이 면밀히 검토했던 대물림되는 태도에 대한 소수민족주의적이며 반인종주의가 두드러진 단계로 문화적 몰두와 연구를 요구한다. 역할극과 의사소통, 기술 훈련은 이 단계에서 가장 많은 효과가 있다. '백인 문화로 되돌아감'인 4단계는 3단계에서 경험한 두려움이나 분노에 초점을 맞춘다. 외부자적 관점을 넘어 내부자적 관점 접근의 강조는 부정적 감정의 발생을 다루도록 한다. '재정의와 통합'인 5단계는 슈퍼바이지나 슈퍼바이저의 정체성으로 가치관을 정립하고 한 부분으로서 가치관과 '백색'의 통합을 의미한다. 다양한 세계관을 존중하게 되고 문화에 내부자적 관점 접근이 나타나게 된다. Sabnani 등(1991)은 실행 기술의 발달에 대한 추가 자료를 제시하였다.

　소수민족 정체감 발달을 위한 모형(model for Minority Identity Development; Atkinson et al., 1993)은 자신의 인종에 대한 가치를 지니고 있으면서 우세한 서구의 가치 혹은 백인의 가치를 통합하는 단계들을 설명한다. 초기 '일치 단계'에서, 개인은 우세한 집단의 기준과 가치들을 더 선호한다. 또한 백인이 다른 집단에 하는 것처럼 그들 자신의 민족-인종 집단에 대해 비난한다. 그들은 백인이 아닌 다른 사람들의 가치를 경시하며 백인 동료를 선택한다. 다음 '저항/몰입 단계'에서는 민족 자존감이 높아지며, 이는 미국 백인에 대한 의심이 증가되는 것과 정적 상관이 있다. 다음으로 '시너지 단계'에서 성취감은 자신의 민족, 문화, 인종 정체감과 관련되어 있다. 그러나 개인은 모든 면을 완전히 수용하지는 못한다. 그들은 억압과 차별에 대해 행동주의자가 될지도 모른다. 그래서 슈퍼바이저는 시너지를 존중하는 의사소통을 하게 될 것이다.

　이 두 모형은 우월감에서 분명한 차이가 있다. 백인 정체감 발달모형에서 한 개인은 자민족 중심주의에 빠져 자기 문화에 과도하게 가치를 부여하던 것에서 더 큰 문화적 인식과 통합으로 변화하게 된다. 반면 소수민족 정체감 발달모형은 백인의 가치관을 과도하게 수용하는 것에서 자신의 문화적 정체감을 통합하는 것으로 변화가 이루어진다. 백인모형에서 개인은 과도하게 우월하고 다른 사람들을 보지 못한다면, 소수민족 모형에서는 개인은 우월하지 않으며 그 자신의 문화, 민족성 및 인종을 보지 못하고 있다.

Helms(1990)는 인지발달의 연장선에서 인종 정체감 발달을 개념화하는 방법을 제안하였다. 먼저 1단계는 비교적 덜 복잡한 단계이며, 인종 정체감 발달의 낮은 수준을 말한다. 자민족 중심주의와 부합은 1단계의 요소가 된다. 2단계는 더 복잡한 단계를 의미하며, 인종 정체감 발달의 더 높은 수준을 말한다. 이 단계에서는 저항, 거짓 독립, 몰두, 자율과 같은 요소들이 포함되어 있다. 이 단계들은 다른 정보, 다른 개념, 다른 느낌을 통합하는 능력과 복잡한 인지과정을 다루는데, 특히 훈련생의 발달을 개념화하는 데 유용하다.

Ancis와 Ladany(2001)는 앞서 언급한 주제들을 통합하여 대인관계 발달모형을 설명하였다. 이 모형에서 정체감의 수준은 다차원의 인구학적 변수와 통합되었다. 또한 반응에 대한 정서적 요소도 포함하였다. 개인은 사회에서 차별을 받는 집단 혹은 사회적 특권층으로 정의된다. 다른 인구학적 변수(예: 성, 사회경제적 지위)에 속한 사람들 중 일부도 포함될지 모른다. 이론의 핵심은 '관계에 대처하는 방법들'(p. 67) 혹은 특권층과 동시에 차별을 받는 집단에 속할 특정 요소들과 관련한 정체성, 자기에 대한 생각, 느낌 및 행동을 발전시키는 것이다. 관계에 대처하는 첫 번째 단계는 문화적 차이에 대한 표면적 이해—관습적 태도, 제한된 정서적 인식—로 냉담, 자기만족, 일치 및 적응하는 단계다. 이 단계에서는 부인과 저항이 나타난다. 슈퍼비전을 할 때 이 단계에 있는 슈퍼바이저는 훈련생이 다문화적 역량을 표현하는 것을 기피하며, 잘못된 고정관념을 사용하고 자신이 다문화적 역량이 있는 것으로 지각한다. 그들은 슈퍼바이저-슈퍼바이지 혹은 슈퍼바이지-내담자의 관계에서 문화에 대한 주제를 다루거나, 이 영역에서의 약점과 강점을 평가하고, 개념적으로 다문화적 요소들을 통합하는 능력들이 모두 제한적이다. 이 수준에 있는 슈퍼바이지는 환경을 무시하고, 내담자의 행동에 영향을 주는 주제와 문화를 간과하게 된다. 두 번째 단계는 불일치의 단계로, 이전에 갖고 있던 특권과 억압에 대한 신념이 자신의 경험과 불일치된다고 느끼는 단계다. 최소화와 합리화라는 방어 메커니즘이 작동한다. 또한 고정관념과 같은 1수준(적응 단계)의 것도 여전히 남아 있다. 2단계로의 변화는 주요한 사건에 의해서 더 이상 억압을 간과할 수 없게 됨으로써 촉진될 수 있다. 이 단계의 슈퍼바이저는 다문화적인 면에 최소한의 관심을 갖게 된다. 슈퍼바이지는 다문화적 주제들을 인식할지 모르지만, 슈퍼비전에서 직접 다루지는 않는다. 세 번째 단계인 탐색은 전에는 보이지 않았던 죄책감과 수치심 그리고 억압의 재인식과 관련한 분노의 표현과 통찰이 증가된다. Ancis와 Ladany(2001)는 슈퍼바이저-슈퍼바이지는 이 단계에서 문제가 일어날 수도 있다고 강조하였다. 슈퍼바이저가 다문화적 주제를 이끌어 내면 적응이나 불일치 단계에 있는 슈퍼바이지는 저항하게 될 것이다. 그들이 이 단계에 집착하는 것은 문화적 요소에 대해 과도하게 강조했기 때문일지 모른다고 경고하였다. 네 번째이자 마지막 단계에서 통합, 숙련 및 통찰이 일어나면서 다문화에 대한 개념이 통합된다. 훈련생은 전이 현상에서 역전이를 분리시키고 자신의 편견을 분석하고 적절한 공감을 사용하게 된다.

　Ancis와 Ladany(2001)는 다른 수준의 발달 단계 혹은 같은 수준의 발달 단계에 있는 슈퍼바이저-슈퍼바이지의 상호작용을 설명했다. 치료 결과를 고려할 때 가장 효과적 결합은 둘 다 탐색이나 통합의 단계에 있을 때다. 그다음으로는 훈련생이 통합의 단계에 있고, 슈퍼바이저보다 더 앞서 있을 때다. 이들은 최근 가장 많이 일어나는 결합의 형태가 이 형태일 것이라고 설명하였다. 슈퍼바이저나 슈퍼바이지에 대한 특권이나 억압이 슈퍼비전에서 얼마나 다뤄지고 있는지는 정확하지 않다. 또한 더 높은 수준으로 발전하는 데에는 다른 여러 가지 요인들이 영향을 미친다. 이 동기는 지속적 교육, 임상적 자료, 개인의 인생 경험이 필요할지 모른다. 게다가 발달모형이 그들의 민족-인종-문화 정체감과 문화적 적응의 수준을 포함한 내담자나 가족을 포함한다면 이상적이 될 것이다.

　제안된 모든 모형은 관계에서의 다문화적 역량을 반영하는 것으로서, 슈퍼바이저의 다문화적 역량의 발달과 훈련생의 다문화적 역량의 발달을 온전히 통합하는 데는 실패하였다(Ancis & Ladany, 2001). 문화적 역량을 단지 한 사람이 지식과 기술을 획득하는 것이라는 생각에서 한계가 있다. "사람은 단지 문화적 역량을 암기할 수는 없다. 그러나 자신과 관련된 다양한 경험들을 통해 배울 수 있다"(Helms & Richardson, 1997, p. 69). 대신 내담자와 치료자의 상호작용에서 치료자의 문화적·인종적 태도가 미치는 영향을 평가할 필요가 있다(Sodowsky et al., 1994).

제안된 모형들은 개인 역동에 대한 고려와 경험적 지지가 부족하였으며 (Leong & Wagner, 1994), 다른 민족, 인종, 사회경제적 지위, 종교, 성별, 성 정체감, 연령의 범주에 속한 내담자-슈퍼바이지(치료자), 슈퍼바이저의 삼자 관계라는 점을 고려하고 있지는 않았다.

Leong과 Wagner(1994)는 다문화적 상담 슈퍼비전에 대해 거의 모른다고 주장했다. 그러나 그들은 경험적인 지지는 다음과 같다고 주장하였다.

- 인종은 슈퍼바이저의 '공감, 기대, 조화'(p. 128)에 대한 훈련생의 기대를 포함하여 슈퍼비전에 많은 영향을 준다.
- 인종은 슈퍼바이저가 자신을 좋아하는지 아닌지에 대한 슈퍼바이지의 지각에 영향을 줄 수도 있다.
- 어떤 환경에서 인종은 슈퍼비전에 영향을 미치지 않는다.

그들은 다문화적 슈퍼비전은 발달과정에 있다는 사실과 인종을 위해 어떤 특정 과정이 있는지는 알 필요가 있다고 제안했다. 즉, 문화에 대한 일반적 모형을 사용할 수 있는가, 각 인종에 대해 특별한 모형이 필요한가 등이다. Cook(1994)은 인종 정체감의 수준이 다른 슈퍼바이저와 슈퍼바이지가 함께하는 것은 힘의 차이를 불러일으킬 수 있다고 제안하였다. 그 결과, '인종 지식'(p. 136)에 대한 역량과 표현을 더 많이 하거나 혹은 더 적게 하게 될지도 모른다고 제안하였다. Cook(1994)은 슈퍼비전에 참석하는 모든 인종(슈퍼바이지, 슈퍼바이저, 내담자)에 대해 더 정기적으로 논의할 것을 제안하였다.

# 슈퍼비전의 역량을 높이는 단계

다문화적 역량을 습득하기 위해서는 각 단계들을 완성해야만 한다. 슈퍼바이저 자신의 역량을 파악하고 프로그램과 실제의 역량 수준을 확인하며, 슈퍼바이지의 문화적 역량의 수준을 정하는 것이다. 제7장에서 설명하는 윤리적·법적 고려사항은 자신의 문화 수준과 다양성의 역량을 확고히 하기 위해 슈퍼바이저에게 의지하는 것이다. 내담자를 위해서 자신이 부족하다고 여기는 범주의 슈퍼비전을 배제하는 것은 어렵다. 그렇기 때문에 슈퍼바이저에게는 다양하고 문화적인 역량을 증가시킬 책임이 있다.

## 프로그램 평가

교육 전문가, 학생, 행정가의 '내부 분위기'(Suzuki et al., 2001, p. 848)를 평가하는 것은 중요한 단계다. 본보기가 될 수 있는 관리자와 임상 교육 전문가의 태도, 가치 및 행동에 대한 개방적 분위기는 문화적 역량을 키울 수 있게 한다(Priest, 1994). 문화와 관련된 도전, 개입 및 질문은 도움이 된다.

다문화적 상담 훈련에서 평가 도구는 최근에야 사용 가능하게 되었다(D'Andrea & Daniels, 1991). 훈련 장면에서의 단계로 '문화적으로는 완고한'으로 정의되는 것은 다문화 훈련이 거의 포함되지 않은 것이며, '다문화를 인식하는 것'은 다문화 주제에 대한 논의를 하고 인식을 발달시킬 수 있도록 훈련을 하는 것이고, '문화적 통합'은 문화에 대한 관심이 증가되고 문화와 관련하여 다양한 주제로 과정이 분리되어 있는 장면이며, 마지막으로 '고취' 다문화주의가 전체 교과과정에 통합되어 있는 훈련 장면을 말한다. D'Andrea와 Daniels(1991)는 몇몇 프로그램들이 통합 또는 고취 단계에 있다고 평가하였지만, 대부분의 상담 프로그램은 인식의 단계에 있다고 밝혔다. 이 모형은 교육의 시작점을 제공하고 문화적 역량을 획득하기 위한 훈련의 목표를 제시해 준다. 이 모형은 훈련이 추가(새로운 개념의 추가), 대리(전통적 임상 내용에 새로운 개념으로 변화), 통합(새로운 개념의 통합)될 수 있다는 Lefley(1986)의 관점과 유사하다. 문화적 역량과 같이 많은 새로운 요소를 추가해서 교육할 수 있는 공간이나 시간이 부족하다는 주장은 통합으로 가는 데 문제가 된다.

상담심리학에서 다문화적 역량 체크리스트(〈부록 E〉 참조)는 소수민족에 대한 고려(30% 인종과 소수민족의 학생, 학부, 직원의 최소 기준), 교과과정의 주제(다문화적 교과과정과 평가의 처리), 상담과 슈퍼비전(훈련과 슈퍼비전 경험을 통해 역량 증진), 연구(다문화주의의 확립과 촉진을 위한 대학의 연구), 학생과 교육 전문가의 역량의 평가(직원과 훈련자가 다문화적 역량 행동에 대해 평가받는 것), 환경(다문화적 이해를 반영하는 환경)과 관련한 상담심리학 훈련 프로그램을 위해 개발하였다(Ponterotto, Alexander, & Grieger, 1995). 학생과 교육 전문가의 다양성이 중요하기 때문에 광범위한 분석을 할 수 있는 이 체크리스트는 인턴 수련과정과 훈련에서 훈련생을 관리하는 데 도움이 된다. 학생의 역량이 부족하다고 여겨지는 영역에서 학생과 교육 전문가의 지각이 다르다고 생각될 때 훈련생과 교육자 모두 체크리스트를 작성해야 한다(Constantine, Ladany, Inman, & Ponterotto, 1996).

## 개인의 다문화적 역량 평가

문화적 자기인식을 개발하고 평가하도록 슈퍼바이지를 돕는 것은 중요한 단계다. 학생은 자기를 들여다보는 것보다 다른 사람의 차이, 민족성, 인종 및 문화를 고려하는 것을 더 편안하게 느낀다. 또한 그들은 특정 민족의 내담자가 어떤 상황에서 하는 일들에 대해 인지적 차원에서 다루는 것을 더 쉽게 여긴다(Tomlinson-Clarke, 2000). 문화적 차이와 뉘앙스에 유연하고, 개방적이며, 수용적인 것은 다문화적 역량의 성공을 예언할 수 있게 해 준다(Tomlinson-Clarke, 2000).

상담 역량을 측정하는 몇몇 도구들은 슈퍼바이지에게 적용한 것과 마찬가지로 슈퍼바이저에게도 적용할 수 있다. 다문화적 지식과 기술의 조사(D'Andrea,

Daniels, & Heck, 1991), 다문화적 상담조사(Sodowsky et al., 1994), 다문화적 상담 지식과 인식 척도(〈부록 D〉 참조; Ponterotto, Gretchen, Utsey, Rieger, & Austin, 2002), 다문화적 상담 조사-개정판(〈부록 C〉 참조; Lafromboise, Coleman, & Hernandez, 1991에서 슈퍼바이저가 보고함)이 재검토되었다(Ponterotto & Alexander, 1995). 이 세 가지는 자기보고식 측정이며, 사회적으로 바람직한 요소를 측정하고 있다(Constantine & Ladany, 2000; R. L. Worthington, Mobley, Franks, Tan, & Andreas, 2000). 그러나 자기보고에서 다문화적 능력보다 자신들의 사회적 바람직성은 더 낮았다(Ponterotto et al., 2002). 즉, 다문화적 인식 수준이 높은 사람들은 사회적으로 바람직하게 보이려는 욕구가 낮을지 모른다(Contantine & Landany, 2000). 응답자는 다문화적 개념(철학)에서 기록한 내용보다 다문화적 역량이 더 높은 것으로 스스로를 평가했다(Constantine & Landany, 2000; Ladany, Inman, et al., 1997). 사회적 바람직성은 그 자체가 문화적 요소다. 예를 들어, Sodowsky 등(1998)은 아시아인은 일반적으로 백인, 흑인, 히스패닉계 사람들보다 사회적 바람직성 점수가 더 높다는 점을 발견했다. Sodowsky 등은 욕구를 직면하지 않거나 사회생활에서 체면을 차리는 것이라는 용어로 이것을 설명하였다. 연구자들이 예상했던 대로, 이 연구 대상의 아시아인들은 직면을 피하는 것으로 반응했다. 슈퍼바이저가 훈련생의 역량을 평가할 수 있을 만큼 충분히 역량을 갖추었다고 여겨지면 Constantine과 Ladany(2000)는 훈련생에 대한 슈퍼바이저의 측정 보고서(LaFromboise et al.)를 사용할 것을 제안하고 있다(Constantine & Ladany, 2001).

　훈련생에 의한 자기보고식 다문화적 역량 평가는 다문화 사례개념화와 관련이 없으며(Constantine, 2001; Constantine & Landany, 2000), 실체로는 이론적으로 다른 개념일지 모른다(Constantine, 2001). 대신 자기보고식 다문화 역량 평가들은 실제 능력보다 더 좋게 평가할 가능성이 있다(Constantine, 2001). 그러나 아날로그 연구에서 R. L. Worthington 등(2000)은 상담자 언어 반응을 전사하여 평가한 척도(LaFromboise et al., 1991)에서 점수와 다문화적 언어 내용(문화에 대한 언어 인용문, 문화와 관련된 인종, 민족성, 다른 요소들, 환경, 사회적 상태) 사이의 관련성에 대해 연구하였다. 슈퍼바이저는 슈퍼바이지의 자기보고에만 의존하지 않는 것이 중요하다고 하였다(Ladany, Inman et al., 1997). R. L. Worthington 등 (2000)의 연구에서는 언어를 사용하여 다문화적 역량을 설명하는 방법론을 제시하였다. Torres-Riverra, Phan, Maddux, Wilbur 그리고 Garrett(2001)은 전통문화와 관련된 내용, 즉 치료 태도, 가치 및 신념에 영향을 미치는 요소에 대한 지식, 자신의 다문화 능력의 한계를 인식하는 능력, 문화가 다른 내담자에 의해 겪게 되는 불안의 예와 원인에 대한 재인식, 문화에 대한 자기인식 등을 포함한 다문화적 역량에 대해 설명하였다. 더 유연한 세계관과 민족주의에 대한 신념은 다문화적 역량과 관련되어 있다(Sodowsky et al., 1998). Constantine과 Ladany (2001)는 공감과 대인관계에 대한 민감성은 다문화적 상담 역량과 중요한 관련이 있을지 모른다고 제안하였다. 신뢰성, 타당성, 표준화 그리고 치료 결과 자료가 필요할지 모르지만(Ponterotto & Alexander, 1995), 문화적 역량에 대한 기초선을 세우고 훈련과정에서 문화에 대해 논의하기 위해서 앞서 설명한 측정 도구들을 사용하는 것은 가치가 있다.

많은 시간이 소모되고, 평가에서 신뢰도가 낮다고 알려져 있지만, 역량의 발달을 볼 수 있는 자료 수집(회기 비디오, 보고서 등)이나 포트폴리오는 또 다른 평가가 가능한 자료가 된다(Coleman, 1997; Constantine & Ladany, 2001).

## 다문화적 역량의 실천

프로그램, 슈퍼바이저 및 슈퍼바이지의 문화적 역량의 첫 단계는 평가를 받는 것이며, 다음 단계는 D'Andrea와 Daniels에 의해 알려진 개입(Infusion) 단계에 도달하기 위해 역량을 강화하는 프로그램을 실시하는 것이다. D. W. Sue 등 (1992)이 개발하고 Arredondo 등(1996)이 적용하였던 다문화적 상담 역량을 정의하는 모형과 같이 이해하기 쉬운 모형을 사용하는 것은 필수적이다. 그들의 모형은 문화적 태도, 신념, 지식 및 기술을 상세하게 설명하고 있다. 모형의 첫

부분은 치료자 자신의 문화에 대한 가치관이나 편견을 이해하는 것이다. 예를 들어, "문화적 역량이 있는 상담자는 문화에 대한 자기인식과 자신의 전통 문화에 대한 감수성이 필수적이다."(Arredondo et al., 1996, p, 57) 두 번째 영역은 내담자의 세계관에 대한 치료자의 인식이다. "문화적 역량을 갖춘 상담자는 소수민족과 소수인종의 삶에 영향을 미치는 사회정치에 대한 지식과 이해가 있어야 한다."(Arredondo et al., 1996, pp. 64-65) 세 번째 영역은 문화적으로 적절한 개입 단계를 포함한다. 모형의 각 단계가 부분적으로 적용될지라도 그것들을 훈련과정으로 바꾸는 것은 필요하다. Abreu(2001)는 "이 개념은 학생들에게 다문화적 역량을 얻는 데 필요한 훈련의 내용을 분명하게 제시하고 있지는 않다." (p. 488)고 결론지었다. Fuertes, Mueller, Chanhan, Walker 그리고 Ladany (2002)는 초기에 치료적 상호작용으로 인종에 대한 논의를 도입하는 것에 대한 측정의 단계를 조직화할 것을 제안하였다.

Pope-Davis 등(2002)은 훈련에 대한 일반적 방향을 설명했다. 그들은 각자의 문화에 대한 지식이 증가하는 것의 중요성을 제안하면서, 특히 문화에 대한 내용을 더 알아야 하거나 개입이 계획될 때 상담자가 내담자에게 의도와 계획을 개방하도록 가르치는 것, 고정관념에 빠지는 것을 조심하기 위해 문화에 기초한 가정을 세울 때 조심하도록 훈련하는 능력들이 중요하다고 보았다. 예를 들어, 문화 집단에 대한 전체적인 일반화를 하는 것보다는 특정 내담자나 가족에게 적용되는 하나의 가정을 말할 수 있어야 한다.

명명 활동(개인적 역량의 정해진 이름을 붙이는 것)을 포함한 경험적 활동은 필요성과 연관된 단어의 함축적 연관성을 만들면서 다른 문화의 파트너와 함께 문화적 정보를 나누는 것을 소개한다(Abreu, 2001).

Wisnia와 Falender(1999)는 문화적 역량을 강화하는 활동 목록을 포함한 (프로그램 보급 자료에서 설명된) 특정 훈련과정을 설명하였다. 초기에는 Falicov(1995)나 Hays(2001)의 관점에서 문화의 변화(진보)와 동화 같은 몇 가지 흐름이 논의되고 관찰되었다. 또 다른 활동은 [그림 6-1]처럼 치료자(슈퍼바이지)와 슈퍼비전에 대한 지도를 만드는 것이다. 따라서 슈퍼비전 시간에 슈퍼바이저가 스스로 고려해야 할 우선순위 목록을 작성하는 것이다. 슈퍼바이저는 훈련생과 다음 슈퍼비전 시간에 해야 할 일의 우선순위를 정하고 슈퍼비전을 한다. 즉, 슈퍼비전의 개입에서 가장 중요한 것은 무엇인가 그리고 그들은 어떤 순서로 우선순위를 정하게 되는가다. 훈련생 자신이 지도(계획)를 가장 잘 만들 수 있다. 그때 슈퍼바이저와 슈퍼바이지는 이 지도(계획)들을 비교할 수 있고, 다른 점들을 논의할 수 있으며, 이 계획이 슈퍼비전 관계와 치료적 관계 그리고 결과에 어떤 영향을 미칠지를 논의할 수 있다. 우선순위와 다르게 안전, 실제적인 것, 윤리, 법률 혹은 고려해야 할 다른 많은 것이 있을지 모른다. 이 주제에 초점을 맞추고 개인의 견해를 논의하는 것은 소통을 강화하고 균형 잡힌 시각을 키울 수 있게 한다. 이 기법은 특정 내담자의 상황을 접근하는 데 부가적인 다른 차이로 문제가 있는 훈련생을 돕는 데 유용하다. 더 쉽게 설명하기 위해 Falicov(1995)와 Hays(2001)의 개념도를 설명하였다([그림 6-1] 참조).

슈퍼바이저와 슈퍼바이지는 네 가지 내용, 즉 Falicov의 여정과 문화의 변화, 생태학적 내용, 가족 기능, 가족생활 주기의 변화 중 하나를 통해 그들 자신의 특성을 설명하고 자신의 문화 정체감과 발달을 설명한다. 슈퍼바이저와 슈퍼바이지는 특정 문화적 다양성과 관련한 이러한 자료 혹은 그들의 문화적 정체성을 반영한 정체성의 영역을 설명할 기회를 갖는다. 발표자는 그들의 문화를 공유할 수 있는 음식, 음악, 시, 앨범, 비디오 및 자료를 사용한다. 집단은 다른 사람의 문화와 자신의 문화적 경험을 연결하고 느낌을 표현하고 반응하는 것으로 진행한다. 다음으로 슈퍼바이저, 슈퍼바이지, 내담자 및 가족의 지도가 치료에 어떤 영향을 미치는지를 논의하도록 임상 자료를 적용한다. 몇몇 유사한 경험을 인식하는 것으로서 통념, 잘못된 개념, 고정관념들이 논의된다. 세미나의 마지막 부분에서 편견과 고정관념을 경험적 · 개인적으로 이해하게 된다. 추후 모임에서 Falicov(1995)의 모형을 사용하여 정교한 사례분석이 진행되고 자기인식은 슈퍼바이저와 슈퍼바이지의 문화 지도에 대한 세미나를 하는 동안 잠깐 살펴보게 되었다.

Zimmerman과 Haddock(2001)은 변형된 '상자 안에/상자 밖에' 실행을 설명했다. 이 활동은 칠판에 네모난 상자를 그린 후 한 상자는 남자 그리고 다른

내담자, 가족, 치료자의 안정성

법적·윤리적 고려

문화적 압도: 내부자적 고려사항

이론적 기초

과정 대 내용의 집중
치료과정에 대한 견해
치료자의 역할
과거, 현재 혹은 둘의 통합에 대한 관심
치료 목표의 상세한 서술

전이-역전이 고려

내담자의 반응들

다양한 신호
정서
비언어적 의사소통
과정
문화적 다양성
이것들과 관련한 존중과 지각
경계에 대한 일관된 존중

강도에 초점 맞추기

슈퍼바이지와 슈퍼바이저 사이의 상호작용

개방
존중

치료 자료에 대한 민감성과 평가

슈퍼비전의 입력에 대한 반응

문화적 존중

미리 바라보는 것

미래 개입을 위한 계획으로 현재 자료의 통합

특정 개입과 미래의 계획에 대한 가능한 흐름을 예견하는 능력

적절한 것과 적절하지 못한 것의 발견

슈퍼바이지, 가족/내담자와 슈퍼바이저의 지도에 반대하는 것

**[그림 6-1] 슈퍼바이저에 의해 구성된 슈퍼바이저 지도(계획)의 예**

상자에는 여자라고 이름 붙였다. 훈련생들은 사회에서의 성과 관련되어 특징, 태도, 성격, 행동에 대해 브레인스토밍한다. 예를 들어, 남자는 상자 밖의 행동을 설명하는 것으로 '게이' '약한' '수동적인' 것들을 생각할 수 있다. 반면 여자는 상자 밖의 행동을 설명하는 것으로 '가족의 바지를 입은' 것들을 생각할 수 있다. 훈련생은 삶의 과업을 공유하는 것과 마찬가지로 일어날 수 있는 공유된 행동을 '일반 상자'라고 생각할 수 있다.

Arredondo 등(1996)의 부록들은 세계관에 대한 이해를 높이기 위한 활동을 보여 주며, 이 활동들은 읽기, 워크숍, 컨퍼런스 및 전략을 포함한다.

슈퍼비전에서 인종과 다양성에 대한 주제를 끌어내기 위해 단순히 슈퍼바이지를 훈련하는 것은 예비 단계다(Hird et al., 2001). 다음 단계는 슈퍼바이저의 책임인 슈퍼비전 과정으로 완전히 통합하는 것이다(Constantine, 1997). 회기에서 일어난 느낌들과 가정들을 다루고 특정 개입을 결정하기 위해 비디오를 재검토하면서 그것들이 일어난 순간의 슈퍼바이지의 느낌들과 슈퍼바이저의 느낌을 다루게 된다. 이러한 과정은 다양성에 대한 논의로 정서, 진솔성 및 개방성을 통합하는 데 유용하다(Garret et al., 2001). GLB와 다문화적 역량이 있는 치료자가 관련되는 상황들에서 무엇이라고 말하는지, 어떻게 하는지에 대한—그리고 그들이 말하지 않으려 하는 것과 하지 않으려 하는 것이 무엇인지를—예와 모형을 설명하는 것은 중요하다(Phillips, 2000). 언어의 영향을 아는 것과 가정하는 것은 슈퍼비전의 교육에서 또 다른 중요한 부분이다. 예를 들어, '남자친구'라고 하는 것보다 '파트너'라는 단어를 사용하는 것이 훈련생이 성적 내용에 대한 가정을 피하도록 하는 데 도움이 된다.

## 역 량

슈퍼바이저에게 필요한 문화적 역량은 다음과 같다.

- 자신에게 영향을 미치는 세계관에 대한 지식을 갖고 있는 것
- 자기, 슈퍼바이지, 내담자 혹은 가족의 다양성을 존중하는 자기확신 능력을 가지고 있거나 알고 있는 것
- 훈련생의 다문화적 역량에 대해 다양한 형태로 사정—자기평가, 관찰 평가, 슈퍼바이저와 내담자의 평가—하여 역량을 표현하는 것
- 슈퍼비전 과정을 통해 다양성에 대한 개념과 다문화적 개념들의 모형이 되는 것
- 다양한 면들 그리고 그 행동의 영향들에 대해 호기심을 갖고 개방된 자세와 존중하는 마음을 갖는 모형이 되는 것
- 슈퍼비전에서 다양성의 요소들에 대해 논의하는 것

# 제7장 슈퍼비전의 법·윤리와 위기 관리

슈퍼바이저가 심리치료 과정에서 감독자임에도 불구하고(Slovenko, 1980), 슈퍼비전의 윤리는 최근 들어 관심을 가지게 되었다. 1993년 상담자의 교육과 슈퍼비전 협회(Association for Counselor Education and Supervision: ACES)는 슈퍼비전에 적용되는 윤리와 관련하여 APA 윤리 원칙과 법 규정(APA Ethical Principles and Code of Conduct, 1992)에 의거한 상담과 슈퍼비전을 위한 윤리 원칙(Ethical Guidlines for Counseling and Supervisors; ACES, 1995)을 발행하였다. 이에 대해 McCarthy 등(1998)은 "윤리 기준은 슈퍼바이저를 위해 존재한다."(p. 26)라고 슈퍼비전에 대해 결론을 내렸다. APA 윤리 원칙과 법 규정 개정판 제7항은 교육과 훈련에 대해 설명하고 있다. 슈퍼바이저들은 ACES 지침을 수용하였으나 미국심리학회에서는 이 지침을 받아들이지 않았다. 미국 상담협회의 분과인 상담자의 교육과 슈퍼비전 협회에서만 이 지침을 수용하였다. 미국 심리학회의 분명한 지침이 없는 상태로 인해 치료자들은 관련 전문가인 다른 사람에 의해 확립된 지침을 따라왔다(J. Younggren, 2002 개인적 커뮤니케이션).

슈퍼바이저는 심리학 분야의 윤리적 실천에서 훈련생의 역할 모델과 함께 실제 영역에서 윤리적으로 고려해야 할 부분과 위험 신호를 발견하는 모델이 되기도 하며(예: 정신진단학의; Rupert, Kozlowiski, Hoffman, Daniels, & Piette, 1999 참조), 윤리적 이슈들과 함께 복잡한 슈퍼바이저-슈퍼바이지-내담자를 전체적으로 관리하는 윤리적 주제에 대한 모델이 되기도 한다. 윤리적 행동에 대한 전문가와 슈퍼바이저의 역할 모델링이 필수적이지만, 학생들에게 윤리적 태도와 행동을 유지하도록 하는 데 도움이 되는지에 대해서는 불분명하다(Kitchener, 1992). Rest(1984)는 "학생들은 종종 도덕적 문제를 발견하지 않으려는 마음을 가지며, 전문가의 영역에 도달하기를 기대하지 않고, 도덕적 문제에 직면하게 되면 어떻게 대처해야 할지 잘 모른다."(p 21)고 경고했다. 슈퍼바이지와 나눌 필요가 있는 내용은 "숨기거나 보호해 주기보다는 윤리적 기준에 따라 행동하도록 용기를 주는 것"(Koocher & Keith-Spiegel, 1998, p. 4)이 필요하다.

이 장에서는 슈퍼바이저, 슈퍼바이지 그리고 슈퍼비전 관계에서 발생할 수 있는 윤리적 위반사항들인 윤리적 · 법적 딜레마를 설명한다. 후반부에서는 역량, 진행 절차, 계약서 작성, 비밀 보장, 이중 관계, 윤리적 문제를 해결하는 접근, 윤리 교육, 과실(슈퍼비전 이슈에서 법적 절차를 포함한), 알릴 의무와 보호에 대한 주제, 문서 작성, 추천장, 위기 관리 능력과 관련한 내용들을 소개한다.

심리학의 실천 법규(자격증 과정, 복지, 교육 규정)뿐 아니라 윤리적 · 법적 실천 법규를 슈퍼바이지에게 소개하는 것은 슈퍼바이저의 의무다.

# 핵심 윤리 원칙

윤리 규정에 치료나 슈퍼비전에서 일어나는 모든 일을 포함시키는 것은 불가능하다. 최근 개정된 치료자에 대한 APA의 윤리 원칙(APA Ethical Principles of Psychologists)과 법 규정(Code of Conduct)(American Psychological Association, 2002a)에서 일반적인 원칙을 정의하였다. 여기에서는 성실함과 책임감, 정직함, 정당성, 권리에 대한 존중, 존엄과 같은 도움이 되는 내용들을 다루고 있어 유익하다. 이러한 윤리적 원칙들은 Kitchener(1984, 2000)가 설명하였던 것으로서, Beauchamp와 Childress(1979) 등 여러 사람에 의해 제기되었다. Koocher와 Keith-Spiegel(1998)은 윤리 규정의 목록에 다음을 추가하였다. 즉, 존중의 가치로서 다른 사람을 존엄하게 여기고 가치 있게 여기는 것, 전문성의 범위에서 다른 사람을 사려 깊게 대하거나 배려하고 돌보는 것, 능력 있고, 신중하고, 최선을 다하는 것, 가능한 결과에 대해 책임을 지는 것, 행동을 하거나 하지 않는 것에 대해 책임을 지는 것 그리고 성실한 실행이 목록에 포함되어 있다. Meara와 Schmidt 그리고 Day(1996)는 여기에 정직성과 진실성을 추가하였다. 이 원칙들은 윤리적 행동의 기본 틀로 제공되었고, 슈퍼비전에서 윤리적 문제를 해결하는 기본이 되었다.

## 심리학에서의 윤리적 · 법적 딜레마

슈퍼비전에서 치료자의 행동에 대해 언급하기 위해서 그들의 윤리적 행동을 관찰하는 것이 필요하다. APA 회원들이 겪게 되는 윤리적 딜레마에 대한 Pope와 Vetter(1992)의 연구에서 윤리적으로 문제가 되는 사건들 중 가장 많은 수인 703명이 언급한 것은 비밀 유지의 위반(18%)이었으며 불분명한 관계나 이중의 관계 혹은 모순되는 관계(17%), 자료 · 방법 · 환경 · 절차의 제공에서의 문제(14%), 대학교의 환경 · 교육의 딜레마 · 훈련과 관련된 것(8%)이었다. 슈퍼비전은 2% 정도의 갈등을 보고하였다. Pope와 Vetter(1992)는 관련된 내담자나 정보 제공자들이 다양할 때 비밀 보장에 대한 경계를 지키기 어렵다고 설명한다.

주와 지방 심리학 연합회(Association of State and Provincial Psychology Boads)가 수집한 자료에서 자격증과 관련된 이수과정을 분석한 결과, 윤리 갈등에 대한 APA 회원들의 보고와 차이가 있었다(Pope & Vasquez, 1998). 훈련 상황에서 일어나는 윤리적 위반으로 내담자와 이중 관계 혹은 성관계를 갖는 것(35%), 비전문적 · 비윤리적 · 나태한 실행(28.6%), 속이는 행동(거짓된 행동)(9.5%), 죄를 짓는 것(8.6%), 부적절한 혹은 잘못된 슈퍼비전(4.9%), 비밀 유지의 위반(3.9%) 그리고 잘못된 혹은 부적절한 기록(3.4%)으로 나타났다(Pope & Vasquez, 1998, pp. 32-33). APA 회원들이 가장 많이 경험한 윤리적 갈등의 영역인 비밀 유지는 실제 훈련에서는 낮은 것으로 보고되었다. 반면 APA 회원들에게 두 번째로 지각된 불확실한 관계, 이중 관계, 모순된 관계와 관련한 윤리적 갈등은 훈련에서 성적인 관계나 이중 관계로 나타났으며 가장 높은 빈도로 응답하였다. Pope와 Vasquez(1998)의 연구에서는 가장 낮은 빈도를 보였지만, 슈퍼비전과 관련된 주제들은 Pope와 Vetter(1992)의 연구에서 나온 빈도의 두 배가 되었다. 흥미롭게도 가장 높은 빈도를 보인 비밀 보장과 관련된 주제는 상담자들을 대상으로 수집한 자료와 차이가 있었다(Hayman & Covert, 1986). 의사들과 슈퍼바이저들 사이에 비밀 유지와 관련한 갈등이 매우 많았지만, 그들은 비공식적으로 해결하였고, 해결을 위한 구체적 방법들을 연구하지 않았다.

Pope와 Vasquez[1998, APA's Insurance Trust(APAIT)의 자료로부터]에 따르면, 치료자가 실제로 고소당한 다섯 가지 원인을 살펴본 결과, 잘못된 성관계(20%), 부정확한 치료(14%), 평가 누락(11%), 비밀 유지 혹은 사생활 유지에 대한 위반(7%) 그리고 잘못된 진단을 내리거나 진단을 하지 못하는 것(7%)이 있었다. 슈퍼비전의 실패는 전체 조사에서 12번째로 가장 잦은 빈도였다. APAIT는 위기 관리 훈련에서 사례를 살펴보고, 위기가 증가하고 있는 슈퍼비전을 경고하였지만(Harris, 2002), 실제로 고려되지는 않았다.

치료자가 해야 할 일을 아는 것과 실제로 치료사가 하는 것 사이에는 큰 차이가 있다(Bersoff, 1995). Pope와 Bajt(1988)의 비공식적 연구는 치료자의 50% 이상이 법 혹은 윤리 규범을 의도적으로 위반한다고 주장하였다. J. L. Bernard와 Jara(1995)는 임상심리학 대학원생들에게 윤리적 위반과 관련하여 사례를 예로 들어 윤리 교육 이수의 중요성을 설명하였다. 실제로 실천에 대한 생각을 보고하는 학생과 실천을 시작한 학생 간에 상당한 차이가 있었다. J. L. Bernard와 Murphy 그리고 Little(1987)은 미국심리학회의 12분과에 속한 치료자들을 대상으로 연구한 내용을 수정하여 소개하였다. 많은 치료자가 실천해야 한다고 보고하였지만, 25~37%는 여전히 덜 실천하게 된다고 언급하였다. T. S. Smith, McGuire, Abbott 그리고 Blau(1991)는 유사한 연구를 보고하였다.

치료자들에게 아동학대 보고는 그들의 신념이 되는 법과 원칙을 깨기 쉬운 영역이다(Pope& Vetter, 1992). 그러나 최근에 Renninger와 Veach 그리고 Bagdade (2002)는 아동학대 기록에 대한 법률 지식의 적절성을 보고하였다. 아동학대 보고와 관련된 갈등은 훈련생이 처음이나 두 번째 보고서를 작성할 때 특히 더 커진다. 그와 더불어 아동학대 보고에 대한 갈등은 슈퍼바이지가 협동 치료를 하거나, 여러 명의 슈퍼바이저가 있을 때는 가치관의 차이나 보고하는 것에 대한 경계의 차이 때문에 더 복잡하다.

윤리적으로 갈등이 되는 상황에서 임상가는 그 방식이 분명한 원칙이나 법률이라고 생각하게 될 때 행동하게 된다. 임상가가 해야만 한다고 느끼는 행동과 실제 행동 사이에 모순이 생기는 데에는 다른 많은 이유가 있다. 윤리적으로 혼란스러운 상황에서는 개인의 가치관, 믿음, 실제 고려하는 것들이 결정에 영향을 미칠 것이다(T. S. Smith et al., 1991). 윤리 원칙에서 벗어나는 또 다른 근거는 합리적이지 못한 감정 때문이라고 설명하였다(Betan & Stanton, 1999). 윤리적 결정을 내려야 하는 문제 해결과 훈련에서 종종 간과하고 있는 요소인 정서의 통합이 필요함을 제안하였다. 윤리 원칙을 벗어나는 또 다른 요소는 자신이 과거에 학대받았던 경험이다. Pope와 Feldman-Summers(1992)는 여성 치료자 중 2/3, 남성 치료자 중 1/3은 아동기나 성인기 때 학대를 당한 경험이 있었다고 보고했다. 따라서 이와 유사한 비율로 슈퍼바이지 역시 그런 과거를 갖고 있을 것이다. 학대적 관계에 과민하거나 과도한 반응을 보임으로써 치료자로서 빗나간 반응을 하게 하며, 다른 상황에서 적용하는 원칙들에서 벗어나게 할 것이다. 치료자의 과거 상처받은 경험은 내담자의 사건을 다룬 후의 안전감, 자기신뢰, 자기애의 지각에 영향을 준다는 점을 밝혔다. 이 발견은 경험이 더 적은 치료자에게는 중요하다(Pearlman & Maclan, 1995).

아동 상담의 영역에서 발달 수준에 대한 고려는 윤리적 실천과 관련한 신념을 갖는 데 특별한 역할을 한다(Mannheim et al., 2002). 경계에 대한 고려(예: 내담자의 삶에 지나친 관심을 갖는 것, 내담자를 안는 것, 내담자를 위한 모금행사 물건을 사는 것, 내담자에게 선물을 하는 것)와 비밀 유지(어린아이보다는 청소년과 더 필수적임)는 아동의 연령과 발달 상태와 함께 영향을 미치는 상황들이다. J. R. Sullivan, Ramirez, Rae, Razo 그리고 George(2002)는 청소년 내담자가 보고한 부모들의 행동들 중 비밀 유지를 가장 잘 어기게 되는 것으로 자살 행동, 약물 사용, 성 행위, 알코올 중독 등을 꼽았다. 빈도, 강도, 유지 기간에 따라 행동하는 유형을 고려해 봐야 한다. 이 주제는 자신과 연령이 가까운 아동·청소년에게 더 잘 동일시할 수 있기 때문에 훈련생에게 특히 더 어려울 수 있다.

## 슈퍼비전 윤리에 대한 슈퍼바이지의 지각

Ladany, Lehrman-Waterman, Molonaro 그리고 Wolgast(1999)는 슈퍼바이저의 윤리적 실천에 대한 슈퍼바이지의 지각을 연구했다(49% 응답률). 슈퍼바이저가 비윤리적 행동을 했다는 점을 슈퍼바이지가 믿는다는 가정하에, Ladany 등은 학생들과 인턴들의 실습을 조사했고, 슈퍼바이지의 51%는 슈퍼바이저가 최소 한 번 이상의 윤리적 위반을 했다고 보고하였다. 윤리적 위반의 평균은 1.52회였고, 2.35의 표준편차가 있었다. 가장 잦은 위반은 학생들의 행동을 모니터링하는 것, 평가하는 것, 비밀을 유지하는 것, 대안이 되는 이론적 시각으로 슈퍼비전하는 것과 관련하여 윤리 원칙을 지키는 것에서의 실패에서 일어났다. 슈퍼바이저가 가장 잘 지키는 원칙은 성적 문제와 관련한 것들이었고, 심리치료와 슈퍼비전 사이의 경계를 지키는 것, 종결과 추후 활동(follow-up)에 대한 문제였다. 슈퍼바이지의 35%는 슈퍼바이저와 위반에 대해 이야기했다고 보고했고, 54%는 그 밖의 다른 누군가와 이야기했다고 하였고, 84%는 그 분야 동료나 친구와 이야기했다고 보고하였다. 34%는 분명 다른 사람과 이야기를 하였고, 21%는 그것들을 또 다른 슈퍼바이저와 이야기하였다. 18%는 치료자와 이야기하였다. 그때 슈퍼바이지의 14%는 힘 있는 누군가가 위반한 것을 알았지만, 그

것에 대해 아무것도 하지 않았다고 보고하였다. 슈퍼바이지는 위반이 치료의 질에 부정적 영향을 미친다고 보고하였다. 슈퍼바이저가 비윤리적 행동을 많이 할수록 슈퍼바이저에 대한 만족도는 낮았으며, 슈퍼바이저의 비윤리적 행동이 적을수록 만족도는 높게 나타났다.

# 슈퍼바이지에 의한 윤리적 위반

　Fly, van Bark, Weinman, Kitchener 그리고 Lang(1997)은 임상 상담 프로그램을 이수한 학생들을 대상으로 한 예비 연구에서 47명의 응답자에게서 89개의 윤리적 위반이 있었다는 자기보고가 있다고 밝혔다. Pope와 Vetter(1992)의 APA 회원들을 대상으로 한 연구에서, 보고한 위반의 유형 중 비밀 유지가 가장 높은 수준(25%)으로 나타났다. 다음으로 전문가의 경계와 관련한 범주들, 즉 성적인 것과 성적이지 않은 것(20%), 정보의 표절 혹은 위조(15%), 내담자의 안녕을 위협하는 것(10%), 윤리적 절차의 위반(10%), 능력(9%), 성실함 혹은 정직하지 못함(8%), 자격 부족(3%) 등이 있었다. 훈련 교육자는 이 많은 위반에 대해 제3자(36%)를 통해 혹은 위반을 목격한 각 훈련 교육자나 또 다른 전문가(25%)를 통해 알게 되었다. 윤리적 위반을 한 54%의 개인들은 윤리과정을 이수했다. 불행하게도 이 연구의 응답률은 매우 낮았고, 연구에 대한 신뢰도와 타당도도 문제가 되었다.

　R. L. Worthington과 Tan 그리고 Poulin(2002)은 슈퍼바이지에 대한 윤리적 행동과 필요성에 대한 관심의 부족을 안타까워하며, 슈퍼바이지에게 잠재적으로 문제가 되는 윤리 영역들을 조사했다. 윤리적으로 문제가 될 만한 실천들에 대한 질문에서, 비윤리적 행동이 무엇인가에 대한 슈퍼바이저와 슈퍼바이지의 지각 사이에 약간의 불일치가 드러났다. 대부분의 슈퍼바이지는 슈퍼바이저에 대한 부정적인 느낌을 최소 한 번 이상 가졌고 그것들을 개방하지 않았다(93%). 상담 내용을 바로 문서로 작성하지 않았으며(85%), 슈퍼비전의 갈등에 대해 수

다는 떨지만 슈퍼바이저와 이야기하지는 않았으며(83%), 내담자의 작업에 대해 문제나 잘못에 대한 이야기를 피하면서(76%), 내담자에 대한 부정적인 느낌들을 이야기하지 않으며(72%), 강한 개인적인 생각을 표현하지 않는 것(62%)으로 보고했다. 이 내용은 이 장의 후반부에서 소개하는 슈퍼비전의 부정적 사건과 슈퍼바이지의 개방과 관련하여 다른 연구들의 사전 연구가 되었다.

현재 윤리적 원칙이 변형되었고, 실제 임상에서나 삶에서 그것들을 적용하는 데 신뢰할 만하지 못했기 때문에 윤리 교육이 부적절하다는 자료가 많이 있다.

# 슈퍼비전과 관련된 윤리적 이슈

Ladany와 Lehrman-Waterman 등(1999)의 범주에서 추정된 일반적인 윤리적 주제는 슈퍼비전과 관련된 것으로 지각되었다. ACES 슈퍼비전 윤리에서 일반적 틀로, 역량(Lamb, Cochran, & Jackson, 1991; Stoltenberg et al., 1998; Vasquez, 1992), 정당한 절차(J. M. Bernard & Goodyear, 1998; Russell & Petrie, 1994), 서면 동의(J. M. Bernard & Goodyear, 1998; Russell & Petrie, 1994), 비밀 유지(J. M. Bernard & Goodyear, 1998; Ladany, Lehrman-Waterman et al., 1999; Russell & Petrie, 1994), 다양한 혹은 이중 관계(J. M. Bernard & Goodyear, 1998; Stoltenberg et al., 1998), 윤리 지식, 행동과 개인적 기능(Lamb et al., 1991; Vasquez, 1992)을 포함하고 있다. 평가 혹은 실행 평가와 슈퍼바이지의 행동 모니터링은 제8장에서 다룰 것이다. Ladany와 Lehrman-Waterman 등(1999)은 내담자와 슈퍼바이지에 대한 다문화적 민감성을 정의했고(제6장에서 논의), 내담자의 종결, 추후과정은 ACES의 윤리 원칙에서 제시하지 않았다. 앞서 말한 큰 범주로서, 윤리적 딜레마와 슈퍼비전 접근을 다루는 예방적 단계와 문제 해결의 단계는 이 장에서 논의하고 있다.

# 역 량

슈퍼바이저의 역량은 슈퍼비전과 자문을 하거나 구조화나 의뢰를 통해 훈련생의 기능을 강화시키며, 전문 지식과 훈련, 경험을 축적하여 치료자로서 역할을 잘할 수 있도록 돕는 능력이다. 치료자에 대한 APA의 윤리 원칙과 법 규정 [American Psychological Association, 2002a, 2.01(a)]에 따르면, 역량이란 "교육, 훈련, 슈퍼비전, 자문, 연구, 전문적 경험을 기반으로 한 역량의 범위에서 치료자가 다른 사람들에게 서비스, 교육, 연구를 진행하고 제공하는 것"이라고 정의하고 있다.

Pope와 Vasquez(1998)는 역량을 정서적 역량과 지적 역량으로 구분하였다. 지적 역량은 비판적 사고력과 개념화 능력으로, 연구 및 이론에 대한 지식과 교육, 개입, 치료 효과를 예측할 수 있는 능력을 말한다. 역량의 범주에서 중요한 점은 자신이 모르는 부분을 인식하는 것이다. 정서적 역량이란 자기에 대한 지식, 자기 모니터링, 자기수용, 자기관리를 하면서 슈퍼바이지를 훈련하는 것을 말한다.

Sherry(1991)는 슈퍼바이지의 역량의 범주는 훈련의 중요한 주제라고 강조하였다. 슈퍼바이지는 훈련을 통해 배우지만 아직은 배운 것들을 실행할 능력은 없다. 슈퍼바이지와 내담자의 관심사에 최대한 집중하는 것은 슈퍼바이저가 균형 있게 행동하도록 만들어 준다. 치료자에 대한 APA의 윤리 원칙과 법 규정 APA Ethical Principles of Psychologists와 Code of Conduct(American Psychological Association, 2002a)의 적용 기준은 다음과 같다.

2.05 작업을 위임한 치료자들…… 슈퍼바이지는…… (b) 독립적으로든 혹은 슈퍼비전의 단계에서 제공이 되든 그들이 교육, 훈련 및 경험에 기초하여 완전하게 실행하도록 책임감을 갖고, (c) 그들이 이런 서비스를 완전히 실행하도록 지켜보는 합리적 단계를 갖고 있다.

## 자신의 역량 평가

치료에서만큼이나 슈퍼비전에서 중요한 이슈는 자신이 갖고 있는 역량의 범위를 정의하고 그 범위 내에서 슈퍼비전을 하는 것이다. Haas와 Malouf(1989)는 자신의 역량을 평가하기 위한 원칙을 제안하였다. 이 원칙은 연구 결과나 이론적 접근에 기초하며 슈퍼바이저가 정서적으로 도움이 되는지, 슈퍼바이저의 결정이 동료들에게도 타당한지를 고려하는 것이다. 특히 다른 분야나 새로운 영역을 슈퍼비전하거나 다뤄야 할 경우 슈퍼바이저의 역량을 평가하는 데 유용하다. 자기평가는 슈퍼바이지에게 모델이 되는 슈퍼바이저의 중요한 역량이다.

## 슈퍼비전에서의 역량

Disney와 Stephens(1994)는 슈퍼비전을 하기 위해 슈퍼비전에 대해 특별한 훈련을 해야만 한다고 주장하였다. 교육, 훈련 및 경험을 통해 슈퍼비전의 역량을 쌓는 것은 슈퍼비전을 하는 데 필수이며, 윤리적으로도 중요한 가치를 갖는다. 상담 프로그램과는 별개로 슈퍼비전은 새로운 전문적 훈련이 필요하다. 필요한 훈련을 받고 자신이 받았던 훈련에 대해 슈퍼바이지에게 알리는 것은 슈퍼바이저의 의무다(Kurpius, Gibson, Lewis, & Corbet, 1991). 치료자의 72%는 슈퍼바이저들이 슈퍼비전을 하기 위해 훈련을 받았는지 여부를 확실히 알지 못했다고 보고하였다(McCarthy et al., 1994).

여기서 중요한 시사점은 훈련생을 모니터링하는 것처럼 슈퍼바이저는 자신의 역량을 모니터링해야만 한다는 것이다(Russell & Petrie, 1994). A. S. Newman(1981)은 슈퍼비전 역량의 요소들로 슈퍼비전의 이론과 실제의 훈련, 훈련생의 학습을 돕는 기술의 실습, 훈련생이 치료하는 내담자와 같은 문제를 지닌 내담자에 대한 평가나 치료 경험 혹은 훈련 경험은 슈퍼비전 역량을 설명하였다.

슈퍼바이저가 자질을 갖추고 있지 않다면, 자질을 갖춘 임상가에게 슈퍼비전을 받거나 혹은 슈퍼바이지를 다른 기관으로 의뢰해야만 한다. ACES는 슈퍼바이저의 윤리 기준에 대해 다음과 같이 설명하였다(Association for Counselor Education and Supervision, 1995). "3.02 슈퍼바이저는 능력과 경험이 있는 영역에서 슈퍼비전을 하고 슈퍼바이지를 가르쳐야 한다." 슈퍼바이저의 역량에 대한 주제는 제3장에서 자세히 설명하였다.

이 책에서는 슈퍼바이저의 문화적 역량도 다루고 있다. 덧붙여서 교육과정에 있는 슈퍼바이저는 사례와 관련한 문화, 성별, 인종, 사회경제적 지위, 종교, 그 밖의 다른 다양한 차이에 접근하기 위한 틀이 필요하다. APA의 치료자에 대한 윤리 원칙과 법 규정은 다음과 같다(American Psychological Association, 2002a).

> 2.01 (b) 연령, 성별, 성 정체감, 인종, 민족성, 문화, 국가 배경, 종교, 성적 선호도, 장애, 언어, 사회경제적 지위와 관련된 요소들을 이해하는 것은 임상이나 연구에서 효과적 수행을 위해 필수적인 것이다. 치료자는 훈련을 받거나, 경험을 하거나, 자문을 받아야만 하고 또는 치료를 잘하기 위해서 슈퍼비전을 받거나, 적절하게 의뢰를 해야 한다는 점들이 2.02 기준에서 제공되었다.

Pedersen(2002)은 역량의 범주에 대해 문제를 제기하면서 APA와 ACA의 윤리 규정이 문화적 다양성을 반영하고 있지 않다고 소개하였다. 그는 윤리 규정들이 문화적 다양성에 대해 간략하게 설명하고 있고, 적용 기준도 모호하며, 개인주의와 같은 다수의 문화적 가치들을 규준으로 제공하고 있다고 주장하였다. Lerman과 Porter(1990)는 윤리 규정이 소수민족과 여성에 대한 주제를 무시하고 행동을 이분화하여 역행하고 있음을 지적하였다.

## 절차 따르기

슈퍼비전에서 절차를 따르고 슈퍼바이지의 권리를 침해하거나 무시하지 않는 것은 훈련의 계약과 평가에서 중요한 부분이다. 슈퍼바이지가 인턴과정이나 실습과정에서 필요한 것들을 잘 이해하도록 하는 것은 슈퍼바이저에 달려 있으며, 슈퍼바이지가 평가 방법과 평가 도구에 대해서 정확히 아는 것 역시 슈퍼바이저의 의무다. "슈퍼바이저는 슈퍼비전을 시작할 때 슈퍼바이저의 역할에 대해 슈퍼바이지에게 알릴 책임이 있고, 기대, 목표 및 평가 기준에 대한 정보를 제공할 책임이 있다."(Cormier & Bernard, 1982, p. 487) 성공적으로 훈련을 이수하기 위한 요건이 무엇인지, 이 기준이 충족되지 않았을 때 어떤 결과를 갖게 되는지를 명확하게 하는 것이 중요하다. 이러한 방법들과 절차들은 문제가 되는 훈련생을 확실하게 이끄는 데 도움이 되고, 훈련생이 호소하는 것들을 다룰 수 있는 구조를 확립할 수 있게 해 준다. 슈퍼바이저에게 있을 수 있는 역량의 불일치를 다룰 수 있게 해 준다. 슈퍼비전의 절차를 슈퍼바이지에게 소개하고 명확하게 설명할 필요가 있다. 정당한 절차를 따르려면 훈련생에게 정확하게 알려야 하고, 훈련생에게는 듣고 방어하고 표현할 기회가 주어져야만 한다.

# 계약서

계약서는 평가 형식, 진행 절차, 상호작용에 대한 기대, 슈퍼바이저와 슈퍼바이지의 책임, 법적 내용, 방법 그리고 슈퍼바이저와 슈퍼바이지의 자격증과 자질과 같은 내용들로 구성되어 있다(J. M. Beranrd & Goodyear, 1998). 또한 내담자, 슈퍼바이지 및 슈퍼바이저에 대한 비밀 유지의 경계를 담고 있으며, 슈퍼비전의 목표, 치료의 위험과 이점(J. M. Beranrd & Goodyear, 1998) 및 비용(Haas & Malouf, 1989)과 관련된 내용들을 포함한다. 사업은 계약서 작성 없이는 이루어지지 않는다. 윤리 규정들은 슈퍼비전 역시 계약서를 작성할 것을 강조한다. 예를 들어, 콜로라도 주는 내담자에게 치료사의 자격증, 내담자의 권리, 주의 고충처리센터에 대해 알릴 것을 치료자에게 요구한다(Handelsman, 1990). 슈퍼바이저는 규정을 작성하는 것에 익숙해야 한다.

치료자에 대한 APA의 윤리 원칙과 법 규정은 다음과 같다(American Psychological

Association, 2002a).

　7.06 (a) 대학 혹은 슈퍼비전의 관계에서 치료자는 학생과 슈퍼바이지에게 피드백을 제공하기 위해 적절하고 분명한 절차를 확립해야 한다. 그 진행과 관련한 정보는 슈퍼비전을 시작할 때 학생들에게 제공된다. (b) 치료자는 프로그램에서 필요한 요소들을 확립하고, 관련된 실행에 근거하여 슈퍼바이지와 학생들을 평가한다.

상담자의 교육과 슈퍼비전 협회의 슈퍼바이저들을 위한 윤리 원칙 2.14에서는 다음과 같이 정의하였다.

　슈퍼바이저는 계약서 작성과 참여의 원칙들을 구체적으로 세워야 한다. 즉, 요건, 기대, 역할, 규칙, 절차 등을 분명히 하는 것과 방침을 세우는 것, 교육, 프로그램, 과정, 개별 슈퍼비전의 관계에 대한 절차를 세우는 것들을 구체적으로 포함시켜야 한다. 개별 슈퍼바이저가 실시하는 절차의 원리는 모든 슈퍼바이지도 확립해야 하고 이용하도록 해야 한다.

슈퍼비전의 계약서에는 다양한 단계들이 있고, 각 단계에서 기술하고 있는 정보가 다양하다. Falvey(2002)는 계약서를 다섯 가지 단계로 설명하였다. 첫째, 내담자는 슈퍼바이지가 치료하는 것을 동의하고 슈퍼바이저는 그 사례를 슈퍼비전한다. 둘째, 슈퍼바이저와 슈퍼바이지는 슈퍼비전의 책임과 관계에 동의한다. 셋째, 슈퍼비전의 임상적 · 윤리적 · 법적 차원을 따르는 교육에 동의한다. 내담자의 동의를 얻는 것에 실패하면 잘못된 실행의 결과를 얻게 된다(Falvey, 2002). 넷째, 치료사는 내담자에게 슈퍼비전을 받고 있다는 점을 알려야 한다. 이때 자격증과 슈퍼비전에 대한 정보가 필요할 수 있다. 다섯째, 비밀 내용과 치료과정이 슈퍼바이저와 공유될 것이라는 점에 대한 내담자의 동의를 얻어야만 한다. 이런 동의를 받는 것에 실패하게 되면 "슈퍼바이저와 슈퍼바이지 둘 다 비밀 보장의 요구를 위반"(Disney & Stephens, 1994, p. 24)한 것이라 할 수 있다.

McCarthy 등(1995)은 슈퍼비전 관계와 관련하여 각 계약서를 범주화하였다. McCarthy 등(1995)에 의해 공개된 자료의 경우 자격증, 학위, 치료 경력, 슈퍼비전의 훈련 정보를 포함한 슈퍼바이저의 배경 정보를 공개할 것을 주장하였다. 또한 슈퍼바이저가 활동하고 있는 협회의 목록, 치료와 슈퍼비전에 대한 슈퍼바이저의 이론적 배경에 대한 정보를 공개할 것을 주장하였다. 이 요소들 중 몇 가지는 계약서의 목록이 된다(제8장 참조). 즉, 이름과 빈도, 기간, 장소와 같은 슈퍼비전과 관련한 주제들과 슈퍼바이지나 슈퍼바이저가 회기를 취소하면 어떻게 되는지, 성공적 이수를 위한 상세한 학습 계획이 계약서의 목록이 된다. 계약서에 포함된 내용은 슈퍼비전을 진행하는 목표가 된다. 즉, 각자에게 부여되는 기대, 프레젠테이션 자료와 사전 준비, 오디오나 비디오테이프에 대한 요구들은 슈퍼비전 진행 목표가 된다. 마지막으로 McCarthy 등(1995)은 슈퍼비전의 유형, 기대, 기준, 분명한 형식, 관리의 빈도와 관련하여 정확히 설명하고 평가할 것을 상세히 소개하였다. 훈련생은 훈련의 완성을 위해 습득해야 하는 역량을 알 권리가 있다(Disney & Stephens, 1994). 오히려 이런 정보는 슈퍼바이지와 슈퍼바이저가 문서로 작성하고 서명을 해야 한다. 법적 · 윤리적 기준을 지키는 것에 대한 필요성을 분명하게 설명하고 가능한 한 계약서로 작성해야 한다. 마지막으로 진행 절차를 이 책과 부록에서 다루고 있다.

비밀 유지의 경계를 슈퍼바이지에게 알리는 것에 대한 불일치가 보고되었다(McCarthy et al., 1994). 비밀 유지에 대해서는 상세히 설명되어야 한다. 그래야 관리자, 직원, 교육 전문가들과 슈퍼바이저가 무슨 정보를 공유해야 하는지를 분명하게 알 수 있다. McCarthy 등(1994)은 슈퍼비전을 받는 임상가 5명 중 1명은 그들의 슈퍼바이저가 비밀을 유지할지 혹은 아닐지에 확신이 없다는 점을 발견하였다. 슈퍼바이지는 슈퍼비전을 시작할 때 알게된 정보로 임상 기술을 평가하기 위해서, 치료자로서의 슈퍼바이지의 능력을 평가하기 위해서(Patrick, 1989) 그리고 집단 슈퍼비전 프로그램을 계획하는 데 유용하게 적용할 수 있도록 비밀의 경계를 알 필요가 있다.

계약서에 대한 연구는 치료자(Handelsman, Kemper, Kesson, Craig, McLain, & Johnsrud, 1986)에 대한 내용뿐만 아니라 다양한 내담자에 대한 서비스도 다루고 있으나, 연구 결과에 따르면 치료의 위험과 비밀 유지와 관련된 내용에서는 차이가 있었으며(Talbert & Pipes, 1988), 아동학대 보고에서 내담자의 비밀을 알리는 것에 대해서는 불일치가 나타났다(Nicolai & Scott, 1994). Nicolai와 Scott (1994)는 연구 대상인 치료자의 20%는 비밀 유지에 대한 정보를 내담자에게 거의 말하지 않는 것(가끔, 드물게)으로 나타났고, 5%만이 내담자에게 모든 것을 분명하게 말하고 있는 것으로 나타났다고 밝혔다.

소수민족 내담자와 관련한 상황은 더욱 복잡하다. 그런 사례에서 슈퍼바이저-슈퍼바이지의 관계는 이해할 수 있는 언어로 소통하며(L. Taylor & Adelman, 1995), 부모에게 알려야 할 것이 무엇인지, 비밀 유지의 경계를 분명하게 설명하면서 발달 수준에 맞게 동의 절차를 설명해야 하며(Gustafson & McNamara, 1999), 아동·청소년에게는 이해할 수 있도록 계약서 전체를 설명하는 것이 중요하다. 모호한 영역들은 성적 내용과 관련되어 있다. Gustafson과 McNamara (1999)는 비밀 유지에 대한 동의 절차와 필요성을 인식하는 과정을 언급하면서 부모와 청소년이 함께 참여한 가운데 비밀 보장을 하는 근본적 이유에 대해 설명을 하고 모든 사람이 동의하는 문서를 작성해야 한다고 하였다. 이 과정에서 다른 단계들은 가족과 치료를 진행하는 동안 슈퍼바이지와 슈퍼바이저가 논의하고 결정한 후에 추가될 수 있다. 몇몇 사례들에서 슈퍼바이지의 연령이 청소년의 연령과 비슷할 때 또는 청소년과 슈퍼바이지가 동일시한 결과 '부모'의 위치에서 슈퍼바이저가 작업을 하게 될 때 이런 과정은 어려울 수도 있다.

치료를 평가하는 것은 내담자의 권한이다. 내담자에게 알려야 할 뿐 아니라 치료의 참여 여부를 그들이 결정하도록 해야만 한다. 훈련생은 그런 결정을 위해 발달적·인지적 평가 기술들을 사용할 수 있어야 한다.

# 비밀 유지

비밀 유지는 정관, 사례 법, 윤리에 기초한 전문적 실천 기준이 되며, 법적 효력을 갖고 있다(Koocher & Keith-Spiegel, 1998). 권리는 법적 절차에 따라 정보 공개로부터 보호받을 수 있는 관계를 설명하는 법률 용어다. 미국최고법원은 *Jaffee v. Redmond*의 판례에서 1996년에 치료자와 환자 사이에서 일어난 의사소통은 연방 법원에서 법적 권리가 있다고 판결했다(Mosher & Squire, 2002). 모든 윤리와 법은 내담자의 비밀을 유지하는 권리를 적용해야 하고, 슈퍼바이저-슈퍼바이지의 의사소통에서 또는 슈퍼바이저-슈퍼바이저의 의사소통에서 내담자의 정보를 보호할 의무가 있다. 온라인상의 슈퍼비전(Kanz, 2001)은 비밀 보장(그리고 계약서)의 영역에서 문제가 되었다. 왜냐하면 자료를 발송하면서 통제를 상실하기 때문이다. 미국 건강정보 관련 법률(Health Insurance Portability and Accountability Act: HIPAA)의 사생활 보호법의 채택으로 전자 문서의 형태로 건강 정보를 발송하는 상담자 혹은 개인의 건강에 도움을 주는 사람은 HIPPA의 권고를 따를 것을 요구받았다(www.apait.org/recources/hipaa). HIPPA 규정에서 분명한 점은 정보의 유출과 관련하여 계약서를 작성해야 하는 시기와 계약서의 형태를 추가하는 것이다. 훈련에서 HIPPA의 의미는 탐색의 단계에 있다.

비밀 보장은 '더 놀라울 것이 없는 법칙'과 '엄정주의 원칙'(Behnke, Preis, & Bates, 1998)에 적용된다. 이 용어들은 특정 내담자와 관련이 있고, 노출로 문제가 일어나는것을 막기 위한 방법으로 비밀 유지의 경계를 설명하고 있다. 개방이 필요할 때는 필요한 정보만 개방해야 하며, 개방의 필요성을 충분히 설명한 다음에 개방해야 한다. 슈퍼바이지와 이 개념을 이야기하는 것은 중요하다.

슈퍼비전에서 비밀 유지는 내담자의 비밀 유지에 대한 전체 영역을 말한다. Koocher와 Keith-Spiegel(1998)은 "일반적으로 학생들(심리학 인턴, 자격증이 없는 박사학위 취득 후 연구원 혹은 슈퍼바이지)은 특히 법정 권리 규정에 의한 보호를 받고 있지 못하다. 훈련생들은 자격이 있는 슈퍼바이저와 의사소통을 할 권리를 갖지만 법이 매우 광범위하기 때문에 상정될 수가 없다."(p. 118)고 주장하였다. 슈퍼바이저는 법의 보호 아래 있는 슈퍼바이지의 상황에 대해 인식해야만 한다. 선호하는 훈련 방식은 치료 회기를 비디오 관찰하거나 실제 치료를 관찰하는 팀을 구성하는 것이다. 내담자나 가족의 보호는 슈퍼비전이 진행되면서 가장 중요하면서 어려운 일이 될 수 있다. 계약서에서 훈련생의 행동과 기록에 대한 비밀 유지 영역의 전체 범위를 상세히 설명하는 것이 필요하며, 훈련 프로그램을 적용하는 과정에서 문제가 될 수 있는 정보는 공유해야 한다. 이때 훈련생에 대한 것뿐 아니라 내담자의 자료도 필요하게 되며, 개방과 관련되어 정확하게 설명할 필요가 있다.

일상에서 혹은 다른 사람에게 우연하게 노출하거나 혹은 잠재적인 '비밀 유지 위반'(Woody, 1999)은 슈퍼바이저와 논의할 필요가 있다. 내담자와 우연하게 겪을 수 있는 주제에 대해서는 훈련생에게 소개하는 것이 중요하다(Pulakos, 1994; Sharkin & Birky, 1992). 가장 배려 깊은 접근은 매번 치료에서 적용하게 되는 윤리 원칙을 훈련생에게 직접 설명하는 것이다.

## 다중 관계와 이중 관계

'다중 관계'란 치료자가 내담자들 중의 한 사람과 분명히 다른 여러 관계(사회 관계, 재정 관계, 전문적 관계)를 맺을 때를 말한다(Pope, 1999). 다중 관계는 치료자—내담자의 관계 혹은 슈퍼바이저—슈퍼바이지의 관계에 더하여, 치료자 혹은 슈퍼바이저가 개인적·사회적·사업적·전문적 관계와 같이 여러 관계를 동시에 맺고 있을 때(Sonne, 1999) 존재한다. 그래서 역할에 갈등이 생기거나 경쟁적일 수 있다(Kitchener, 1988). 치료 종결 후에 생길지도 모르는 성적 관계나 로맨틱한 관계 이외에는 개인적인 친구, 사회적·사업적·재정적 동료, 전문적 슈퍼비전, 평가적·종교적·사회적·작업적 관계들이 있을 수 있다(Anderson & Kitchener, 1996). 우리의 논의는 슈퍼비전 관계의 변형과 치료자에 대한 윤리에 초점을 맞춘 것이다.

치료자의 윤리 원칙과 법 규정(American Psychological Association, 2002a)은 다음과 같다.

> 3.05 (a) 다중 관계가 치료자로서의 기능을 실천하는 데 객관성, 능력 및 효과성을 손상시킨다거나 혹은 전문적 관계를 맺고 있는 사람들에게 해가 되고 위협이 된다면 다중 관계를 맺는 것을 자제해야 한다. 그런 해로움이 비윤리적이지 않거나, 위험하지 않고, 손상이 없다면 다중 관계는 전문적 관계 내에서 존재할 수도 있다.

ACES 상담 슈퍼바이저들에 대한 윤리 원칙(Association for Counselor Education and Supervision, 1995)은 다음과 같다.

> 2.09 슈퍼바이지와 다중 관계를 맺는(예: 교사, 상담가, 행정가 등) 슈퍼바이저는 잠재된 갈등을 최소화해야 한다. 되도록이면 역할들을 몇몇 슈퍼바이저들과 나누어야 한다. 이것이 가능하지 않다면 슈퍼바이지에게 그런 슈퍼비전의 역할에서 기대와 책임에서 주의해야 할 것들을 설명해야만 한다.

치료자를 위한 APA의 윤리 원칙과 법 규정 2.05항에서 "슈퍼바이지에게 일을 의뢰할 때 객관성을 상실하고 이중 관계를 맺는 사람에게 맡기는 것을 피해야 한다."(American Psychological Association, 2002a)고 언급했다. 치료자에 대한 APA의 윤리 원칙과 법 규정 3.05 (c)항(American Psychological Association, 2002a)에서는 다음과 같이 설명하고 있다.

> 치료자가 법, 교육 정책 혹은 의외의 상황에서 법적 · 행정적 절차 이상의 것이 필요할 때, 그 일들을 시작하면서 비밀 유지의 정도와 역할 기대 그리고 후에 일어날 수 있는 변화에 대해 명확히 해야 한다.

마지막으로 치료자에 대한 APA의 윤리 원칙과 법 규정 7.07항은 "치료자는 그들의 연구소, 상담소 혹은 훈련 센터에서 슈퍼바이지나 학생과 성적 관계를 맺지 말아야 하고, 권위를 지켜야 한다."(American Psychological Association, 2002a)라고 설명했다. 이 부분은 이전의 규정에서 성적 관계에 대해 안내했던 것을 더욱 분명하게 확장한 내용임에 주목해야 한다. 이것은 단지 평가적 기능을 가진 개인보다 박사과정과 인턴 수련 기관 혹은 광범위한 센터를 포함한다.

Sonne(1999)는 관계와 관련한 역동들 그리고 각 역할과 관련된 기대, 책임, 치료자와 치료과정에 대한 정서적 개입, 힘의 차이, 이중 관계에 의해 영향을 받는 모든 것을 설명했다. 그런 다중 관계나 이중 관계는 자료에 대한 선택적 부주의, 치료 기록에서 언급을 적게 하는 것으로 나타나기도 하며, 내담자에게 이중 관계의 이점들을 열거하거나 이중 관계가 유행하고 있음을 설명하거나(예: 대부분 사람은 그렇게 한다), 대안이 없다는 생각을 하면서 관대해지고 자신을 정당화시킬지 모른다(Pope, 1999). 소규모 집단이나 시골에서 이런 규정을 적용하는 것은 더 복잡할 수 있다. Schank와 Skovholt(1997) 그리고 Campbell과 Gordon(2003)은 위험을 최소화할 수 있는 방법을 제안하였다.

슈퍼비전에서 이 분야는 관심을 받고 있지만 단순하지 않다. 다중 관계와 다양한 자질의 관련성에 대한 찬반 논쟁이 있어 왔으며, 다른 식으로 알고 있는 사람이 치료를 하는 것에 대한 필요성에 대한 것조차 찬반 논쟁이 있어 왔는데(Lasarus & Zur, 2002), 후자의 접근은 치료자에 대한 APA의 윤리 원칙 2002년 개정판의 3.05 (a)항의 후반부에 반영되었다. 즉, "손상받거나 위험이 발생하거나 해로울 거라고 여겨지지 않는 다중 관계는 비윤리적이지 않다."(American Psychological Association, 2002a) Lasarus와 Zur(2002)는 '금지된 관계'와 관련한 Ebert(2002)의 의사결정 나무(desicion tree)를 소개하였다. 그들은 시골, 종교, 게이, 여성운동, 소수민족 집단과 같은 다양성을 지닌 집단은 다중 관계를 피하기가 어렵다고 주장하였다. 게다가 그들은 치료적 개입을 했던 많은 예(예: 거식증이 있는 내담자와의 점심)를 인용하였다. 윤리위원회나 위기 관리자들은 임상적 고려보다는 자격관리 위원회나 변호사에 대한 두려움이 더 크다고 주장하였다.

또 다른 논란의 여지가 있는 예는 자기개방이 평등한 관계를 세우는 방법이고, 치료에서 중요한 요소라는 페미니스트적 치료 태도다. 그러나 페미니스트는 내담자보다 치료자를 위해 사용하거나 신중하지 않게 사용하는 것은 반대하였다(Enns, 1993). 다문화적 상담 훈련에서 자기 수양, 봉사활동가, 옴부즈만, 지지 기반이 있는 지지자들을 활용하는 것을 제안했다(Atkinson, Morten et al., 1993). 대안으로 제시한 이 모형들은 전통모형에 도전이 된다.

## 경계 행동

구조(예: 역할, 시간, 장소-공간)와 진행과정(예: 선물, 말, 자기개방, 신체 접촉, 대인관계 패턴)과 관련해서 적절하게 제한을 하는 것과 윤리적으로 실천하도록 행동의 경계를 유지하고 확립하는 것은 치료자에게 중요한 윤리적 딜레마가 된다(Gutheil & Gabbard, 1993; Lamb & Catanzaro, 1998; D. Smith & Fitzpatrick, 1995). 처음으로 우리는 경계 행동(boundary behaviors)의 개념과 관련한 몇 가지 용어를 정의하려고 한다. 지금 우리는 슈퍼비전에서 고려해야 할 모델링과 슈퍼비전의 적용을 논의할 것이다. 경계란 "임상가의 역할에서 벗어나는 것을 포함하여 적절한 혹은 전문적 행동의 '끝'으로 정의되는 것을 말한다"(Gutheil & Simon, 2002, p. 585). '미끄러운 비탈길'은 중대한 위반의 상황에서 변화하고자 하는 경계 안에 중요하지 않은 균열을 제공한다. Lamb와 Catanzaro(1998)는 경계를 넘기 시작하는 것은 성관계가 일어날 것을 예언하거나 촉진(Folman, 1991)하는 요인이 된다고 설명하였다.

경계를 벗어난다는 것은 "내담자에게 이익이 되거나 이익이 되지 않을지도 모르는 임상의 실행에서 이탈을 설명하는 용어다."(D. Smith & Fitzpatrick, 1995, p. 500) 경계를 벗어났다는 것은 해롭지 않으며, 남을 이용하지도 않는 지지적 치료일 수 있다(Gutheil & Simon, 2002). 따라서 내담자, 슈퍼바이지의 임상 현장에서의 이탈이나 심각한 위험에서의 치료적 과정으로 정의되는 경계 위반과는 구별되어야 하는데(Gutheil & Gabbard, 1993), 이는 그들이 내담자를 이용하는 것이기 때문이다(Gutheil & Simon, 2002). 경계 위반의 잠재적인 위험성을 고려하고, 기억하는 것은 중요하며, 슈퍼바이저는 전문가의 경계를 확립하고 유지할 책임이 있다(Gutheil & Simon, 2002). Gutheil과 Gabbard(1993)는 경계를 넘어서는 것과 경계를 위반하는 것의 차이를 역할, 시간, 장소, 상황, 돈, 선물, 서비스, 관련 문제들, 의복, 언어, 자기개방, 자기개방과 관련된 문제들, 신체 접촉으로 범주화하여 구분하였다. 훈련은 그것들에 대해 논의하고 훈련 상황에서 경계를 넘는 것을 목록화하는 것이다.

## 인턴 수련 동안의 이중 관계

슈퍼바이지-슈퍼바이저, 슈퍼바이지-내담자 그리고 슈퍼바이저—내담자 간에 이중 관계가 발생할 수 있다. 인턴 수련 동안의 이중 관계는 직업 · 사회 · 치료적 · 성적 요소와 관련된 관계들을 포함한다(Slimp & Burian, 1994). 직업적인 관계를 예로 들면, 직원들은 아이들을 돌보기 위해, 연구 보조자로서 도움을 받기 위해 혹은 개인적 연구를 하기 위해 인턴을 고용한다. 그러한 경우, 거절이 어려운 상황에서 인턴이 일을 하거나, 이용당하거나, 힘의 차이와 관련된 내용이 주된 이슈가 된다. 슈퍼바이저(고용주)는 다른 곤란한 상황이 발생할 때, 고용이 잘못되었을 가능성이나 이중 관계에 의해 객관적 평가가 모호해지는 경우를 발견하게 된다. 성적 관계의 경우, 관계를 맺는 동안에는 사랑으로 보이지만, 관계가 끝난 후 전이를 잘못 다룬 것으로 관찰되기도 한다(Caudill, 2002). 사회적 관계에서는 슈퍼바이저와 슈퍼바이지가 직업인으로서 갖는 이중 관계가 문제가 될 수 있고, 경계를 넘게 되는 것으로 관찰되기도 한다.

## 성적 문제의 예방

훈련생, 교육자, 슈퍼바이저의 성적 관계는 광범위하게 조사되어 왔으며, 일반적으로 감추어져 왔다. Glaser와 Thorpe(1986)는 APA 12분과의 여성 임상

치료자들을 대상으로 연구한 결과 응답자의 17%가 대학원생 시기에 심리학 교육자와 성적 접촉이 있었다고 보고하였다. 응답자의 31%는 훈련 또는 심리치료를 받는 동안 교육자 혹은 슈퍼바이저와 성 경험이 있었다고 기록했다. W. L. Robinson과 Reid(1985)의 연구 대상의 반은 그들이 대학원생 시기에 교육자를 유혹하는 행동을 경험하였다고 보고하였다. 그러나 Hammel과 Olkin 그리고 Taube(1996)는 학생-교육자의 성관계에서 10% 이하의 수가 지속적으로 관계를 맺는 것으로 보고했다. Lamb과 Catanzaro 그리고 Moorman(2003)은 전문가 훈련 기관 혹은 심리치료 기간에 10% 범위에서 성적 경험을 보고했고, 그들의 전문적 작업을 수행하는 동안에는 3% 정도의 성 경험을 보고했다. 또한 성적 유혹은 다른 영역에 있는 학생들보다 임상심리학과 학생들에게서 더 많이 보고되었고(Glaser & Thorpe, 1986), 남학생보다는 여학생에게 더 많이 발생하였다(Hammel et al., 1996). 성적 유혹은 작업 동안(Hammel et al., 199) 혹은 작업 관계 후(Lamb et al., 2000) 또는 준비 기간 동안 시작되었다고 보고하였다.

슈퍼바이지와 성적 관계가 있었던 슈퍼바이저는 1.4%(W. L. Robinson & Reid, 1985) 혹은 1.5%(Lamb & Catanzaro, 1998)에서 4%(Pope, Levenson, & Schover, 1979) 정도로 추정된다. 반면 그들의 슈퍼바이저와 성적으로 관련이 있었던 슈퍼바이지는 5~6%(Glaser & Thorpe, 1986; G. M. Miller & Larrabee, 1995) 혹은 1%까지 떨어지는 것으로(Lamb et al., 2003) 보고되었다. 치료자-내담자의 성 빈도는 4~6% 수준 이하(Camb & Catanzaro, 1998; Rodolfa, Kitzrow, Vohra, & Wilson, 1990)이거나 12%보다 더 낮다는 기록(Lamb et al., 2003; Pope & Vasquez, 1999)이 1970년대 남성 치료자에 의해 보고되었다(Holroyd & Brodsky, 1977; Pope et al., 1979). 그러나 몇몇 연구자들은 실제 빈도는 이보다 더 높을 것이라고 예상하면서, 보고된 사건이 더 낮은 이유는 그런 정보를 이야기할 수 없는 어쩔 수 없는 이유가 있기 때문인 것으로 보았다(Samuel & Gorton, 1998; D. Smith & Fitzpatrick, 1995). 여성은 내담자로서, 슈퍼바이지로서, 학생으로서 성적 경계의 위반을 경험했던 것에 대해 남성보다 더 쉽게 말하였다(Lamb & Catanzaro, 1998). 훈련생-내담자의 성적 위반의 비율은 매우 낮게 기록되었다

(Layman & McNamara, 1997). 여성 치료자의 53%는 직장생활을 하는 동안 환자에게 성적 상처를 받았다고 보고했고(deMayo, 1997), 슈퍼바이저의 47%는 슈퍼바이지에 의한 성 경험보다 내담자에 의해 받는 성과 관련된 상처를 한 번 혹은 그 이상 보고하였다.

## 성적 매력을 느끼는 것

치료자의 80~88% 정도는 내담자에게 최소 한 번 이상 성적 느낌을 갖거나 성적 매력을 느꼈다고 보고했다(Blanchard & Lichtenberg, 1998; Pope Keith-Spiegel, & Tabachnick, 1986; Rodolfa et al., 1994). 연구 대상 학생의 반 이상이 성적 매력을 느꼈다고 보고했다(Housman & Stake, 1999). 임상 박사 연구생의 68%는 내담자에게 성적 느낌이 드는 것에 대한 규범과 이를 수용하는 것에 대해서 알고 있지 못했다. 상담연구원의 34%는 종결 혹은 의뢰 후에 내담자와 성적 관계를 갖지 말아야 하는 것을 이해하지 못했다. 또한 7%는 현재의 내담자와 성적 관계를 금지하는 것을 모르고 있었다(Housman & Stake, 1999). 내담자에게 성적 느낌을 느꼈다고 보고했던 슈퍼바이지 대부분(34~45% 정도)이 슈퍼비전에서 이런 느낌들을 이야기하지 않았다고 보고하였다(Blackshaw & Patterson, 1992; Housman & Stake, 1999). 심리학과 인턴들을 대상으로 한 연구에서(29% 응답률) 연구 대상의 절반만이 내담자에게 느꼈던 성적 매력을 그들의 슈퍼바이저에게 개방했던 것으로 나타났다. 그들이 동료나 치료자와 이 주제에 대해서 이야기하더라도, 그들은 내담자에게 느끼는 매력을 슈퍼비전에서 이야기하는 것에 대해서는 긍정적 효과와 부정적 효과가 모두 있을 것이라고 보고했다(Ladany, O'Bren et al., 1997). 치료자의 63%는 내담자에게 성적 매력을 느끼는 것에 대해 혼란스럽고, 불안하며, 죄책감을 느낀다고 보고했다(Pope et al., 1986).

Housman과 Stake(1999)는 성 윤리에 대한 훈련이 증가했음에도 불구하고 학생들의 이해가 높아지지 않았다는 연구 결과들에 대해 관심을 가졌다. 사실 성적 주제에 대해 관심을 갖는 것은 대학원 훈련과정에서 좋은 것도 나쁜 것도 아닌 '자연스러운' 일이었다(M. P. Foed & Hendrick, 2003). 대학원생들은 내담자에게 성적 매력을 느끼는 것에 대해 상담 교육과정을 통해 준비하기에는 부족하다고 느꼈다. 상담 교육과정은 그런 성적 매력을 다루는 방법을 가르치지는 않는다고 보고하였다. 치료자의 9%만이 그들의 훈련이나 슈퍼비전에서 이런 이슈를 다루는 것이 도움될 것이라고 믿고 있었다(Pope et al., 1986). 4% 이상(Rodolfa et al., 1994) 혹은 남성의 9%, 여성의 2.5%(Pope et al., 1986)는 성적 매력에 대한 그들의 느낌을 행동으로 표현했던 것으로 보고했다.

성적 느낌을 다루기에는 훈련이 부적절하며, 성적 관계를 맺는 것과 관련한 윤리 교육이 적절하지 않다고 보고하였다(Glaser & Thorpe, 1986; Pope & Tabachnick, 1993). 성적 느낌이 들 때 임상가들은 반성하게 되거나(7.4%), 동료와 상의하거나(22.7%), 슈퍼비전을 받거나(36.4%), 문헌을 찾아보거나(22.7%), 개인분석을 다시 받거나 새로 시작하고(7%), 성적 느낌에 대해 내담자에게 말하거나(15.95%), 내담자와 성관계를 갖는다(1.1%; Blanchard & Lichtenberg, 1998)고 보고하였다. 자문을 얻거나 슈퍼비전을 받는다는 응답이 상당수 포함되어 있더라도, (몇몇 응답자들은 복수 응답) 상당 부분 내담자와 이야기를 하거나 행동으로 옮기는 것 혹은 성관계를 맺지 않았으면서도 반성하는 것은 걱정스러운 부분이다.

경계와 관련된 주제와 성적 매력과 관련하여 교육할 수 있는 슈퍼비전의 역량이 필요하고, 슈퍼비전에서 유사한 과정(성적 매력)이 느껴질 때 인식하고 예방할 수 있도록 훈련할 수 있는 역량을 갖출 필요가 있다. Holmes, Rupert, Ross 그리고 Shapera(1999)의 연구에서 대학원생들은 남성 교육 전문가와 학생들 사이의 가설적 관계에 대해 조사하였다. 잠재적으로 부적절한 이중 관계를 맺고 있는 교육 전문가는 학생과 히히덕거리고 학생에게 관심이 있다고 말하고, 학생과 술을 마시고, 학생과 만나면서 성적 농담을 하고, 학생과 관계에 몰두하였다. 대학원생들은 그런 행동을 부적절한 것으로 인식하고 있었으나 권력(힘)의 차이에 의해 자신들의 반응을 조절하였다. 위험 신호를 확인하도록 훈련하고, 슈퍼바이저에게 개방할 수 있도록 가르쳐야 하며, 판단하지 않고 접근하도록 훈련해야 하고, 역할극을 사용할 수 있도록 훈련해야 한다.

내담자에 의해 슈퍼바이지가 성적인 상처를 받게 되면 심리치료를 통해 상처를 해결해야 하며, 슈퍼바이지는 그 점을 다룰 준비가 되어 있어야 한다(deMayo, 1997). Pope와 Sonne 그리고 Holrod(1993)가 저술한『심리치료에서의 성적 느낌(*Sexual Feelings in Psychotherapy*)』은 가장 좋은 훈련 도구다.

내담자와 훈련생의 성적 주제와 성적 느낌들을 슈퍼비전에서 논의하지 않고 덮어 두거나 미묘하게 의사소통하는 것은 서로 불편한 일이 될 수 있다. 성적 유혹을 느낄 때에는 전문가 집단보다는 인턴과 실습생에게 더 스트레스가 되며(Rodolfa, Kraft, & Reilley, 1988), 훈련생의 존재를 위협받게 될 수 있다.

Samuel과 Gorton(1998)이 정신역동과 심리학 훈련 프로그램을 대상으로 한 연구에서 99%가 치료자-내담자의 성적 잘못(실수)에 대해 교육하고 있다고 보고하였다. 그러나 대부분 1시간 정도의 수업으로 매우 적게 이루어지고 있었다(Samuel & Gorton, 1998). 이 주제와 관련한 교육은 대학원 과정에서 있어야 하고(Housman & Stake, 1999), 성과 관련된 잘못된 행위와 성적으로 끌리는 자연스러운 현상의 차이를 논의해야만 하며, 모든 훈련과정에 성과 관련된 주제가 포함되어 실시되어야 한다(Conroe & Schank, 1989).

성적 경계의 위험에 대해 경고한 사람들은 성적으로 개방적인 훈련생들이 일반적으로 가진 특성들에 대해 회귀분석을 실시하였다(Hamilton & Spruill, 1999). 이들의 특성은 외로움, 대략적인 '상담' 경력, 성적으로 끌리는 느낌들을 다루는 교육과 같은 훈련과 전문성의 부족, 윤리적 갈등 인식의 실패 그리고 슈퍼바이저가 이런 영역을 슈퍼비전하는 것의 실패와 같은 요소들을 포함하고 있었다. Brodsky(1989)는 경계를 넘는 경향, 취약한 상황(아마도 개인적 스트레스원 때문에), 고립과 같은 요소들은 치료자와 내담자 모두에게 성적으로 관련되게 하는 위험 요소라고 설명했다. 치료자의 실습에서도 유사한 연구 결과가 보고되었는데, 경계의 위반은 우울 혹은 이혼과 같은 개인적 문제들과도 관련이 있었다(Lamb et al., 2003).

### 내담자-치료자의 잘못된 성적 행동의 예방

Hamilton과 Spruill(1999)이 설명한 성적 경계의 위반을 예방하는 첫 번째 단계는 그 행동의 위험성에 대해 교육하는 것이다. 이 접근에서는 훈련생이 내담자를 만나기 전에 교육 전문가나 슈퍼바이저로부터 성적 유혹을 어떻게 다룰지 그리고 이런 상황에서의 슈퍼비전의 필요성에 대해 교육 받았다. 특히 훈련생들은 잘못된 성적 행동에서 비롯되는 나쁜 영향과 치료자-내담자의 친밀감에 대한 위험 요소와 위험 신호를 인식할 수 있도록 배워야만 한다. 성적 유혹과 잘못된 실행을 다루는 사회성 훈련과 역할극은 불안을 감소시키고 모델링을 하는 데 도움이 될 수 있다. 윤리적 위반에 대한 각 분과의 방침들은 허용될 수 없는 행동과 일반적으로 느낄 수 있는 느낌들 사이의 차이를 분명히 해야만 한다. 분명한 사례개념화는 실행 기준이 되며, 슈퍼바이저는 치료 관계에 나타나는 차이를 평가할 수 있다. Hamilton과 Spruill(1999)의 접근은 위험 요소들을 설명한 것으로 매우 유용하다(〈부록 F〉 참조).

몇 가지 전통적인 방식의 예방적 요소들은 생산적이지 못하거나 혹은 슈퍼비전 시간이 줄어들어서, 정신역동과는 거리가 멀어서 활용도가 점차 감소되어 왔는지 모른다. 그러나 Hamilton과 Spruill(1999)은 평가와 치료가 구체적으로 조작될 수 있는 인지행동 치료에 의해 경계의 위반을 정의하는 것이 더 쉽다고 결론지었다.

## 인턴-슈퍼바이저의 성적 관계

슈퍼바이지와 슈퍼바이저는 힘의 관계에서 차이가 나고, 슈퍼바이지가 받게 되는 상처가 더 크기 때문에 훈련생과 슈퍼바이저의 성적 관계에서 자발적으로 동의한다는 것은 불가능하다(Koocher & Keith-Spiegel, 1998). 따라서 그런 관계가 합의에 의한 것이라고 주장하는 것은 잘못된 일이다.

슈퍼바이저와 슈퍼바이지의 성적 관계에 의한 결과는 심각하게 확산될 가능성이 있다. 그런 관계는 '로맨틱한 혹은 열정적인 사랑'(Pope, Schover & Levenson,

1980, p. 159)의 모습으로 나타나거나 혹은 매춘처럼 대학에서의 성공을 위한 거래로 나타날지도 모른다(Pope et al., 1980). Conroe와 Schank(1989)는 성행동을 누가 시작하건 간에 슈퍼비전에서 이 행동에 대해 체계적이고 세심하게 다루어야 함을 강조하였다. 한 번 행동의 경계를 어기면 인턴은 치료에 대한 자신의 생각을 표현하기가 어렵다고 느낄지 모른다. 또한 그런 경우 인턴은 성과 관련된 사례를 논의하거나 슈퍼바이저와 다른 생각을 표현할 수 없다고 느낄지 모른다. 슈퍼바이지를 평가하는 다른 직원들에게도 심각한 영향을 미치게 된다(Conroe & Shank, 1989; Slimp & Burian, 1994). 합의하에 시작한 성적 접촉도 강제적이라는 느낌을 갖게 되면서 위험이 따르게 된다. 시간이 흐르면서(Glaser & Thorpe, 1986; Slimp & Burian, 1994) 성적 접촉을 했을 때보다도 더 강제적이고 마치 더 해로웠던 것으로 회상하게 되고 상처가 더욱 커지게 될 것이다(Glaser & Thorpe, 1986; G. M. Miller & Larrabee, 1995). 그 사건을 경험한 후에 실시한 면접에 따르면, 그들의 관계를 방해하고 윤리적으로 문제가 되는 것으로 지각하게 되는 동시에 그들은 성 접촉도 하게 되었다(Hammel et al., 1996). Lamb 등(2003)의 연구에서 연구 대상의 40%인 13명이 성적 경계를 지키지 않아도 해가 없을 것이라고 믿었다고 보고한 점이 흥미롭다. 비윤리적이고 문제가 있는 행동이라는 점을 알았을 때조차(28%보다 적은 수) 성적 관계가 지속되었다는 점은 흥미로운 일이다. 이 분야에서 권위자와 약자의 관계에서 일어나는 지각의 불일치는 앞으로 연구해야 할 중요한 영역이다.

성적 경계 위반의 법률적 문제는 성적 관계가 끝난 이후 부적절한 슈퍼비전이나 불공정한 평가의 원인이 될 수 있다(Slimp & Burian, 1994). 직원과 인턴의 성적 관계에 대한 영향(충격)은 일반적으로 전문가, 기관, 직원 및 인턴 집단에까지 광범위하게 영향을 미칠 수 있다(Slimp & Burian, 1994). 인턴 집단으로부터의 고립, 경쟁자가 치료나 평가의 우선권을 받는 것에 대한 분노, 직원으로서의 전문성에 대한 의심, 왕따 등은 예상되는 결과다. 게다가 직원과 성적 관계를 갖게 되면 모델이 없어지게 되고 전문성에 대한 의심을 갖게 된다는 점이 관찰되었다(Slimp & Burian, 1994). 전문가 집단에서 슈퍼바이저와 슈퍼바이지 사이의 성적 접촉에 대한 잠재적 손상은 늦게 인식되기 때문에 슈퍼바이지는 낙인 찍히게 되고, 상황이 전체적으로 인식되지 않을지도 모른다(Conroe & Schank, 1989). W. L. Robinson과 Reid(1985)의 연구에서는 학생일 때 성 접촉의 경험이나 손상을 경험했다고 응답한 여성의 96%는 그들의 관계가 둘 다에게 혹은 한 명에게는 해가 되는 것으로 여겨졌다는 점을 밝혔다.

연구자들은 이미 자신의 치료자, 슈퍼바이저 및 교육자와 성적 관계를 맺은 학생(훈련생)이 후에 윤리를 더 많이 위반할 가능성이 있다고 제안하였지만(Bartell & Ribin, 1990; Pope et al., 1979), Lamb와 Catanzaro(1998)의 연구는 이 가설을 전적으로 지지하지는 않는다.

## 위험 요소들과 경계 관련 주제

자기개방(Koocher & Keith-Spiegel, 1998)과 접촉은 미끄러운 슬로프의 경사면에 비유된다(Lamb, 2001). 자기개방은 치료적 상호작용과 슈퍼비전 상호작용의 촉진적 요소이지 위험 요소는 아니다. Lamb(2001)은 자기개방의 수준을 정리하였다. 1수준은 내담자에게 쉽게 수용될 수 있는 사실적 정보의 개방이다. 2수준은 내담자에게 알리지 않았던 자녀 수와 같은 개인적 정보의 개방이다. 3수준은 이혼, 상실 및 외상과 같은 치료자로서 경험했던 개인적 사건들의 개방이다. 4수준은 낙태에 대한 견해, 자살과 같은 내담자의 관심에 대한 개방 혹은 내담자와 관련한 느낌, 신념 및 견해의 개방이다. 이 범주에서는 내담자에 대한 치료자의 개인적 느낌(반응)들도 함께 개방한다. 각 영역에서 현재 삶의 스트레스원, 꿈, 판타지·사회적·성적·재정적 상태와 관련한 개방은 적절하지 않은 것으로 여겨졌다(Gutheil & Gabbard, 1993). 중요한 점은 개방이 내담자의 정신 상태를 고려하여 치료의 내용 속에서 혹은 치료자의 목적에 의해 이루어진다는 점이다(Caudill, 2002). 슈퍼바이지에게 그런 개방을 위한 틀을 제공하는 것은 중요하다. 그렇게 되면 그들은 내담자에게 하는 특정 개방의 목적을 탐색하게 될 것이다.

슈퍼바이저는 슈퍼바이저, 행정가 및 교육자로서의 다양한 역할로 인해 경계를 넘게 될지도 모른다. 예를 들어, 슈퍼바이지가 자기개방을 기대할 수도 있다. 또한 개인의 문화, 민족성, 인종, 성적 혹은 그 밖의 배경에 대해서 집단이나 세미나에서 슈퍼바이지와 논의해야 할 수도 있다. 자신이 한 개방에 대해 평가받을지 모른다는 두려움이 있는 슈퍼바이지에게 이 상황은 어려운 일이 될 것이다. 또한 슈퍼바이지의 행동과 관련한 개방이 문제행동을 드러내는 것일 때 슈퍼바이저 역시 곤란함을 느낄 것이다.

APA 윤리 원칙과 법 규정의 7.04항은 이 주제에 대해 다음과 같이 설명하고 있다(American Psychological Association, 2002a).

> 치료자는 학생과 슈퍼바이지에게 말이나 글로 다음에 관한 내용들을 개방하도록 요구해서는 안 된다. 예를 들어, 성과 관련한 과거 경험, 학대와 방임의 과거 경험, 심리치료 그리고 부모·동료·배우자·다른 사람들과의 관계와 관련한 내용들을 개방하도록 하는 요구 등이다. (a) 프로그램이나 훈련 수단은 그것의 승인과정에서 그리고 프로그램에서 이런 요건을 분명하게 정의했다. (b) 학생들이나 다른 사람들에게 위협이 되거나, 전문성을 발휘해야 하는 훈련이나 전문적 실천에 방해가 된다고 판단되는 개인적 문제가 있는 학생들을 돕거나 평가하는 데 정보가 필요하다.

Illfelder-Kaye(2002)는 개인의 탐색에 특별한 가치를 두는 슈퍼비전은 그 훈련 프로그램의 설명서와 소책자에 이 원칙들을 분명하게 설명하는 것이 필요하다고 제안하였다.

Patrick(1989)은 "윤리적 딜레마는 훈련에서 이중 관계의 결과로 생기는 것으로서 상담자로서 훈련생에게 간섭할 것이라고 믿는 내담자의 개인적 특성을 슈퍼바이저가 인식하게 될 때 일어난다. 윤리 기준에 따르면, 슈퍼바이저는 상담 훈련 프로그램에 있는 수련생들을 모니터링하는 상담 교육 전문가로서 윤리적 책임을 갖는다."(p. 339)라고 설명하였다. 이 상황은 대학교육에서 평가자이면

서 자기개방을 격려하는 공감적 슈퍼바이저에게는 딜레마가 된다. 강렬한 정서
나 내담자의 개방이 훈련생이 경험한 외상 사건들을 기억나게 할 때 그런 상황
이 벌어진다. 개방은 치료자로서 역할을 하는 훈련생을 의심하게 만들 것이다.
훈련 계약서에는 비밀 유지와 개방에 관한 절차를 상세히 기록해야만 한다.

  Sherry(1991)는 슈퍼바이저의 다양한 역할로 인한 복잡성을 강조하였다.
Kitchener(1986)는 슈퍼바이지의 역할과 슈퍼바이저의 역할에 문제가 될지 모르
는 방식을 추가로 설명하였다. 예를 들어, 특정 슈퍼바이지가 더 어린 훈련생을
슈퍼비전하게 되면 훈련생과 슈퍼바이지 사이에 동료 관계에서 권위적 관계로
의 변화가 발생하는데 이 변화는 역할 혼돈과 역할 갈등을 일으킬지 모른다. 경
계의 위반에 대한 위험성이나 다양한 역할을 수행하는 것은 매우 어려운 일이다.
Kitchener(1986)는 그런 사례에서 객관성, 비밀 유지 및 자율성이 위협받게 된다
고 하였다. 불안과 불만족이 있을지 모르는 역할의 어려움을 평가하기 위해 '역
할 갈등과 역할 혼돈 조사(Role Conflict and Role Ambiguity Inventory, 〈부록 H〉
참조)를 고려하는 것은 유용하다(Olk & Friedlander, 1992).

  슈퍼비전에서 또 다른 윤리적 이슈는 슈퍼비전과 치료 사이에 적절한 경계를
갖는 것이다. 치료자에 대한 APA의 윤리 원칙과 법 규정의 7.05 (b)항(American
Psychological association, 2002a)은 다음과 같이 설명하였다. "학생들의 대학 수
학 능력을 평가할 의무가 있거나 평가해야 할 가능성이 있는 교육 전문가는 치
료를 하지 않는다." 역전이를 다루는 것은 슈퍼비전 내에서 혹은 슈퍼비전과 별
개의 슈퍼바이저가 제공하는 치료로 연결될지 모른다. 내담자나 사례에 직접 영
향을 주는 면에 초점을 맞추어 경계를 분명하게 정의할 필요가 있다. 그동안 슈
퍼비전과 치료적 상황의 슈퍼바이지 문제는 단지 내담자와의 관계 혹은 슈퍼바
이저와의 관계에 영향을 미치는 범위에서 다뤄졌다(Doehrman, 1976).

  Egan(1986)이 세운 모형에 Whiston과 Cmerson(1989)은 치료를 위해 슈퍼비
전의 경계를 위반하는 단계를 설명하였다. 슈퍼비전에서 문제가 되는 상황을 소
개하며, 조사하고, 명확하게 설명하였다. 훈련생이 특정 사례를 어려워하는 이
유가 슈퍼바이지의 개인적 문제 때문인지 여부를 슈퍼바이저가 결정할 수 있게

된다. 또한 훈련생의 문제를 슈퍼바이저가 슈퍼비전에서 다루는 것이 좋은지 아닌지를 결정할 수 있게 된다. 훈련생의 정서 반응, 역전이, 잘못된 판단을 하게 되는 문제에 대처하는 가장 적절한 방법은 치료를 시작하거나 가능한 한 다른 치료에 의뢰하는 것이다. 그리고 상담 서비스를 추천하기 전에 절차를 소개하여 훈련생의 권리를 존중하는 것이 중요하다. Wiston과 Emerson(1989)은 개인적 문제에 근거하여 이해하는 것보다 훈련생의 전문성의 발달에 초점을 두는 것이 더 중요하다고 강조하였다. 이런 관점에서는 슈퍼바이저가 한계를 정하고 상담자로서 이중 역할을 피해야 한다.

## 경계의 위반 예방하기

경계의 위반과 윤리적 위반을 예방하기 위한 단계와 개입에는 다음과 같은 세 가지 범주가 있다. 첫째, 안전감을 촉진하기 위해 조절해야 하는 환경을 소개하고, 인식을 강화하는 심리교육적 접근이다. 둘째, 문제가 되는 다차원적 관계를 예방하기 위해 어떤 결정을 할 때 틀을 제공하는 단계다. 셋째, 윤리적 딜레마에 접근하기 위해 일반적 결정을 내리는 모형이다.

### 심리교육적 접근

Lamb(1999)은 소진(burnout)을 경험하거나 경계를 위반하는 훈련생을 예방하기 위한 배경 차원 혹은 정서 반응을 포함한 몇몇 단계들을 설명했다. 첫째, 사전의 노력은 유대를 강화하고, 스트레스를 지지해 주며, 경계의 딜레마를 편안하게 이야기할 수 있는 안전한 장소가 된다. 보복에 대한 두려움 없이 동료 혹은 직원이나 전문가와 부적절한 행동을 다루고 기록하고 논의할 수 있는 통로가 분명하게 설명되어야 한다. 경계의 위반을 확인하고, 다루며, 스트레스를 감소시키는, 자기관리에 대한 세미나가 도움이 될 것이다. 역할극과 같은 활동들은 강력히 추천되었다(Lamb, 1999). 예방적 자기관리의 개념과 윤리적 위반을 예방하는 데 영향을 미치는 요소들을 모니터링하는 교육의 개념은 윤리에 접근하는 혁신적 페미니스트에게는 중요한 것이다(Porter, 1995).

Rodolfa 등(1990)은 소집단으로 논의할 기회가 있는 단기 세미나나 1일 워크숍의 훈련 프로그램에서 성적 행위와 성적 느낌에 대한 차이에 대해 접근하는 방법을 제안했다. 이 훈련의 핵심은 성적으로 매력을 느끼는 것(규범적 반응)과 성적 실행 사이의 차이를 어떻게 구별하는가였다. 훈련과정에서 이 영역을 다루는 것은 교육자에게 매우 중요하다.

Biaggio와 Paget 그리고 Chenoweth(1997)는 교수-학생의 이중 관계 예방모형을 제안하였다. 전문적 관계, 멘터링 관계 및 사회적 관계가 중복되면서 위험이 커졌기 때문에 연구자들은 가능성이 있는 소규모 집단으로 훈련의 영역을 설명하면서 권한과 책임을 인식하는 관계의 원칙을 제안하였다. 교수의 권한과 책임을 인식하고 학생을 이용하지 않고, 교수-학생 관계에 대한 평가 양식을 개발하는 것이다. 또한 학생과 윤리적 관계를 지키는 분위기를 형성하고, 적절한 윤리적 행동에 대해 교수의 역할을 모델링하며, 경계의 문제를 안전하게 논의할 수 있는 관계의 원칙을 제안하였다.

### 이중 관계를 결정하고, 윤리적 문제를 해결하기: 문제를 예방하기 위한 단계

Kitchener(1988)는 위험이 있는 이중 관계로 들어가기 전에 확인하고 적용해야 하는 원칙들을 정의했다. 두 사람 사이에 불일치가 증가할수록 위험성이 커진다. 두 역할 사이에 기대의 불일치가 증가하면서 더 큰 오해와 어려움이 발생한다. 또한 분절된 성실함과 객관성의 상실은 각각의 역할에서 분리된 책임을 갖게 한다. 게다가 치료자의 역할과 다른 사람의 역할에서 힘과 명성이 증가할 때, 잠재적으로(이기적으로) 이용할 가능성이 커지고 객관성이 더욱 부족하게 될 것이다. 금전 문제와 성적 관계와 관련된 영역은 특히 위험하다(Kitchener, 1988).

Gottlieb(1993)는 모든 이중 관계를 피하기를 바라는 것은 합리적이지 않으므로 결정모형이 필요하다고 결론 내렸다. 이 모형은 3차원—권위, 지속 기간, 종결—을 사용한다. 권위는 치료자가 내담자에게 갖고 있는 권위의 정도나 양을 말하며, 잠재적인 이용 가능성을 말한다. 권위의 한 면인 지속 기간이란 시간이

지남에 따라 권위가 증가한다는 가정에 기초한다. 그래서 관계를 맺는 시간의 길이와 관련이 있다. 종결은 치료자와 내담자가 전문적 접촉을 갖는 것과 관련이 있다. Gottlieb는 세 가지 차원에 따라 현재 관계를 평가하는 5단계를 설명하였다. 즉, 3차원으로 관계를 탐색하고, 역할의 불일치를 확인하고, 대학으로부터 자문을 구하고, 윤리적 문제가 발생할 가능성과 상반된 결과가 일어날 가능성을 인식하여, 내담자나 슈퍼바이지에게 결정하도록 하는 단계다.

Anderson과 Kitchener(1998)는 치료자의 동기, 비밀 유지, 치료의 종결과 새로운 관계 사이에 경과된 시간의 양과 같은 주제들을 간과하고 치료자를 보았기 때문에 Gottlieb(1993)의 모형을 비판하였다. Burian과 Slimp(2000)는 다중 관계에 직접 관련되어 있지 않은 다른 사람의 영향을 다루는 Gottlieb(1993)의 모형과 Kitchener(1988)의 모형에 관심을 두지 않았다. 그러나 이 모형들은 잠재적인 위험성이 높은 결정을 내리는 슈퍼바이지 훈련에 대해 소개하기에 유용하다.

Burian과 Slimp(2000)는 인턴 수련 동안 훈련생과 이중 관계를 맺을지 중단할지를 결정하는 결정모형을 제안하였다. 이 모형에 따르면, 세 가지 주제, 즉 관계를 맺는 동기와 이유, 직원-인턴의 힘의 차이, 사회 활동과 관련한 요소들을 고려해야 한다. 의사결정 나무(desicion tree)의 사용([그림 7-1] 참조)을 통해 슈퍼바이저는 잠재적으로 해로움을 감소시키는 상호작용의 이점을 알 수 있다.

ACES 슈퍼비전의 윤리 원칙의 체계를 따르는 것은 중요하다(Association for Counselor Education and Supervision, 1995).

결정을 하는 데 우선적으로 고려해야 할 것들:
내담자의 안녕
슈퍼바이지의 안녕
슈퍼바이저의 안녕
프로그램이나 기관 서비스와 관리에 필요한 것들

Hass와 Malouf(1989)는 도움이 될 만한 "개인의 욕구보다는 내담자의 욕구를

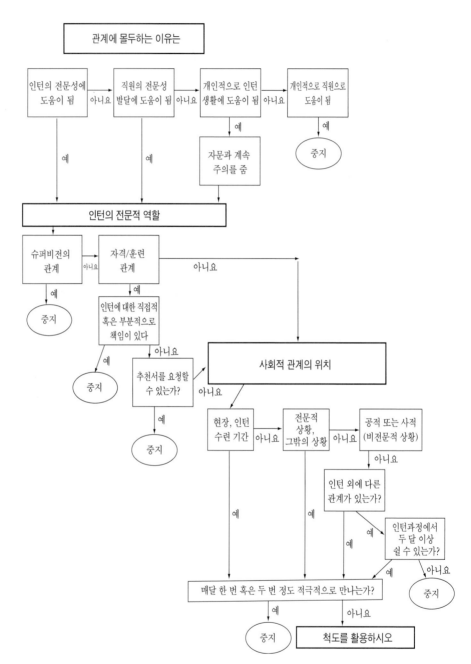

**[그림 7-1] 훈련생과 이중 관계로 들어가는지를 결정하기 위한 슈퍼바이저 결정모형**

출처: Burian & Slimp (2000). Social Dual-Role Relationships During Internship: A Decision-Making Model. *Professional Psychologist: Research and Practice, 31,* pp. 332-338. Copyright 2000 by the American Psychological Association. 허가하에 게재함

# 리커트 척도

## 사회적 관계를 중단하는 인턴의 능력/파문을 일으키지 않는 행동

1 ------------ 2 ------------ 3 ------------ 4 ------------ 5

| 아무런 | 가벼운 파문 | 중간 정도의 파문 | 중대한 파문 | 심각한 파문 |
| 파문 없이 | 예: 직원에 대한 | 예: 직원에 대한 | 예: 충분히 | 예: 조급하게 |
| 자유롭게 탈피 | 인턴의 회피 | 인턴의 | 기능하지 못하는 | 인턴직을 떠남 |
| | | 공개 대립 | 인턴의 능력 | |

## 개입하지 않은 인턴의 영향

1 ------------ 2 ------------ 3 ------------ 4 ------------ 5

| 아무런 | 인턴이나 | 인턴이나 | 인턴이나 | 내담자/환자에 |
| 영향 없음 | 직원을 회피 | 직원과의 | 직원과의 충분히 | 대한 충분하지 |
| | | 공개 대립 | 기능하지 못하는 | 못한 서비스 |
| | | | 능력 | |

## 개입하지 않은 직원의 영향

1 ------------ 2 ------------ 3 ------------ 4 ------------ 5

| 아무런 | 인턴이나 | 인턴이나 | 인턴이나 | 내담자/환자에 |
| 영향 없음 | 직원을 회피 | 직원과의 | 직원과의 충분히 | 대한 충분하지 |
| | | 공개 대립 | 기능하지 못하는 | 못한 서비스 |
| | | | 능력 | |

만약 리커트 척도의 2나 그보다 위의 점수를 보고한다면

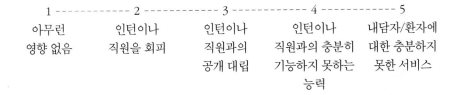

중지

출처: Burian & Slimp (2000). Internship: A Decision-Making Model. *Professional Psychological: Research and Practice, 31*, pp. 332-338. Copyright 2000 by the American Psychological Association. 허가하에 게재함

우선 충족하라."(p. 64)는 일반적 원칙을 제안하였다. 이 법칙은 슈퍼바이지와 슈퍼바이저에게만 적용해야 한다. 심지어 치료자 혹은 슈퍼바이저가 정서적으로 만족하는 많은 상황에서도 슈퍼바이저의 욕구는 주의 깊게 관찰되어야 하고, 슈퍼비전에서 실행으로 옮겨지지는 않아야 한다.

또 다른 유용한 원칙은 책임감 있는 동료와 함께하는 것이다. 동조는 동료가 비윤리적 행동을 하거나 혹은 하지 않을 때 그 행동을 따라하거나 관찰하는 것을 말한다. 동료에게 충성하거나, 손해나 피해 볼 것을 두려워하거나, 윤리 원칙에 대한 불충분한 이해는 동료들 사이에서 위법 행동을 다루지 않는 이유다(Biaggio, Duffy & Shaffelbach, 1998). 위법 행위를 잘 다루지 못할 경우 아무것도 하지 않은 슈퍼바이저와 그런 위반을 목격한 훈련생들에게 이차적 악영향을 줄 수 있다.

Gutheil과 Gabbard(1993)는 내담자가 경계를 넘기 시작할 때 제한 설정을 가르칠 것을 주장하였다. 그들은 치료자를 안거나 옷을 벗거나 노출이 심한 옷을 입는 내담자를 예로 설명하였다. 치료과정에서 부적절한 행동에 대해 냉정함을 유지하는 제한 행동이 추천되었다.

## 일반적인 윤리적 문제 해결 접근

법적·윤리적 문제로 의뢰되는 것과 같이 쉽게 해결되지 않는 상황에서의 문제 해결을 도와주고자 다양한 모형들을 제안하였다(Corey, Corey, & Callahan, 2003; Koocher & Keith-Spiegel, 1998; Tymchuk, 1986). 이러한 모형들은 훈련의 강력한 도구가 된다. 각 모형의 단계들은 문제의 확인, 해석, 자문, 위험과 이점의 분석, 윤리 규정과 법률의 원칙에 대한 의뢰와 자문을 포함하고 있다. 또한 Kitchener(1984)가 설명한 다섯 가지 도덕적·윤리적 요소에 대한 고려와 각각의 결과를 고려한 후 실행과정을 선택하는 것을 포함하고 있다. 예를 들어, Tymchuk(1981) 그리고 Haas와 Malouf(1989)에서 추론된 Koocher과 Keith-

Spiegel(1998)의 모형은 다음의 단계들을 포함하고 있다.


1. 문제가 윤리적인지 결정하라.

2. 해결을 위해 적용할 수 있는 윤리 원칙들에 대해 자문을 구하라.

3. 결정에 영향을 미칠 수 있는 모든 사항을 고려하라.

4. 믿을 만한 동료에게 자문을 구하라.

5. 권리, 책임, 취약 부분을 평가하라.

6. 대안을 작성하라.

7. 결정을 내리는 각각의 과정을 하나하나 확인하라.

8. 결정을 내려라.

9. 결정을 실행하라.


N. D. Hansen과 Goldberg(1999)는 윤리적·법적 딜레마에 접근하는 일곱 가지 범주, 즉 도덕적 원칙과 개인의 가치관(역량, 통합, 책임성, 존중, 다른 사람의 안녕에 대한 관심, 사회적 책임), 임상적 요소, 윤리 규정, 기관의 정책, 주 법안, 규칙과 규정, 사례법 등을 제안하였다. 이는 단계적으로 보기보다는 입체적으로 고려함으로써 윤리적 딜레마를 다루는 데 유연성이 더 커진다.

흥미롭게도, 이러한 모든 모형은 문제 해결의 단계를 적용하는 데에서 개인과 그와 관련된 정서적인 면들을 포함하지 않고 있다. 체계적 윤리결정 모형은 HIV와 관련된 윤리적 문제에서 결정을 내릴 때 사용하도록 개발되었으나, 일반적으로 확대되어 적용되어 왔다(Barret, Kitchener, & Burris, 2001). 이 단계들은 다음과 같다.


1. 사례에 대한 개인적 반응들을 멈추고 확인하라.

2. 사실들을 재검토하라.

3. 임시로 계획을 정리하라.

4. 그 계획과 일치되는지 아닌지를 결정하기 위해 기본적 윤리 원칙들(예: 자

율성, 이점, 해가 없음, 적합함, 정당성)(Kitchener, 1984)과 윤리 규정을 가지고 계획을 분석하여라.

5. 임시의 계획을 가지고 법률상의 결과를 예측하라.

6. 임상적·윤리적·법적으로 고려하여 계획을 상세히 하라.
   - 자신의 개인적 가치와 일치하는가
   - 임상에 도움이 되는가
   - 기관 정책과 윤리 규정의 범위 내에서 실시할 수 있는가
   - 내담자와 다른 사람에게 해가 되지 않게 하라.
   - 가능한 한 다른 윤리 원칙을 최대한 반영하라.
   - 법률의 범위 내에서 적용하라.

7. 실행과정을 선택하고 내담자와 그것을 공유하라.

8. 실행과정을 모니터링하고 개선하고 결과를 기록하라.

자문과 문서 작성은 이 모형의 중요한 부분이다.

Barret 등(2001)이 만든 모형의 장점은 윤리 갈등(예: 법적, 윤리적, 도덕적, 개인적)을 확인하고 해결하는 데 정서를 결합한 것이다. 슈퍼바이저-슈퍼바이지의 갈등의 예에서 1~6단계는 슈퍼바이저, 슈퍼바이지 및 내담자의 다양한 수준에 대한 고려가 필요하다.

Kitchener(2000)의 단계는 대안이 되는 계획과 가능한 선택들이 3단계에서 일반화되었다는 점에서 차이가 있다. 7단계는 계획을 확인하고 선택사항들을 재평가한다. 마지막 단계인 9단계에서는 결정에 따른 결과를 기록하고 따라서 그 경험은 다음에도 적용될 것이다.

## 모든 결정 단계에서 문화의 통합

문화는 앞서 언급한 결정모형의 필수적 요소는 아니다. Ridley, Liddle, Hill

그리고 Li(2001)는 결정모형에서 문화도 함께 고려해야 한다고 제안한다. 이들은 윤리적 문제를 표현하고 문화 갈등이 윤리 주제에 분명하게 포함되는지 아닌지를 결정하는 데 유연할 필요가 있다고 설명한다. 문화에 대해서 불명확한 부분은 명확하게 해야 하며, 개인적 관점과 체계적 관점을 모두 사용하여 결정을 하는 과정에서 고려해야 한다.

# 윤리 훈련

　현재의 윤리 교육이 실제 치료 상황에서 일반화할 수 없다는 점은 분명 걱정스러운 부분이다. Handelsman(1986)은 「Osmosis의 윤리 교육(훈련)의 문제」라는 논문에서 슈퍼바이저가 슈퍼바이지에게 하는 형식이 없는 윤리 교육의 위험성에 대해 설명하였다. Tymchuk 등(1995)은 박사급 치료자의 60%가 윤리 주제에 대해 부적절한 정보에 근거하고 있다고 느낀다면 슈퍼비전에서 개별적으로 윤리에 대한 훈련을 하는 것은 잘못된 것이라고 보고하였다. Welfel(1995)은 심리 프로그램의 67%가 윤리 교육에서 공식적 틀을 가지고 있다고 설명했고, Housman과 Stake(1999)는 치료 프로그램에 참여한 학생들의 94%는 성 윤리에 대해 평균 6시간의 훈련을 받았음을 밝혔다. 그러나 훈련생이나 슈퍼바이저는 실제 삶과 연결하여 윤리의 내용을 다룰 때조차도 임상 장면에 적용하지는 못했다.

　Rest(1984)가 제안한 윤리 교육은 윤리적 위반에 대한 통찰을 돕는다. 윤리를 실천하지 못하는 이유는 다음의 네 가지 요소 중 하나가 부족하기 때문이라고 하였다. 첫 번째 요소는 도덕적으로 상황을 해석하는 것이다. 이 요소는 행동이 다른 사람의 복지에 어떤 영향(예: 임상적 혹은 실제적)을 미치는지를 고려하면서 다른 측면으로 윤리적 차원을 재인식하는 것을 말한다. 두 번째 요소는 행동이 정당한지, 옳은지, 공정한지를 결정하는 것이다. 이것은 비윤리적 선택과 윤리적 선택을 구별하는 도덕적 추론을 말한다. 세 번째 요소는 윤리적 실천을 하도록 이끄는 그 행동의 의도를 결정하는 것이다. 마지막으로 네 번째 요소는 도덕적 행동을 실천하는 것이다. 즉, 자신에게 손해가 됨에도 불구하고 혹은 외부의 압력에도 불구하고 실행하는 것이다. Rest(1984)는 이런 행동을 하기 위해서는 건강한 자아가 필요하다고 하였다.

윤리 교육은 세미나에서 보고되었던 윤리적 문제들의 예와 같이 훈련생이 윤리적으로 조율하는 데 취약한 부분에 초점을 맞추어 진행할지 모른다. 광범위한 임상 장면에서 윤리적 이슈들을 정의하는 일은 어려운 일이다. 다시 말해, 사건이나 주제들이 윤리적 문제에 해당하는 것인가를 결정하고, 윤리 원칙에 따르는 일은 쉬운 일이 아니다. 슈퍼비전에서 고도로 훈련받은 슈퍼바이지들이 훈련 이후에 연구 결과와 유사한 갈등을 경험한다는 점을 발견하였고, 훈련과정에서 정리하지 못했다는 점을 알게 되었다. 이러한 점들은 슈퍼비전에서 우연하게 밝혀졌다. Welfel(1992)은 이러한 연구 결과를 지지하였다. Welfel은 훈련생이 치료에서 경험한 윤리적 갈등을 확인하기 위한 평가와 관련하여 몇몇 미간행 연구들을 소개하였다. 슈퍼바이저는 윤리적 문제를 확인하는 것을 넘어서 더 나은 행동을 실천하는 모형이 되어야만 한다.

Berry(1990)의 설명을 기본으로 한 개념(Handelsman et al., 2002)은 현재 우리의 윤리 교육에서 위험 요소들을 설명하는 데 도움이 된다. 대학원 훈련과정에서 훈련생들이 내면의 변화를 일으켜 도덕적·윤리적 가치와 전통을 계속 유지하고 있는지, 그리고 전문 심리학의 윤리와 가치들을 어떻게 수용하는가를 질문하였다. Berry(1990)는 발달의 네 가지 범주(동화, 분리, 한계, 통합)를 제시하였다. 즉, 동화란 전문 심리학의 윤리를 수용하고 자신의 가치관을 버리는 것이고, 분리란 자신의 가치관을 유지하고 전문가의 규정과 가치관에 낮은 수준의 동일시하는 것이며, 한계란 발달되지 않은 도덕성과 낮은 전문적 윤리의식을 갖는 것이며, 통합이란 자신의 도덕적·윤리적 가치관을 갖고 전문적인 규정을 수용하는 것이다. Handelsman 등(2002)은 훈련생이 자신의 윤리적 정체감과 전문 심리학의 윤리적 정체감을 통합하지 않는다면, 후에 더 큰 윤리적 어려움에 직면하게 될 것이라고 제안하였다. 훈련생의 이러한 성장과정을 이해함으로써, 전문적 윤리 규정에 대한 전적인 신뢰를 경감시키기보다는 훈련생 자신의 윤리적 · 도덕적 원칙을 더 가치 있게 여기고, 격려하며 고무하는 것이 중요하다.

교육자는 HIV 양성 내담자, 상담료에 저항하는 내담자, 비자발적 내담자, 게이 및 레즈비언과의 치료에서 인턴의 윤리적 능력을 가장 낮게 평가하였고, 그밖에 비밀 보장은 가장 윤리적 능력이 높은 영역으로 평가하였다(슈퍼바이지의 자기보고식 평가와는 일치하지 않음, Fly et al., 1997). Welfel(1992)의 연구에 따르면, 교육자의 63%가 과거 몇 년 동안 인턴의 윤리적 능력에 개선을 보여 왔다고 밝혔다. 사례연구에서 윤리에 대해 더 자주 이야기하고 둘의 관계에 더 관심을 기울이면서 윤리 원칙을 임상에 더 적용할 수 있게 될 것이라고 제안하였다(Welfel, 1992). Plante(1995)는 원리와 전문적 주제를 적용하는 임상에서 박사 후 인턴이나 박사 후 연구원의 훈련을 위한 모형을 제안하였다.

더 적절한 훈련을 위해 치료나 슈퍼비전에서 안전한 환경을 유지하는 것이 필요하다(Rodolfa et al., 1994). 그런 환경은 성적 상처나 비난이 없이 완전하고 개방이 일어나는 것을 말한다.

역설적이게도, 치료자의 감정이 훈련과정에서 관찰되었다. Pope와 Tabachnick(1993)은 그들의 설문조사에서 두려움, 분노, 성적 긴장과 관련해서 대학원에서의 훈련을 부적절한 것으로 평가했다고 보고했다. 예를 들어, 내담자가 자살 가능성이 있을 때 혹은 내담자의 퇴행이나 위험한 내담자를 만날 때 두려움이 생기게 된다. 분노는 내담자에게 비협조적이게 한다. 응답자의 반 이상이 내담자가 보이는 성적 긴장을 느꼈다고 보고했다. 우리는 임상가들이 윤리적 딜레마에 대해 아는 만큼 실천하지 않는 이유로 훈련과 결정 과정에서 정서를 간과했기 때문이라고 주장하였다.

# 직무상 과실

슈퍼바이저의 책임과 과실에 대한 관심이 최근 증가하였다. 초점은 책임 혹은 대리 책임의 원칙이다. 이 용어는 "권위적 위치에 있는 사람이나 다른 사람을 관리하는 지도자(숙련자와 교육생, 고용주와 고용인, 슈퍼바이저와 슈퍼바이지)의 방임에 의해 문제가 발생하면 법적으로 책임을 져야 한다."(Disney & Stephens, 1994, p. 15)는 법률주의를 말한다. 따라서 심지어 인턴이 치료자로 내담자를 만날 때 슈퍼바이저의 잘못된 행동이나 간과로 나타난 과실이 행위 전에 있었다면, 이것은 방임이 된다(Behnke et al., 1998). 방임이나 의도적 잘못이라 일컫는 불법 행위는 법정 소송을 통해 재정적 책임을 지게 되기도 한다(Stromberg et al., 1988). 과실 소송은 '4D', 즉 손상이 일어나는 직접적 의무의 유기를 말한다. '4D'에서 증거 자료로 설명하는 것은 소송에서 이기기 위해서 필요하다(Behnke et al., 1998). 슈퍼비전을 수행하면서 슈퍼바이저가 실수하거나 훈련생의 불만을 무시해서 발생되는 상황도 책임져야 한다. 이런 문제를 피하기 위해 슈퍼바이저는 슈퍼바이지의 기술 수준을 알아야 한다(Harrar, VandeCreek, & Knapp, 1990).

1980년대에 Slovenko는 슈퍼바이저와 관련된 소송이 '미래 소송의 대부분'(p. 468)이 될지도 모른다고 예견했다. 치료자들에 대한 과실 보험이 지표가 된다면 이 예언은 타당성을 갖는다. 1990년에 APAIT의 자료를 보면 고소를 받은 치료자는 1%보다도 적었다(Bennett, Bryant, VandenBos, & Greenwood, 1990). 반면 Pope와 Tabachnick(1993)은 응답자들 중 11.6%는 적어도 한 번 이상 과실에 대해 불만을 호소하거나 고소당하는 경험이 있었다고 보고했다. M. Miller(2002)는 15년 동안 상담을 하면서 10~15%의 불리한 징계 사건이 있었다고 말했다. Montgomery와 Cupit 그리고 Wimberley(1999)는 이 보고서들의 차이에 대해 설명하였다. 보험 자료는 비보험자에 대한 자료로서 기각되거나, 취하하거나, 진정된 과실 소송은 포함하지 않고 있다. 게다가 과실 소송, 징계, 불만 사항들에 대해서 통계적 방법을 적용하는 데 차이가 있었다. Welch(2000)는 "과실에 대한 법정 소송과 자격에 대한 많은 불만은 치료자의 안녕을 위협하는 심각한 것"(p. xiv)이라고 언급하였다.

증거 자료에서의 차이를 명심하는 것은 중요하다. 예를 들어, 과실 소송에서 손해는 원고에게 배상해야 하는 책임이 있음을 확인할 수 있어야 한다. 괴로움을 주지 않는 잘못에 대해서는 자격관리 위원회에서 징계할 수 있다. 자격관리 위원회는 법정에서 하는 것보다 더 광범위한 범위의 자료(예: 이전의 소송, 판결, 사례)를 갖고 있다(N. D. Hansen & Goldberg, 1999).

슈퍼바이저에 대한 ACES의 윤리 원칙(Association for Counselor Education and Supervision, 1995)이 미국심리학회에서 수용되지 않더라도 슈퍼비전과 관련한 법적 절차에 직면한 치료자들은 법정의 반대 심문에서 관련 기준과 이 설명서들을 보게 될지 모른다. 치료자들이 이 기준을 적용하지 않는 합리적 이유가 있어야만 한다(Younggren, 2002 개인적 커뮤니케이션). 슈퍼비전의 관리 기준은 조직에서 사용하는 법, 원칙, 실행 기준에 의해 결정된다.

과실 소송의 수는 실패에서 적절한 슈퍼비전까지 증가하고 있다(Sherry, 1991). C. L. Guest와 Dooley(1999)는 슈퍼바이지에 의해서 제기되는 슈퍼바이저에 대한 과실 소송은 앞으로의 위기 관리를 위해 필요한 분야일지 모른다고 예언했다. 치료자-환자의 성적 위반은 과실 소송에서 재정적 손실의 주범이 되고 있으며(Pope & Vasquez, 1998), 앞으로 과실 보험 보상으로부터 제외될 것이라고 하였다.

Bennett 등(1990)은 과실의 네 가지 기준을 설명했다.

1. 치료자와 내담자 사이에는 전문적 관계가 형성된다. 단, 실행자는 관리에 대한 법적 의무를 져야 한다.
2. 관리에 대해 **명백한** 기준이 있고 실행자는 그 기준을 위반한다. 그/그녀는 '관리의 기준에 못 미친' 실행을 했다고 말한다.
3. 내담자는 손상, 손해라고 설명되고 성립될 수 있는 피해를 입는다.
4. 관리의 범위 내에서 실행한 실행자의 의무 위반은 내담자의 손상에 직접적 원인이었다. 다시 말해, 손상은 미리 예측할 수 있는 위반이었다(p. 35. 진한 서체는 원문에서 강조).

C. L. Guest와 Dooley(1999)는 슈퍼비전에서 이런 개념을 재정의했다. 첫 번째 기준은 슈퍼바이저와 슈퍼바이지가 계약을 통해 법적 관계가 확립되었음을 설명하고 있다. 그들은 전이, 역전이, 힘, 의존성, 이중 관계와 고정관념이 슈퍼비전 관계와 내담자-치료자 관계에서의 윤리 주제라고 결론 지은 Kurpius 등(1991)의 연구를 인용하였다. 두 번째 기준인 관리는 ACES를 포함한 슈퍼비전에 대한 윤리 규정들로서 C. L. Guest와 Dooley(1999)가 언급하였다. 관리 기준의 위반은 정해진 기준에서 일탈일 수 있다. 세 번째 기준은 슈퍼바이지의 능력, 이중 관계, 경계를 위반한 과도한 확장을 말한다. 마지막으로 네 번째 기준은 슈퍼바이저가 손상의 직접적 원인을 제공했음을 합리적으로 입증할 수 있어야 한다는 것이다(Bennett et al., 1990; C. L. Guest & Dooley, 1999).

Disney와 Stephens(1994)는 슈퍼비전의 과실에 대한 사례를 통해 슈퍼바이지가 주장한 방임에 슈퍼바이저가 관련이 되어 있는지 여부를 결정하는 데 도움이 되는 요소들을 다음과 같이 제시하였다.

- 슈퍼바이지를 통제하는 슈퍼바이저의 힘[예: 행정적 관리(권위)에 기초하여 슈퍼바이지를 통제하는 능력 또는 하게 되는 것이 무엇인지를 아는 능력]
- 행동을 실행하는 슈퍼바이지의 의무(예: 행동 실행의 실패, 같은 상황에서 합리적 슈퍼바이저라고 가정하는 방법으로 실행하는 것의 실패)
- 행동 시간, 장소, 목적(예: 공식적 슈퍼비전 기간 동안 혹은 관계 맺는 과정에서)
- 실행을 하는 슈퍼바이지의 동기(예: 이익 혹은 위법 행위)
- 슈퍼바이지가 그 행동에 동의하는 것을 슈퍼바이저가 기대할 수 있는 것인가(pp. 15-16)

다섯 가지 요소는 행동의 결과로 일어난 손상인지를 판별하는 것과 관련이 있다. 고려해야 할 점은 슈퍼비전에서 관리 기준과 같은 합리적이고 전문적인 행동이 무엇인지를 판별하는 것이다(Falvey, 2002).

과실에 대한 또 다른 고려사항은 슈퍼비전 밖으로 슈퍼바이저의 책임을 확대하는 것이다. 여기서 책임은 정기적으로 슈퍼비전을 하는 것과 치료에서 일어나는 것에 대해 인식하는 것 그리고 슈퍼비전을 적절하게 하기 위해 준비하는 것을 말한다(이 장의 '슈퍼비전의 역량' 절 참조). 특히 슈퍼바이지와 성적 관계를 맺은 슈퍼바이저는 둘의 관계가 끝난 후 긍정적 피드백보다는 좋지 못한 평가를 받게 되면 슈퍼바이지는 슈퍼비전이 부적절했다고 느끼거나 불공평하게 느끼거나 학대받았다고 느끼기 때문에 대리 책임 혹은 직접적 책임에 취약해진다(Slimp & Burian, 1994).

특별히 몇몇 위기 관리 전문가는 제3자의 사례에서 슈퍼바이저가 적어도 한 번은 내담자와 면대면 접촉을 할 것을 주장한다. Comier와 Bernard(1982)는 슈퍼바이저와 만날 기회가 있거나 슈퍼비전에 대해 배울 기회가 있는 내담자는 슈퍼바이저에게 더 직접적으로 정보를 제공하고, 필요한 슈퍼비전의 수준을 줄 수 있을 것이라고 제안하였다. 이러한 방식은 내담자가 만족하지 못하거나 문제가 있는 경우 소통의 채널이 되기도 한다. 슈퍼바이저는 슈퍼바이지가 특정 내담자를 어려워한다는 점을 알게 되면 슈퍼비전의 양을 늘리거나, 어려움에 대처할 수 있는 전략들을 가르쳐야 한다. 치료의 목적이 내담자의 안전을 보고하고, 해를 끼치지 않게 하기 위한 것임을 기억하는 것은 중요하다.

법률 용어인 '차용한 고용인' 법칙은 지역사회 정신건강센터와 대학에서 학생을 가르치는 상황과 관련이 있다. 슈퍼비전의 책임은 대학과 다른 세팅이 함께 공유해야 하는 것인지도 모른다. Saccuzzo(2002)는 대학이 일반적 고용주로 여겨지게 될 것이라고 설명하였다. 방임이 발생한다면, 그 일은 고용주가 슈퍼바이지를 통제할지를 결정하기 위한 것이다. Saccuzzo(2002)는 그런 동의가 존재하지 않는다면, 대학은 일반적 고용주로서 책임을 지게 될 것이다. 훈련 기관과 훈련 배치 사이의 관계를 명확히 하는 것은 매우 중요한 일이다.

Montgomery 등(1999)은 슈퍼비전의 책임과 관련한 발견은 매우 중요하다고 보고했는데, 이는 그들 조사의 응답자들이 과실 책임에 대한 잠재적 원인으로 잘못된 진단과 방임적 슈퍼비전이 있음을 인식하지 못했기 때문이다. 사실 가장 많이 보고된 불만(20% 이상)은 슈퍼바이지와 슈퍼바이저 사이의 관계와 내담자와 슈퍼바이지의 실행과 같은 슈퍼비전의 주제를 다루는 자격과 관련된 분야였다. 응답자들은 내담자와의 잘못된 성적 관계, 상처를 받게 된다는 경고의 실패, 아동 보호 결정, 아동의 자살에 대한 과실 책임들을 가장 위험한 범주로 인식했다. 응답자의 70% 이상이 주자격위원회에 반대하는 입장에 있는 동료를 알고 있을지라도, 단 14%만이 실제로 스스로 두려움을 갖고 있었다.

아동 정신역동과 정신분석 훈련에서 잘 파악할 수 있는 능력과 관련된 사례는 앨몬트 대 뉴욕의과대학(*Almounte v. New York Medical college*, 1994)의 판례다. 코네티컷의 지방법원은 슈퍼바이저가 손상을 예측할 수 있다면 슈퍼바이지의 내담자에게도 책임을 져야 한다는 점을 알렸다. 이 사례에서 레지던트는 소아성애증(법정은 소아성애자 상태로 만들려고 한다고 해석. 그는 그런 판타지를 갖고 있었다)이 있는 자신의 정신병을 알렸고, 아동 정신병 실습을 계획하고 있음을 알렸다. 학교 교육자이면서 정신분석자는 레지던트가 분석을 성공적으로 마치지 않았다는 점과 졸업을 위해 필요한 과정을 이수하지 않았거나 실제 아동에게 해가 되는 행위를 막을 준비가 되어 있지 않음을 학교에 알릴 책임이 있음을 발견하게 되었다. 이 단계에서는 레지던트의 개방에 대해 비밀 보장과 관련한 약속 없이도 알릴 수 있었다(Falvely, 2002; *Garamella v. New York Medical College*, 1998; Jury finds, October 9, 1998).

Disney와 Stephens(1994)는 슈퍼바이지와 내담자 사이에 다른 비윤리적 경계를 넘거나 성적 관계를 증언하는 과실 범죄의 수가 증가하고 있다고 설명하였다. 그들은 서면으로 각 슈퍼바이지에게 그런 행동의 과정과 법적·윤리적 기준에 대해 알리는 공식적 절차가 필요하다고 주장하였다. 이러한 설명에 대해 슈퍼바이지가 이해하면 사인을 받아야만 한다. 사례의 검토, 치료 계획, 목표에 대한 검토가 각 내담자들과의 진행과정에서 실행되어야만 한다. 슈퍼바이지가 전문적인 윤리 기준을 지킴으로써, 이러한 윤리가 최소한 지켜야 하는 실행의 기준이 된다. Harrar 등(1990)에 의해 인용된 앤드류 대 미국(*Andrew v. United States*, 1982)의 판례는 간호사가 환자와 성적 관계가 있었다는 점을 정확하게 조사하지 않은 의사(슈퍼바이저)의 예가 된다. 조사나 기록을 통해 슈퍼바이저는 환자가 말하지 않은 것까지 책임을 져야 한다. 슈퍼비전이 더 좋았다면 관계는 종결하면서 정서적 손상은 막았을 것이다(Bray, Falvey, 2002 인용).

C. L. Guest와 Dooley(1999)는 책임에 대한 위협에 의해 현재의 슈퍼바이저가 슈퍼비전과 멀어지는 것에 대한 우려를 표현했다. 그들은 한 사람의 실행에서 사용되었던 위기 관리 절차가 슈퍼비전에서 사용될 것을 주장했다. 정직함, 진솔함 및 책임감을 가지고 삶을 사는 것과 마찬가지로 슈퍼비전의 목적을 통해, 특히 이중 관계, 역량, 책임, 계약서에 관심을 가질 것을 주장했다.

# 알릴 의무와 보호의 의무

궁극적으로 슈퍼바이저는 사례를 알릴 의무과 관련된 진단과 치료에 대한 모든 책임을 져야 한다. 슈퍼바이저가 이런 단계들을 문서로 작성하는 것은 중요하다. 슈퍼바이저가 알리는 것과 보호의 의무에 대한 개념, 실습 상황에 대한 비밀 보장, 권리를 이해하는 것은 중요하다. 슈퍼바이저는 어떤 상황에서는 알릴 의무를 갖게 됨으로써 비밀 유지의 위반이 요구되는 반면, 비밀 유지를 지켜야 하는 어떤 것은 마음속에만 간직해야 한다(Herlihy & Sheeley, 1988).

태라소프 대 캘리포니아 대학교 리젠트(*Tarasoff v. Regents of University of California*, 1976) 판례는 알릴 의무를 확립하는 데 중요한 역할을 했다. 태라소프 사례는 내담자에게 알리고 내담자를 보호해야 하는 단계를 이행하지 않는 것에 대해 치료자와 함께 슈퍼바이저도 책임이 있음을 말해 준다. 원고측 변호사는 병원의 슈퍼바이저가 환자(Poddar)를 직접 조사하면서 그가 그 자신과 다른 사람에게 위험하지 않다고 결정하면서 보이지 않는 상황에서 그런 행동이 일어나지 않았을 것이라는 점을 후에 알게 되었다(Slovenko, 1980). 그러나 그는 자료 조사와 같은 단계를 거치지 않았고, 직원의 의료 기록에도 무관심했다. 치료자가 의무를 다한다는 것은 특정 가치관이 특정 상황과 관련되어 있음을 알고, 답하기 곤란한 문제에 가치관을 신중하게 적용하는 것이다(Behnke et al., 1998).

훈련생은 희생이 있을 수 있다는 점을 '반영'(p. 345)하거나 미리 예측하는 등 보호의 의무가 있음을 이해하는 것이 중요하다(Vandecreek & Knapp, 2001). 태 라소프의 사례에서, 슈퍼바이지는 저항하다 겪게 된 신체적 폭력의 위협(의도를 가지고 위협하는 능력)에 대해 이야기를 들어야만 했다(Behnke et al., 1998). 헤들 런드 대 오렌지카운티 고등법원(*Hedlund v. The superior Court of Orange Courty*, 1983) 판례는 위험에 있는 어떤 사람—즉, 이 사례에서는 아동—에 대 해 알려야 했다. 법정의 폐쇄된 공간에 있는 사람인 어머니가 공격을 한다면 아 동은 상처를 입게 될지도 모른다고 규정하였다.

슈퍼바이지가 잠재된 위험을 인식할 수 있어야 한다는 점에서 초보 훈련생 에게는 이러한 단계를 이행해야 할 책임이 있다는 점이 위험 요소가 될 수 있 다. 슈퍼바이지가 그런 어려운 상황에서 치료를 할 때 슈퍼바이저는 가까이에 서 모니터링하는 것이 필수다. 슈퍼바이지가 확인한 특정 행동들 속에 전체 과 정이 내재되어 있다는 점을 기억하는 것은 중요하다. 태라소프의 사례의 한 단 면을 이해하면 '알릴 의무, 보호할 의무, 예측할 수 있는 의무'(Behnke et al., 1998, p. 21)가 있다는 것이다. 내담자에 대한 행동 단계를 세우고 경찰에게 희 생이 발생할 수 있는 위협에 대해 소통하기 위해 노력하는 것은 의무를 다하는 일이다.

자블론스키 대 미국(*Jablonski v. United States*, 1983) 판례에서는 내담자의 잠 재적 폭력에 대해 인터뷰를 하지 않고 과거 의료 기록을 받지 않아 문제가 발생 하였다. 이 사례는 고위험의 임상 상황에서 전문가들의 의사소통의 단면을 보여 주었다. 펙 대 애디슨카운티 상담 서비스(*Peck v. Counseling Services of Addison County*, 1985) 판례는 내담자가 부모의 차고를 태워 없앨 것이라 위협한 내용을 심각하게 여기지 않았고, 슈퍼바이저와 사례 계획을 하지 않았으며, 문제시하지 않았다. 이 상담센터는 내담자가 위험할 때를 대비해 문서화된 정책도 절차도 없이 태만했음이 드러났다. 상담자 또한 내담자의 과거에 대해 탐색을 소홀히 했고, 슈퍼바이저에게 자문을 구하지 않고 의료 기록을 알아보지 않은 상담자의 태만이 드러났다(Harrar et al., 1990).

다양한 자료를 통해 얻게 된 이 단계들(Herlihy & Sheeley, 1988; VandeCreek & Knapp, 2001)은 알릴 의무와 보호할 위무가 있는 상황을 훈련생에게 소개하는 단계로 적용할 수 있다. 이 단계에서는 치료 횟수를 늘리거나 다른 처방을 추가하거나 바꾸고 다른 사람에게 의뢰하거나 치명적인 도구로 내담자가 접근하지 못하도록 계획을 세우는 것이 필요하며, 공격성을 다루거나, 내담자를 강제 입원시키거나, 경찰에 신고하거나, 동료의 자문을 구하거나, 슈퍼바이저와 슈퍼바이지가 한 모든 행동을 기록한다. Chenneville(2000)은 HIV의 사례에서 보호의 의무를 다루는 원칙들을 소개하였다.

치료자의 절반 정도가 내담자에 의해 상담 중에 위험한 상황이나 신체적 공격이나 시달리는 경험이 있었던 것으로 나타남에 따라(Guy, Brown, & Poelstra, 1992), 더 큰 위험에 처하게 될 수 있는 5년 미만의 경력을 가진 치료자와 슈퍼바이지에게 위험을 평가할 수 있는 기법(Rosenberg, 1999)과 폭력적인 내담자를 다루는 방법(J. C. Beck, 1987; Borum, 1996; Tishler, Gordon, & Landry-Meyer, 2000)을 알려 주어야 한다. 이수 교육과정에서 간과하고 있는 두 영역에 대해 배울 필요가 있다(Bongar & Harmatz, 1991). 즉, 자살 위험도를 평가하는 영역(Kleespies, Penk, & Forsyth, 1993)과 폭력성이 잠재된 내담자를 치료할 때의 원칙들을 배울 필요가 있다(Vande Creek & Knapp, 1993).

이수과정에서 분노, 두려움, 성적 각성들을 다루는 것이 부적절한 것으로 여겨졌을때는 스트레스가 증가하고 잠재적 소진이 일어나도 관심 밖의 영역이 되었다. 특히 자살을 호소하는 내담자에 대한 두려움, 내담자가 더 나쁠 수도 있다는 두려움, 비협조적 내담자에 대한 분노, 내담자가 제3자를 공격할 것이라는 두려움은 너무 심각해서 Pope와 Tabachnick(1993)의 연구의 응답자 중 치료자의 반 이상이 먹는 것, 자는 것 그리고 취미생활에 영향을 받았다고 보고했다.

Kleespies 등(1993)은 훈련생의 40%가 훈련 기간 동안 내담자의 자살 또는 자살시도를 경험했다고 보고했다. 그 여파 이후에 대처하는 것은 과도한 스트레스와 트라우마가 될 수 있으며 그 일이 훈련 중에 일어났기에 더 클 수 있다(Kleespies et al., 1993). 다른 위기 상황과 마찬가지로 이런 상황에 대한 준비가 필요하다. 준비는 글이나 실제 사례를 제시하고, 집단별로 문제를 해결해 보고, 연습하는 형태로 이루어진다. Kleespies와 Dettmer(2000)는 자살이 일어났던 사례의 사후 검토과정과 훈련생의 결과 보고에서의 방어적 슈퍼비전에 대하여 언급하였다. 그런 단계는 법적 절차를 겪게 되는 것에 대한 두려움을 준비하게 할 수 있다. Kleespies와 Dettmer(2000)는 그런 사건의 결과로 일어나는 일들에 대해 배우고 도움받을 필요가 있음을 주장하였다.

코헨 대 뉴욕주(*Cohen v. State of New York*, 1975) 판례에서는 정신과 1년차 레지던트가 자살 가능성을 글로 암시한 내담자를 돌려보냈다. 내담자는 그날 자살하였다. 법정은 슈퍼바이저가 없는(슈퍼비전을 받지 않은) 레지던트는 치료 기술과 판단력이 부족할 수 있으며, 그의 능력을 넘어서는 일이라고 보았다. 그렇기 때문에 그 치료자의 결정은 슈퍼바이저에 의해서 검토되고 변경되는 것이 필요하다(Moline, Williams, & Austin, 1998).


# 문서 작성


Harrar 등(1990)은 "치료의 내용을 문서로 작성해 치료자가 내담자에 대한 기록을 보관하는 것과 마찬가지로, 슈퍼바이저는 슈퍼비전의 상황을 문서로 작성하는 것이 필요하다."(p. 38)고 언급하였다. 그리고 Falvey(2002)는 "슈퍼비전에서 문서 작성은 더 이상 선택이 아니다."(p. 117)라고 언급하였다. 문서 작성을 하는 것은 전문가로서의 의무이며, 위기를 관리할 수 있는 전략이 된다. 슈퍼바이지에 대한 문서는 슈퍼비전 계약서, 슈퍼바이지의 지원 서류(또는 간략한 소개, 이력서), 치료에 대한 평가, 관찰 일지 등을 말한다. 슈퍼비전 일지는 각 슈퍼비전의 자료, 슈퍼비전을 언제 했는지, 주요 이슈와 문제, 슈퍼바이지에게 지시한 내용이나 다음 치료 방향, 진단이나 치료 계획에 대한 변경, 사례 진행에 대한 논의, 문제 해결에 관련된 윤리적 · 법적 혹은 위기 관리에 대한 세부사항, 이전의 중재에 대한 추후 보고, 슈퍼비전이나 슈퍼바이지의 문제와 해결에 대한 세부사항 그리고 슈퍼비전의 주요한 지점에 대한 내용들을 기록한다. 과거 혹은 현재의 의료 기록, 오디오테이프, 비디오테이프 및 평가 보고서들이 재검토된 다면, 이 요소들은 슈퍼바이저가 작성하는 추천서에 기록될 것이다(Bernstein & Hartsell, 1998; Bridge & Bascue, 1990). 슈퍼바이지에 대한 의뢰서나 추천서처럼 종결에 대한 상황을 문서로 간략하게 작성해야 한다(Falvey, 2002).

진행 기록과 마찬가지로, 슈퍼비전 기록은 객관적이며, 판단적이지 않고, 비난하지 않으며, 명확하고, 일관성 있게 기록되어야 한다(Stomberg et al., 1988). Falvey(2002)는 임상 기록은 개인의 특정 상황에서 필요한 것으로 가능한 한 오래(5~30년) 보관해야 한다고 보고했다. APA는 기록 보관에 대한 원칙에서 내담자와 만난 후 최소 3년은 기록을 보존할 것을 제안하였다. 기록이나 혹은 요약본은 처분하기 전까지 12년을 더 보관할 것을 제안하였다.

## 추천서

윤리적·법적 문제는 추천서를 작성할 때에도 발생할 수 있다. 그런 문서들은 영향력이 있으며, 인턴을 선택할 때 가장 중요한 기준이 되기도 한다(Grote, Robiner, & Haut, 2001). 그런 추천서를 부탁한 학생은 추천서를 작성하는 사람이 내용을 설명하기 전에는 추천서를 읽지 않겠다는 점에 동의한다. 몇몇 상담소나 교육기관은 근무 기관의 확인을 위해 작성하는 설명에 추천서를 쓰는 것을 거절하기도 하는데, 이는 법적으로 책임져야 할 위험이 있기 때문이다. 대부분의 추천서가 과장되고 비현실적으로 작성되기 때문에 균형 있고 상세하게 기술한 편지는 부정적으로 보일 수도 있다(R. K. Miller & Van Rybroek, 1988). 심지어 추천서가 전반적으로 긍정적 내용이었을지라도 부정적 평가 내용을 포함하고 있다면 후보자에서 탈락할 가능성이 있다(Koocher & Keith-Spiegel, 1998). 대부분의 추천서가 '과장된 편지'(Range, Menyhert, Walsh, Hardin, Craddick, & Ellis, 1991, p. 390)인 성장과 긍정적 면만을 쓰고 있기 때문에 이러한 경향이 생기게 된다. 사실 한 연구에서 슈퍼바이저들(53%)은 자신들의 편견이 들어 있는 추천서를 쓰고 있다고 믿었다. 응답자의 5%만이 슈퍼바이저의 추천서가 편견 없이 쓰였다고 믿었다(Robiner, Saltzman, Hoberman, Semrud-Clikeman, & Schirvar, 1997).

윤리적 추천서가 되려면 약점과 고려해야 할 사항들과 같이 추천서에 기록할 내용들을 논의한 후 작성해야 한다. 슈퍼바이저는 동료나 기관에 정확한 정보를 줄 때 윤리적 갈등을 겪게 된다. 추천서를 작성하는 사람이 부정적이거나 위험한 사실을 개방하지 않았을 때 난처한 상황에 처하게 될 수도 있다. 실제로 Grote 등(2001)은 응답자(64%와 78% 응답율)의 절반 정도(46.5%)가 알코올 중독이나 약물 중독이 있는 학생들의 추천서를 쓰는 것을 거절할 것이라고 답했다고 보고하였다. 반면 '소수의' 응답자는 추천서에 약물 남용 문제와 알코올 남용 문제는 모두 쓰지 않을 것이라고 응답한 결과를 소개하였다(p. 685). 그들은 또한 응답자의 대부분이 지원자의 불안이나 우울(43.2%), 학습 동기(14.1%), 대인 관계 문제(13.2%)에 대해서도 기록하지 않을 것이라고 보고하였다.

R. K. Miller와 Van Rybroek(1988)는 추천서에 포함해야 할 내용에 대한 가이드라인을 소개하였다. 이 요소들은 추천서에 바람직한 특성들을 과장해서 쓰는 것에 대해 경고하고 있다. 또한 특정 기술, 경험, 수행, 특성에서의 강점과 약점을 강조하는 것을 피하려는 의도에 대해서도 경고하고 있다. 추천서에는 다른 사람들보다 이 지원자가 선택되어야 하는 이유와 예를 쓰고, 지원자에게 가장 도움이 되었던 인턴 경험에 대해 소개하는 것을 담는다. Grote 등(2001)은 이분법적인 예/아니요 응답보다는 리커트 척도를 사용할 것을 제안하였다. 그들은 모든 추천서에서 완벽한 후보자는 없음을 인정할 것을 제안하였다. 또한 "추천서에는 인턴 기간에 지원자가 했던 일 중에서 개인적으로 성장한 영역과 전문가로서 성장한 영역을 상세히 기술할 것"(p. 659-660)을 제안하였다. 우리는 슈퍼바이지가 경험한 내용을 기준에 맞추어 상세하게 기록할 것을 제안한다. 또한 Grote가 언급한 추천서의 기준에 맞추어 슈퍼바이지와 사람들과의 관계(예: 슈퍼바이저, 교육자)를 기록할 것을 주장하며, 또한 관계의 내용을 기록할 것과 치료에서 슈퍼바이지의 태도와 기술을 논의할 것을 강력하게 제안한다. 슈퍼비전

을 받았던 것에 대해서도 분명하게 기록할 것을 제안한다. 슈퍼바이지에 대해 긍정적으로 쓸 수 없다면 이 부분은 슈퍼비전에서 다루어져야 할 것이다.

치료자에 대한 APA의 윤리 원칙과 법 규정 C에서 처럼, "치료자는 심리학의 실천과 교육에서 신뢰성, 정직성 및 정확성을 추구해야 한다."(American Psychological Association, 2002, p. 4). 같은 문서 7.06 (b)항에서는 "치료자는 학생과 슈퍼바이지가 실제로 실행한 것과 이수한 프로그램을 평가해야 한다."(American Psychological Association, 2002a)라고 소개하고 있다.

# 위기 관리

슈퍼비전의 위기 관리의 핵심 요소들을 여기서 간략하게 소개한다. 진행을 문서화하고 계약서, 자격증, 비밀 유지, 따라야 할 절차, 알릴 의무 그리고 단계적 접근들을 따르는 것은 위기를 예방할 수 있게 한다. 합법적이고 상식적인 선에서 합리적 슈퍼바이저가 해야 하는 것을 할 필요가 있다. 윤리적 문제 해결 모형은 적절한 행동을 결정할 수 있는 틀을 제안한다. 여기서 동료와 자문을 하는 단계는 특히 중요하다. Harris(2002)는 '최악의 사례를 생각하는 것' 혹은 최악의 결과를 예상하는 것을 소개하였다. 이 기법은 불확실성이 높거나 위기 회기에 대해 훈련생들이 준비를 할 수 있게 한다.

## 역량

윤리와 법과 관련되어 슈퍼바이저에게 필요한 역량은 다음과 같다.

- 모든 임상 실습과 슈퍼비전에서 역량의 범위 내에서 슈퍼바이저가 기능하는 것이다.
- 슈퍼바이저가 전문가의 윤리를 알고 훈련하며 그들 스스로 그런 행동 모델이 된다.
- 이 역량은 경계를 정확히 하게 하는 것과 더불어 윤리와 관련된 모든 영역을 포함한다.
- 슈퍼바이저는 정신건강 훈련에 대한 규정과 법률 지식이 있어야 하며, 스스로 그것을 따라야 한다. 그들은 필요할 때 자문을 구할 수도 있어야 한다.
- 슈퍼바이저는 슈퍼바이지와 목표를 정하고 계약서를 작성하여 진행의 모든 부분을 문서화하고 평가하며 피드백을 제공하면서 이러한 내용을 훈련에 적용해야 한다.

# 제8장 슈퍼비전의 평가

　심리치료 훈련 프로그램에서 피드백과 평가는 중요하지만 가장 어려운 영역이다. 평가는 '대부분의 슈퍼바이저들에게 약점'(Cormier & Bernard, 1982, p. 490)으로 여겨졌다. 역설적이게도 심리학자로서 연구와 방법론, 심리 진단과 평가에 대한 훈련을 자랑스럽게 여기고 있지만, 학생들의 평가에 대해서는 부족한 듯하다.

　이 장에서는 평가 절차를 소개하고자 한다. 먼저 심리학 훈련에서 평가의 역할을 현재의 기술 수준과 미래의 관점에서 논의한다. 이때 평가자로서의 치료자를 정의하고, 평가의 유형들을 설명한다. 특히 평가의 질적인 부분과 양적인 부분, 평가의 초점에 대해 집중적으로 설명한다. 즉, 내담자와 슈퍼바이지(치료자) 관계에서 내담자의 상호작용에 대한 평가 그리고 내담자, 슈퍼바이지(치료자) 및 슈퍼바이저 관계에서 내담자의 상호작용에 대한 평가는 관찰, 과정의 평가, 내담자-성과 측정을 통해 이루어진다. 다음으로 다양한 평가의 방법에 대해 소개한다. 평가의 틀을 갖춘 총괄평가와 형성평가의 차이를 역량에 기초한 발달의 단계에 적용하여 설명한다. 이때 슈퍼바이저 평가에 대한 대안으로 360도 평가를 제안하며, 슈퍼바이지의 만족도와 평가에 영향을 미치는 요소들을 논의한다. 평가에서 윤리는 중요한 주제가 된다. 심리학 훈련에서 자격 기준과 자격증을 취득하기 위한 과정을 간략하게 설명한다. 마지막으로 평가과정, 교정, 법 규정에 대한 소개, 자격 정지와 예방의 단계들을 통해 문제가 되는 행동을 하는 슈퍼바이지를 다루는 방법을 검토한다. 이러한 과정에서 문제가 되는 슈퍼바이저나 프로그램에 대한 평가에 관심을 가졌으며, 최근 슈퍼비전 내에서도 이런 요소들에 관심을 기울이고 있다.

# 평가에 어려움을 겪는 이유

평가에서 문제가 발생하는 이유는 다양하다. 첫째, 슈퍼비전에서 지지적 관계를 형성하는 것과 부정적 피드백을 하는 것은 불일치한다. 여기서 문제가 되는 것은 피드백이 관계를 약화시키거나(Hahn & Molnar, 1991) 또는 피드백에 의해 관계가 깨질지도 모른다고 믿는 것이다. Ladany와 Ellis 등(1999)은 평가가 작업동맹과 슈퍼비전의 성과를 조절할 수 있다고 제안하였는데, 예를 들어 훈련생이 두려움 때문에 개인 정보를 개방하지 않으면 훈련생에 대한 평가에 좋지 않은 영향을 미치게 될 것이라는 점이다. 하지만 효과적 평가는 동맹 관계를 강화시키고 촉진시킨다(Lehrman-Waterman & Ladany, 2001). 가장 좋은 평가는 긍정적인 것이라 여기기 때문에(Robiner, Saltzman, Hoberman, Semrud-Clikeman et al., 1997), 부정적 평가를 하는 것은 더 어려운 일이 될 수 있다.

둘째, 훈련을 평가하는 것에 대한 오해다. 즉, 평가를 효과적 학습과정의 일부로, 그리고 문제행동을 다루고 사례의 일부분을 교정하기 위한 방법으로 생각해야 함에도 불구하고 벌을 받는 것처럼 느끼거나 꺼림직한 일로 여기는 경향이다. 제2장에서 제시한 다양한 연구들은 슈퍼바이지의 바람직한 특성으로서 평가와 피드백을 잘 받아들이는 것이라고 보고했다(Gandolfo & Broen, 1987; Henderson et al., 1999; Leddick & Dye, 1987; C. D. Miller & Oetting, 1966;

Nerdrum & Ronnestad, 2002). 그러나 슈퍼비전에서 공식적 평가와 형식이 없는 부가적 평가들의 차이는 복잡하다.

셋째, 평가는 양방향이라기보다는 슈퍼바이저에게서 슈퍼바이지에게로 일방적으로 이루어져 왔다. 그러나 슈퍼바이지의 만족도에서 슈퍼바이지의 평가를 고려하는 것은 중요하다. 이런 평가는 슈퍼바이저의 실행과 효과성에 대해 피드백을 제공하며, 잠재적으로 더 나은 슈퍼비전을 하게 할 것이다.

넷째, Robiner 등(1993)은 평가를 피하고, 스스로에게 관대하며, 과장된 평가를 하는 이유들을 간략하게 소개하였다. 그들은 기준과 역량의 정의에 대한 명확함의 부족을 포함하여 정의와 측정 이슈들을 기술하였다. 책임감에 대한 걱정, 제도의 비난에 대한 걱정, 프로그램에 대한 걱정, 교육 평가에 대한 걱정과 같은 법적·행정적 이슈들, 라포가 깨지는 것에 대한 걱정, 훈련생이 직업적으로 손상받는 것에 대한 걱정을 포함한 대인관계적 이슈들 그리고 자신의 일에 대한 감독을 피하기를 바라는 것, 손실을 피하거나 손실이 없기를 바라는 것, 노력에 드는 에너지와 시간의 투자를 피하는 것 그리고 부적절한 낙천주의를 회피하는 것과 같은 슈퍼바이저 이슈들이다. Norcross와 Stevenson 그리고 Nash (1986)는 직원의 저항과 이론적 배경의 차이보다는 시간을 할애하기 어렵고, 평가 인력이 부족하며, 측정 방법이 부적절한 것과 같은 평가의 문제점들을 초기에 발견하지 못했기 때문이라고 제시하였다. 대부분의 전통적 평가들은 단일 측정(Newman & Scott, 1988)이거나 슈퍼바이저의 보고만으로 이루어졌고, 가끔은 지나치게 포괄적이었다(Hahn & Molnar, 1991). 치료에 대해 관찰하지 않고 비디오테이프 검토나 360도 절차를 사용하면 평가의 타당성이 문제가 될 수 있다. 즉, 부분적 자료만을 근거로 피드백을 하면 불안정한 평가를 하게 된다. 대부분 슈퍼비전에 대해 공식적인 훈련을 받은 슈퍼바이저는 거의 없었지만, 자신들은 '부족한' 인턴과 작업할 적절한 준비가 되어 있다고 느끼고 있었다 (Robiner, Saltzman, Hoberman, & Schirvar, 1997).

마지막으로 슈퍼바이저의 판단자적 역할에 대해 슈퍼바이지가 프로그램을 철회하거나 계획을 고정하도록 분위기를 유도하게 되면서 슈퍼바이저에 대한 심판자의 역할이 추가된다(Olkin & Gaughen, 1991).

평가가 슈퍼비전에서 중요한 영역임은 틀림없다. 이를 확인하기 위해 APA의 심리학 인증 프로그램의 원칙과 가이드라인을 살펴볼 필요가 있다(American Psychological Association, Committee on Accreditation, 2002e).

> 입회 시에 인턴에게 프로그램의 요건과 인턴의 수행에 대한 기대, 프로그램의 지속과 종결의 원칙과 절차를 문서로 작성하여 제시한다. 인턴은 요건과 기대에 어느 정도 달성했는지를 작성한 피드백을 받는다. 피드백은 심리학적 평가, 개입 및 계획의 영역에서 지식, 기술 역량에 대한 인턴의 수행 정도를 소개해야 한다. 그런 피드백은 다음과 같은 것들을 포함해야만 한다.
>
> 논의할 기회를 갖도록 모든 문제를 기록, 문제를 해결하기 위한 단계와 관련된 원칙 그리고 문제가 되는 영역을 다루는 데 실패했거나 성공적이었던 행동에 대한 피드백을 기록

이 점에서 더 나은 확인은 치료자에 대한 APA의 윤리 원칙과 법 규정 7.0항의 '학생과 슈퍼바이지의 실행평가'에 명시되어 있다(American Psychologial Association, 2002a).

> (a) 대학과 슈퍼비전에서 슈퍼바이저는 학생과 슈퍼바이지들에게 피드백을 하기 위해 정확하고 분명한 절차가 있어야 한다. 진행과 관련한 정보는 슈퍼비전을 시작할 때 학생들에게 받는다.
> (b) 슈퍼바이저는 프로그램의 요건과 실제 수행 정도에 근거해서 슈퍼바이지와 학생들을 평가한다.

심리학 훈련에서 평가와 피드백 그리고 실행의 기대와 관련한 훈련 기준이 필요하다는 점은 의심의 여지가 없다. 그러나 슈퍼바이저의 역량과 실제 실행 사이에는 분명한 차이가 있음이 자료들을 통해 드러났다.

# 최신 동향

내담자의 평가에 필요한 것과 마찬가지로, 슈퍼바이지와 동료 평가는 방법론 상의 엄격함을 기대하는 것이 당연하나 실제로 엄격하게 이루어지지는 않았다. Scofield와 Yoxtheimer(1983)는 평가 도구의 심리측정 속성을 검토하는 과정에 서 측정 자료의 신뢰도와 타당도가 낮다고 결론지었다. 자주 평가되는 영역은 대인관계 역량으로 공감, 숙달, 대인관계에서의 비언어적 반응 그리고 치료적 성과와 관련한 부분이었다. Ponterotto와 Furlong(1985)은 '측정 자료보다 관 행에 기초하여'(p. 614) 척도를 사용하고 있다고 하면서 치료자의 역량을 평가 하는 데 사용하는 평가척도에 대한 연구를 제안하였다. 다소의 편향이 영향을 미치는 것으로 여겨졌다. 평가에서 나타난 편향은 관대함(보다 더 긍정적인 점수 를 주는), 중심 경향(보다 더 평균적인 왜곡된 점수를 주는 경향), 경직성(예상했던 것보다 더 부정적 점수를 주는; Robiner, Saltzman, Hoberman, Semrud-Clikeman et al., 1997)으로 나타났다. Robiner, Saltzman, Hoberman, Semrud-Clikeman 등(1997)은 62명의 슈퍼바이저들을 대상으로 한 조사에서 58%는 평가에서의 관대함이나 중심 경향성 때문에 결과가 왜곡되었을 것이라고 믿고 있다고 보고 하였다.

Ladany와 Lehrman-Waterman 등(1999)은 슈퍼바이지의 활동을 모니터링하 고 평가하는 데 있어 가장 높은 빈도의 윤리적 위반이 나타났다고 밝혔다. 상담 자의 훈련과 관련한 연구를 보면 평가의 유형과 종결 기준에서 프로그램마다 차 이가 매우 큰 것으로 나타났다. 대략 60개의 상담센터들 중 단 한 군데만이 구체 적 종결 기준을 가지고 있었다(Hahn & Molnar, 1991). 179명의 APA 인턴들을 대상으로 한 조사에서 가장 많이 사용되고 있는 것은 비형식적인 질적 연구였 다. 즉, 양적 비교 절차는 거의 사용되지 않았다(Norcross et al., 1986). Forrest, Elman, Gizara 그리고 Vacha-Haase(1999)는 다음과 같이 결론지었다.

대학과 인턴십 프로그램에서 사용한 평가 기준을 설명한 문헌들의 검토를 통해 평가 기준과 절차에 대한 최소한의 일치된 의견을 보였다. 전문적인 심리학적 훈련 프로그램 속에서 광범위하게 수용될 수 있는 체계적이고 이해하기 쉬운 평가 체계는 없었다(p. 641).

Ellis와 Ladany(1997)는 슈퍼바이지가 효과적인 평가를 받을 수 있다 하더라도, 현재 "무엇을 어떻게 평가해야 하는지를 설명하는 자료는 부족하다."(p. 484)라고 주장하였다. 현재 실행되고 있는 것과 평가에서 드러난 윤리적인 면과 프로그램의 체계는 차이가 있었다.

# 평가자로서 치료사

Cormier와 Bernard(1982)는 치료사를 대상으로 평가자가 되기 위한 훈련의 세 가지 핵심 기술들을 설명했다.

(a) 척도나 측정과 같은 객관적 기준을 사용하여 효과적으로 평가하는 능력, (b) 피드백을 할 때 명확하게 의사소통하는 능력과 피드백을 상담자가 이해했는지를 체크할 수 있는 몇 가지 방법을 아는 것, 그리고 (c) 슈퍼바이저의 역할에서 권위를 갖고 효과적이고 안정감 있게 하는 능력

이 기술들은 모든 슈퍼바이저가 갖추어야 하는 기본 역량이다. 이에 덧붙여, Ellis와 Ladany(1997)는 슈퍼바이지의 역량을 평가하기 위한 요소들을 소개하였는데, 역량의 범위, 특정 영역, 치료 행동, 기술, 바람직한 행동 방식, 시간 계획, 평가 방법에 대해 고려할 것을 제안하였다.

# 평가 유형

다음은 슈퍼비전에서 사용된 평가의 유형이다.

• 내담자와 슈퍼바이지(치료자)의 상호작용과 내담자에 대한 슈퍼바이지의 회상[직접 관찰의 부족과 시간의 차이 때문에, 간접적인 것으로서 Cone(2001)이 설명함]에 의해 질적 혹은 양적 평가

• 내담자(또는 가족)와 슈퍼바이지(치료자)의 상호작용을 관찰(직접 관찰 또는 비디오테이프 녹화)할 수 있는 양적·질적 평가[시간차가 없는 직접적인 것으로서 Cone(2001)이 설명함] 평가를 위해 리커트 척도나 회기의 관찰 내용을 다음과 같은 분류로 코딩할 수 있다.

  − 정서적 요소
  − 문화적 역량과 다양성에 대한 역량
  − 관계를 맺는 능력과 대인관계 기술
  − 개념화
  − 진단
  − 기술
  − 모형을 따르는 것
  − 공감
  − 미리 계획된 치료 목표와 관련된 슈퍼바이지의 진행과정의 평가
  − 치료에 대한 내담자 보고식 결과 자료에 대한 분석
  − 역할이나 구조화된 피드백에 대한 평가 척도의 사용
  − 내담자의 회기 참여와 취소를 비교하고, 내담자에 대한 평가를 분석하고, 그리고 매주 만났던 내담자의 수를 확인하거나 혹은 심리평가의 수를 확인, 슈퍼바이지의 보고서 작성의 완성 시간 혹은 완성도를 평가하는 측정의 사용

- 내담자의 보고서와 기록을 통해 내담자의 만족도 분석
- 서류나 검사 자료 분석(Sumerall et al., 2000)에서 수정
- 진단평가, 사례 계획, 치료과정에 대한 표본 평가(Dienst & Armstrong, 1988)
- 주요 사건의 분석(Norman, 1985)이나 슈퍼비전에서 중요한 변화 지점이 되었던 사건들 혹은 슈퍼바이지의 접근이나 효과에 변화를 일으킨 사건
- 의사가 질문하고 관찰한 것에 대한 문제 해결, 임상적 판단, 진단에 대한 연구(Norman, 1985)

Frame과 Stevens-Smith(1995)는 평가의 형식으로 변화시킬 수 있는 특정 변수들을 조작하고 정의하였다. 그들은 미국 콜로라도 대학교 덴버 캠퍼스 상담심리학과에서 분석한 상담자의 문헌을 수집하여 상담자의 발달에 필요한 아홉 가지 특성들을 정의하였다. 즉, 개방성, 유연성, 긍정성, 협동, 피드백을 수용하거나 적극적으로 사용하는 것, 다른 사람에게 자신이 미치는 영향을 인식하는 것, 갈등을 다루는 능력, 책임감을 수용하는 능력 그리고 효과적으로 혹은 적절하게 느낌을 표현하는 능력 등이다. 5점 리커트 척도에서 항목마다 3점의 차이가 있다.

## 슈퍼비전 과정에 대한 평가

슈퍼비전의 과정에 대한 평가는 또 다른 접근이다. 〈부록 J〉에서 소개한 Worthen과 Isakson(2000)의 측정 도구는 슈퍼비전의 타당성, 개념, 관계, 기법, 결과 및 만족도에 대한 슈퍼바이지의 자기보고식 측정 도구다. 이러한 접근은 연구로 입증되지는 않았지만, 신뢰할 만한 데이터를 보였으며, 슈퍼바이저가 슈퍼바이지에게 판단적 피드백을 조심하는 것이 도움이 됨을 밝혔다.

슈퍼비전에서 이용할 수 있는 평가 양식(A Supervisory Utilization Rating Form-SURF)은 Vespia 등(2002)이 개발하였다. 평가 양식은 심리측정 도구로 인정받지는 못했지만, 이 연구자들은 슈퍼바이지의 역할을 안내하는 도구로 사용할 것

을 제안하였다. 슈퍼비전의 다양한 활동들의 우선순위를 정하기 위해서 슈퍼바이저와 슈퍼바이지의 차이를 정의(확인)하는 것이 도움이 될 것이다. 예를 들어, 슈퍼바이저보다 슈퍼바이지가 더 중요하게 여기는 것은 두 가지 주제, 즉 '자신의 일을 분석하는 것'과 '슈퍼바이저로부터 피드백을 받는 것'이었다(Vespia et al., 2002, p. 60).

Milne와 James(2002)가 설명한 관찰 도구[교육과 슈퍼비전의 평가과정(Process Evaluation of Teaching and Supervision)]는 평가의 또 다른 형식이다. 조절, 경청, 지지, 정보 제공, 교육 및 체험을 이야기해 주는 슈퍼바이저의 행동에 대한 슈퍼바이지의 반응, 시도, 개념화, 경험 그리고 슈퍼바이지의 행동 계획들을 부호화함으로써 연구자는 다른 사람을 평가하고 가르치는 데 적용할 수 있는 틀을 제공한다.

슈퍼비전 과정에서 평가의 진행(Evaluation Process Within Supervision Inventory; Lehrman-Waterman & Ladany, 2001; 〈부록 I〉 참조)은 슈퍼비전의 목표 설정과 피드백의 효과에 대한 슈퍼바이지의 지각을 평가하기 위해 고안된 자기보고식 측정 도구다. 슈퍼바이지는 (맞지 않으면) 1점에서 (잘 맞으면) 7점의 리커트 척도를 사용한다. 이 척도는 목표 설정과 피드백이라는 두 가지 주요 항목으로 구성되어 있다. 목표 설정과 관련한 항목의 예는 "슈퍼바이저와 만들었던 목표들은 실현 가능한 것들이다." 피드백과 관련한 항목의 예는 "내가 받았던 피드백은 우리가 정한 목표와 직접적 관련이 있었다."(Lehrman-waterman & Ladany, 2001, p. 171) 등이다. 두 척도는 높은 관련성을 갖고 있는 것으로 보이지만 개념에 분명한 차이가 있었다. 피드백은 매우 이질적이며, 슈퍼바이저가 권고하는 내용을 포함하고 있기 때문에 피드백 척도에서는 상대적으로 낮은 내적 일관성이 보인다. 이 연구는 슈퍼바이지의 지각과 만족도에 대해서 슈퍼바이저가 아는 것이 도움이 됨을 보여 준다. 또한 이 조사를 통해서 슈퍼비전의 과정을 논의하는 계기가 될 것이다.

## 내담자의 결과에 대한 평가

슈퍼비전 평가의 또 다른 유형은 내담자의 증상의 변화에 대한 내담자의 결과를 조사하는 것이다. 내담자의 증상 변화가 중요한 측정 요소로서 내담자의 결과와 슈퍼바이지의 역량은 서로 완벽한 관련이 없었고, 또한 이런 다양한 평가는 어떤 식으로든 이루어지고 있었다(Ward, Friedlander, Schoen, & Klein, 1985). 내담자의 증상의 변화는 슈퍼비전의 효과성과 관련해서 까다로운 검증이라고 여겨지지만(Ellis & Ladany, 1997; Stein & Lambert, 1995), 아직까지도 방법론적으로 문제가 없는지는 분명하지가 않다.

몇몇 방법론들이 내담자의 변화를 추적하기 위해 설명되어 왔으며(Clement, 1999; Frazier, Dik, Glaser, Steward, & Tashiro, 2002; Lambert et al., 2002), 어떤 방법론들은 슈퍼비전에서 내담자의 변화를 모니터링하기 위해서 설명되어 왔다(Lambert & Hawkins, 2001; Worthen & Isakson, 2002). 결과 질문지(Outcome Questionnaire), 즉 OQ-45는 자기보고식 측정 도구이며, 세 가지 하위 척도인 증상의 정도, 대인관계 및 사회성으로 구성되어 있다. 청소년 버전인 청소년 결과 질문지(Youth Outcome Questionnaire: Y-OQ)는 4~17세의 내담자를 대상으로 사용할 수 있고, 6개의 학위 척도인 개인적 고민, 신체적 문제, 대인관계, 위기 항목, 사회성 문제 및 역기능적 행동들로 구성되어 있다(Wells, Burlingame, Lambert, Hoag, & Hope, 1996). 방법론상으로 주목할 만한 점은 내담자의 치료에 부정적 영향을 미치는 요소들을 알아내기 위해(Lambert & Hawkins, 2001) 결과에 근거한 결과 질문지(OQ-45)와 치료적 동맹 평가(Hovath & Greenberg, 1994) 또는 내담자 변화의 동기를 함께 분석했다는 점이다(McConnaughy, Prochaska, & Velicer, 1983). 이러한 접근에 기초하여 치료자는 내담자가 보고한 기능의 변화와 긍정적 성과들에 대해서 흰색, 초록색, 노란색, 빨간색 점으로 그래프를 주마다 그렸다. 흰색은 치료의 종결이 필요하다는 것을 의미하며, 초록색은 치료 계획에 대한 변화가 필요 없이 적절하게 진행하고 있음을 의미한다. 노란색은 치료 계획에서 변화가 필요하고 치료가 도움이 되지 않는지를 생각해

봐야 하는 부적절한 진행을 의미한다. 마지막으로 빨간색은 내담자가 기대한 만
큼 진행되고 있지 않으며, 좋지 않은 결과로 끝나거나 성급하게 치료를 종결하
고 있음을 의미한다. 그러나 이 방법에서는 충분한 변화가 필요했고 기꺼이 변
화가 평가될 수 있는데, 예를 들어 변화의 준비를 평가할 수 있다(Lambert &
Hawkins, 2001).

　Lambert와 Hawkins(2001)은 자신들의 접근에서 설명한 피드백이 슈퍼비전
의 과정에서는 체계적으로 이뤄지지 않는다고 믿고 있었고, 치료자의 피드백에
대한 연구에서 피드백은 내담자의 치료에 영향을 미친다고 생각했다(Lambert et
al., 2001). Lambert와 Hawkins(2001)가 설명한 사례에서, 매우 부정적 피드백
을 한 후에는 내담자의 증상이 심각해졌음을 보고하였고, 치료 계획을 다시 생
각해야 할 필요가 있음이 나타났다. 내담자는 초보자가 간과할 수 있는 변화를
자기보고를 통해 드러내기 시작했다. 질문을 했을 때 내담자는 증상에 대해서
매우 불편함을 호소하였고, 그렇기 때문에 내담자는 변화에 대한 동기가 증가되
었다고 설명했다.

　Worthen과 Isakson(2002)은 내담자의 치료 결과를 매주 제공하는 Lambert의
OQ-45(Lambert & Burlingame, 1996)를 사용하였다. 그들은 훈련생이 다르고 적
용하기에 더 쉬운 가치중립적 피드백을 내담자에게 하였다. Lambert 등(2002)
은 이 피드백이 치료 성과를 높인다는 점을 발견하였다. Worthen과 Isakson
(2002)의 연구 결과는 사전에 집단 간 차이를 처치하기 때문에 분명하지 않다는
결과에도 불구하고, 이 기술은 슈퍼비전 과정에서 내담자의 결과를 구체화할 수
있는 방법을 제공할지 모른다. Frazier 등(2002)은 Clement(1999)의 질문지를 응
용하여 슈퍼비전에서 자료로 사용할 수 있는 내담자(자기 모니터링)의 행동을 측
정하는 데 사용하였다.

　페미니스트 슈퍼비전 모형에서 다른 접근을 사용한 평가가 이뤄졌다. 이 접근
에서는 슈퍼바이저와 슈퍼바이지가 슈퍼비전의 진행과 성취에 대해서 평가적
피드백을 한다. 목표를 이루는 데에서의 제한점과 성공적 부분들을 평가하기 위
해서 책임감이 필요하다(Zimmerman & Haddock, 2001). 그러나 슈퍼바이저는

직접적이고 타당한 평가와 피드백을 해야 한다. 그리고 필요하다면, 슈퍼바이지가 훈련 프로그램을 끝낼 것을 권할 수도 있다. 모든 피드백은 인도적 태도로 이루어진다(Porter & Vasquez, 1997).

## 치료 매뉴얼 평가

치료 매뉴얼에서 슈퍼바이저는 매뉴얼에 충실했는지, 치료의 요인들을 잘 따랐는지에 대해 각 슈퍼비전 시간을 통해 면밀하게 평가한다. 또한 회기의 목표를 슈퍼바이지가 얼마나 잘 이루었는지, 내담자에게 도움이 되게 하기 위해 회기를 얼마나 개별화했는지, 치료 내용에 얼마나 머물러 있었는지에 관심을 갖는다(Kendall & Southam-Gerow, 1995). 이런 유형의 추적(tracking)은 수정을 할 수 있기 때문에 훈련생과 슈퍼바이저는 회기마다 변화를 평가할 수 있다. Henggeler와 Schoenwald(1998)는 다체계적 치료의 슈퍼비전을 위한 매뉴얼, 즉 MST(Multi Systemic Therapy)를 만들었다. 이 매뉴얼은 자료에 기초한 지역사회의 정신건강 치료로 변화하기 위한 슈퍼비전의 모형을 만드는 작업 중 하나다. 이 모형이 관심을 끄는 이유는, 슈퍼바이저의 다양한 역할들을 평가하고 분명하게 하는 설문지인 슈퍼바이저 충실 측정(Supervisor Adherence Measurement, Henggeler et al., 2002)을 사용한다는 점이다. 이 설문지는 진행의 모호함을 제거하기 위해, 특정 모형에서 슈퍼비전의 진행과정을 평가하는 방향을 제시하고, 측정 가능한 형태로 슈퍼비전의 요소들을 조직화하려고 시도하였다.

Lambert와 Ogles(1997)는 훈련 결과의 측정과 관련하여 다음과 같은 결론을 내렸다. (a) 빈도를 체크하기 위해서 훈련생의 관찰 가능한 행동에 초점을 맞추는 것이 가장 유용하다. (b) 자료를 기준으로 하여 훈련을 평가하는 것이 가장 바람직하다(내담자, 슈퍼바이저, 수련자 자신). (c) 내담자의 변화를 보면서 슈퍼비전이 미치는 영향을 평가하는 것이 가장 이상적이지만, 이러한 목표는 바람이 되었다. 그리고 (d) 대부분의 측정 결과는 신뢰도와 타당성이 낮았다. 그래서 우리는 대신할 만한 다른 측정 기준이 필요하였다.

# 형성평가와 총괄평가

형성평가와 총괄평가는 심리학 훈련에서 서로 다른 정서를 유발할 수 있는 다른 두 가지 유형의 평가다(Robiner et al., 1993). 치료에서 문제가 될 수 있는 개인적 주제들을 확인하고 기술을 개선하는 데 도움이 되는 공식적 평가가 더 긍정적인 것으로 관찰된다. 심리치료자는 형성평가의 긍정적 변화와 피드백의 힘을 믿기 때문에 더 좋아할지 모른다. 그러나 역량과 수행에 대한 종합적 혹은 객관적 평가는 그렇게 긍정적인 것으로 여기지 않는다. 평가의 이러한 형식은 결과 때문에(완성도, 경과, 시험과 같은 상황, 종결) 부정적이며 편차도 크다. 평가의 형식이 어떻든 평가가 어려운 데에는 분명한 이유가 있을지 모른다. 어떤 슈퍼바이저들은 평가자로서의 역할이 서로 다르게 느껴지기도 한다. 즉, 슈퍼바이저는 지지적이고, 개별적이며, 성장에 초점을 맞추고 있는 반면, 평가자로서 슈퍼바이저는 훈련에서 요구하는 것들을 훈련생이 얼마나 달성하지 못했는지에 대해 곤란한 사실을 알려 주는 역할을 하게 된다. 이러한 형태의 평가에 대해서 슈퍼바이저가 불편해하는 이유는 슈퍼비전 평가에 대한 훈련이 부족하기 때문이다(Borders & Leddick, 1988). 게다가 이러한 이유들 때문에 슈퍼바이저는 평가를 회피하거나 평가에 관대하게 된다.

## 총괄적 피드백과 형성적 피드백

슈퍼비전의 목표를 세울 때에 슈퍼비전에 갖는 기대를 확인하는 것은 피드백의 질을 위해서 중요하다. 즉, 초기에 슈퍼비전의 관계, 슈퍼비전의 요소, 슈퍼비전의 방법, 피드백 방식에 대해 기대하는 내용을 명확하게 다루어야 한다. 이 요소에는 훈련생의 목표, 훈련생의 기능과 관련한 발달 수준, 총괄평가에서 사용될 평가 양식에서 관심을 가져야 할 부분을 기술해야 한다. 슈퍼바이저는 훈련생에게 총괄적이면서 형성적 피드백을 할 수 있는 능력을 갖추어야 한다.

평가적 피드백, 교정적 피드백 그리고 일반적 피드백을 포함한 형식적이고 총괄적인 평가들의 거대한 범주 내에서 평가의 수준들은 다양하다. 특히 슈퍼비전에서 훈련생에게 하는 교정적 피드백은 필수다. 슈퍼바이저가 훈련 계약서를 작성할 때 목표를 분명히 하고 적절한 때에 수정을 한다면 계약서는 중요한 틀로 사용할 수 있게 된다. 따라서 행동에 대한 피드백은 훈련 목표로 연결될 수 있다. 예를 들어, 사례에서 전체 흐름과 다르게 내용에 기반하여 치료를 진행하고 있는 훈련생에게 교정적 피드백을 하게 되면 내용에 대한 변화를 식별하는 과정을 거치게 될 것이다. 그러면 내용의 변화가 일어난 시점에서 훈련생의 사고과정과 느낌을 분석하고 변화의 이유에 대한 다른 설명을 하게 될 것이다.

Ronnestad와 Skovholt(1993)는 초보 훈련생에게 하는 피드백과 경험이 많은 훈련생에게 하는 교정적 피드백의 차이를 구분했다. 총괄평가는 학점, 평가 점수, 훈련과정의 통과나 실패, 학교나 이수과정에 대한 피드백의 형태로 하게 된다. 형성적 피드백은 많은 형태가 있다.

- 반영적
  - "나는 당신이 어떻게 느꼈는지 궁금하군요."
  - "내가 ~일 때 무슨 생각을 하고 어떻게 느꼈는지 궁금하군요."
  - 슈퍼바이지가 특정 내담자에게 미치는 영향에 대한 반영
  - 회기에서 주목하지 않았던 사건이나 행동의 관찰
  - 내담자와 치료자의 역할에 대한 일반적 관찰
- 통합
  - "당신이 가족의 변화에서 어느 방향에 초점을 두는지 그것에 대해 생각해 봅시다."
  - "어떤 선택을 따라가고 있습니까?"
  - "기회를 지나쳤을 때 당신은 무슨 생각을 하나요?"
- 중립: "~대해 아는 것이 흥미롭군요."

- 강화
  - "자료를 통합하는 능력과 기술이 눈에 띄게 확장되었네요."
  - "놀이치료 역량에 대해 당신이 한 평가보다 은유를 훨씬 뛰어나게 사용하네요."
  - "지난달에 어머니가 그렇게 화를 냈을 때 같은 문제를 당신이 어떻게 접근했는지에 대해 생각해 보세요."
  - "불안에 대한 당신의 연구 경험이 이러한 상황에서 어떻게 접근할 것인지에 대해 어떤 전망을 제공하는지 기억하십시오."
  - "이 가족에게 도움이 되고 있는 당신의 모습과 슈퍼비전에서 자기 영향을 줄이려는 당신의 모습이 매우 대조되어 좋네요."
  - "당신은 아동이 고통을 개방할 수 있도록 은유를 잘 사용하고 있네요."
- 분석
  - "3회기 동안의 패턴을 분석해 봅시다."
  - "과거 학대 경험과 관련지어 다르게 생각할 수 있는 것은 무엇인지 궁금하군요."
- 반응
  - "당신은 어떻게 진행했는지 궁금한 것 같군요."
  - "냉정한 것에 대해 내담자가 비난했을 때 당신은 어떤 감정이 일어났나요?"
- 교정적
  - "당신이 사용할 수 있는 경고 외에도 미리 말해 두는 것을 보는 것은 흥미로운 일입니다."
  - "당신과 내가 아동의 적절한 행동에 대해 지속적으로 무시하는 어머니의 문제와 관련하여 할 수 있는 다른 것은 무엇인지가 궁금하군요."
  - 1수준 고려-걱정과 우려의 내용에 대한 상세한 설명: "어머니는 처벌을 하려 했고 당신이 그 주제를 바꾸었다는 점이 걱정이 되는군요. 왜 그런 일이 일어났다고 생각하나요?"(이 예에서 추측해 보면, 아동 학대에 대한 이

전의 기록이 있었고, 사용된 처벌에 대한 유형을 모니터링하는 것이 중요하다)
- 2수준 고려-"아동 학대의 가능성에 대해서 바로 개입하지 않았다는 사실은 전문성을 위반한 것과 마찬가지로 법률을 위반한 것입니다."

• 평가적 피드백
- 긍정적 평가
  · "당신은 배운 대로 이 가족에게 더 공감적이고 더 명확하게 반응을 하는군요. 잘했습니다."
  · "당신의 개입은 청소년들에게 기대한 효과를 얻을 수 있었군요."
- 부정적 평가
  · "당신은 이 아동이 표현하는 정서를 계속 무시하고 있네요. 아동의 정서표현에 집중하는 것이 중요한 목표입니다. 그래서 나는 계속 개선되지 않는 부분에서 개선하도록 만드는 데 노력을 지속적으로 기울이도록 할 거예요."
  · "당신은 치료에서 과정의 개념을 통합하지 않는 것 같아 관심을 계속 갖고 있습니다. 당신의 훈련 수준에서 나는 당신이 더 쉽게 진행하지 못하는 것이 놀랍군요."

슈퍼바이저들은 피드백을 하는 자신만의 방식을 개발할 필요가 있다. 몇몇 노련한 슈퍼바이저들은 대부분의 슈퍼비전 시간 동안 긍정적 피드백을 주는 것을 더 좋아한다. 많아야 끝에 가서 한 번 정도의 부정적 피드백을 하거나, 교정적 피드백을 하고, 슈퍼바이지의 힘에 맞는 부정적 피드백을 한다. 강점에 기초한 접근에서 개선이 필요한 영역까지도 언급하지 않으면서 강점을 격려하게 되면 윤리적이지도, 신뢰적이지도, 교육적이지도 않은 접근이 된다.

# 역량 기반 평가의 절차

역량에 기초한 접근의 첫 번째 단계는 각 훈련생의 경험과 대학원 과정에서 강점과 약점에 대해 평가를 실시하는 것이다. 몇몇 사례에서 볼 때, 자기보고서, 인턴이나 훈련생의 신청서, 교육자의 추천서(설명)는 평가에 포함되어 있다. Hahn과 Molnar(1991)는 훈련 위원들이 신청자를 검토하는 인턴 신청과정에서부터 평가가 시작되어야 하고, 강점과 약점을 파악하여 통과된 지원자들로 집단을 구성해야 한다고 제안하였다. 다음 단계는 교육자나 전문가가 개입하여 승인을 얻는 단계다. 이때에는 슈퍼바이지가 참여하는 훈련 프로그램의 역량이나 특정 요소에 초점을 맞춘 리커트 척도나 체크리스트를 사용한다. 그래서 교육자나 전문가로부터 합격 유예를 통보받거나, 인턴 자격을 얻게 되거나, 슈퍼바이지의 강점과 약점 영역에 대한 추후 프로그램을 지시받는 단계다. 새로운 슈퍼바이저에 의한 초기 관찰과 슈퍼바이지의 역량에 대한 자기보고서는 훈련 계약서의 목표에 맞게 형식이 있다. 구성 요소(제3장 참조)를 중심으로 특정 과제를 분류하는 것은 유용할 것이다. 훈련생이 자기평가를 완성하도록 하는 것은 도움이 될 것이다. 각 영역에서 실행에 대해 한 명 이상의 슈퍼바이저로 관찰하거나 슈퍼비전한 내용을 통해 자기평가를 하면 더 나은 평가가 될 것이다.

## 슈퍼비전 계약서

문서로 된 훈련 계약서나 작업 동의서(Proctor, 1997)는 훈련생과 훈련 세팅 또는 슈퍼바이저 사이에 훈련의 관계를 확립하는 열쇠다. 윤리적으로 구조화하고, 관계를 맺고, 평가하는 것은 중요한 부분이다. 계약서는 '개별적 학습자 계약서(Individualized Learner Contract)'(Cobia & Boes, 2000)로서 설명되고 기록되어야 한다(Osborne & Davis, 1996). 훈련을 시작하면서 혹은 훈련을 시작하기 위해서 슈퍼바이저는 훈련생과 계약을 해야만 하며(Sherry, 1991), 슈퍼바이저와 슈퍼바이지의 사인을 모두 받아야만 한다(Bridge & Bascue, 1990). 슈퍼비전의 계약서는 목표와 기대를 재검토하는 공식 문서가 되어야 한다. 훈련 계약서는 그 자체로 슈퍼비전 관계를 설정하는 기능을 한다(Ronnestad & Skovholt, 1993). 슈퍼바이지의 권리에 동의하고 절차를 따르는 것 외에도, 슈퍼비전의 목표와 기대를 분명하게 해 준다. 그리고 그것은 종종 다루고 검토해야 한다. 이런 실행들은 효과적인 슈퍼비전이 되게 한다(Leddick & Dye, 1987). 계약서를 작성하는 데 참여하고 동의하는 과정은 배움에 대한 책임감을 강화시킬 수도 있고(Osborn & Davis, 1996), 권리를 강화시킬 수도 있다.

우리는 〈부록 A〉에 슈퍼비전 계약서의 한 예를 제시하였는데, 이는 단지 하나의 예라고 하기에는 매우 중요한 것이다. 다양한 체계는 치료 매뉴얼과 체계, 양식들과 같은 절차들을 결합하여 일반화시킬 수 있다(Shaw & Dodson, 1988). 목표처럼 내적 신뢰가 높은 역량의 심리측정학적 평가의 의미를 기록하는 것은 중요하다. 은유와 치료의 발전, 자기감, 관계의 개별화는 슈퍼비전의 과정과 평가에서 역량을 확인할 수 있는 것으로 제안되었다. APPIC 웹사이트(http://www.appic.org)에는 역량 평가 프로그램의 다양한 사례가 있다. 대부분은 각 훈련 프로그램의 구성 요소를 분석하는 기초가 된다. 슈퍼바이저의 행동 관찰은 평가의 분명한 규준이 되기도 한다. 몇몇 평가들은 관찰에 근거한 반면, 다른 평가들은 반응에 근거하고 있다.

목표와 대상은 슈퍼바이저와 슈퍼바이지가 동의해야 한다. 이는 목표를 이루기 위한 과정과 목표 달성을 위한 예상 기간이 진술되어야 하며, 목표가 이뤄지지 않을 때 슈퍼바이저와 슈퍼바이지의 책임을 제시해야 한다(Cobia & Boes, 2000). 계약서에는 기본적으로 슈퍼바이지의 발달적 욕구와 강점, 슈퍼바이저의 능력, 슈퍼바이저와 슈퍼바이지의 의무와 책임, 고려해야 할 절차, 슈퍼비전에서 제공된 기회(내담자의 특성에 의해 제공된 것들을 포함), 슈퍼비전의 목표ㆍ방법ㆍ초점에 대한 설명이 포함되어야 한다(Ronnesad & Skovholt, 1993). Lehrman-Waterman과 Ladany(2001)는 연구에서 특수성, 현실 가능성, 측정 가능성, 기간, 초기 정의와 같은 목표의 특성에 대해 요약하였다. 이 내용을 토대로 계약서에 슈퍼비전의 양과 길이, 슈퍼비전 장소와 방법, 행동 관찰의 유형들을 추가할 것을 제안하였다(Osborne & Davis, 1996).

　분명한 자료를 사용하는 것은 특정 세팅에서 의사소통을 명확하게 하도록 돕는다. 예를 들어, 상담소의 사명과 조직이 융화되도록 목표를 잘 조절할 수 있게 된다. 글로 기록할 필요가 없는 것들은 비디오테이프 또는 오디오테이프, 직접적 관찰 등과 같은 방법을 사용한다. 또는 역할극, 회기 중의 슈퍼비전, 피드백, 교육, 임상가나 슈퍼바이저의 직접 관찰과 같은 방법들을 사용하기도 한다. 라이브 슈퍼비전은 윤리적인 문제가 없다(Cormier & Bernard, 1982). 관찰은 슈퍼비전의 소통을 명확하게 해 주고, 과정을 안내해 주고, 전이와 역전이를 파악하여 훈련모형의 완성도를 높여 준다. 여기에서 이론적 배경을 명확하게 기술하는 것 역시 중요하다. 예를 들어, 이론에 따라 슈퍼비전의 관계를 변화를 위한 특별한 행위로 여길지 아닐지를 결정하게 된다(Ronnestad & Skovholt, 1993).

　평가 절차를 분명하게 하는 것은 슈퍼비전 계약에서 중요하다(Osborne & Davis, 1996). 평가 절차란 평가의 양, 평가 형식(형식적 · 비형식적, 글, 언어), 평가 시간, 평가 빈도와 같은 요소들을 말한다. 또한 슈퍼비전의 계약서에는 '슈퍼바이저의 초기 역할은 평가'라는 점을 정확히 기록해야 한다. 또한 정보의 기록 방법(세팅이나 학교에서 제공되는 형식적 평가의 양식 또는 학교에서 제공되는 언어적인 피드백, 문서 형식의 설명)을 상세하게 설명해야 한다. 그리고 누가 평가를 받게 될 것인지, 어느 부분을 평가할 것인지를 명확히 정해서 비밀 유지의 한계를 분명히 해야 한다(Osborn & Davis, 1996).

　훈련생의 기대와 훈련 세팅의 기대가 일치할 때 계약서를 작성하게 된다. 프로그램은 훈련과 치료에서 개선이 필요한 영역과 강점의 영역 모두를 고려하여 신중하게 계획될 수 있다. 각 요소는 특수성을 지니고 있어 특정 프로그램으로 제시할 수 있다.

　훈련 계약서는 프로그램 필요에 의해 선정된 질적 평가 요소(예: 생산성, 비디오 녹화 수, 수행된 심리평가의 수, 내담자의 다양성, 진단과 가족구성 역할)로 이루어진다. 좀 더 질적인 평가는 실행의 측면(평가적 형식으로 열거된)에 기초한다.

## 슈퍼비전 계약서 견본

Osborn과 Davis(1996)는 슈퍼비전 계약서의 개요를 제시하였고, Sutter와 McPherson 그리고 Geeseman(2002)은 다양한 요소들을 포함시켜 슈퍼비전의 계약서 견본을 완성하였다. Sutter 등(2002)의 견본은 훈련의 길이와 목적에 대한 동의서, 비용 지불에 대한 약속, 치료의 과실에 대한 보험, 기록 보관의 책임과 관련한 내용들을 담고 있다. 슈퍼바이저는 윤리, 법, 기관의 규정과 정책—즉, 이용할 수 있는 것, 불참 시 책임, 슈퍼비전의 자료, 평가 — 에 따를 것에 동의한다. Osborn과 Davis(1996)는 계약서에 목적, 목표, 대상, 서비스 내용, 평가 방법, 슈퍼바이저와 슈퍼바이지의 책임, 고려해야 하는 절차들(예: 노트에 기록하는 것과 녹음할 것에 대한 동의, 갈등 해결) 그리고 슈퍼바이저의 전문 분야에 대해서 기록해야 한다고 설명하였다.

Sutter 등(2002)은 계약서에 구조, 윤리 및 절차와 관련된 내용들을 포함해야 한다고 제안하였다. 그러나 훈련생의 발달과 성장에 관련한 개인적이고 심도 깊은 내용과 프로그램과 관련한 내용들은 포함하지 않았다. Osborne과 Davis(1996)는 구조와 윤리, 절차와 관련된 요소들을 더 많이 포함시켰고, 역량이나 특성, 개별적 훈련 목표들은 포함시키지 않았다. 이상적인 계약서는 이런 면들을 모두 포함하고 있는 것이다. 계약서의 예를 〈부록 A〉에 제시하였다. 이 계약서는 전형적인 것은 아니지만 예로 사용할 수 있을 것이다.

훈련 계약서에서 훈련생의 수준을 분명하게 확인하는 것은 중요한 일이다. Ronnestad와 Skovholt(1993)는 의미 있고 균형 있는 목표 설정이 중요하다고 제안하였으며, 그 목표에 대한 평가를 해야 한다고 설명하였다. 그들은 또한 목표가 너무 자주 바뀌거나 아니면 목표가 너무 경직되어 있는 것은 좋지 않다고 강조하였다. '목표 지향적 슈퍼비전 계획' 모형(Talen & Schindler, 1993)은 개념과, 치료 기술, 진단과 치료 계획, 개인적이고 전문적인 주제들을 포함하고 있다. 치료 계획을 세우는 이차적인 이점은 슈퍼비전의 관계를 강화하고, 평가를 촉진하기 위한 것이라고 언급하였다. 이 모형에 따라 훈련생의 욕구나 문제들을 명확히 파악한다. 그때 훈련 계획의 표본을 참고하여 슈퍼비전의 목표를 세우고 목표를 이룰 수 있는 슈퍼비전의 절차와 전략을 계획한다. 몇몇 슈퍼비전 전략은 자료(치료과정과 평가)의 통합, 대안이 되는 훈련생의 반응 기술의 확장, 특정 개입 계획을 설명할 수 있는 사례의 예를 사용하는 것을 포함하고 있다.

# 360도 피드백

평가를 연구했던 많은 사람의 공통된 결론은 다양한 자료를 사용하는 것이 좋다는 것이다(Fuqua, Newman, Scott, & Gade, 1986; Lambert & Ogles, 1997). 평가자 간 신뢰도가 더 낮을수록 더 많은 양의 가설이 필요했다(Shaw & Dodson, 1988). 주제는 특정 행동을 결정할 수 있고, 측정할 수 있는 행동 특성에 한정된다. 정보가 체계적 방법으로 수집되지 않는다면, 이러한 불확실성과 신뢰적이지 못한 점들은 학생들의 평가과정까지 영향을 미치게 된다. 이상적으로 다양한 개입 자료들은 치료자로서 훈련생의 발달과 같은 차원을 평가하는 데 사용된다. 내담자 성과를 관찰할 때, Cone(2001)은 그들이 효과성과 관련된 것들을 측정하기 위해 내담자의 다양한 면들을 측정할 것을 제안했다.

다양한 평가자의 피드백은 사업에서는 흔한 일이다. 평가는 종종 동료 · 관리자 · 내담자 보고나 직접적인 보고와 같이 관찰점을 중심으로 원(360도)을 형성하게 된다(Sala & Dwight, 2002). 그런 피드백은 실행에 대한 자기인식을 증가시키는 중요한 자료가 된다(J. R. Williams & Johnson, 2000). 자기 모니터링과 자기평가는 타당성을 의심받는다. 왜냐하면 다른 사람들의 지각과 매우 낮은 상관관계를 갖고 있기 때문이다. 대조적으로 동료 보고, 직접적인 보고, 관리자의 평가는 적절한 상관 관계를 지니고 있다(Sala & Dwight, 2002). J. R. Williams와 Johnson(2000)은 슈퍼바이저에 의한 평가보다는 자기평가 점수가 더 높다는 점(더 관대하다는)을 발견했다. 그러나 한 연구에서 높은 자기평가가 나타난 영역은 내담자와 관계의 영역(이해하는 것, 의사소통, 신뢰)과 문제 해결과 관련한 행동의 영역에서만이었다(Church, 1997). 내담자들 또한 이 영역에서 높은 평가를 하였다. 관찰자 집단에서 더 큰 일치를 보인 영역은 창조성과 관련한 것이었다(Church, 1997). 연구자들은 유형이 다른 역량들은 각기 다른 유형의 평가에 의해서 가장 잘 분석될 수 있다고 결론지었다. 즉, 다차원적 조사가 가장 바람직한 것이라고 결론지었다(Church, 1997; Sala & Dwight, 2002).

다른 사람의 실행과 자신의 실행을 암암리에 비교하거나, 모니터링하며 자신에 대한 다른 사람들의 반응이 어떤지를 평가하는 것을 통해, 더 개별적인 평가 자료를 얻을 수 있다. 이렇게 얻게 된 자기평가는 슈퍼비전의 평가와 더 일치한다는 자료가 있다. 또한 다른 사람에게 피드백을 적게 받았던 개인은 자기평가와 슈퍼비전 평가 사이에 일치가 낮았다(J. R. Williams & Johnson, 2000). 실제로 J. R. Williams와 Johnson(2000)은 자기평가와 슈퍼바이저 평가 사이에는 높은 일치도가 있다는 점을 밝혔다. 그런 결과들은 연구에서 발견되지 않았고, 연구에서보다는 관찰에서 더 자주 보였다고 보고하였다. 이러한 관련성은 관리자의 자기인식과 일대일 평가 일치 그리고 관리자의 실행 강화 사이(Church, 1997) 자기 모니터링과 일과 관련된 대인관계의 질 사이에서 보였다(Warech, Smither, Reilly, Millsap, & Reilly, 1998). 360도 평가와 자기평가 사이의 높은 일치는 자기인식으로 설명할 수 있다(Church, 1997). 이런 결과들은 슈퍼비전의 관계에서 나타난다. Falender와 Shafranske(2004)는 이 내용을 바탕으로 심리학 훈련에서 360도 피드백을 적용할 것을 고려하였다.

# 평가 항목

Hanna와 Smith(1998)는 프로그램들의 인정 기준과 관련하여 평가의 항목들을 제안하였다. 각 항목은 학생의 실천 목표에 대한 양적 평가 방법으로 정의되었다. 이론과 기법뿐만 아니라 평가를 실시하고자 하기 때문에 항목은 평가에 대한 분명한 기준, 평가 지점, 다양한 훈련들의 실행 수준을 포함하고 있다.

Hanna와 Smith(1998)는 평가의 각 차원들을 명확하게 해야 하는 것과 또한 각 단계에서 척도와 특정 예를 제시할 필요가 있음을 제안하였다. 각 항목을 점수화하는 예에서 '상담 관계를 형성하는' 능력을 정의하였고, 다음에서 설명된 실행에 대해 최고점을 5로 정하였다. 즉, "공감, 무조건적 수용, 진솔함, 구체성/계획성과 같이 상담의 주요 기술을 사용하기 위해 의식적으로 노력한 시간이 적어도 97% 정도"(Hanna & Smith, 1998, p. 276)가 되면 5점을 주었다. 그들은 "지식을 적용하는 데 어려움이 있거나 혹은 (이전에 언급된 것과 같은) 상담의 핵심 기술을 사용하는 데 분명하게 어려움"(Hanna & Smith, 1998, p. 276)을 보이면 1점으로 가장 낮은 점수를 주었다. 평가 항목을 사용하면 개별 프로그램에 특정 역량을 반영하도록 할 수 있고, 척도화할 수 있고, 평가자 간 신뢰도가 높은 평가를 할 수 있게 된다.

## 평가, 슈퍼비전의 점수와 슈퍼비전 만족도

　자신의 슈퍼비전 경험에 높은 점수를 매긴 슈퍼바이지는 슈퍼바이저에게도 높은 평가를 받는다는 자료가 있다(Kennard et al., 1987). 슈퍼바이저와 슈퍼바이지의 강한 정서적 유대 관계와 같은 요소들은 슈퍼바이지가 자신의 슈퍼바이저를 좋아하는지 여부를 나타내는 것일지도 모른다. Ladany와 Ellis 등(1999)의 연구처럼, 슈퍼비전의 정서적 유대, 슈퍼바이저의 특성에 대한 긍정적 지각 그리고 슈퍼비전에서 하는 자신의 행동에 대한 긍정적인 판단들 속에서 슈퍼비전 관계가 발전한다. 이는 슈퍼비전의 안정감의 크기와 관련이 있었다. 슈퍼바이저를 '좋아한다는 것'은 전체 평가 과정에 영향을 미칠 수 있으며, 슈퍼바이저가 평가하는 것이 유일한 평가 방법이라면 슈퍼바이저의 선호도가 더 높아질 수 있다.

　그러나 가장 효과적인 슈퍼비전이 가장 만족스러운 슈퍼비전은 아닐지도 모른다(Ladany, Ellis et al., 1999). 즉, 신랄한 피드백을 주는 슈퍼바이저가 훈련생에게 호감이 없겠지만, 그렇더라도 피드백은 한다. 더 많은 연구는 효과적 피드백을 할 필요성을 제안하였다. 연구들은 내담자의 결과, 슈퍼바이지의 만족, 슈퍼바이지의 진행과정에서 나타나는 변화에 대해 설명할 필요성을 제안하였다.

# 역량 기반 총괄평가를 위한 잠재적 형식모형

목표 중심 평가는 슈퍼바이저와 훈련생이 비디오 녹화나 라이브 슈퍼비전에서 사용하기 위해 개발했다. Daniels와 Rigazio-Diglio 그리고 Ivey(1997)는 단기 상담 관점으로 훈련과정을 간단하게 설명하였다. 즉, 기능의 기초선을 파악하고 수준을 예측해 봄으로써 평가의 요소를 알 수 있다고 제안하였다. 일반적인 언어발달과 모델링의 사용, 자기관찰, 슈퍼바이저로부터 듣는 다양한 피드백을 통해 훈련이 이루어진다. 기술 수준은 상담자의 개인적 방식과 이론의 기초적 단계에서 더 높은 수준의 기술을 적용하게 되면서 점차 축적되어 단계적으로 발달한다. 그러나 직면의 사용과 자기개방은 문화적으로 등한시될 수 있는 부분이다(M. T. Browm & Landrum-Brown, 1995). 그리고 그것은 라포가 확립될 때까지는 적게 사용함으로써 대립을 최소화하여 불안정감을 예방할 수 있다.

# 평가 윤리

제7장에서 언급한 윤리적 문제는 평가에서도 중요한 고려사항이다. 훈련생이 슈퍼바이저에게 평가를 받아야 하거나 학업 추천서를 받거나 미래의 고용주에게서 평가를 받아야 할 경우 슈퍼바이저의 약점과 결점에 대해 정직하게 피드백하는 것은 어려운 일이다. 슈퍼바이지가 슈퍼비전의 윤리적인 면(Ladany, Lehrman-Warerman et al., 1999), 슈퍼비전에서 일어나는 역생산적 사건(Gray et al., 2001)과 갈등(Moskowitz & Rupert, 1983)을 지각할지라도, 이 주제에 대한 피

드백은 거부할 것이다. 슈퍼바이지로부터 슈퍼비전에 대한 피드백을 들을 때 모호한 점들이 관찰된다.

과거에 슈퍼바이지 평가는 절차나 동의서를 위반하는 징후를 설명하지 못했다(Forrest et al., 1999). 예를 들어, 대인관계 기능은 많은 수의 슈퍼바이지들이 어려움을 보이는 부분이다. 그러나 한 연구 결과에 따르면, 프로그램의 반 정도가 관례적으로 그 영역을 평가하지 않았고(olkin & Gaughen, 1991), 대부분의 프로그램은 평가의 의도도 없었다. 성숙, 진솔함, 통합과 같은 영역과 자기통제, 정직성, 공정함, 존중에 대한 주제와 관련한 전문적 상담 수행 평가(Professional Counseling Performance Evaluation, Kerl, Garcia, McCullough, & Maxwell, 2002)는 예외였다. 슈퍼바이지 역할의 효과는 모호한 영역으로 평가되었다(Vespia et al., 2002). 슈퍼바이저와 슈퍼비전 관계를 이야기하거나 혹은 피드백을 할 때 슈퍼바이지는 모호함을 보였다(Kurpius et al., 1991). McCarthy 등(1994)은 연구 대상의 48%가 "슈퍼바이저-슈퍼바이지 관계는 거의 이야기하지 않는다."라고 말하였으며, 27%는 "전혀 이야기하지 않는다."라고 말했다고 밝혔다.

## 훈련 참여 기준

이수 프로그램과 심리학 훈련에서 적합성이나 성격 특성을 요구하는 것이 필수적인 것인지 아닌지는 쟁점이 된다. Johnson과 Campbell(2002)은 심리학 자격 기준에 그런 성품과 건강함을 요구하는 것에 대한 언급은 없었다고 설명했다(American Psychological Association, 2002e). 이 영역에 대해 특별히 면접하는 프로그램도 없다는 점 역시 언급했다. 그들은 건강의 중요성을 인식할 것을 주장하였다. 또한 심리적 안정성, 진솔함, 개인적 적응력, 책임감, 분별력, 양육 능력 등을 포함시킬 것을 제안하였다.

# 교 정

이 장의 앞부분에서 언급했던 것으로서, 평가는 치료과정을 촉진시키는 하나의 과정일 수 있다. 즉, 매우 적은 수의 극단적 사례의 평가는 치료를 중단하도록 만든다. 많은 문헌은 그런 학생들을 '장애가 있는' 것이라고 말한다. 그러나 「미국장애인법(Americans With Disabilites Act: ADA)」의 '장애'의 범주들에서 정한 것과는 구분하여 슈퍼바이지에게는 다른 정의를 사용하는 것이 좋다. ADA 장애는 "정신지체, 기질적인 뇌 증후군, 정서적 혹은 정신적 질병, 학습장애와 같은 어떤 정신적 혹은 심리적 장애"를 말한다. "개인의 주요한 생활에서 하나 또는 그 이상의 실질적인 한계가 되는 신체적·정신적 장해"[Americans With Disabilites Act of 1990, 42 U.S.C. 12102(2)(A)]라고 정의한 장애는 그러한 손상, 장애를 갖고 있는 것과 관련된 것으로 기록되어 있다(U.S. EEOC, 1992, p. I-3; Bruyere, 2002).

이 책에서는 실행 기준에 따르지 않는 훈련생들을 '문제행동을 가진 훈련생'이라고 말한다. ADA에서 장애의 기준을 충족한다면 적절한 보살핌이 필요하다. 그러나 "「재활법(Rehabiliation Act)」이나 ADA에서 보호가 필요한 장애가 있는 지원자/인턴/연구자라고 설명되었을 때, 그들이 자신의 위치에서 역할들을 실행할 수 있을 것으로 보인다면 인턴과정/프로그램은 그들을 보호할 책임이 없다."(Mitnick, 2002).

# 문제행동을 하는 훈련생

문제가 되는 특성들을 확인하는 것은 훈련에서 중요하다. 첫째, 문제가 되는 면들을 확인하는 과정에서 프로그램의 평가 기준과 학생의 행동이 일치되지 않을 때 문제가 된다(Forrest st al., 1999). 게다가 '문제'의 정의는 프로그램마다 다양하고, 심지어 같은 세팅에서조차 다양하다(Forrest st al., 1999). Hahn과 Molnar(1991)는 "조사된 33기관 중 8개 기관의 평가 절차가 받아들일 수 없는 후보자를 구별하는 데 광범위한 문제가 있었다."(p. 415)고 밝혔다.

Overholser와 Fine(1990)은 지식의 부족으로 전문적 능력이 부족할 경우, 즉 임상 기술의 부적절함, 기술의 부족, 판단력의 부재, 불안정한 대인관계를 구분했다.

Lamb 등(1991)은 ('문제가 있는 행동'으로 설명한) 훈련에서 문제가 되는 것을 다음과 같이 정의하였다.

> 전문적 능력에 장애가 되는 것들은 다음과 같다. (a) 전문성을 통합하고 획득할 수 없거나 하지 않는 것, (b) 역량 있는 수준에 도달할 만한 전문적 기술을 획득하는 능력의 부족 그리고 (c) 전문성에 영향을 미치는 자신의 스트레스, 역기능적 정서, 과도한 반응들을 통제하는 능력의 부족(pp. 291-292)

그들은 장애(혹은 문제가 되는 특성)와 슈퍼바이지의 비윤리적 행동을 중복된 개념으로 정의했다. "모든 비윤리적 행동은 장애를 나타낸다. 반면 장애는 비윤리적 행동이 될 수도 있고 아닐 수도 있는 다른 면들을 가지고 있다"(p. 292). 그러나 평가와 관련된 내용을 훈련하고, 절차를 지키며, 평가를 적시에 사용하는 것과 같이 프로그램이 그 자체로 윤리를 실천하는 것이 중요하다(Lamb et al., 1991).

Forrest(1999) 등은 부적격자, 문제가 되는 행동, 비윤리적인 행동에 대한 논란에서 문제가 되는 학생을 모두 아우를 수 있는 광범위한 정의를 내리는 것은 어렵다고 설명하였다. 왜냐하면 "몇몇의 비윤리적이고, 무능력한 행동은 전문적 기능이 부족해서가 아니라 최소한의 전문적 기준에 도달할 수 있는 능력이 없기 때문일지도 모른다"(p. 632). 게다가 문제라고 여겨지는 부분들은 임상 실제나 윤리적 기준을 결코 충족할 수 없을지 모른다. 그러나 이 상황은 훈련을 하는 동안 확인되지는 않았다고 설명하였다.

역량 있는 훈련생과 문제가 있는 훈련생은 다음과 같은 차이가 있다(Lamb, 1986).

(a) 문제가 있는 인턴은 문제가 확인될 때 다루지 못하고 이해나 인식을 하지 못한다. (b) 문제는 대학에서의 훈련과정을 통해 변화될 수 있는 기술의 부족만을 말하는 것은 아니다. (c) 인턴이 제공한 서비스가 지속적으로 부정적 영향을 준다. (d) 그 문제는 전문성의 한 영역에만 한정되지 않는다. (e) 훈련 교육자들에게 과도한 관심을 요구하거나, (f) 인턴의 행동이 피드백, 교정하려는 노력, 시간이 지나도 변하지 않는다(p. 599).

심지어 강도 높은 교정의 노력에도 변화가 보이지 않았다.

문제행동을 보이는 훈련생들은 3.3~4.2% 또는 4.8% 정도(Olkin & Gaughen, 1991, 54% 응답률)다. 그리고 프로그램의 66%에서 5년 동안 그런 인턴이 최소한 명 정도는 있었다고 보고했다(Boxley, Drew, & Rangel, 1986, 29% 응답률; Forrest et al., 1999). 권고를 해야 하는 분야는 윤리적 위반, 정신병리, 교육 이수의 부족, 부적절한 치료 기술, 부적절한 평가 기술, 임상적 판단력의 부족, 대인관계 기술의 부족, 슈퍼비전에서 문제가 되는 반응을 하는 것, 이론적 기술의 부족, 미성숙한 것들이다(Biaggio, Gasparikova-Krasnec, & Bauer, 1983; Forrest et al., 1999; Olkin & Gaughen, 1991). Procidano(1995) 등은 지난 5년간 대학원의 89%의 과(department)에서 임상 기술에 문제가 있거나 성격이나 정서적 문제가 있는 부적격자가 최소 한 사례 이상 보고되었다고 밝혔다.

Mearns와 Allen(1991)은 연구에서 문제가 있는 동료를 다루는 데 어려움을 경험한 대학원생들을 조사하였다. 그 결과, 심리학과 이수 학생의 95%는 전문성을 저해하는 동료의 심각한 문제가 되는 특성 몇 가지를 인식하게 되었다고 보고했다. 교육 전문가는 이수 학생들이 경험하는 동료와 갈등과 학생들의 강렬한 정서 반응(예: 걱정, 슬픔, 죄책감)을 과소평가했다. 반면 많은 학생은 이 문제에 대해 아무것도 하지 않는 부분에 대해 과대평가하였다. 그러나 실제로 문제가 있는 훈련생들은, 특히 그 문제가 대인관계의 기능이나 개인 내적 기능에서 일 때, 슈퍼바이저 혹은 동료의 보고서나 인턴 수련기관의 슈퍼바이저를 통해 교육전문가의 관심을 받았다(Olkin & Gaughen, 1991).

문제가 있는 훈련생의 당면 과제는 내담자에게 잠재적으로 해가 되며(Frame & Stevens-Smith, 1995), 일반인에게 해를 끼치거나 윤리 규범을 침해할 수 있다는 점들을 내포하고 있다는 것이다. 연수 프로그램, 인턴과정 및 실습과정에서 문제가 되는 행동을 보이는 훈련생을 확인하는 것은 슈퍼바이저에게 더 많은 책임을 지우면서, 구술시험과 자격심사를 없애는 것은 걱정스러운 일이다.

분명한 문제가 있는 심리치료자들은 15~27% 정도로 추정되며, 7~14%는 도움을 받지 않고 있다(Wood, Klein, Cross, Lammers, & Elliott, 1985). 문제가 되는 행동은 정신적 질병, 성적 문제, 소진, 학대, 자격이 정지되는 위반행동들이다(Laliotis & Grayson, 1985). 관계 문제를 보이는 내담자를 치료하거나 어려운 내담자를 치료할 때 스트레스가 커지거나 문제가 될 수도 있을 것이다(Sherman & Thelen, 1998). 문제가 있는 치료사들은 무능력하거나(Kutz, 1986), 비윤리적인 것(Stadler, Willing, Eberhage, & Ward, 1988)과는 구별되어야 한다. Koocher와 Keith-Spiegel(1998)은 그들에게 불평하던 심리학자의 절반 정도는 윤리적 위반을 경험했다고 추정하였다.

Wood 등(1985)은 연구 대상 중 매우 적은 수가 자격 유지에 문제가 되는 동료가 있다고 보고했다. 그러나 문제나 스트레스를 겪고 있다고 생각되는 동료에게 어떻게 다가가야 하는지는 알지 못했다. APA의 윤리 원칙(American Psychological Association, 2002a)은 1992년 규정인 1.13 (b)항에서 "초기 단계에서 그들의 개인적 문제에 대해 도움을 받도록 해야 하고, 문제의 신호를 알아차릴 책임"을 제외했다는 점이 주목할 만하다(Lamb, 2002 개인적 커뮤니케이션). 또한 슈퍼바이저에게 문제가 있는 경우에 대해서는 알려지지 않았다.

## 자격 정지

자격이 정지되는 과정은 다양하다. Biaggio 등(1983)은 대부분의 프로그램에서 학생들의 탈락과 관련한 절차가 없다는 사실을 발견했다. Boxley 등(1986)은 조사에 응한 인턴과정의 44%(29% 응답률)가 훈련생이 탈락되는 데 공식 절차나 예정된 절차가 없다고 보고하였다. 응답자의 10%는 그런 절차가 필요 없다고 보고했다. 응답한 인턴의 66%는 탈락되는 인턴에 대한 절차를 따르게 할 방법이 없다고 보고했다. 그러나 Procisano(1995, 32% 응답률) 등은 모든 이수 프로그램의 74%에서 학생들이 전문성에 문제를 보일 때에 대처하기 위한 정책이 있다고 보고했다. 정책과 그런 문제행동 사례 사이에는 관련성이 있었다.

슈퍼바이저가 부적응적 실행이나 행동을 설명하는 데 초점을 맞추고 슈퍼바이저가 탈락(자격 정지)과정에 대한 법적 절차를 알고 있는 것은 중요하다. 탈락된 학생들은 다른 고용법 조항에 의해 혹은 미국 제14차 수정 헌법에 의해서 보호 절차의 위반에 대한 소송을 걸지도 모른다. 슈퍼바이저에 의해 사용된 절차는 독단적이어서는 안 되고, 변덕스럽거나 편파적이거나 차별적이어서도 안 된다(Knoff & Prout, 1985).

자격 정지의 비율은 다양하다. 프로그램의 이수를 완료하는 비율은 52%(Vacha-Haase, 1995, Forrest et al., 1999의 보고에서)에서 86% 정도(Biaggio et al., 1983)다. APA 위원들로부터 3~5년에 평균 한 명의 학생이 정지를 받았다(Gallessich & Olmstead, 1987, 67% 응답률). Tedesco(1982)의 조사에 따르면, APA 인증 프로그램(63% 응답률)에서 3,325명의 인턴들 중에서 51명이 훈련을 이수에 실패했다. 그리고 다른 89명은 그렇게 하지는 않았지만 조기 종결을 고려했다. 24명의 인턴들은 자신의 선택으로 떠났고, 27명은 그만둘 것을 요구받았다. 중단의 기준은 학습을 충분히 하지 않거나, 정확하게 진행하는 것이 부족하거나, 과정이나 실제에서의 실패, 비윤리적 행동, 성숙한 대인관계 능력의 부족, 상담 능력의 부족, 판단 능력의 부족이다(Biaggio et al., 1983; Gallessich & Olmstead, 1987). Tedesco(1982)에 따르면, 가장 큰 이유는 불안정한 정서와 성격장애의 징후가 있는 것이었다.

몇몇 법적 판례들은 자격 정지의 기준에 대한 지침을 제공한다. 전문적인 대인관계 기술은 대학의 영역에서 다룰 것으로 여겨진다(*Greenhill v. Bailey*, 1975, Knoff & Prout, 1985에서 인용). 그리고 부족한 부분에 대한 교정은 프로그램 교육전문가가 다룬다(*Shuffer v. Trustees of California State University and Colleges*, 1977, Knoff & Prout, 1985에서 인용). 미국 미주리 대학교 평의원 위원회 대 호로비츠(*Bosrd of Curators of the University of Missouri v. Horowiz*, 1978) 판례의 미국 대법원 판결에서, 의대생들은 동료 관계, 환자와 관계, 개인 건강, 임상 실습이 부족해서 받았던 자격 정지를 회복하게 되었다. 법정은 미국 제14차 수정헌법에 따라 모든 권리가 보호되어야 함을 규정하였다(Knoff & Prout, 1985). 다른 사례에서, 앨라니스 대 텍사스 대학교 건강과학센터(*Alanis v. University of Texas Health Sciences Center*, 1992) 판례에서는 불안정한 의료 행위는 의대생을 자격 정지시킬 수 있는 있는 사유가 된다고 간주하였다(Kerl et al., 2002). 법원은 대학의 규준에 따르도록 대학에서 평가하도록 위임하였다(Kerl et al., 2002).

## 훈련생의 문제가 되는 행동에 대한 반응

Lamb(1991) 등은 훈련생의 문제가 되는 행동을 다루는 4단계의 모형을 제시하였다. 1단계 평가과정에서는 초기에 발견하는 것으로 훈련생의 기능 문제를 확인한 슈퍼바이저가 그들에게 고려되는 것들을 계획한다. 자문, 훈련생의 프로그램 변경, 훈련생의 관심(걱정)은 훈련생에게 결점을 교정할 기회를 주고 답을 할 기회를 주면서 절차에 따라 기록되어야 한다.

1단계의 평가에서 개선이 되지 않으면, 2단계를 시도해야 한다. 훈련 교육자는 그 영향에 대해 관찰과 개입을 해야 한다. 슈퍼비전과 다른 개입들은 필수적으로 진행되어야 하고 슈퍼비전 과정에서 변화가 일어나야 한다. 우리는 실행에서 기대하는 것들을 명확하게 하고 특정 일정, 즉 1단계 혹은 2단계에서 교정 계획을 추가하고 훈련생의 학교에 이 사실을 공지한다.

3단계의 개입이 필요하다면 생각해 봐야 한다. 수습 기간이 필요하다면 인턴에게 서면으로 알려야 한다. 이 정보는 대학 교육기관에서 알고 있어야 한다. 일반적으로 전체 과정에 대한 피드백은 훈련생과 교육기관이 알고 있어야 한다. 훈련생이 원하는 절차를 따르게 된다. 제명된다면 학교와 훈련생에게 모두 공지하여야 하고, 중단되는 시점과 절차를 계획한다.

4단계에서는 수습 기간을 갖거나 제명시키는 것이 미치는 영향을 다른 훈련생, 직원, 교육 프로그램 및 훈련생 당사자에게 알려야 한다.

# 문제가 되는 슈퍼바이저

슈퍼바이저는 아마도 개인적 요소나 외적 요소 때문에 자신들의 기능을 실행하기 어려울 수도 있다. Forrest 등(1999)의 설명에 따르면, 문제가 있는 훈련생에 대한 논의처럼 문제가 되는 슈퍼바이저에 대한 논의는 이전에 더 높은 수준의 역량을 갖고 있었다는 가정을 포함한다. Muratori(2001)는 앞서 훈련생에 대해 설명했던 것처럼 문제가 있는 훈련생에게 슈퍼비전을 안내하는 것과 마찬가지로 슈퍼바이저에게도 마찬가지로 슈퍼비전을 받을 것을 제안하였다. Muratori(2001)는 문제가 있는 슈퍼바이저는 훈련생에게도 좋지 않은 영향을 미칠 수 있다고 하였는데, 이는 슈퍼바이지의 경우 슈퍼비전 관계에서 선택의 여지가 없거나 권위에서 차이가 있기 때문이다. 문제가 있는 슈퍼바이지와 작업하는 것보다 문제가 있는 슈퍼바이저와 작업하는 것이 슈퍼바이지에게 더 큰 부담이 된다는 점을 제안한다. 여기에는 권한의 차이에 의해 선례를 통한 절차나 가이드라인을 확립하지 못했다.

# 문제행동의 예방

Coster와 Schwebel(1997)은 진행하기에는 어려운 증상을 보이고 있는 심리치료자들을 다루는 방법들을 소개하였다. 이런 방법들은 슈퍼바이지와 슈퍼바이저의 문제가 되는 증상을 예방하는 데 더 광범위하게 사용될 것이다. 동료, 배우자, 단짝, 가족 및 친구와 같은 사람들의 지지와 자기인식의 관찰과 같은 개인 내적 활동을 개입 방법으로 사용한다. 일을 줄이는 것, 여가활동, 충분한 수면, 전문가로서의 삶에 대한 인식 강화와 같은 것들을 포함하였다. 다른 개입들은 전문적 개입의 형태를 포함한 전문적이고 문화적인 활동과 자기를 관리하는 것들이다. Coster와 Schwebel(1997)은 문제가 되는 행동을 하거나 위험하게 여겨지는 심리치료사를 위한 질문 목록을 만들었다. 이 질문들은 치료사와 함께하는 동료와 자문가의 도움을 받는 메타인지적 기법 혹은 정확한 자기인식으로 반응을 도출한다(Coster & Schwebel, 1997). 슈퍼바이지가 역기능에 대해 인식하고, 예방하며, 자기 모니터링을 잘하기 위한 훈련을 받는 것은 중요하다. Guy와 Norcross(1998)는 자기관리 목록을 소개하였다.

Lamb(1999)은 훈련에서 경계의 딜레마를 효과적으로 확인하고 협의하는 것은 문제행동을 예방하는 전략이 된다고 제안하였다. 이 접근들은 지지적 환경의 제공, 관계를 맺을 기회, 사회적 연결망과 같은 포괄적 방향을 포함한다. 예를 들어, 문제가 되는 행동과 기대되는 행동을 다루는 것, 경계의 주제를 다루는 것, 스트레스를 다룰 수 있는 자기 수양, 스트레스에 대해 세미나를 통한 관리, 경계의 갈등에 대해 원칙을 갖는 것, 역할극이나 다른 방법들로 경계의 주제를 소개하고 확인할 기회를 갖는 것들이 있다.

Slimp와 Burian(1994)은 윤리적 위반을 예방하는 단계들에 대한 개요를 제시하였다. 그들은 기관이 인턴과 직원으로 이루어진 윤리위원회를 구성할 것을 제안하였다. 프로그램과 연계가 없는 윤리 자문가를 두거나, APA 윤리위원회를 이용하거나, 윤리적 위반과 관련한 정책과 절차를 확립할 것을 강조하였다. 즉,

윤리위원회가 어떻게 자문을 해야 하는지를 안내하고, 어떤 근거로 자문을 해야 하는지를 안내하는 절차를 강조하였다. 또한 교정과 처벌에 대한 절차, 위원회의 권고사항을 구속력 있게 되도록 안내하는 절차, 따라야 하는 구체적인 행동방식들에 대해 안내할 것을 강조하였다.

# 교 정

상담자의 교육과 슈퍼비전 협회(Association for Counselor Education and Supervision, 1995)는 교정(치료)과 관련한 원칙을 다음과 같이 설명하였다.

> 2.12. 슈퍼바이저가 슈퍼바이지를 평가하기 때문에 슈퍼바이저는 슈퍼바이지의 전문적 한계나 개인적 한계를 인식하게 될 것이다. 슈퍼바이저는 슈퍼바이지에게 치료를 권고할 책임이 있으며, 상담이 적용되는 훈련 프로그램과는 구분할 책임이 있다. 혹은 전문적 서비스를 제공할 수 없는 슈퍼바이지에게 자격증을 주는 것에 대해서는 책임을 져야 한다. 이 권고사항들은 슈퍼바이지들에게 문서로 정확하고, 전문적으로 설명되어야 한다.

Olkin과 Gaughen(1991)은 문제 학생들을 다루어 변화시킬 것을 강력하게 권했다. 이상적으로 이 작업은 훈련 초기에 해야 된다. 또한 슈퍼바이지와 방침들과 기대에 대해 명확하게 계약을 맺어야 하고, 설명한 권고사항에 대해 정기적인 평가와 피드백을 해야 한다.

훈련 시 문제를 확인하고 개선해야 함을 미리 알려 주어야 함을 제안하였다. 심리치료자들은 치료를 강하게 믿는 경향이 있다. 문제행동을 다루지 않고 심각하게 지속될 때 문제가 된다(Vasquez, 1988). 관찰과 평가, 담당 사례의 변경, 직접 관찰과 같은 강력한 개입, 슈퍼바이저와의 협동 치료, 보충과정 등(Lamb et al., 1987)을 통해 다소의 교정이 이루어진다. 목표 설정과 더 잦은 피드백을 하는 것은 작업 동맹을 강화시키도록 도입하는 단계가 된다(Lehrman-Waterman & Ladany, 2001). 개별 치료를 받거나 상담을 경험하는 것은 선택사항이다(Knoff & Prout, 1985). Olkin과 Gaughen(1991)은 재교육과 개인 치료가 흔한 교정의 형태이기는 해도 치료 목표와 계획이 분명하지 않고, 잘 계획되어 있지 않아 프로그램에서는 이루어지지 않지만, 학생이나 치료자는 하고 있음을 언급하였다. 비밀 보장 때문에 프로그램은 훈련생의 진행과정을 보호해 줄 수 없고, 그러한 것들이 부족하다.

대학에서 문제나 임상적 문제를 위해 교정을 선택한다는 것은 분명하지 않다(Olkin & Gaughen, 1991). Layman과 McNamara(1997)는 훈련생의 잘못된 성행동을 교정했던 사례에서 성적으로 잘못을 한 훈련생에 대한 낮은 평가들이 훈련 기간에 성급한 확인과 개입에 영향을 주지 않도록 관심을 표현하였다. 24세의 어린 나이에 술을 마시는 것이 더 해로웠다고 말했던 치료사의 회고처럼, 알코올 중독 상태는 인턴 기간 중에 더 문제가 될 수 있다(Skorina, Bissell, & DeSoto, 1990). 이것은 이수과정에서 많은 사례가 나타난다.

훈련 프로그램은 훈련생의 문제를 교정하기 위한 단계를 계획해야 한다. 위험 요소가 인턴 기간에 드러나지 않을 수도 있다(Kaslow & Rice, 1985; Lamb et al., 1987; Lipovsky, 1988). 인턴 프로그램의 교육자와 슈퍼바이저는 훈련과정이 스트레스, 잠재된 소진, 피로, 상처받기 쉬운 상태와 같은 위험 요소들이 따른다는 점을 알고 있다(Lamb et al., 1982). 행동 계획과 절차, 교육자들의 지지, 진행의 모니터링 외에도 약간의 개선을 강조하는 강점에 기반한 이론이 나타났다. 교육자는 훈련 환경이 매우 지지적인 분위기라고 여기며, 훈련생은 지지적이지 않다고 여길 수 있다. 훈련 환경에 대한 지지의 정도 면에서 슈퍼바이저와 훈련생의 지각에는 차이가 있을 수 있다는 점은 주목할 만한 일이다. 이 가능성은 더 탐색되어야 한다.

Wise와 Lowery 그리고 Silverglade(1989)는 기술 발달, 워크숍, 집단 슈퍼비전, 지속적 교육 경험에 초점을 둔 교정적 방법을 설명했다. 그러나 특정 주제를 다룰 필요가 여전히 있다고 여기거나 기술을 발달시키는 데에서 개인적 문제가 영향을 미친다면 개인 상담을 권할 것을 제안하였다. 그들이 내담자를 만나기 전에 확인하고, 치료자로서의 정체감을 형성하기 시작할 때 확인하면 가장 적절한 시기에 더 큰 통찰을 얻게 될 것이다.

# 슈퍼바이저의 평가

슈퍼바이저의 실행에 대하여 피드백을 하는 것은 평가의 한 부분이다. Sherry (1991)는 슈퍼비전 역량 평가의 하나로 모든 슈퍼바이지가 자신이 받은 슈퍼비전을 평가해야 하고 슈퍼바이저에게 피드백을 제공해야 한다고 제안했다. 또한 슈퍼비전의 목표를 이루는 과정은 정기적으로 검토되어야 하며, 슈퍼바이저에 대한 슈퍼비전도 해야 한다고 제안하였다. 또한 슈퍼바이저는 개선해야 하고 성장해야 하는 영역과 성공, 실패에 대해 자기평가를 해야 한다고 덧붙였다. 그러나 슈퍼바이저 평가의 유형에 대한 연구는 상대적으로 간과되어 왔다 (Dendinger & Kohn, 1989). 슈퍼바이저에 대한 평가의 유형은 자기평가와 슈퍼바이저의 슈퍼바이저에 의한 평가, 동료 슈퍼바이저에 의한 평가, 슈퍼바이지에 의한 평가, 외부인에 의한 평가 등이 있다(Dendinger & Kohn, 1989). (슈퍼바이저는 슈퍼바이지에 의해 관계, 협의 수준, 지식, 소통에 대해 평가를 받게 되며, 관리자는 생산성, 잘못, 불만들을 평가하게 된다고 제시하였다[Dendinger & Kohn(1989)의 보고]. 이러한 목적을 위한 평가 도구는 '슈퍼비전 만족도 질문지(Supervision Stasfaction Questionnaire)'(Ladany, Hill, Corbett, & Nutt, 1996), '슈퍼비전에 대한 슈퍼바이지의 지각(Supervisee Perception of Supervision)'(Olk & Friedlander, 1992), '슈퍼비전 관련 지식과 기술에 대한 슈퍼바이지/훈련생의 자기평가(Supervisee/Trainee Self Assessment of Supervision-Related Knowledge and Skills)'(Borders & Leddick, 1987)가 있다. Ladany, Hill, Corbett 그리고 Nutt (1996)의 양식은 만족도가 낮은 영역에 대한 피드백 없이 만족도만을 전반적으로 조사하고 있다. Olk와 Friedlander(1992)의 질문지는 〈부록 H〉의 설문지에 슈퍼비전의 평가에 대한 슈퍼바이지의 지각을 추가하였다. Borders와 Leddick (1987, 〈부록 G〉 참조)은 특정 부분에 대한 피드백을 하기에 가장 좋은 조사 양식을 제안하였다. 이 조사 양식은 교육, 상담, 자문 및 연구와 같은 항목으로 분류되어 있다. Hall-Marley(개인적 커뮤니케이션, 〈부록 L〉에서 Falender의 수정)가 개발한 또 다른 조사 양식은 슈퍼바이지의 역량에 대한 전반적 기대와 관련되어 있다. Hall-Marley가 개발한 또 다른 측정 도구(개인적 커뮤니케이션, 〈부록 K〉 참조)는 슈퍼바이저의 피드백을 모아 프로그램의 목표와 훈련 계약서를 통합하여 작성하도록 하였다.

Herrmann(1996)은 병원에서 슈퍼바이저를 평가하기 위해 세 부분으로 구분된 형식을 개발했다. 첫 번째 부분에서는 주요 사건에 대한 접근으로 슈퍼바이저와 슈퍼바이지가 주마다 보내는 시간, 6개월 동안 슈퍼바이저와 했던 녹화 면담이나 직접 면담의 수, 진행에 대해 상세하게 피드백을 받았던 횟수를 기록하는 것이다. 두 번째 부분에서는 레지던트가 평가 목록을 가지고 슈퍼바이저의 열정, 조직화, 명확도, 지식, 슈퍼비전 기술, 능력, 모델링 능력(예: 역할 모델링의 요소들, 정기적 피드백과 비평, 성적·윤리적·문화적·사회경제적 상태와 관련한 주제에 대한 민감도)을 평가한다. 레지던트는 5점 리커트 척도로 슈퍼바이저에 대한 평가를 한다. 마지막 세 번째 부분에서 레지던트는 슈퍼바이저의 강점, 주요 약점, 슈퍼비전의 질을 높이기 위해서 개선이 필요한 부분에 대해 이야기할 기회를 갖는다. 큰 규모의 훈련 프로그램에서는 익명성이 보장되었다. 일반적으로는 슈퍼바이저로부터 피드백을 받는 것이 가장 최선이었다. Ramsbottom-Lucier, Gillmore, Irby 그리고 Ramsey(1994)가 개발한 또 다른 평가 양식은 슈퍼바이저의 지식, 분석 능력, 다가가기 쉬운 정도, 라포 형성, 조직화와 명확도, 열정, 학습자와 관계, 피드백과 지시, 임상 기술의 사용 능력에 대해 레지던트가 6점 리커트 척도로 평가하는 것이다. 레지던트들은 슈퍼바이저와 관련되어 받았던 정도를 4점으로 평가하였고, 신뢰도는 매우 높았다. 특히 외래 환자를 보는 상황에서 신뢰도가 더 높았다.

# 프로그램 평가

프로그램의 평가는 중요한 영역임에도 불구하고 관심을 거의 기울이지 못했다. Norcross와 Stevenson(1984)는 의료 프로그램을 평가하기 위해 교육자들이 사용한 주요 요소는 인턴들에 대한 슈퍼바이저의 피드백과 인턴들이 획득한 질적인 부분들이었다고 밝혔다. 또 다른 주요 측정은 슈퍼바이지가 슈퍼바이저를 양적으로 평가한 것이었다. 어떤 것들은 훈련 상황의 차이에 따른 훈련생 집단의 비교가 가능했다(Aronson, Akamatsu, & Page, 1982). 또한 훈련에서 필요하다고 여기는 특정 기술의 습득(예: 공감)을 모니터링할 수 있었다. 종이나 펜 외에 가능한 도구를 사용하거나, 특정 주제를 사용하거나, 내담자의 결과에 미치는 영향을 평가하는 것과 같은 방법론적인 주제들은 프로그램 평가를 위해 제시되었다.

# 요 약

결론적으로 평가는 치료자의 훈련에서 핵심이 된다. Robiner, Saltzman, Hoberman, Semrud-Clikeman 등(1997)은 다음과 같이 요약하였다.

> 평가는 적절한 임상적 판단을 실행할 수 있는 슈퍼바이지의 능력과 슈퍼바이지의 숙련도를 판단할 것을 요구한다. 그리고 슈퍼바이지가 다음 단계의 훈련을 받을 수 있는 행정적인 결정은 슈퍼비전 평가에 의해서 이루어진다. 궁극적으로는 임상에서의 자율권을 얻는 것 역시 슈퍼비전 평가를 통해 이루어진다(p. 50).

신뢰적인 전문가가 되기 위해 필요한 역량은 자기평가를 하는 능력, 실행을 평가하는 능력 그리고 역량에 기초한 평가를 할 수 있는 능력을 의미한다. 또한 과정에서의 평가와 총괄적 피드백을 제공할 수 있는 역량을 말한다. 이해하기 쉽게 과정에서 평가와 피드백을 할 수 있는 많은 도구가 언급되어 왔다. 역량 있는 슈퍼바이저는 슈퍼비전 관계에서 평가, 피드백 및 고려사항들에 초점을 맞추어야 한다.

## 역 량

슈퍼비전의 평가에 필요한 역량들은 다음과 같다.

- 훈련을 계획하는 것으로 강점과 개선이 필요한 영역을 정의하여 슈퍼바이지를 평가하는 능력
- 슈퍼비전 계약서를 구성하는 능력
- 훈련을 받는 동안 슈퍼바이지의 행동과 실행을 평가할 수 있는 도구를 구성하는 능력
- 자기평가 기술과 슈퍼바이지의 자기평가를 관리하는 기술
- 기본이 되는 총괄평가, 형성평가를 제공하는 기술
- 슈퍼바이지에게서 자신에 대한 피드백을 이끌어 내는 기술과 이 피드백을 활용하는 기술

# 제9장 임상 슈퍼비전의 발전

슈퍼비전의 연구들을 검토해 본 결과, 슈퍼비전의 전망이 변하고 있다는 결론을 도출하였다. 이 책에서는 질적으로 높은 슈퍼비전을 제공하기 위해 필요한 역량들을 소개하였다. 이 책에서 소개한 슈퍼비전의 역량은 임상가, 교육자, 슈퍼바이저, 자문가의 지식과 기술 그리고 대인관계의 질이다. 슈퍼비전을 하는 데 필요한 역량은 사람들의 욕구와 서비스의 변화에 따라 변화한다. 또한 심리학이 발전함에 따라 슈퍼바이저의 책임—즉, 내담자에 대한 책임과 슈퍼바이지의 역량을 평가할 책임—이 증가하게 되며, 따라서 슈퍼비전에서 필요한 역량역시 지속적으로 변화하게 된다. 슈퍼비전은 이러한 발전의 중심에 있다.

우리의 목적은 슈퍼비전을 임상 실습과 구별하는 것이고, 적절한 행정 지원을 받으면서 교육과 훈련을 하여 특별한 것으로 발전시키는 것이다. 슈퍼비전은 슈퍼비전만의 고유한 특성이 있고, 그렇게 인식할 만한 가치가 있다. 우리는 슈퍼비전의 역량을 명확하게 정의할 수 있도록 관심을 유도하고, 적절한 방법론을소개하여 슈퍼비전을 발전시키는 데 기여할 수 있기를 바란다.

이 책은 슈퍼비전의 실제에서 고려해야 할 학문적 토대를 제공하고, 기초 연구와 개념적 토대를 제공하려는 의도를 가지고 있다. 이러한 목적으로 개념적 틀과 평가 도구를 제시하였다. 우리는 슈퍼비전의 모든 과정(단계)을 평가하는 데 초점을 맞추었으며, 이론과 실제의 통합을 강조하였다. 관계에서의 진솔함, 윤리적 가치를 기초로 한 실천, 다양성의 인식 및 객관적 실천은 슈퍼비전과 심리치료의 실제에서 상위 가치들로 여겨졌다. 우리는 슈퍼비전에서 역량에 기초한 접근을 사용할 것을 제안하였다. 그러한 접근모형은 슈퍼비전의 목표를 보완하고, 경험적 연구를 지지하기 때문이다. 슈퍼비전의 과정, 개념 및 접근에 대한 이해가 높아지면 슈퍼비전의 실제에 적용할 수 있게 될 것이다. 프로그램의 발달은 교육기관, 병원, 상담소, 훈련 프로그램 또는 대학의 특성과 요구에 맞출 필요가 있다. 슈퍼비전에 있어 변화의 시작은 발전을 지지하는 각 체계—예를 들어 학회, 임상 교수, 개별 슈퍼바이저—에 책임을 요구하는 것이다. 개인 혹은 기관 차원에서의 이런 시작은 역량 있는 슈퍼비전의 실천에 대한 전문적 가치와 책임을 반영하는 것이다.

## 당면한 기회와 도전

임상 훈련과 슈퍼비전의 질이 높을지라도 기회와 도전은 늘 존재한다. 역량은 더 강화될 수 있으므로, 슈퍼바이저와 교육자는 질적 개선을 위해 책임감을 갖고 지속적으로 기회를 만들어야만 한다(Nelson, Batalden, & Ryer, 1998). 교육기관은 개인의 역량 증가(제3장에서 설명함)와 다양성에 대한 역량 증가(제6장에서 설명함) 그리고 윤리와 법을 지키는 것(제7장에서 설명함)과 관련하여 상황에 맞게 프로그램을 시작할 수 있다. 실제 임상의 질을 높이고 임상가의 행동에 영향을 주기 위해 개발한 실행모형(Practice Improvement Model: PIM)들은 슈퍼비전의 역량을 강화하는 데에도 적용될 수 있다.

Cape와 Barkham(2002)은 임상 실제를 개선하기 위한 방법들을 워크숍, 슈퍼비전, 임상 가이드라인, 자료(evidence)에 근거한 임상적 방법들, 실제에 기초한

방법들, 임상 보고서, 결과 모니터링, 결과 관리, 결과 평가 그리고 지속적인 질
적 개선으로 정의하였다(pp. 285-286). 이러한 워크숍, 슈퍼비전에 대한 슈퍼비
전, 슈퍼비전의 지침, 실제에 기초한 방법들, 결과 모니터링과 같은 접근들은 임
상 슈퍼비전의 각 수준에서 슈퍼비전 실제를 강화하는 유용한 전략들이다. 강의
식의 방법보다는 직접 경험해 볼 수 있는 훈련 세미나와 워크숍은 전문성을 개
발하고 훈련하는 데 직접적으로 영향을 미친다. 슈퍼바이저를 위한 APA의 윤리
원칙(Association for Counselor Education and Supervision, 1995)에 따라서 문헌
검토를 하고, 동료 슈퍼비전을 진행하면 참여자 모두 배움의 기회를 갖게 되고, 구
체적인 피드백의 방법을 알게 된다. 슈퍼비전 진행 규정과 모든 단계의 슈퍼바이저
를 보조하는 것은 슈퍼비전의 실행력을 강화시키는 개입이 된다. 이 책에서 설명하
는 슈퍼비전의 지침들은 다문화나 다양성의 역량과 관련한 내용들처럼 슈퍼비전
에서 특정 주제를 다루는 데 기초 도구가 된다(American Psychological Association,
1993a, 2000, 2002b). 지침들은 "연구 결과나 합의에 기초한 것이든 아니든 간에 적
절한 실행이라고 동의하는 부분에 초점 맞추어"(Cape & Barkham, 2002, p. 291)
발달했을 때 도움이 된다.

　실천에 기초한 방법들은 사례에서 슈퍼바이저 또는 임상가의 실천에 직접 초
점을 맞추고 있다. 자기평가를 상세히 한 것으로서(제3장 참조; Belar et al., 2001)
Milne과 James(2002)가 슈퍼비전의 역량에 기초한 모형(제1장 참조)에서 설명한
것처럼 슈퍼비전 지침과 관련하여 슈퍼바이저의 행동에 대한 객관적인 분석을
한 슈퍼바이저의 자기보고식 측정 도구는 슈퍼바이저의 행동을 개선하는 데 좋
은 도구가 된다. 모니터링과 관리는 슈퍼비전의 결과와 직접적으로 관련되어 있
다. 현재 슈퍼비전에 대한 만족도와 역량에 대한 대부분의 평가 절차들은 슈퍼
바이지의 자기보고에 의존하고 있다. 그것들은 슈퍼비전 역량의 발달이나 슈퍼
비전의 과정에서 실제 결과들을 측정하지는 못한다. 결과에 대한 평가는 치료
회기에서 나타나는 관찰 기술에 의해 그리고 내담자의 반응을 측정하여 알 수
있다(Lambert & Hawkins, 2001).

　평가 기준(benchmark) 또한 역량을 평가하는 데 유용하다. 역량의 수준은 행

동을 정의하는 데 분명한 기준이 될 수 있고 조작될 수 있다. 훈련 기간 동안 슈퍼바이지가 달성한 기준에 의해 슈퍼바이저의 효과성이 평가될 수 있다. 역량의 요소들을 분명하게 정의하고, 훈련의 목표를 명확히 하고, 실행을 평가하기 위한 절차를 확립할 때, 그런 방법은 역량에 기초한 슈퍼비전 접근을 완성한다. 하나의 개입 전략을 사용하는 것보다 다차원적 PIM을 사용하는 것이 슈퍼바이저와 슈퍼바이지, 내담자에게 미치는 영향이 더 클 것이라는 점을 예상할 수 있다. 우리는 각 영역(예: 개인적 요소, 다양성, 윤리, 법, 평가)에서 슈퍼비전의 역량을 개별 혹은 프로그램별로 스스로 평가할 것을 제안한다.

다음은 슈퍼비전의 발전을 강화하는 단계를 고려하여 Cape와 Barkham(2002)이 추천한 내용을 설명한 것이다.

**변화의 순환**    슈퍼바이저와 교육자는 변화될 필요가 있는 임상 영역과 슈퍼비전의 실제가 무엇인지에 대해 명확히 하여 통합된 접근을 사용하는 것이 도움이 된다. 개인이나 팀에서 그들이 취약하다고 믿는 영역이나 발전되어야 한다고 믿는 영역이 변화를 시작하기에 좋은 지점이 된다. 진행과정의 안내, 모니터링(관찰), 성과 관리 등의 3단계 각각에 초점을 맞춘 실천 계획은 큰 영향력을 갖게 될 것이다.

**진행과정 안내**    슈퍼비전의 접근 기술과 개입 기술에 초점을 두고 있는 슈퍼비전의 실천 지침을 개발할 필요가 있다. 워크숍, 동료 슈퍼비전, 동료의 평가는 지침의 이행을 격려하기 위해 사용될 수 있다.

**진행과정 모니터링(관찰)**    슈퍼비전의 진행과정을 모니터링하는 것은 변화를 촉진하는 개입을 하기 위해 필요하다. 이 요소는 변화의 순환에 영향을 미치는 평가와 행동 반영을 하게 이끈다.

**결과 관리**    결과를 관리하는 방법은 표준화될 필요가 있고, 슈퍼바이저가 잘 알고 있어야 한다. 그래서 경험적인 자료가 임상적인 자유(wisdom)와 같다고 여기는 것은 어떤 의미에서는 비전문적 접근과 같다.[1]

슈퍼비전의 프로그램들은 임상학자에 의해 발전된 기술을 협력적으로 사용함으로써 지속적으로 변화하여 더욱더 체계적으로 될 수 있다.

슈퍼비전의 실제를 발전시키는 구체적 방법에 덧붙여, 우리는 반영과 반응 기술을 발달시킬 것을 제안한다. 반영 기술과 반응은 제1장에서 논의한 것으로서, 슈퍼바이저와 슈퍼바이지가 메타인지적 관찰을 하고 자기평가를 할 수 있도록 자신의 역량을 키우는 데 도움이 될 것이라고 제안하였다. 이 기술들은 슈퍼비전의 동맹 관계를 모니터링하는 데 특히 중요하다. 또한 이 기술은 관계에서의 진솔함, 윤리적 가치관이 기초가 된 실천과 다양성의 적용 그리고 객관적 실천과 같은 상위 가치를 적용하는 데 중요하다.

이러한 상위 가치들은 (우리의 관점에서 볼 때) 심리학에서 치료와 슈퍼비전을 하는 데 중요한 영향을 미친다. 그러나 이러한 가치들만큼이나 중요한 점은 그것들을 슈퍼비전 관계에서 표현하는 데 신중하고 사려 깊은 관심이 필요하다는 것이다. 슈퍼바이저는 관계에서 약속을 어기지도 않고 경계를 침범하지 않는 등 진솔한 태도를 보일지 모른다. 그러나 이해하기 어려운 확언이나 비난은 슈퍼비전의 동맹 관계를 약화시키며 신뢰 관계로 발전하는 데 제한이 된다. 예를 들어, 슈퍼바이지의 문제에 단순하게 제안하기보다 그 문제의 탐색에 온전히 집중하거나 지속적으로 관심을 보이는 것은 더욱 신뢰적인 슈퍼비전 관계를 만들 것이다. 마찬가지로 다양성을 적용하기 위해서도 지속적 관심과 기술이 필요하다. 예를 들어, 치료과정에서 민족성의 영향에 대해 표면적이고 진부한 평가를 하기보다는 문화가 현재 어떻게 영향을 미치고 있는지를 포괄적으로 이해하는 것을

---

1) Cape & Barkham (2002). Practice Improvement Methods: Conceptual Base, Evidence-Based Research, and Practice-Based Recommendations. *British Journal of Clinical Psychology, 41*, pp. 285-307. Copyright 2002 by the Brithish Psychological Society. 허가하에 게재함

목표로 하는 것이 더 낫다. 이러한 가치들에 대한 관심은 슈퍼바이저로서의 책임을 충실히 이행하는 것과 마찬가지로 중요하고, 가치에 기초한 윤리적 실행에 기여하는 것이다. 슈퍼비전을 가장한 심리치료를 하는 것을 포함하여 행동에 대한 분명한 경계를 유지하며, 유혹에 민감하고, 권위를 존중하고, 부적절한 이중 관계를 피하는 것은 윤리적 실천이 된다. 게다가 가치 있는 관계처럼 슈퍼비전은 인간의 주된 가치인 진솔함, 공감, 다른 사람의 복지에 대한 책임, 내담자의 치료에 대한 높은 기준과 전문성들을 경험할 수 있다. 또한 가치들은 약점에 초점을 맞추기보다는 강점에 초점을 맞추면서 역량의 발달을 촉진시킨다. 프로그램을 통해 고취된 관심은 창조적 환경으로 나아가게 한다. 과학과 실천을 통합하는 작업은 자료에 기초한 실천을 통해 신뢰적인 협력 관계의 형성을 요구한다. 그리고 심리치료 과정과 슈퍼비전 과정에 대한 분석을 위해 과학적 조망이 필요하다.

## 앞으로의 전망

슈퍼비전의 실제는 서비스의 변화가 지속적으로 이루어지고 있는 건강관리 체계 내의 다양한 사람들의 욕구를 훈련생에게 가르치기 위해 노력하는 것이다. 심리치료자는 과거보다 더욱더 변화하는 임상 장면에서 새로운 임상 기술을 적용할 수 있어야만 한다. 임상 역량이란 임상 장면에서 필요하고 유용한 기초가 되는 지식 및 기술 및 가치를 말한다. 치료의 형식을 어떻게 할지에 대해 광범위하게 학습하여 슈퍼바이저는 편협한 태도로 훈련을 하기보다는 역량의 변화에 초점을 맞추어 이러한 관점을 강화시킬 수 있다. Norcross와 Halgin(1997)은 슈퍼비전에서 통합적인 접근을 설명하며 다음과 같이 말하였다. '무엇을 생각하는가'보다 '어떻게 생각하는가(생각하는 방법)' 하는 점이 강조되어야 한다. 이러한 초점의 변화는 미숙한 제자나 생각 없는 모방가와 다르게 자기평가적 임상 방식과 다원주의를 형성한다. 플라톤은 의사를 두 집단으로 구분하면서 의존적인 의사들은 "그들의 스승을 관찰하고 그대로 따라 하면서 의료 지식을 얻는다." 그리고 "그들의 환자들에게 결코 개별적으로 말하지 않으며 [단지 처방한다] 경험은 단지 무엇인가를 제안한다." 반면 진실한 의사들은 "자유롭게 과학적으로 배우고, 집중하고, 실행한다. 그리고 명령하지 않는 어조로 질문한다." (Jackson, 1999, p. 41)고 보았다. 슈퍼비전은 전문적인 반영적 실천과 임상적으로 어떻게 생각해야 할지를 아는 능력을 필요로 하는 임상과학자로서의 시각을 유지해야 한다. 경험적으로 지지된 치료에서 발전(Addis, 2002)과 같이 그리고 건강관리에서의 치료자의 역할의 변화(R. T. Brown et al., 2002)와 정신약리학을 포함하고, 과학에 기초한 실천의 발전(Beutter, 2000)과 마찬가지로 슈퍼비전은 심리학의 발달에 같이 변해야 한다(Norcross, Hedges, & Prochaska, 2002).

　임상 슈퍼비전의 실제는 과학과 실천의 통합과 관련하여 특히 효과적인 방법을 확보하기 위해 더욱 활발한 연구를 해야 한다. 또한 모든 수준에서 법과 윤리를 통합하고, 문화적 역량과 다양성의 역량을 발전시키며, 역량의 기준이 되는 형성평가와 총괄평가를 하는 효과적 방법들을 개발하기 위해 더 연구해야 한다. 자료에 근거한 경험적인 이론의 기초가 필요하다. 다른 역량들처럼 슈퍼비전의 훈련은 대학 교육과 임상 경험 사이에 적절한 조화를 이루며, 역량 있는 실행을 하게 하는 지식, 기술 및 태도를 습득하는 것을 통해 가장 효과적으로 이루어질 것이다. 우리는 변화하는 임상 환경에 의해 현혹될 필요가 없다. 새로운 시각들은 다음 세대의 심리치료사가 전문가로 성장하는 데 슈퍼바이저가 기여할 수 있도록 기회를 확대시킬 것이다.

# 부록 A
# 슈퍼비전 계약서 양식

'슈퍼비전 계약서 양식(Sample Supervision Contract Outline)'은 문서에 포함되어야 하는 차원들을 설명하기 위해 고안되었다. 슈퍼바이저의 역할, 슈퍼바이지의 역할 그리고 관계를 정의하는 부분들로 구성되어 있다. 계약서는 슈퍼비전의 동맹과 관계를 발전시키는 데 중요한 역할을 한다. 게다가 슈퍼바이저가 요구하는 기대와 요소를 분명하게 정의함으로써 슈퍼바이지의 역할을 명확하게할 수 있다. 이 문서는 예로 활용할 수 있다. 개별 프로그램들은 상담 현장의 요구에 맞는 계약서를 개발해야 한다.

_____(슈퍼바이지)와 _____(슈퍼바이저, 기관장)는 이 내용에 동의한다.

날짜: _____

슈퍼비전의 목적(예: 인턴의 자격을 충족하기 위해 혹은 슈퍼바이지가 자격증을 준비하기 위한 것)은 _____이다.

- 슈퍼바이저가 슈퍼비전에서 제공하는 것에 대해 명확하게 정의하시오(예: 슈퍼비전 초기에 슈퍼비전 계약서에 포함되는 것들).
  - 횟수, 간격, 기간, 슈퍼비전의 유형(개인 혹은 집단), 비용
  - 교육, 슈퍼비전의 경험, 다문화적 역량과 같은 슈퍼비전이 가능한 영역
    - 슈퍼바이저는 슈퍼바이저-슈퍼바이지-내담자의 3자 관계에서 다양성과 문화적 차이를 다루고 존중해야 한다.
  - 발달모형과 같은 슈퍼비전의 모형과 이론
  - 개입의 방향이 되는 이론 배경
  - 내담자 지위

- 슈퍼바이저가 학습, 교육, 멘터링, 훈련생의 성장, 전문성 개발에 초점을 맞출 것이라는 기대
  - 슈퍼비전에서 개방적으로 의사소통을 하고 상호 피드백이 이루어질 것이라는 기대
  - 슈퍼비전에서 치료를 하지 않을 것이라는 기대
  - 슈퍼비전이 가치, 신념, 대인관계의 편견, 사례에서 역전이를 일으킬 만한 갈등을 다룰 것이라는 기대
- 슈퍼바이지에게 기대하는 것과 슈퍼바이저의 역할과 같은 슈퍼비전 형식
- 제출 기한에 대한 설명과 기록 유지 점검
- 유용성
- 취소나 일정을 변경하는 절차
- 긴급 상황 시 연락 가능한 비상연락망
- 기관, 윤리, 자격증, 법 규정과 원칙을 지킬 것에 대한 필요성
- 슈퍼비전 계약서에서 명시되어 있고 계약 시 다룬 측정 가능한 내용에 대한 총괄평가와 형성평가
  - 슈퍼비전을 처음 시작할 때의 평가
  - 자기평가와 동료 평가
- 전문성
  - 슈퍼바이저가 전문성의 모델이 될 것이라는 설명
  - 슈퍼바이지에 대한 불만, 비밀 보장, 진행과정, 평가에 대해 다룰 것에 대해 사전 동의받기
- 슈퍼비전에서 슈퍼바이저의 책임에 대해 설명하고 슈퍼바이지가 내담자에 대한 정보 공유의 중요성 설명하기
  - 슈퍼바이저는 슈퍼바이지가 자신의 견해와 일치하지 않거나 다를 때 표현할 것을 기대함
  - 슈퍼바이저는 슈퍼비전에서 슈퍼바이지가 느끼는 관계의 어려움을 이야기해 주기를 기대함
- 가치관, 신념, 편견, 갈등, 경향성과 같은 개인적 요소를 다루게 된다는 설명
- 훈련 시작과 훈련과정에서 개인의 학습 동기(욕구)에 초점을 둔 평가의 설명
- 훈련생을 위한 공간과 자원
- 비용의 명시
- 문제 발생 시 보험 책임

- 슈퍼바이지가 슈퍼비전 상황에서 일반적으로 제공받기를 기대하는 것에 대한 명확한 정의
  - 훈련 날짜, 시간, 예약 시간과 같은 시간을 정하는 것
  - 기관의 규정, 윤리, 자격, 법 규정, 원칙을 지키는 것
  - 내담자, 구성원 혹은 그 밖의 사람들과 서로의 경계를 분명히 하는 것(혹은 객관성을 상실할 수 있는 다차원적 관계를 피하는 것)
  - 대부분의 계약서에는 내담자와 성관계를 하지 않겠다는 약속을 다루고 있음. 그런 조항이 불필요하다고 보지만, 그것은 선택사항임
  - 이전 경험의 개방
  - 슈퍼비전을 하기 전에 보고서를 완성하거나 슈퍼비전을 하기 전에 슈퍼바이저에게 검토할 수 있도록 보고서를 제출하는 것. 슈퍼비전 보고서는 APA의 양식을 따르거나 다른 정해진 기준에 따라서 작성해야 함
  - 오디오 혹은 비디오테이프의 요구
  - 각 영역을 구분하여 작성하는 것 ─ 예: 집단, 가족, 청소년, 아동, 다양성과 관련한 요소, 발달 수준, 지지하는 모형과 자문
  - 약속 날짜에 참석하거나 결석하거나 변경하는 절차와 원칙
  - 슈퍼비전 회기를 위한 준비
  - 세미나, 사례 회의, 그 밖의 연구 모임의 참석과 관련한 사항
  - 즉시 응할 책임
  - 슈퍼바이지가 다음의 개념을 알고 있을 것에 대한 기대 ─ 이론, 다문화적 개념, 연구의 배경, 발달 단계, 진단
  - 배움에 대해 지속적이고 발전적이며, 삶의 과정으로 받아들이는 자세
  - 피드백에 대한 개방과 수용
  - 내담자에게 슈퍼바이지로서 훈련받고 있음을 알려야 하는 의무에 대한 설명과 슈퍼바이저의 이름, 연락 정보를 알려 주는 것

- 관계
  - 슈퍼비전의 관계는 성장을 촉진하고 멘터링을 확립하는 양방향의 관계다.
  - 슈퍼바이저와 훈련생을 위해 함께 발전시킨 목표를 갖는다.
  - 슈퍼바이저가 훈련 경험을 존중하고, 격려하며, 강화시킬 수 있는 학습의 관계를 긍정적으로 촉진시킬 수 있는 기술을 소유할 것이라 기대한다.

- 슈퍼바이저가 훈련 경험을 존중하고, 격려하며, 강화시킬 수 있도록 학습의 관계를 촉진시키는 기술을 개방할 것이라 기대한다.
- 슈퍼비전의 범위와 내담자–훈련생–슈퍼바이저의 관계에서 다양한 능력을 발휘하기 위해 관심과 존중이 조화를 이룰 것에 대해 기대한다.

슈퍼바이지 서명 _____ 날 짜 _____

슈퍼바이저 서명 _____ 날 짜 _____

# 부록 B
# 작업 동맹 조사

'작업 동맹 목록: 슈퍼바이지와 슈퍼바이저 형식(Working Alliance Inventory: Supervisee and Supervisor Forms)'은 슈퍼비전의 관계에서 동맹의 관계를 평가하는 유용한 도구다. 동맹과 관계의 요소들은 슈퍼비전의 직무, 슈퍼비전의 유대, 슈퍼비전의 목표에 대한 슈퍼바이저와 슈퍼바이지가 합의한 '직무(task)' '유대(bond)' '목표(goal)'다. 조사 양식은 슈퍼비전의 동맹을 강화하고 의사소통을 강화하는 데 유용한 개념적인 것이다. 그러므로 부가적인 신뢰할 만하고 타당한 자료가 수립될 때까지 측정 도구로는 사용하지 말아야 한다.

## 작업 동맹 목록: 슈퍼바이지 형식
### (Lowa 대학교 상담센터에서 Audrey Bahrick이 개발함)

소개: 다음은 자신의 슈퍼바이저에 대한 느낌과 생각을 몇 가지 다른 방법으로 설명하는 문장입니다. _____에 슈퍼바이저의 이름을 생각하면서 읽어 보세요. 각 내용은 7점 척도로 되어 있습니다.

| 1 | 2 | 3 | 4 | 5 | 6 | 7 |
|---|---|---|---|---|---|---|
| 전혀 | 거의 | 가끔 | 때때로 | 종종 | 자주 | 항상 |

내용을 읽고 당신이 항상 그렇게 느낀다면(혹은 생각하다면) 7번에 동그라미를 표시하시오. 당신에게 전혀 적용되는 것이 아니라면 1번에 표시하시오. 그 외에 해당하는 숫자에 표시하시오.

빠르게 진행하면서 당신의 첫 느낌(인상)을 적용하시오.

1. 나는 _____와 불편함을 느낀다.

2. _____와 나는 내가 슈퍼비전이 필요할 것이라는 생각에 동의한다.

3. 나는 슈퍼비전의 결과에 대해 걱정한다.

4. 슈퍼비전은 상담자로서 나에 대해 새로운 것을 발견하는 데 도움이 된다.

5. _____와 나는 서로를 이해한다.

6. _____는 나의 목표가 무엇인지 정확하게 알고 있다.

7. 나는 슈퍼비전에서 혼란스러워하는 것이 무엇인지를 스스로 발견한다.

8. 나는 _____가 나를 좋아한다고 믿는다.

9. 나는 _____와 슈퍼비전 회기의 목적을 명확히 하기를 바란다.

10. 내가 슈퍼비전에서 다루어야 하는 내용에 대해 _____가 동의하지 않는다.

11. 나는 _____와 내가 시간을 효과적으로 보내지 않는다고 믿는다.

12. _____는 내가 슈퍼비전에서 이루기를 원하는 것을 이해하지 못한다.

13. 나는 슈퍼비전에서 나의 책임이 무엇인지 분명하게 알고 있다.

14. 이 회기의 목표는 나에게 중요하다.

15. 나는 _____와 내가 슈퍼비전에서 하는 것이 나의 관심과 관련되어 있지 않다는 것을 발견한다.

16. 나는 _____와 내가 슈퍼비전에서 하는 것은 더 효과적 상담자가 되기 위해서 바라는 변화를 완성하도록 돕는 것이라고 느낀다.

17. 나는 나의 복지(안녕)를 위해 _____가 관심 갖고 있다고 느낀다.

18. 나는 _____가 슈퍼비전 회기에서 내가 하기를 원하는 것이 무엇인지를 명확히 알고 있다.

19. _____와 나는 서로 존중한다.

20. 나는 _____가 나를 대하는 느낌이 전체적으로 정직하지 않다고 느낀다.

21. 나는 나를 슈퍼비전하는 _____의 능력을 신뢰한다.

22. _____와 나는 서로 동의하는 목표를 향해 작업한다.

23. 나는 _____가 나를 정확하게 알고 있다고 느낀다.

24. 우리는 내가 작업하는 데 중요한 것이 무엇인지 동의하고 있다.

25. 슈퍼비전의 결과로 나는 나의 상담 기술을 어떻게 개선해야 할지에 대해 명확히 알고 있다.

26. _____와 나는 서로 신뢰한다.

27. _____와 나는 내가 다루어야 할 필요가 있는 것이 무엇인지에 대해 다른 생각을 가

지고 있다.

28. _____와의 관계는 나에게 매우 중요하다.

29. 나는 _____와 슈퍼비전에서 '옳다'고 생각하는 것을 말하고 행동하는 것이 중요하다고 생각한다.

30. _____와 나는 슈퍼비전의 목표를 세우는 데 서로 협력적이다.

31. 슈퍼비전에서 좌절을 경험했다.

32. 내가 작업하는 종류들에 대한 좋은 이해를 확립해야만 한다.

33. _____와 나는 내가 다루는 것들에 대해 이해하고 있다.

34. 나는 슈퍼비전의 결과로 무엇을 기대해야 하는지 알지 못한다.

35. 나는 나에 대한 작업이 옳다고 믿는다.

36. 나는 _____가 찬성하지 않는 것을 할 때도 나를 돌봐야 한다고 믿는다.

## 작업 동맹 목록: 슈퍼바이저 형식

1. 나는 _____와 불편하다고 느낀다.

2. _____와 나는 슈퍼비전에서 해야 할 것들에 대해 동의한다.

3. 나는 슈퍼비전의 결과에 대해 관심이 있다.

4. _____와 나는 슈퍼비전이 유용하다고 생각한다.

5. _____와 나는 슈퍼비전의 목표에 대해 알고 있다.

6. 나는 _____가 나를 이해한다고 느낀다.

7. 우리가 슈퍼비전에서 혼란스러워하는 것이 무엇인지를 _____가 알고 있다.

8. 나는 _____가 나를 좋아한다고 느낀다.

9. _____와 슈퍼비전의 목적을 명확히 할 필요가 있다고 느낀다.

10. 나는 이 슈퍼비전의 목표에 대해 _____와 일치하지 않는 몇 가지가 있다.

11. 나는 _____와 보내는 시간을 효과적으로 보내지 못한다고 믿는다.

12. 우리가 슈퍼비전에서 이루려는 것에 대해 의심하고 있다.

13. 나는 슈퍼비전에서 _____의 책임이 무엇인지 명확히 알고 있다.

14. 이 회기의 목표는 _____에게 중요한 것이다.

15. 나는 _____와 내가 슈퍼비전에서 하는 것에 대해 그가 관심을 갖지 않는다는 것을 발견한다.

16. 나는 슈퍼비전에서 _____와 내가 효과적 상담자가 되기 위해 변화할 필요가 있는 것을 다루도록 슈퍼바이지를 도울 필요가 있음을 느낀다.

17. 나는 _____의 안녕(복지)에 관심을 갖고 있다.

18. 나는 슈퍼비전에서 _____가 하기를 기대하는 것이 무엇인지 명확히 알고 있다.

19. _____와 나는 서로를 존중하고 있다.

20. 나는 _____에 대한 감정이 전체적으로 솔직하지 않다고 느낀다.

21. _____를 슈퍼비전하는 나의 능력에 확신하고 있다

22. _____와 나는 서로 동의한 목표를 향해 작업하고 있다.

23. 나는 한 사람으로서 _____가 적절하다고 생각한다.

24. 우리는 _____와 슈퍼비전에서 중요하게 다루어야 할 것이 무엇인지에 대해 동의한다.

25. 슈퍼비전의 결과로 _____는 그의 상담 기술을 어떻게 개선해야 할지 명확히 알고 있다.

26. _____와 나는 서로 신뢰하고 있다.

27. _____와 나는 다루어야 할 필요가 있는 것이 무엇인지에 대해 다른 생각을 가지고 있다.

28. 우리의 관계는 _____에게 중요하다.

29. 그가 '잘못' 했다고 말한다면 내가 비난할 것이라고 _____는 느낀다.

30. _____와 나는 슈퍼비전 목표를 이루기 위해 협력적이다.

31. _____는 내가 슈퍼비전에서 무언가 하기를 요청하면 좌절한다.

32. 우리는 _____가 작업하는 데 필요한 것들에 대해 이해한다.

33. 우리가 슈퍼비전에서 하는 것이 _____에 대해 민감하지는 않다.

34. 슈퍼비전의 결과로서 기대하는 것이 무엇인지를 _____는 알지 못한다.

35. _____는 우리가 그의 주제로 작업하는 것이 옳다고 믿는다.

36. 내가 찬성하지 않는 것을 그가 할 때도 _____를 존중한다.

# 작업 동맹 목록의 채점
## (두 형식 모두)

| 과제척도 | 2, | 4, | 7, | 11, | 13, | 15, | 16, | 18, | 24, | 31, | 33, | 35 |
|---|---|---|---|---|---|---|---|---|---|---|---|---|
| 양 극 단 | + | + | − | − | + | − | + | + | + | − | − | + |
| 유대척도 | 1, | 5, | 8, | 17, | 19, | 20, | 21, | 23, | 26, | 28, | 29, | 36 |
| 양 극 단 | − | + | + | + | + | − | + | + | + | + | − | + |
| 목표척도 | 3, | 6, | 9, | 10, | 12, | 14, | 22, | 25, | 27, | 30, | 32, | 34 |
| 양 극 단 | − | + | − | − | − | + | + | + | − | + | + | − |

출처: Bahrick (1989). *Working Alliance Inventory-Training (WAI-T)*. Unpublished dissertation, Ohio State Counseling Department. 저자의 허가하에 게재함

# 부록 C
# 다문화적 상담 조사(개정판)

'다문화적 상담 조사(Cross-Cultural Counseling Inventory)' 는 Hernandez와 LaFromboise(1983)가 훈련생의 문화에 대한 인식을 평가하기 위해 슈퍼바이저의 보고 형식으로 만들었다. 20개 항목의 6점 리커트 척도는 Society of Counseling Psychology(17분과)가 정의한 것으로서 문화적 상담 능력의 기초로 개발되었다 (D .W. Sue et al., 1982). 척도는 문화적 상담 기술을 포함하여 사회정책적 인식, 문화적 민감성 항목으로 구성되어 있다. 척도는 적절한 구성과 관련 규준, 내용 타당도를 갖고 있다. 그러나 슈퍼바이저는 훈련생을 적절하게 평가하기 위해 문화적 능력이 있어야 한다. LaFromboise 등(1991)은 자기평가적 반영과 문화를 다루는 데 불안을 감소시키기 위한 훈련 도구로서 사용할 것을 제안하고 있다. 훈련생의 문화적 인식을 강화하고 더욱 심도 있는 교육을 하기 위해 각 영역을 정의하는 것은 훈련에 도움이 된다.

## 다문화적 상담 조사(개정판)

| 평가 척도 | 1 = 강하게 일치하지 않음 | 4 = 조금 일치함 |
| --- | --- | --- |
| | 2 = 일치하지 않음 | 5 = 일치함 |
| | 3 = 조금 일치하지 않음 | 6 = 강하게 일치함 |

1. 상담자는 자신의 문화 전통을 알고 있다.     1   2   3   4   5   6

2. 상담자는 문화를 가치 있게 여기고 존중한다.     1   2   3   4   5   6

3. 상담자는 자신의 가치관이 내담자에게 어떤 영향을 미칠지 알고 있다.　1　2　3　4　5　6

4. 상담자는 상담자와 내담자 사이의 차이를 편안하게 느낀다.　1　2　3　4　5　6

5. 상담자는 문화적 차이가 클 때 기꺼이 의뢰를 제안할 수 있다.　1　2　3　4　5　6

6. 상담자는 현재 정책을 이해하고 내담자에게 미치는 영향을 이해한다.　1　2　3　4　5　6

7. 상담자는 내담자의 문화에 대한 지식을 설명한다.　1　2　3　4　5　6

8. 상담자는 상담과 치료과정을 분명하게 이해하고 있다.　1　2　3　4　5　6

9. 상담자는 내담자의 환경에 영향을 줄지도 모르는 제도적 장애를 알고 있다.　1　2　3　4　5　6

10. 상담자는 내담자의 언어적·비언어적 반응을 다양하게 이끌어 낸다.　1　2　3　4　5　6

11. 상담자는 언어적·비언어적인 다양한 메시지를 정확하게 주고받는다.　1　2　3　4　5　6

12. 상담자는 내담자에게 좋은 제도적 개입 기술을 제안할 수 있다.　1　2　3　4　5　6

13. 상담자는 내담자와 의사소통을 위해 메시지를 적절하게 보낸다.　1　2　3　4　5　6

14. 상담자는 내담자의 문화적 경험, 가치, 생활 방식에서 드러나는 문제를 이해하려 한다.　1　2　3　4　5　6

15. 상담자는 내담자에 대한 가치관을 드러낸다.　1　2　3　4　5　6

16. 상담자는 이 내담자와 대화하는 것이 쉽다.　1　2　3　4　5　6

17. 상담자는 내담자와 상담자 사이의 문화적 차이에 의한 한계를 인식한다.　1　2　3　4　5　6

18. 상담자는 소수민족으로서 내담자의 사회적 지위를 인식한다.　1　2　3　4　5　6

19. 상담자는 상담자의 윤리적·전문적 책임을 알고 있다.　1　2　3　4　5　6

20. 상담자는 문화적 차이를 편안하게 인식한다.　1　2　3　4　5　6

출처: LaFromboise, Coleman, & Hernandez (1991). Development and Factor Structure of the Cross-Cultural Counseling Inventory-Revised. *Professional Psychology: Reserch and Practice, 22*, 380-388. Copyright 1983 by Hermandez & LaFromboise. 허가하에 게재함

# 부록 D
# 다문화적 상담 지식과 인식 척도

Ponterotto(2002)의 '다문화적 상담 지식과 인식 척도(Multicultural Counseling Knowledge and Awareness Scale)'는 다문화적 상담과 자민족 중심주의 세계관을 측정하는 32항목으로 구성된 7점 리커트 척도다. 지식척도(긍정 단어 20항목)와 인식척도(10개의 부정 단어가 있는 12항목)로 구성되어 있다. 이 척도는 자기보고식 도구로 광범위하게 사용되었다. 이 척도는 구성 타당도를 구하기 위한 기초 연구에서 다문화적 상담 지식과 인식의 자기평가를 위한 훈련 도구로 사용하기에 유용하다. 그러나 평가 목적으로 사용할 때는 주의해야 한다(Ponterotto, Gretchen et al., 2002).

## 다문화적 상담 지식과 인식 척도(MCKAS)

다음의 내용을 읽고 당신에게 적용하여 각 항목에 맞는 점수를 체크하시오.

| 1 | 2 | 3 | 4 | 5 | 6 | 7 |
|---|---|---|---|---|---|---|
| 전혀<br>아니다 | | | 가끔은<br>그렇다 | | | 전적으로<br>그렇다 |

1. 나는 모든 내담자가 상담을 하는 동안 눈맞춤을 유지해야 한다고 믿는다.
2. 나는 나의 소수민족/문화 상담 기술을 자문, 슈퍼비전, 지속적 교육을 통해 모니터링함으로써 체크한다.
3. 나는 소수민족 내담자가 다수민족 내담자보다 '우선권이 적은' 형태의 상담 치료를 받는다는 점을 알고 있다.
4. 나는 자신의 삶에 대해 자세히 설명하지 않는 내담자를 저항적이고 방어적이라고 생

각한다.

5. 나는 어떤 내담자와의 효과적 상담을 위해 기꺼이 노력하거나, 초월하려고 노력하는 확실한 상담 기법 혹은 접근을 알고 있다.

6. 나는 '문화적으로 부족한' 그리고 '문화적으로 불우한' 소수민족의 정신건강을 설명하는 것에 익숙하다. 그리고 이러한 명명들이 어떤 차이가 있는지를 이해한다.

7. 나는 상담에서 다문화에 대한 최근의 관심이 과도하고 실제로 정당하지 않다고 느낀다.

8. 나는 특정 민족에 존재하는 가치관, 신념 및 사회적응 수준에 대한 각각의 차이를 알고 있다.

9. 나는 소수민족 내담자가 다른 내담자보다 정신건강과 관련된 진단을 더 많이 받는다는 연구들을 알고 있다.

10. 나는 내담자가 이상적 사회 구성원이라고 하기에는 어려운 가족이라는 점을 인식해야 한다고 생각한다.

11. 나는 내담자의 지나치게 경쟁적이고 성취적인 면은 모두 치료해야 하는 특성이라고 생각한다.

12. 나는 다양한 인종/민족 집단에서 비언어적 의사소통의 다른 뜻을 알고 있다.

13. 나는 정신건강 전문가가 지니고 있는 인종차별주의가 미치는 영향을 이해한다.

14. 나는 상담자-내담자가 문제를 정의할 때 일치하지 않을 수 있다는 점을 알고 있으며, 상담 목표는 상담자에 대한 신뢰를 감소시킬 수 있음을 알고 있다.

15. 나는 몇몇 소수 인종/민족이 전문 심리학을 백인이 확립한 힘과 지위를 유지하기 위한 기능으로 바라본다는 점을 알고 있다.

16. 나는 다양한 소수민족에 대한 사회화 모형에 대한 지식이 있다.

17. 나는 소수민족들 사이의 정체감, 세계관 발달에서 문화의 인종주의가 미치는 영향을 이해하고 있다.

18. 나는 소수민족 내담자에게 객관적·합리적 생각을 강조하는 것이 중요하다고 믿는다.

19. 나는 문화적 특수성, 토착 문화, 다양한 인종/민족의 상담모형을 알고 있다.

20. 나는 내담자가 이상적 가정으로 가부장적 관점을 갖고 있어야 한다고 믿는다.

21. 나는 다문화적 상담과 관련한 초기의 문제점들과 이점들을 알고 있다.

22. 나는 나와 내담자의 인종과 신념 사이의 차이를 편안하게 여긴다.

23. 나는 소수민족이 정신건강 서비스를 이용하는 데 장애가 되는 제도들을 알고 있다.

24. 나는 내담자에게 그들의 심리학에 대한 생각과 궤변에 어느 정도 동의하고 있음을 보여 주어야 한다고 생각한다.

25. 나는 소수민족 내담자가 백인 중산층의 가치관과 기준을 지지하는 상담자와 상담하는 것이 도움이 될 것이라고 믿는다.

26. 나는 이 사회에서 백인으로 태어난 점이 확실히 이익을 가져다준다는 것을 안다.

27. 나는 상담과 관련하여 주요 대학에서 가정하는 고유의 가치들을 알고 있고, 이 가정들이 문화적으로 다른 내담자의 가치관과 어떻게 대립하는지를 이해하고 있다.

28. 나는 몇몇 소수민족 내담자가 상담 진행을 그들 자신의 삶의 경험과 대립되는 것으로, 또한 그들의 욕구를 충족시키지 못하거나 맞지 않는 것으로 바라보고 있음을 알고 있다.

29. 나는 이 사회에서 소수민족으로 태어난 사람은 백인이 직면하지 않았던 도전을 경험해야 함을 안다.

30. 나는 모든 내담자가 자신을 가장 주요한 책임자로 바라봐야 한다는 점을 믿는다.

31. 나는 다수의 인종/민족 집단에 대해 소수민족 내담자가 호소할지도 모르는 환경(개인적 편견, 언어적 우세, 민족 정체감 발달 단계)에 민감하다.

32. 나는 몇몇 소수민족들은 상담자가 학생의 잠재성, 우선권, 꿈과 관련하여 학교 밖의 프로그램으로 학생들을 이끈다고 믿는 것을 안다.


이 설문지를 작성해 주셔서 감사합니다. 자신의 생각들을 쓰는 데 자유롭기를 바라고, 당신이 이 설문지와 관련하여 코멘트를 주시기를 바랍니다.

---

## 32-항목 MCKAS의 채점

인식척도에서 많은 항목($n = 10$)은 반대되는 내용(예: 낮은 점수가 높은 인식을 나타냄)이고, 자료 분석을 위해 역채점되어야 한다. 역채점 항목은 다음과 같다.

$1 = 7$

$2 = 6$

$3 = 5$

$4 = 4$

5 = 3
6 = 2
7 = 1

하위 척도에 대한 독립된 해석($r = 0.36$)을 하며 MCKAS의 두 점수는 약한 상관 관계를 보였다(이에 대한 개관을 Pouterotto & Potere, in press 참조).

**지식척도(20문항):** 2, 3, 5, 6, 8, 9, 12, 13, 14, 15, 16, 17, 19, 21, 22, 23, 27, 28, 31, 32

이 문항들은 모두 다문화적 상담에 대한 지식과 관련하여 높은 점수는 높은 다문화적 상담의 지식을 갖고 있음을 의미한다. 척도의 범위는 20~140이다. 각 항목은 1~7점으로 채점한다(의미 있는 척도 점수는 전체 점수의 합이 20이 되면 전반적으로 적대적이라고 추정한다).

**인식척도(12문항):** 1, 4, 7, 10, 11, 18, 20, 24, 25, 26, 29, 30

10개의 문항은 역채점되어야 한다. 역채점 후 인식 척도의 전체 점수는 12~84다. 높은 점수는 다문화적 상담에 대한 높은 인식을 나타낸다.

---

# 부록 E
# 상담심리학에서 다문화적 역량 체크리스트

　　다문화적 역량 체크리스트(Multicultural Competency Checklist, Ponterotto, Alexander, & Grieger, 1995)는 학생을 훈련하는 교육 전문가에게 도움이 되고자 고안되었다. 측정은 프로그램 전문가 집단에 의해 혹은 프로그램 진행자에 의해 작성된다. 소수민족에 대한 묘사, 교과과정 주제, 임상 실제와 슈퍼비전, 연구 고려사항, 학생과 교육 전문가의 능력 평가 그리고 물리적 환경에 관련한 범주로 구분된다. 이 척도는 훈련 프로그램의 다문화적 역량을 평가하기 위한 최고의 도구다. 상담심리 프로그램을 평가하기 위해 개발되었지만, 능력의 차원에 대한 인식을 정의하고 강화하기 위한 훈련 상황에 적용할 수 있다.

## 상담심리학 프로그램을 위한 다문화적 능력 프로그램 체크리스트

| | 역 량 | |
|---|---|---|
| | 충족한다 | 충족하지 않는다 |
| **소수민족에 대한 묘사** | | |
| 1. 30% 이상의 전문가는 소수 인종/민족 인구다. | | |
| 2. 30% 이상의 전문가는 이중언어를 사용한다. | | |
| 3. 30% 이상의 학생들은 소수 민족/인종 인구다. | | |
| 4. 30% 이상의 직원(이수보조자)은 소수민족이다. | | |
| | | |
| **교과과정 주제** | | |
| 5. 프로그램은 다문화적 과정이 필요하다. | | |
| 6. 프로그램은 하나 이상의 꼭 필요하거나 권고되는 다문화 과정이 있다. | | |

7. 다문화 주제들은 모든 과정에 통합되어 있다. 교육 전문가는 강의 계획서에 설명하였고, 이것이 어떻게 진행되는지 분명히 안다.

8. 교육 단계들과 다양한 절차가 학급에서 다루어졌고, 개인적 성취와 협력적 학습모형이 도움이 된다.

9. 여러 가지 다양한 평가 방법이 학생의 실행과 학습(쓰기, 말하기)을 평가하기 위해 사용되었다.

## 임상 실제와 슈퍼비전

10. 학생들은 30% 이상 다문화적 내담자를 볼 수 있다.

11. 다문화적 주제는 대학과 슈퍼비전 현장에서 통합되어 다루고 있다.

12. 학생들은 최소 한 학기 동안 문화에 대한 집중 슈퍼비전을 받았다. 또는 학생 자신이 속한 문화나 대학의 문화와 다른 문화 집단의 민족에 대한 슈퍼비전을 받았다.

13. 프로그램은 교육 전문가와 학생들로 구성된 '다문화적 형태의 위원회'가 갖추어져 있다. 위원회는 다문화적 행동에 대해 리더십을 보이며 다문화를 지지한다.

## 연구 고려사항들

14. 프로그램은 다문화적 주제에 관심 있는 교육 전문가들로 구성되어 있다.

15. 다문화적 주제로 연구가 이루어졌다. 이것은 저서로 나와 있거나 다문화적 주제에 대한 프레젠테이션으로 나와 있다.

16. 학생들은 다문화적 연구에서 적극적으로 멘터를 받는다. 다문화를 주제로 연구한 학위 논문이 있다. 또한 다문화와 관련된 학생-교육 전문가 협동 저술이 있다.

17. 다양한 연구 방법들은 교육 전문가와 학생 연구에서 나타난다. 양적, 질적 연구 방법들은 유용하다.

## 학생과 교육 전문가의 능력 평가

18. 학생 평가의 한 요소로 다문화적 주제에 대한 지식과 민감성 　　　　　　　　　　　
    을 평가한다.

19. 다문화 주제를 통합하는 능력이 전문가 평가의 한 요소다. 교 　　　　　　　　　　　
    육 전문가는 모든 학생을 문화적 배경에 관계없이 수업에서
    동등하고 편안하게 대하는 능력을 평가받는다.

20. 다문화적 주제들은 모든 학생이 작성할 수 있는 이해가 가능 　　　　　　　　　　　
    한 범위의 시험에 반영된다.

21. 프로그램은 몇 가지 점에서 학생의 다문화적 능력에 대한 신 　　　　　　　　　　　
    뢰할 만하고 타당성 있는 자기보고식 평가를 하였다.

22. 프로그램은 학생의 다문화적 능력에 대해 타당성 있게 포트 　　　　　　　　　　　
    폴리오 평가를 한다.

## 물리적 환경

23. 프로그램의 물리적 환경은 문화적 다양성에 대한 이해를 반 　　　　　　　　　　　
    영한다(예: 삽화, 포스터, 그림).

24. 학생이 모일 수 있는 프로그램 영역(혹은 학과, 교육 장치)로 　　　　　　　　　　　
    서의 '다문화 연구센터'가 있다. 문화적 다양성은 연구 유용
    성과 연구실의 장식에도 반영된다(예: 책, 잡지, 필름 등).

출처: Ponterotto, Alexander, & Greiger(1995). A Multicultural Counseling Checklist for Counseling Training Programs. *Journal of Multicultural Counseling and Development, 23,* 17-20. Copyright 1995 by Joseph Ponterotto. 허가하에 게재함. This instrument should not be photocopied or distributed without his consent. He can be contacted at the Division of Psychological and Educational Services, Room 1008, Fordham University at Lincoln Center, 113 West 60th Street, New York, New York 10023-7478 (Jponterott@aol.com)

# 부록 F
# 훈련생-내담자의 잘못된 성관계

Hamilton과 Spruill(1999)는 인턴 수련과정 동안 내담자와 성적으로 관련된 학생들의 회고록을 모아서 '위기 관리: 훈련생과 슈퍼바이저를 위한 체크리스트(Risk Management: A Checklist for Trainees and Supervisors)'를 개발했다. 체크리스트는 내담자, 치료자 욕구, 회기 특성, 책임, 기타, 슈퍼바이저를 위한 체크리스트에 치료자 반응을 포함한다. 체크리스트는 정체감의 위기를 다루는 것과 마찬가지이고, 심리교육적이고 예방적 관점을 가져야 한다. 이 체크리스트에서 '그렇다.'라고 대답한 부분은 잘못된 성에 대한 위험성을 갖고 있는 것으로 슈퍼바이저에게 경고를 하게 된다.

## 훈련생-내담자의 잘못된 성관계
## 위기 관리: 훈련생과 슈퍼바이저를 위한 체크리스트

훈련생을 위한 체크리스트
▪ 내담자에 대한 치료자의 반응
  • 당신의 내담자가 당신에게 요구하는 것을 제한하기 어렵다고 생각하는가?
  • '위험'에 도움을 요청하거나, 사소한 문제들을 이야기하거나, 외로움을 덜어 달라는 내담자의 전화를 당신의 집이나 혹은 사무실에서 받는가? 혹은 '이해해 주는' 누군가와 대화하고 싶다는 요구를 받아주는가?
  • 당신은 다음과 같은 말을 듣는가? "이것은 내가 하는 평범한 일들이 아닙니다. 나는 보통은 이렇게 하지 않아요. 당신만 빼고……." 혹은 "……에게만은 특별히 괜찮아요."

- 불리한 행동 혹은 상황으로부터 당신의 내담자를 구해 주고 싶은 자신의 모습을 발견하곤 하는가?
- 당신은 내담자에 대해 다른 사람에게 이야기하는가?
- 내담자가 상담 시간 외에도 당신 생각을 하는가?
- 당신은 내담자가 상점이나 다른 상황에서 당신에게 '달려오기를' 바라는가?
- 내담자와 당신의 삶의 소소한 부분을 공유하는 것이 더 만족스럽고 쉬운가?
- 당신은 내담자와 치료와 관련 없는 주제에 대해 이야기할 기회가 있었는가?
- 당신은 특정 내담자에게 더 매력적으로 보이려고 하거나 옷에 신경 쓴 적이 있는가?
- 당신은 내담자가 당신에 대해 무슨 생각을 하는지 궁금해했던 적이 있는가?
- 당신은 내담자에게 전화번호를 말하려고 한 적이 있는가?
- 당신은 내담자의 친구를 내담자로 받은 적이 있는가, 그리고 그때 현재 내담자(친구)의 문제에 초점을 맞추기보다는 원래의 내담자에 대해 이야기하느라고 많은 시간을 보낸 적이 있는가?
- 당신은 특정 내담자를 만나러 간 적이 있는가 혹은 그가 회기를 취소했을 때 실망감을 느낀 적이 있는가?

▪ 치료자의 욕구들
- 당신의 만족은 내담자를 치료하는 데에서 오는가?
- 당신이 요구했던 것보다 더 많은 내담자를 받고 있는가? 혹은 당신이 지도할 수 있는 학생들보다 더 많은 학생을 받고 있는가?
- 당신이 누군가에 의해 당신의 욕구가 충족되지 않을 때 외롭다고 느끼는가?
- 당신이 사회적 활동에서 기쁨을 느낄 만한 친구 집단이 있는가?
- 당신은 당신의 두려움, 불안, 자기 불신 등에 대해 나눌 수 있는 가까운 친구가 있는가?
- 당신의 삶에서 주요 스트레스원은 무엇인가? 그리고 당신은 그것들을 해결하기 위해 무엇을 하는가?

▪ 치료 특성들
- 당신은 다른 사람에게는 하지 않지만 한 명의 내담자를 위해 정규적으로 치료를 하는가?
- 당신은 특정 내담자와 회기를 일찍 시작하고 늦게 끝내는가?
- 당신은 특정 내담자와 시간을 여유 있게 계획하는가? 혹은 상담실을 함께 걷는가?

- 당신은 당신의 스케줄 혹은 내담자의 스케줄이 정규 상담 시간에 가능하지 않기 때문에 정규 상담 시간 외에 시간을 계획한 적이 있는가?

■ 책임
- 당신은 내담자의 전화 기록을 잊어버린 적이 있는가?
- 당신은 특정 내담자 혹은 어떤 주제에 대해 방어한 적이 있는가?
- 당신은 내담자를 위해서 혹은 내담자에 의해서 성적 매력과 관련한 전이나 경계와 관련된 주제를 이야기하는 것이 내키지 않는가?
- 당신은 내담자와 관련한 세밀한 부분을 슈퍼바이저와 치료 팀에게 말하기 어려워한 적이 있는가?
- 특정 내담자와 관련한 '어떤 것에 대해 말하지 않으려 하는' 어떤 것이 있는가?
- 특정 내담자나 특정 이슈에 대해 슈퍼비전이나 사례 회의를 하지 않은 적이 있는가?
- 회기에서 '민감한' 부분의 테이프가 엉망이 되거나 항상 끊어지는가? 치료 회기가 테이프의 길이를 넘는가?
- 당신이 전화를 건다면 정보를 어떻게 내담자의 파일에 기록하는가? 당신은 특정 내담자와 관련한 정보를 기록하는 것을 잊거나 기꺼이 하지 않는 것을 발견하는가?

■ 다른 사람들
- 다른 사람들은 내담자에 대한 당신의 행동을 비판하는가?
- 당신은 내담자를 집으로 태워 주는 것과 같은 일들을 제공하는가? 혹은 치료 시간 이외에 혹은 치료 장소 밖에서 만나는가?
- 당신을 향한 내담자의 느낌에 대해 고민하는가? 혹은 내담자를 향한 당신의 마음에 대해 고민하는가?

## 슈퍼바이저 체크리스트
- 전문적 치료자-내담자 관계를 어떻게 확립할 것인지에 대해 실습생들과 이야기하는가?
- 나는 내담자에 대한 성적 매력에 관한 주제를 검토하고, 나 자신의 느낌을 공유하며, 내가 무엇을 해야 할 것인지 점검하는가?
- 나의 실습생에 대해 그의 두려움, 불확실성 등에 대한 논의를 자주 하거나 개방하는가?
- 경계를 세우는 이유와 경계의 위반에 대해 학생이 알고 있는가?

• 나는 학생과 그것들에 대해 체크리스트를 가지고 이야기하는가?

---

출처: Hamilton & Spruill (1999). Identifying and Reducing Risk Factors Related to Trainee-Client Sexual Misconduct. *Professional Psychology: Research and Practice, 30,* 327. Copyright 1999 by the American Psychological Association. 허가하에 게재함

# 부록 G
# 슈퍼바이저의 역량

Borders와 Leddick(1987)은 슈퍼바이저의 역량 목록을 제시했다. 이것은 평가를 하기 위해 적용될 수 있으며, 슈퍼바이저의 실행 요소들을 정의하는 틀로 사용될 수 있다. 슈퍼비전 역량의 목록은 1985년 4월 2일 뉴욕에서 개최된 AACD 협회의 ACES Supervision Interest Network(C. VanZandt, Chair)에서 채택되었다. 평가척도는 1(발달 필요)~6(전문 지식)수준으로 기록한다.

## 슈퍼바이저들의 능력

### I. 개념 기술과 지식

#### A. 일반적 기술
슈퍼바이저는 다음과 같은 개념을 이해하고 설명할 수 있다.
1. 하고 있는 슈퍼비전의 방법
   - 촉진과정(자문/사례 계획, 상담, 교육, 훈련과 평가)　1 2 3 4 5 6
   - 기초 접근들(예: 심리치료적, 행동적, 통합적, 체계적, 발달적)　1 2 3 4 5 6
2. 슈퍼비전에 대한 정의 혹은 설명　1 2 3 4 5 6
3. 슈퍼비전 시 다양한 환경　1 2 3 4 5 6
4. 특정 상황에서 상담자의 역할과 기능　1 2 3 4 5 6
5. 슈퍼비전의 발달 특성　1 2 3 4 5 6
6. 다음과 같은 적절한 슈퍼바이저 개입　1 2 3 4 5 6
   - 역할극　1 2 3 4 5 6

| | |
|---|---|
| – 역할 바꾸기 | 1 2 3 4 5 6 |
| – 직접 관찰과 라이브 슈퍼비전 | 1 2 3 4 5 6 |
| – 오디오와 비디오테이프의 검토 | 1 2 3 4 5 6 |
| – 직접적 제안과 충고를 하는 것 | 1 2 3 4 5 6 |
| – 2명 이상의 슈퍼바이지 집단을 이끄는 것 | 1 2 3 4 5 6 |
| – 교수적 경험 제공 | 1 2 3 4 5 6 |
| – Micro 훈련 | 1 2 3 4 5 6 |
| – IPR | 1 2 3 4 5 6 |
| – 기타 | 1 2 3 4 5 6 |
| 7. 상담자에 대한 자격 기준 | 1 2 3 4 5 6 |
| 8. 상담자의 실천 윤리 | 1 2 3 4 5 6 |
| 9. 다양한 상담 이론들 | 1 2 3 4 5 6 |
| 10. 상담에 대한 자신의 개인적 이론 | 1 2 3 4 5 6 |
| 11. 인간 행동에 대한 가정 | 1 2 3 4 5 6 |
| 12. 슈퍼비전 모형 | 1 2 3 4 5 6 |
| 13. 이 상황을 개선하기 위한 슈퍼바이저에 대한 신뢰와 책임 | 1 2 3 4 5 6 |
| 14. 성장과 발달 | 1 2 3 4 5 6 |
| 15. 동기와 욕구 이론 | 1 2 3 4 5 6 |
| 16. 학습이론 | 1 2 3 4 5 6 |
| 17. 내담자와 프로그램 목표를 돕기 위한 정보와 수단 | 1 2 3 4 5 6 |

**B. 상담자의 실행에 대한 슈퍼비전**
슈퍼바이저는 다음과 같은 개념을 이해하고 설명할 수 있다.

| | |
|---|---|
| 18. 상담자의 실천에 영향을 미치는 법적 내용 | 1 2 3 4 5 6 |
| 19. 상담 프로그램의 목표를 이루기 위한 다양한 개입 활동과 단계들 | 1 2 3 4 5 6 |

**C. 상담자를 훈련하기 위한 슈퍼비전(일반적 기술들)**

## D. 프로그램 관리/슈퍼비전

슈퍼바이저는 다음과 같은 개념을 이해하고 설명할 수 있다.

| | |
|---|---|
| 20. 관리이론 | 1  2  3  4  5  6 |
| 21. 다양한 프로그램의 발달모형들 | 1  2  3  4  5  6 |
| 22. 결정이론 | 1  2  3  4  5  6 |
| 23. 조직발달이론 | 1  2  3  4  5  6 |
| 24. 갈등－해결 기법들 | 1  2  3  4  5  6 |
| 25. 리더십 방식 | 1  2  3  4  5  6 |
| 26. 컴퓨터 문서 작성 | 1  2  3  4  5  6 |
| 27. 시간 관리 기법 | 1  2  3  4  5  6 |

## II. 직접적 개입 기술

## A. 일반적 기술들

슈퍼바이저는 다음과 같은 개념을 이해하고 있으며 설명할 수 있다.

| | |
|---|---|
| 1. 다음 내용을 포함하여 슈퍼비전을 구조화하기 | 1  2  3  4  5  6 |
| – 슈퍼비전의 목적 | 1  2  3  4  5  6 |
| – 슈퍼비전의 목표와 방향 | 1  2  3  4  5  6 |
| – 슈퍼비전에서 자신의 역할 | 1  2  3  4  5  6 |
| – 슈퍼비전의 절차 | 1  2  3  4  5  6 |
| 2. 슈퍼바이지의 배움의 욕구를 정의하기 | 1  2  3  4  5  6 |
| 3. 슈퍼바이지가 자신의 개인 상담이론을 적용하고 발전시키도록 내용을 선택하기 | 1  2  3  4  5  6 |
| 4. 슈퍼바이지에 대한 분명한 피드백을 제공하기 | |
| – 내담자의 관심에 대한 개념 | 1  2  3  4  5  6 |
| – 상담의 과정 | 1  2  3  4  5  6 |
| – 상담의 개인화 | 1  2  3  4  5  6 |
| – 의무와 관련된 실행 | 1  2  3  4  5  6 |
| 5. 슈퍼비전 개입의 다양한 도구 사용하기(개념적 기술과 지식 참조) | 1  2  3  4  5  6 |

6. 슈퍼바이지의 학습 경험에 필요한 방향 설정을 위해 서로 조  1  2  3  4  5  6
절하기

7. 슈퍼비전에 도움이 되도록 미디어를 사용하기  1  2  3  4  5  6

8. 슈퍼바이지의 목적을 이루고 프로그램을 선택하기 위해 평가  1  2  3  4  5  6
절차와 평가 도구를 개발하기

9. 해석을 검토하고 검토한 것들을 모니터링하기  1  2  3  4  5  6

10. 적절한 때에 의뢰과정을 돕기  1  2  3  4  5  6

11. 효과적 프로그램, 서비스, 기법을 결정하기 위해 연구하고  1  2  3  4  5  6
관찰을 촉진하기

B. 프로그램 관리/슈퍼비전
슈퍼바이저는 다음의 개념을 이해하고 설명할 수 있다.

12. 모든 직원의 역할을 소개하기  1  2  3  4  5  6

13. 평가하기  1  2  3  4  5  6

14. 목표를 기록하고 객관화하기  1  2  3  4  5  6

15. 프로그램의 진행을 모니터링하기  1  2  3  4  5  6

16. 전문가의 책임을 모니터링하기  1  2  3  4  5  6

17. 결정을 내리는 기법을 사용하기  1  2  3  4  5  6

18. 문제 해결 기법을 적용하기  1  2  3  4  5  6

19. 직원 개발 훈련을 통합하고 실행하기  1  2  3  4  5  6

20. 관리정보 시스템을 이행하기  1  2  3  4  5  6

21. 집단 관리 단계들을 고용하기  1  2  3  4  5  6

22. 슈퍼바이지의 욕구와 프로그램에 따라 시간 계획을 작성하  1  2  3  4  5  6
고 일을 계획하기

23. 슈퍼비전의 책임을 돕기 위해 적절한 형식과 기록을 유지  1  2  3  4  5  6
하기

24. 슈퍼바이지의 보고서와 기록한 것들을 모니터링하기  1  2  3  4  5  6

25. 조직화된 프로그램을 진단하기  1  2  3  4  5  6

26. 체계적 관찰 기법을 사용하기  1  2  3  4  5  6

27. 예산을 관리하고 계획하기  1  2  3  4  5  6

28. 추후 연구를 하고 연구 결과를 적용하기  1  2  3  4  5  6

29. 일관되고 안정되게 긍정적으로 행동을 수행하기     1  2  3  4  5  6

30. 책임을 부여하기     1  2  3  4  5  6


## III. 대인관계 기술

### A. 일반적 기술
슈퍼바이저는 다음의 개념을 이해하고 설명할 수 있다.

1. 다음의 관점으로 슈퍼바이지를 다루기

   – 교사     1  2  3  4  5  6

   – 상담자     1  2  3  4  5  6

   – 자문가     1  2  3  4  5  6

   – 평가자     1  2  3  4  5  6

2. 대인관계를 다루는 자신의 패턴을 설명하기     1  2  3  4  5  6

3. 대인관계에 대한 자신의 방식을 가지고 슈퍼비전의 지식을     1  2  3  4  5  6
통합하기

4. 촉진적 상황을 만들기(공감, 구체화, 존중, 조화, 진실, 직접성)     1  2  3  4  5  6

5. 슈퍼바이지와 상호 신뢰 관계를 확립하기     1  2  3  4  5  6

6. 적절한 때에 치료적 관계를 확립하기     1  2  3  4  5  6

7. 약점만큼이나 슈퍼바이지의 강점과 전문성을 말하기     1  2  3  4  5  6

8. 상담에 영향을 미치는 전문성과 같은 슈퍼바이지의 욕구들을     1  2  3  4  5  6
명확히 하기(행동 예절, 개인적 상태, 체면/외양 등)

9. 상담 혹은 자문하는 동안 슈퍼바이지의 느낌을 표현하도록     1  2  3  4  5  6
하기

10. 상담 역동에 대한 슈퍼바이지의 지각을 이끌어 내기     1  2  3  4  5  6

11. 슈퍼바이지의 모순을 설명할 때 직면 기술을 사용하기     1  2  3  4  5  6

12. 해결, 기법, 반응 등의 것들을 정하기 위해 슈퍼바이지에게     1  2  3  4  5  6
새로운 대안을 이끌어 내기

13. 치료 환경(개별, 집단)에 적절한 상담 기법의 적용을 설명     1  2  3  4  5  6
하기

14. 자신의 자기 슈퍼비전을 구조화하도록 슈퍼바이지를 돕기     1  2  3  4  5  6

15. 적절한 전문가로서 성장을 모델링하도록 자기평가를 사용     1  2  3  4  5  6

하기

| 16. 슈퍼바이저로서 자신의 강점과 약점을 알기 | 1 2 3 4 5 6 |
| 17. 슈퍼바이지에게 기대하는 적절한 행동의 모델이 되기 | 1 2 3 4 5 6 |
| 18. 윤리적/전문적 기준을 강화하고 설명하기 | 1 2 3 4 5 6 |

B. 특성과 자질

슈퍼바이저는 다음의 특성 혹은 자질을 가지고 있다.

| 1. 슈퍼바이저의 역할에 헌신하는 것으로 보이는가 | 1 2 3 4 5 6 |
| 2. 슈퍼바이저의 역할 중 고유의 권위에 편안한 것으로 보이는가 | 1 2 3 4 5 6 |
| 3. 유머감각을 가지고 있는가 | 1 2 3 4 5 6 |
| 4. 격려하고, 긍정적이며, 동기부여를 하는가 | 1 2 3 4 5 6 |
| 5. 행동에 대한 결과를 책임지도록 슈퍼바이지에게 기대하는가 | 1 2 3 4 5 6 |
| 6. 개인차에 대해 민감한가 | 1 2 3 4 5 6 |
| 7. 슈퍼바이지의 욕구에 민감한가 | 1 2 3 4 5 6 |
| 8. 자신의 상담 역량과 슈퍼비전 기술을 발전시키려고 노력하는가 | 1 2 3 4 5 6 |
| 9. 슈퍼비전의 가장 중요한 목표는 슈퍼바이지의 내담자를 돕는 데 있다는 점을 인식하고 있는가 | 1 2 3 4 5 6 |
| 10. 슈퍼바이지와 슈퍼바이저 사이에 개방된 의사소통을 유지하는가 | 1 2 3 4 5 6 |
| 11. 위기를 다루는 데 상담자의 소진과 관련된 가능성을 확인하고 슈퍼바이지의 '에너지 수준'을 모니터링하는가 | 1 2 3 4 5 6 |
| 12. 다른 사람으로부터 피드백을 받고 자기평가를 함으로써 자신의 한계를 인식하고 있는가 | 1 2 3 4 5 6 |
| 13. 슈퍼바이저로서 역할을 적절하고 즐겁게 하는가 | 1 2 3 4 5 6 |

출처: Borders & Leddick (1987). *Handbook of Counseling Supervision* (pp. 65-70). Alexandria, VA: American Association for Counseling and Development. Copyright 1987 by Association for Counselor Education and Supervision. 허가하에 게재함

# 부록 H
# 역할 갈등과 역할 혼돈 조사

Olk와 Friedlander(1992)가 소개한 '역할 갈등과 역할 혼돈 조사(Role conflict and Role Ambiguity Inventory)'는 16항목의 역할 혼돈 척도와 13항목의 역할 갈등 척도로 구성되어 있다. 항목들은 슈퍼비전에서 기대되는 것의 불확실성과 어떻게 행동해야 하는지에 대한 불확실성을 포함한 역할 혼돈에 초점을 맞추고 있다. 또한 역할 갈등 항목은 훈련생의 기대되는 역할과 상담자와 동료의 역할에서 일어나는 갈등과 관련되어 있다. 이것들은 특히 스스로 결정을 하는 것과 슈퍼바이저의 의견에 따르는 것과 관련되어 있다. 저자들은 이 측정은 역할 갈등과 역할 혼돈을 존중하는 슈퍼비전의 훈련 경험이 신뢰할 만하고 타당한 것이라고 주장한다. 이 척도는 예방적이고 교정적인 도구다.

### 소개

다음은 훈련받는 치료자가 임상 슈퍼비전의 과정에서 경험할지 모르는 몇 가지 문제들을 설명하고 있습니다. 각 설명문을 읽고 당신의 가장 최근 임상 훈련의 슈퍼비전에서 경험했던 어려움의 내용을 평가하세요. 1~5점 척도로 1은 '전혀 아니다.', 5는 '매우 그렇다.'입니다.

나는 다음과 같은 이유로 현재 혹은 최근의 슈퍼비전에서 어려움을 경험했다.

### 역할 혼돈 척도

1. 나는 슈퍼바이저에게 표현해도 되는 내용이 무엇인지에 대해 확실히 알지 못한다.

2. 나는 더 독립적으로 행동하기를 요구받았지만 나의 경험은 슈퍼비전을 어떻게 하는 것이 가장 좋은 것인지 확신하지 못한다.

3. 나의 슈퍼바이저는 슈퍼비전을 위해 준비할 것을 기대한다. 그러나 나는 어떻게 준비해야 할지, 무엇을 준비해야 할지 잘 모른다.

4. 나는 내담자와의 작업에서 얼마나 자율적으로 해야 하는지를 확신하지 못한다.

5. 나의 작업을 평가하는 슈퍼바이저의 기준은 명확하지 않다.

6. 나는 슈퍼바이저가 회기에서 내담자와 관련하여 나에게 무엇을 기대하는지를 확신하지 못한다.

7. 슈퍼비전에서 나의 실행을 평가하는 기준은 분명하지 않다.

8. 슈퍼바이저에게 받은 피드백에서 내담자와의 매일의 작업에서 내가 기대하는 것이 무엇인지를 알도록 돕지 못했다.

9. 모든 것이 새롭고, 나에게 기대하는 것이 무엇인지 확신하지 못한다.

10. 내가 어떻게 평가받을지 확신하지 못하기 때문에 슈퍼비전에서 약점을 이야기하는 것이 두렵다.

11. 나의 슈퍼바이저는 나에게 피드백을 주지 못했고, 나는 허탈함을 느꼈다.

12. 나의 슈퍼바이저는 나에게 내담자와 작업해야 할 것이 무엇인지를 말했다. 그러나 그것에 대해 어떻게 하는지에 대해 나에게 분명하게 제시해 주지 못했다.

13. 슈퍼비전에서 나의 행동에 대한 분명한 가이드라인이 없다.

14. 슈퍼바이저는 건설적이지 않거나 부정적인 피드백을 주었고, 결과로 나는 나의 약점들을 어떻게 다루어야 할지 알지 못한다.

15. 나는 내가 치료자로서 어떻게 해야 할지 알지 못했다. 그 결과로 나는 슈퍼바이저가 나를 어떻게 평가하는지를 알지 못한다.

16. 나는 슈퍼바이저에게 기대하는 것이 무엇인지 확실하지 않다.


## 역할 갈등 척도

1. 나는 슈퍼바이저가 나보다 무능하거나 부족하다고 느꼈다. 나는 종종 슈퍼바이저를 슈퍼비전한 것처럼 느꼈다.

2. 나는 슈퍼바이저가 추천한 기법들에 대해 적절한지 시도해 보기를 원했으나 그런 나의 생각을 더 잘 유지하지는 못했다.

3. 나의 치료적 배경은 슈퍼바이저와 다르다. 슈퍼바이저는 내가 자신의 상담 방식대로

내담자와 상담하기를 원했다. 그래서 나는 나의 접근을 사용할 때에는 허락을 받아야 한다고 느꼈다.

4. 나는 특정 방법으로 내담자에게 개입하기를 원했다. 그러나 나의 슈퍼바이저는 매우 다른 방법으로 접근하기를 원했다. 나는 나 스스로 적절한지를 판단하고 내가 말했던 것을 하기로 했다.

5. 슈퍼바이저는 나에게 비윤리적이고 법에 어긋나는 것들을 하라고 말했다. 그래서 나는 그대로 따를 것을 요구받았다.

6. 나는 내담자에게 특정 주제를 소개하는 방법에 대해 슈퍼바이저와 다른 의견을 갖고 있다. 그러나 나는 슈퍼바이저가 권한 것을 하기를 원했다.

7. 나의 또 다른 면은 내담자와의 치료에서 (나의) 본능에 따라 진행하기를 원했다. 그러나 나는 슈퍼바이저가 최종 결정을 할 것이라는 점을 안다.

8. 나는 슈퍼바이저가 권해 준 기법을 사용할 때 불편하지 않았다. 그러나 나는 슈퍼바이저가 권했던 것을 해야만 한다고 느꼈다.

9. 나는 슈퍼바이저와 특정 기법을 수행하는 것에 대해 일치하지 않았다. 그러나 나는 슈퍼바이저가 생각한 것을 하기를 원했다.

10. 나의 슈퍼바이저는 특정 내담자에게 부적절하다고 생각되었던 기법을 평가할 것을 나에게 기대했다.

11. 나는 몇 가지 상황에서 슈퍼바이저의 행동이 비윤리적이고 법에 어긋났다는 것을 믿어 왔다. 그래서 나는 그것에 직면할지 아닐지에 대해 결정하지 못했다.

12. 나는 슈퍼바이저로부터 이중 메시지를 받았다. 그래서 나는 집중해야 할 것이 어떤 것인지에 대해 확신하지 못했다.

13. 새로운 기법을 사용할 때, 나는 관련되는 특정 단계들에 대해 불확실했다. 그 결과, 나는 슈퍼바이저가 나의 실행을 어떻게 평가할지를 확신하지 못했다.

# 부록 I
# 슈퍼비전 과정에서 평가의 진행

Lehrman-Waterman과 Ladany(2001)는 효과적인 목표를 설정하고 피드백을 하는 슈퍼비전을 통해 훈련생들의 등급을 평가하도록 21개의 자기보고 측정도구를 개발했다. 7점 리커트 척도는 2개의 하위 척도로 사용되었다. 13개의 항목은 목표 설정과 관련되어 있고, 8항목은 피드백과 관련되어 있다. 항목들의 1/3은 오류를 통제하기 위한 것들이다. 부정적으로 채점된 항목들은 목표 설정에서 5, 6, 8, 10, 11, 12번 문항이고, 피드백에서 4번 문항이다. 저자들은 측정이 신뢰할 만하고 타당한 결과를 준다고 설명하고 있다.

슈퍼비전에서 받은 피드백에 대해 평가하기 위해 설계된 이 측정들은 관계를 확립하고 체계적인 틀을 구조화하여 슈퍼비전의 과정을 평가하는 데 중요한 역할을 한다. 이 측정에서 소개한 효과적인 목표 설정과 피드백은 작업 동맹과 훈련 만족도를 높이는 데 영향을 준다.

## 슈퍼비전의 과정에서 평가의 진행

### 목표 설정
1. 슈퍼바이저와 훈련을 위해 목표를 일반화는 것이 중요하다고 생각한다.
2. 슈퍼바이저와 이해하기 쉬운 목표를 만들었다.
3. 슈퍼바이저와 만들었던 목표들은 명확하다.
4. 슈퍼바이저와 만들었던 목표들은 실현 가능한 것들이다.
5. 슈퍼바이저와 함께 세운 학습 목표를 바꾸려는 것을 거부한 적이 있다.
6. 슈퍼바이저와 나에게 쉬운 목표를 만들었다.

7. 슈퍼바이저와 측정 가능한 목표를 세웠다.

8. 이 훈련을 하는 데 가장 중요한 목표가 무엇인지에 대해 불확실하다고 느꼈다.

9. 나의 훈련 목표는 관계 초기에 확립되었다.

10. 슈퍼바이저와 훈련을 위한 목표에 대해 논의하지 않았다.

11. 슈퍼바이저는 무엇을 배우기를 원하는지 질문하지 않고 경험에서 내가 원하는 것을
    이야기했다.

12. 슈퍼바이저와 적용 가능한 목표를 설정하였다(예: 비디오 보기).


## 피드백

1. 슈퍼바이저로서 자신의 방식에 대해 언급하는 것을 좋아했다.

2. 슈퍼바이저에게 받았던 평가들은 공정한 것 같다.

3. 치료에 대한 슈퍼바이저의 코멘트는 이해할 만하다.

4. 한 학기를 마칠 때까지 상담자로서 어떻게 해야 할지에 대한 정보를 받지 못했다.

5. 학기 끝에 작업에 대한 총괄평가와 형성평가를 받았다.

6. 슈퍼바이저는 피드백을 할 때 긍정적 · 부정적 내용에 균형을 맞추었다.

7. 슈퍼바이저에게 받은 피드백은 슈퍼바이저의 직접 관찰에 기초한 것이었다.

8. 내가 받았던 피드백은 우리가 정한 목표와 직접적 관련이 있었다.

---

출처: Lehrman-Waterman & Ladany (2001). Development and Validation of the Evaluation Process Within Supervision Inventory. *Journal of Counseling Psychology, 48*, 171. Copyright 2001 by the American Psychological Association. 허가하에 게재함

# 부록 J
# 슈퍼비전 결과 조사

Worthen과 Isakson(2000)은 슈퍼비전에 대한 슈퍼바이지의 견해를 평가하기 위해 '슈퍼비전 결과 조사(Supervision Outcomes Inventory)'를 개발했다. 20항목들은 7점 리커트 척도로 평가된다. 전체 점수는 슈퍼비전에 대한 슈퍼바이지의 변화된 느낌을 추정하는 데 유용하다. Worthen과 Isakson은 슈퍼비전 동안 혹은 측정을 진행할 때 광범위하게 그것을 사용할 것을 제안했다. 이 결과가 슈퍼비전 과정에 영향을 미칠 때 효과적일 것이다.

## 슈퍼비전 결과 조사

슈퍼바이저의 이름: _____          날짜: _____

현재 슈퍼바이저에 대해 질문에 응답하시오. '치료'와 '치료자'라는 용어는 상담과 심리치료 둘 다에서 적용되는 일반적인 것으로 사용되었습니다. 모든 항목에 다음의 평가 척도를 사용하시오.

|   1   |   2   |   3   |   4   |   5   |   6   |   7   |
|-------|-------|-------|-------|-------|-------|-------|
| 전혀 아님 |       |       |       | 보통 |       | 매우 높음 |

1. 나의 슈퍼바이저는 나에게 지지와 도전을 격려하며 도움을 준다.          1  2  3  4  5
2. 내가 받은 슈퍼비전은 전문가로서 성장에 도움을 준다.          1  2  3  4  5
3. 나의 슈퍼바이저는 전문가가 되기 위해서 나의 노력들을 강          1  2  3  4  5
   화하거나 지지를 보낸다.

4. 나의 슈퍼바이저는 나의 강점과 약점들을 파악하여 지속적으로 개발할 필요가 있는 영역을 확인하도록 돕는다.    1  2  3  4  5

5. 슈퍼비전은 치료에서 복잡한 것들을 더 잘 볼 수 있도록 돕는다.    1  2  3  4  5

6. 슈퍼비전은 나의 사례개념화 능력을 개선하도록 돕는다.    1  2  3  4  5

7. 슈퍼비전은 치료에 대한 나의 접근들을 검토하고, 재정의하고, 수정하도록 돕는다.    1  2  3  4  5

8. 슈퍼비전은 내가 전문가로서 성장하고 더 효과적으로 치료하는 데 위험 요소들을 다루는 것에 도움을 준다.    1  2  3  4  5

9. 나의 슈퍼바이저와의 관계는 수용, 신뢰 및 존중으로 특징지어진다.    1  2  3  4  5

10. 나의 슈퍼바이저의 피드백은 내가 개선의 노력을 하도록 격려한다.    1  2  3  4  5

11. 슈퍼비전은 배움의 과정으로 나의 실수를 보도록 나를 돕는다.    1  2  3  4  5

12. 나의 슈퍼바이저를 모델링하는 것은 내가 치료를 배우는 데 도움을 준다.    1  2  3  4  5

13. 나의 슈퍼바이저의 자기개방은 치료자로서 나의 경험을 일반화하는 데 도움이 된다.    1  2  3  4  5

14. 나의 슈퍼바이저는 슈퍼비전에서 내가 개방적이고 수용적이 되도록 돕는다.    1  2  3  4  5

15. 나는 슈퍼바이저와 나의 실수, 약점에 대해 공유하는 것을 편안하게 느낀다.    1  2  3  4  5

16. 슈퍼비전은 효과적 치료 기술을 개발하는 데 도움을 준다.    1  2  3  4  5

17. 슈퍼비전은 내담자를 더 효과적으로 치료하고 더 잘 이해하는 데 도움을 준다.    1  2  3  4  5

18. 슈퍼비전의 결과 나는 상담을 할 때 더 확신 있고 편안하게 느낀다.    1  2  3  4  5

19. 나는 슈퍼비전에 대해 전체적으로 만족한다.    1  2  3  4  5

20. 슈퍼비전은 내가 효과적으로 치료하는 데 영향을 미친다고 여겨진다.    1  2  3  4  5

---

# 부록 K
# 슈퍼바이저 피드백

Hall-Marley(2000)는 훈련생에게 피드백을 제공하기 위해 치료자 평가 체크리스트를 개발했다. 각 항목들은 배움의 분위기, 슈퍼비전 방식, 슈퍼비전 결과 그리고 슈퍼비전 영향으로 구성되어 있다. 훈련하는 동안 최소 4번의 슈퍼바이저 피드백 양식을 작성할 것을 권했으며, 이상적으로는 더 자주 사용할 것을 권했다. 이 양식은 슈퍼비전의 동맹을 강화하는 피드백과 대화를 확립하는 도구다. 이 도구를 사용하는 것은 지위의 차이 때문에 어렵지만 그런 피드백을 흥미롭고 개방된 방식으로 할 수 있게 해 주며, 의사소통을 강화할 수 있게 해 준다.

## 슈퍼바이저 피드백

이 양식은 대학에서 슈퍼비전 관계의 질을 높이기 위해 노력하는 훈련 지도자들이 고안한 것입니다. 또한 당신의 훈련 욕구(필요성)를 재평가할 수 있을 뿐만 아니라 내담자의 가족을 위해 서비스의 질을 높이고자 고안되었습니다. 각 항목은 슈퍼비전의 목표를 의미합니다. 이 형식은 슈퍼바이저를 평가하기 위해 설계된 것이 아닙니다. 당신의 슈퍼바이저는 당신의 가장 정직한 피드백을 필요로 합니다. 당신이 적절한 도움을 받았던 영역을 나타내기 위한 체크 표시를 사용하기를 바랍니다. 당신이 더 도움이 필요하다고 생각되는 영역에는 'N', 확실하지 않은 영역에는 '?' 를 기록해 주세요. 당신이 바라는 것들을 서술하여 주기를 바랍니다. 당신의 슈퍼바이저에게 이 양식을 주거나 다음 주에 이것을 논의하기 바랍니다.

### 배움의 분위기
_____ 수용과 지지받는 분위기를 형성하는가

_____ 분명한 경계를 세우는가(부모, 동료 혹은 치료적이 아님)

_____ 치료자의 강점을 재인식하는가

_____ 치료자의 실행에 대해 명확하고 합리적인 기대를 세우는가

_____ 치료자를 돕는 데 적극적인 관심을 가지는가

_____ 치료자가 전문가로 성장하는 데 적극적인 관심과 도움을 주는가

_____ 인턴 수련 기간의 스트레스에 관심을 갖고 적응과 수용적 분위기를 조성하는가

_____ 배움의 경험으로서 실수를 다루는가

_____ 형성평가를 명확하게 하는가

## 슈퍼비전 방식

_____ 사례개념화, 배경, 방식의 차이를 존중하고 개방적으로 논의하는가

_____ 치료자의 욕구를 위해 지시적으로 하면서 탐색에 균형을 갖는가

_____ 치료자가 슈퍼바이저의 견해를 궁금해하고 질문과 도전을 격려하는가

_____ 치료자가 회기를 구조화하는 것을 허락하는가

_____ 내포하고 있는 대안이 되는 개입을 반영하도록 격려하는가

_____ 슈퍼비전에서 개입에 협력적인가

_____ 비판적으로 사례를 보거나 일반적 피드백을 하는가

_____ 과도하게 방어하지 않고 제한하는가

_____ 대학 생활에 조언을 하고 지속적으로 관계를 발전시키는가

_____ 다른 사람들의 다양성 혹은 문화 차이를 존중하고 개방적으로 논의하는가

## 슈퍼비전 결과

_____ 신뢰할 만한 만남을 계획하는가

_____ 위급할 때 연락할 수 있는가

_____ 적절한 때 책임감 있게 결정하는가

_____ 필요한 때 제안을 하고 구체화시키는가

_____ 치료에서 도움이 되고 적절하게 초점을 유지하는가

_____ 치료자가 사례개념화를 하거나 역동을 분석할 때 도움이 되는가

_____ 치료에서 문제를 정의하고 명확히 하는가

_____ 윤리와 법을 고려하는가

_____ 사례에 맞게 실제적이고 유용한 제안을 하는가

_____ 치료자의 훈련 수준에 적절하게 제안하는가

_____ 제안을 이론에 근거하여 합리적으로 설명할 수 있는가

_____ 치료자가 다른 기법들을 통합하도록 돕는가

_____ 치료자와 내담자 사이의 역전이를 다루도록 돕는가

_____ 심리치료 혹은 심리학에 대한 일반적인 지식을 제공하는가

_____ 문화적으로 다양한 주제와 개인적으로 다양한 주제들을 다루는가

## 슈퍼비전 영향

_____ 치료자의 일반적 기술을 강화하기 위해 개별적 사례들을 일반화하거나 가르침을 제공하는가

_____ 인턴 수련 기간을 잘 수행하는 것과 같이 치료자의 발달에 관심을 보이는가

_____ 전문가로서 치료자의 자기이해가 증가되었는가

_____ 새로운 도전들을 받아들임으로써 치료자의 자기확신이 촉진되었는가

_____ 치료자의 이론적 기초를 더욱 구체화하도록 돕거나 전문가의 정체감을 형성하는 데 도움이 되는가

해석(코멘트):

# 부록 L
# 치료자 평가 체크리스트

Hall-Marley(2000)는 '치료자 평가 체크리스트(Therapist Evaluation Checklist)' 를 개발하였고, 평가 방식은 훈련생에게 피드백을 하기 위해 사용되었다. 임상 팀에 대한 기여, 전문성 개발을 위한 능력, 일반적 심리치료 기술(사례 관리, 평 가, 개입), 평가자 해석(코멘트) 등으로 이루어져 있으며, 각 항목은 임상 팀에 영 향을 주는 내용들을 담고 있다. 이 훈련생 평가 양식은 수행과 역량의 평가를 위 한 기본 틀을 제공한다. 완성도를 위해 프로그램의 기대와 계약서를 평가하는 것은 중요한 일이다.

### 치료자 평가 체크리스트

각 기술이 나타내는 수준은 다음과 같이 평가될 수 있습니다.

S       강함
/       훈련생의 수준에 적절한
?       불충분한 자료
n       개선이 필요함
na      적절하지 않음

'개선이 필요함'에 대한 어떤 평가는 필요한 부분에 대한 분명한 언급이 있어야 합니다. 평가자는 가능하다면 단순한 평가와 대비되는 서술적 설명을 덧붙이기 바랍니다.

Ⅰ. 임상 팀에 대한 기여

____ 고민할 필요 없이 책임감으로 가득 차 있고 성실하다. 그래서 생산적이다.

____ 모든 직원에게 협조적이고 수용적이다. 긍정적 관계를 형성한다.

____ 효과적으로 슈퍼비전 동맹을 확립한다.

____ 독립적으로 행동할 때 좋은 판단을 할 수 있다.

____ 모임에서 결속력과 일의 완성도에 영향을 미친다.

____ 시간이 흐르면서 자율성이 증가되는 것이 보인다.

____ 기관에 긍정적으로 영향을 주는 의사소통을 한다.


Ⅱ. 전문성 개발을 위한 능력

____ 슈퍼비전에서 개방적이고 협력적인 태도로 접근한다.

____ 현장에서 자신의 느낌과 문화적 가치들이 갖는 영향력을 알고 있다.

____ 스스로를 적절하게 평가하고, 적절한 자기비판 능력을 가지고 있다.

____ 새로운 생각과 중요한 피드백을 잘 통합시킨다.

____ 배우는 것에 동기(예: 정보를 알고자 하거나, 도움을 찾는)가 있다.

____ 진단 회의나 세미나에 적극적으로 참석한다.

____ 과정을 통해 기술이 개선되고 있다고 보인다.

____ 치료자에 대한 APA의 윤리 원칙과 법 규정에 대한 지식을 지속적으로 반영하고 적합하게 행동한다.


Ⅲ. 일반적 심리치료 기술


A. 사례 관리 기술

____ 완전하게 그러나 간결하게 서비스들을 기록한다.

____ 심리학적 요구가 아닌 것들을 평가한다.

____ 필요할 때 의뢰를 한다.

____ 정확한 시간에 작업을 완성한다.

____ 외부 기관들과 다른 서비스 제공자들과 서비스를 함께 제공하기도 하고, 연결을 할 수도 있다.

## B. 평가 기술

### 1. 치료적 동맹

_____ 따뜻함, 진실성 및 공감을 표현한다.

_____ 신뢰를 보인다.

_____ 깊은 수준의 자기개방을 촉진한다.

_____ 모든 가족 구성원과 동맹 관계를 맺고 있다.

_____ 내담자를 강점과 약점을 가진 한 개인으로서 존중한다.

_____ 객관성을 유지한다.

_____ 동맹 관계를 세울 때 문화적 다양성을 수용할 수 있다.

### 2. 자료 수집 기술

_____ 내담자와의 행동에 영향을 미치는 자신의 행동과 문화를 알고 있다.

_____ 내담자의 문화적 배경을 이해한다.

_____ 자기와 다른 사람들의 위험을 평가할 수 있다.

_____ 아동기 학대의 주제를 적절하게 다룰 수 있다.

_____ 비언어적 의사소통을 인식하고 이해한다.

_____ 의사소통에서 은유적 표현을 인식하고 이해한다.

_____ 치료의 주제를 이해한다.

### 3. 진단-분석 기술

_____ 이론적인 관점을 가지고 자료를 조직화하고 개념화할 수 있다.

_____ 치료의 반응과 심리학적 차이에 대한 문화적 다양성에 대한 영향을 인식한다.

_____ 진단적 통계로 연구 문헌에서 발견한 것들을 통합한다.

_____ 진단적 차이를 정확하게 안다.

_____ 특이한 진단을 무시하고 평가 계획을 세운다.

_____ 발달, 자기보고서, 인터뷰, 투사 검사 및 그 밖의 자료들을 통합하여 사례를 계획한다.

_____ 사례 발표에서 구두로 연구 결과들을 발표한다.

_____ 보고서 작성을 적절한 시기에 정확하게 한다.

C. 개입 기술

1. 작업 동맹의 유지

_____ 치료에서 내담자의 말을 반영하거나 따라간다.

_____ 내담자의 치료 동기를 유지한다(내담자가 의존하지 않도록 하면서).

_____ 이론적 지각을 가지고 따르는 것과 안내하는 것 사이에서 균형을 유지한다.

_____ 다문화적 역량이 있다.

_____ 사례의 방향을 적절하게 유지한다.


2. 치료의 초점

_____ 실현 가능한 단기 · 장기 행동 목표를 계획한다.

_____ 결과를 이루기 위한 방법들을 계획한다.

_____ 내담자와 과정과 결과의 목표를 공유한다.

_____ 희망에 대한 긍정적 기대를 기른다.

_____ 치료의 어려움을 인식한다.

_____ 평가와 재평가 과정에서 현실적이고, 어떤 징조가 나타날 때 진단과 계획을 수정한다.

_____ 이론과 일치된 개입을 수행한다.

_____ 변화를 일으키는 개입을 수행한다.

_____ 치료에서 핵심 주제를 다루는 데 초점을 맞춘다.

_____ 특성에 맞는 개입보다는 관례적 개입을 수행한다.

_____ 인지행동, 역동, 시간제한, 위기 개입, 체계적 개입에 대한 기본적 지식을 반영하는 개입을 수행한다.


3. 대인관계의 주제에 대한 이해

_____ 평가를 목적으로 내담자에게 개인적 반응을 한다.

_____ 자기보고, 왜곡, 내담자의 요구를 적절하게 하기 위해 선택적으로 반응한다.

_____ 은유적 · 비언어적 내용에 적절하게 반응한다.

_____ 정서, 인지 혹은 주제에 기초하여 강조하거나 재인식한다.

_____ 문화적으로 의미 있는 행동을 적절하게 직관으로 이해한다.

4. 심리학적 평가

___ 인지검사를 정확하게 실시할 수 있다.

___ 인지검사를 정확하게 채점할 수 있다.

___ 인지검사를 정확하게 해석할 수 있다.

___ 성격검사를 정확하게 실시할 수 있다.

___ 성격검사를 정확하게 채점할 수 있다.

___ 성격검사를 정확하게 해석할 수 있다.

___ 종합심리검사 보고서로 통합할 수 있다.

___ 성격에 대한 역동을 구조화할 수 있다.

___ 자료의 해석을 위해 선택한 내용에서 보면 문화적 주제들에 민감하다.

___ 평가 결과에 기초하여 적절한 치료를 추천할 수 있다.

IV. 평가자 해석(코멘트):

---

출처: Hall-Marley (2000). *Therapist Evaluation Checklist*. Copyright 2000 by S. Hall-Marley. 허가하에 게재함

참고문헌

Abreu, J. M. (2001). Theory and research on stereotypes and perceptual bias: A didactic resource for multicultural counseling trainers. *The Counseling Psychologist, 29,* 487-512.

Academy of Psychological Clinical Science. (2002). *Mission and Specific Goals.* Retrieved May 1, 2003, from http://psych.arizona.edu/apcs/purpose.html

Accreditation Council for Graduate Medical Education. (2000). *ACGME outcome project.* Retrieved May 1, 2003, from http://www.acgme.org/outcome/project/OutIntro.html

Ackerman, S. J., & Hilsenroth, M. J. (2001). A review of therapist characteristics and techniques negatively impacting the therapeutic alliance. *Psychotherapy: Theory/Research/Practice/Training, 38,* 171-185 .

Ackerman, S. J., & Hilsenroth, M. J. (2003). A review of therapist characteristics and techniques positively impacting the therapeutic alliance. *Clinical Psychology Revview, 23,* 1-33.

Addis, M. E. (2002). Methods for disseminating research products and increasing evidence-based practice: Promises, obstacles, and future directions. *Clinical Psychology: Science & Practice, 9,* 367-378.

Allen, G. J., Szollos, S. J., & Williams, B. E. (1986). Doctoral student's comparative evaluations of best and worst psychotherapy supervision. *Professional Psychology: Research and Practice, 17,* 91-99.

Allison, K. W., Crawford, I., Echemendia, R. J., Robinson, L., & Knepp, D. (1994). Human diversity and professional competence: Training in clinical and counseling psychology revisited. *American Psychologist, 49,* 792-796.

Allison, K. W., Echemendia, R. J., Crawford, I., & Robinson, W. L. (1996). Predicting cultural competence: Implications for practice and training. *Professional Psychology: Research and Practice, 27,* 386-393.

Almonte v. New York Medical College, 851 F.Supp.34 (D.Conn.1994).

Alonso, A., & Rutan, S. (1988). Shame and guilt in psychotherapy supervision. *Psychotherapy, 25,* 576-581.

American Psychological Association. (1965a). Preconference materials prepared for the conference on the professional preparation of clinical psychologists. Washington, DC: Author.

American Psychological Association. (1965b, August-September). Professional preparation of clinical psychologists. *Proceedings of the Conference on the Preparation of Clinical Psychologists meeting at the Center for Continuing Education, Chicago.* Washington, DC: Author.

American Psychological Association. (1992). Ethical principles of psychologists and code of conduct. *American Psychologist, 47,* 1597-1611.

American Psychological Association. (1993a). Guidelines for providers of psychological services to ethnic, linguistic, and culturally diverse populations. *American Psychologist, 48,* 45-48.

American Psychological Association. (1993b). Recordkeeping guidelines. *American Psychologist, 48,* 984-986.

American Psychological Association. (2000). Guidelines on multicultural education, training, research, practice, and organizational change for psychologists. Washington, DC: Author.

American Psychological Association. (2002a). *Ethical principles of psychologists and code of conduct 2002.* Retrieved May 1, 2003, from http://www.apa.org/ethics/code2002.html

American Psychological Association. (2002b). Guidelines for multicultural education, training, research, practice, and organizational change for psychologists. Washington, DC: Author.

American Psychological Association. (2002c). *PsycINFO.* Washington, DC: Author.

American Psychological Association. (2002d). *Yearly membership, American Psychological Association.* Archives of the American Psychological Association. Retrieved May 1, 2003, from http://www.apa.org/archives/yearlymembership.html#30

American Psychological Association, Committee on Accreditation. (2002). *Guidelines and principles for accreditation of programs in professional psychology.* Washington, DC: Author.

American Psychological Association, committee on Training in Clinical Psychology. (1947). Recommended graduate training program in psychology. *American Psychologist, 2,* 539–558.

American Psychological Association, Division 29, Task Force on Empirically Supported Therapy Relationships. (2002). *Empirically supported therapy relationships: Conclusions and recommendations of the Division 29 Task Force.* Washington, DC: Author.

American Psychological Association, Division 45, Society for the Psychological Study of Ethnic Minority Issues. (2001). *Guidelines for multicultural counseling proficiency for psychologists: Implications for education and training, research and clinical practice.* Washington, DC: Author.

American Society for Healthcare Education and Training. (1994). *Competency assessment allied health.* Chicago: American Hospital Association.

Americans With Disabilities Act of 1990, 42 U.S.C.A. §12101 *et seq.* (West, 1993).

Ancis, J. (Ed.). (2004). *Culturally responsive interventions: Innovative approaches to working with diverse populations.* New York: Brunner-Routledge.

Ancis, J. R., & Ladany, N. (2001). A multicultural framework for counselor supervision. In L. J. Bradley & N. Ladany (Eds.), *Counselor supervision: Principles, process, and practice* (3rd ed., pp. 63-90). Philadelphia: Brunner-Routledge.

Anderson, S. K., & Kitchener, K. S. (1996). Nonromantic, nonsexual posttherapy relationships between psychologists and former clients: An exploratory study of critical incidents. *Professional Psychology: Research and Practice, 27,* 59-66.

Anderson, S. K., & Kitchener, K. S. (1998). Nonsexual posttherapy relationships: A conceptual framework to assess ethical risks. *Professional Psychology: Researb and Practice, 29,* 91-99.

Andrews v. United States, 732 F.2d 366 (4th Cir. 1984).

Andrusyna, T. P., Tang, T. Z., DeRubeis, R. J., & Luborsky, L. (2001). The factor structure of the working alliance inventory in cognitive-behavioral therapy. *Journal of Psychotherapy Practice and Research, 10,* 173-178.

Arlow, J. A. (1963). The supervisory situation. *Journal of the Arnerican Psychoanalytic Association, 11 ,* 576-594.

Arnoult, L. H., & Anderson, C. A. (1988). Identifying and reducing causal reasoning biases in clinical practice. In D. C. Turk & P. Salovey (Eds.), *Reasoning, inference, and judgment in clinical psychology* (pp. 209-232). New York: Free Press.

Aron, L. (1991). The patient's experience of the analyst's subjectivity. *Psychoanalytic Dialogues, 1,* 29-51.

Aronson, D. E., Akamatsu, T. J., & Page, H. A. (1982). An initial evaluation of a clinical psychology practicum training program. *Professional Psychology, 13,* 610-619.

Arredondo, P., & Glauner, T. (1992). *Personal dimensions of identity model.* Boston, MA: Empowerment Workshops.

Arredondo, P., Toporek, R., Brown, S.P., Jones, J., Locke, D. C., Sanchez, J., et al. (1996). Operationalization of the multicultural counseling competencies. *Journal of and multicultural counseling Development, 24,* 42-78.

Asa, T. P., & Lambert, M. J. (2002). Therapist relational variables. In D. J. Cain (Ed.), *Humanistic sychotherapies: Handbook of research and practice* (pp. 531-557). Washington, DC: American Psychological Association.

Association for Counselor Education and Supervision. (1990). Standards for counseling supervisors. *Journal of Counseling and Development, 69*, 30-32.

Association for Counselor Education and Supervision. (1995). Ethical guidelines for counseling supervisors. *Counseling Education and Supervision, 34*, 270-276.

Association of Psychology Postdoctoral and Internship Centers. (2002). *2002 Competencies Conference. Future Directions in Education and Credentialing in Professional Psychology.* Scottsdale, AZ: Author.

Association of State and Provincial Psychology Boards, Task Force on Supervision Guidelines. (1998). *Final report of the ASPPB Task Force on Supervision Guidelines.* Montgomery, AL: Author.

Atkinson, D. R., Morten, G., & Sue, D. W. (Eds.). (1993). *Counseling American minorities: A cross-cultural perspective* (4th ed.). Dubuque, IA: Brown & Benchmark.

Atkinson, D. R., Thompson, C. E., & Grant, S. K. (1993). A three-dimensional model for counseling racial/ethnic minorities. *The Counseling Psychologist, 21*, 257-277.

Atwood, G. E., & Stolorow, R. D. (1984). *Structures of subjectivity: Explorations in psychoanalytic phenomenology.* Hillsdale, NJ: The Analytic Press.

Bachelor, A., & Horvath, A. (1999). The therapeutic relationship. In M. A. Hubble, B. L. Duncan, & S. D. Miller (Eds.), *The heart and soul of change. What works in therapy* (pp. 133-178). Washington, DC: American Psychological Association.

Bachelor, A., & Salame, R. (2000). Participant's perceptions of dimensions of the therapeutic alliance over the course of therapy. *Journal of Psychotherapy Practice and Research, 9*(1), 39-53.

Bahrick, A. (1989). *Working alliance inventory-training* (WAI-T). Unpublished dissertation, Ohio State University, Columbus.

Baker, R. (2000). Finding the neutral position: Patient and analyst perspectives. *Journal of the American Psychoanalytic Association, 48*(1), 129-153.

Barlow, D. H. (1981). On the relation of clinical research to clinical practice: Current issues, new directions. *Journal of Consulting and Clinical Psychology, 49*, 147-155.

Barret, B., Kitchener, K. S., & Burris, S. (2001). A decision model for ethical dilemmas in HIV-related psychotherapy and its application in the case of Jerry. In J. R. Anderson & B. Barret (Eds.), *Ethics in HIV-related psychotherapy: Clinical decision making in complex cases* (pp. 133-154). Washington, DC: American Psychological Association.

Bartell, P. A., & Rubin, L. J. (1990). Dangerous liaisons: Sexual intimacies in supervision. *Professional Psychology: Research and Practice, 21*, 442-450.

Baudry, F. D. (1993). The personal dimension and management of the supervisory situation with a special note on the parallel process. *Psychoanalytic Quarterly, 62*, 588-614.

Beauchamp, T. L., & Childress, J. F. (1979). *Principles of biomedical ethics.* Oxford, NY: Oxford University Press.

Beck, A. T. (1976). *Cognitive therapy and the emotional disorders.* New york: International Universities Press.

Beck, J. C. (1987). The potentially violent patient: Legal duties, clinical practice, and risk management. *PsyChiatric Annals, 17*, 695-699.

Behnke, S. H., Preis, J., & Bates, R. T. (1998). *The essentials of California mental health law.* New York: Norton.

Beidel, D. C., Phillips, S. D., & Zotlow, S. (2003). The future of accreditation. In E. M. Altmaier (Ed.) *Setitng StandardS in graduate education* (pp.113-134). Washington, DC: American Psychological Association.

Belar, C. D., Brown, R. A., Hersch, L. E., Hornyak, L. M., Rozensky, R. H., Sheridan, E. P., et al. (2001). Self-assessment in clmical health psychology: A model for ethical expansion of practice. *Professional Psychology: Research and Practice, 32*, 135-141.

Belar, C. D., & Perry, N. W. (1992). The national conference on scientist-practitioner education and training for the professional practice of psychology. *American*

*Psychologist, 47*, 71-75.

Benjamin, L. T. (2001). American psychology's struggles with its curriculum: Should a thousand flowers bloom? *American Psychologist, 56*, 735-742.

Bennett, B. E., Bryant, B. K., VandenBos, G. R., & Greenwood, A. (1990). *Professional liability and risk management.* Washington, DC: American Psychological Association.

Bent, R. J., Schindler, N., & Dobbins, J. E. (1991). Management and supervision competency. In R. Peterson (Ed.), *Core curriculum in professional psychology* (pp. 121-126). Washington, DC: American Psychological Association Press.

Bergin, A. E., & Garfield, S. L. (Eds.) (1994). *Handbook of psychotherapy and behavior change* (4th ed.). New York: Wiley.

Bernal, M. E., & Castro, F. G. (1994). Are clinical psychologists prepared for service and research with ethnic minorities? Report of a decade of progress. *American Psychologist, 49*, 797-805.

Bernard, J. L., & Jara, C. S. (1995). The failure of clinical psychology graduate students to apply understood ethical principles. In D. N. Bersoff (Ed.), *Ethical conflicts in psychology* (pp. 67-70). Washington, DC: American Psychological Association.

Bernard, J. L., Murphy, M., & Little, M. (1987). The failure of clinical psychologists to apply understood ethical principles. *Professional Psychology: Research and Practice, 18*, 489-491.

Bernard, J. M. (1994). Multicultural supervision: A reaction to Leong and Wagner, Cook, Priest, and FukuYama. *Counselo Education and Supervision, 34*, 159-171.

Bernard, J. M. (1997). The discrimination model. In C. E. Wakins (Ed.), *Handbook of psychotherapy supervision* (pp. 310-327). New York: Wiley.

Bernard, J. M., & Goodyear, R. K. (1998*). Fundamentals of clinical supervision* (2nd ed.). Boston: Allyn & Bacon.

Bernstein, B. E., & Hartsell, T. L. (1998). *The portable lawyer for mental health Professionals.* New York: Wiley.

Berry, J. (1990). Psychology of acculturation: Understanding individuals moving between cultures. In R. Brislin (Ed.), *Applied cross-cultural psychology* (pp.

232-253). Newbury Park, CA: Sage.

Bers, T. H. (2001). Measuring and reporting compatencies. *New Direcdons for Institutional Research, 110,* 29-40.

Bersoff, D. N. (1995). *Ethical conflicts in psychology.* Washington, DC: American Psychological Association.

Betan, E. J., & Stanton, A. L. (1999). Fostering ethical wilungness: Integrating emotional and contextual awareness with rational analysis. *Professional Psychology: Research and Practice, 30,* 295-301.

Beutler, L. E. (1979). Values, beliefs, religion and the persuasive influence of psychotherapy. *Psychotherapy: Theory, Research & Practice, 16,* 432-440.

Beutler, L. E. (1981). convergence in counseling and psychotherapy: A current look. *Clinical Psychology Review, 1,* 79-101.

Beutler, L. E. (2000). David and Goliath: When empirical and clinical standards of practice meet. *American Psychologist, 55,* 997-1007.

Beutler, L. E., & Harwood, H. T. (2002). What is and can be attributed to the therapeutic relationship. *Journal of Contemporary Psychotherapy, 32*(1), 25-33.

Beutler, L. E., Machado, P. P. P., & Neufeldt, S. A. (1994). Therapist variables. In A. E. Bergin & S. L. Garfield (Eds.), *Handbook of psychotherapy and behaviel change* (4th ed., pp. 229-269). New York: Wiley.

Bevan, W. (1991). Contemporary psychology: A tour inside the onion. *American Psychobgist, 46*(5), 475-483.

Biaggio, M. K., Duffy, R., & Shaffelbach, D. F. (1998). Obstacles to addressing professional misconduct. *Clinical Psychology Review, 18*(3), 273-285.

Biaggio, M. K., Gasparikova-Krasnec, M., & Bauer, L. (1983). Evaluation of clinical psychology graduate students: The problem of the unsuitable student. *Professional Practice of Psychology, 4*(1), 9-20.

Biaggio, M. K., Paget, T. L., & Chenoweth, M. S. (1997). A model for ethical management of facuty-student dual relationships. *Profassional Psychology: Research and Practice, 28,* 184-189.

Bidell, M. P., Turner, J. A., & Casas, J. M. (2002). First impressions count: Ethnic/racial and lesbian/gay/bisexual content of professional psychology application materials. *Professinal Psychology: Researh and PTactice, 33*, 97-103.

Binder, J. L., & Strupp, H. H. (1997a). "Negative process": A recurrently discovered and underestimated facet of therapeutic process and outcome in the individual psycholotherapy of adults. *Clinical Psychology: Science and Practice, 4*, 121-139.

Binder, J. L., & Strupp, H. H. (1997b). Supervision of psychodynamic therapies. In C. E. Watkins, Jr. (Ed.), *Handbook of psychotherapy supervision* (pp. 44-62). New York: Wiley.

Bingham, R. P., Porche-Burke, L., James, S., Sue, D. W., & Vasquez, M. J. T. (2002). Introduction: A report on the National Multicultural Conference and Summit II. *Cultural Diversity and Ethnic Minority Psychology, 8*(2), 75-87.

Blackshaw, S. L., & Patterson P. G. R. (1992). The prevention of sexual exploitation of patients: Educational issues. *Canadian Journal of Psychology, 37*, 350-353.

Blanchard, C. A., & Lichtenberg, J. W. (1998). Counseling psychologist's training to deal with their sexual feelings in therapy. *The Counseling Psychobgist, 26*, 624-639.

Board of Curators of me University of Missouri v. Horowitz, 430 U.S. 964 (1978).

Bob, S. (1999). Narrative approaches to supervision and case formulation. *Psychotherapy, 36*(2), 146-153.

Bongar, B., & Harmatz, M. (1991). Clinical psychology graduate education in the study of suicide: Availability, resources, and importance. *Suicide and Life Threatening Behavior, 21*, 231-244.

Borders, L. D. (1992). Learning to think like a supervisor. *Clinical Supervisor, 10*, 135-148.

Borders, L. D., Bernard, J. J., Dye, H. A., Fong, M. L., Henderson, P., & Nance, D. W. (1991). Curriculum guide for training counseling supervisors: Rationale, development, and implementation. *Counselor Education and Supervision, 31*, 58-82.

Borders, L. D., & Leddick, G. R. (1987). *Handbook of counseling supervision- Alexandria*. VA: American Association for Counseling and Development.

Borders, L. D., & Leddick, G. R. (1988). A nationwide survey of supervision training.

*Counselor Education and SuperuiSion, 27*, 271-283.

Bordin, E. (1979). The generalizability of the psychoanalytic concept of the working alliance. *Psychotherapy, 16*, 252-260.

Bordin, E. S. (1983). Supervision in counseling: II. Contemporary models of supervision: A working alliance based model of supervision. *The Counseling Psychologist, 11*, 35-42.

Bordin, E. S. (1994). Theory and research in the therapeutic working alliance: New directions. In A. O. Horvath & L. S. Greenberg (Eds.), *The working alliance: Theory, research and practice* (pp. 13-37). New York: Wiley.

Borkovec, T. D., Echemendia, R. J., Ragusea, S. A., & Ruiz, M. (2001). The Pennsylvania Practice Research Network and future possibilities for clinically meaningful and scientifically rigorous psychotherapy effectiveness research. *Clinical Psychology: Science & Practice, 8*(2), 155-167.

Borum, R. (1996). Improving the clinical practice of violence risk assessment: Technology, guidelines, and training. *Arnerican Psychologist, 51*, 945-956.

Bouchard, M.-A., Normandin, L., & Seguin, M.-H. (1995). Countertransference as instrument and obstacle: A comorehensive and descriptive framework. *The Psychoanalytic Quarterly, 64*, 717-745.

Boxley, R., Drew, C. R., & Rangel, D. M. (1986). Clinical trainee impairment in APA approved internship programs. *Clinical Psychologist, 39*, 49-52.

Brady, M., Leuner, J. D., Belladk, J. P., Loquist, R. S., Cipriano, P. F., & O' Neil, E. H. (2001). A proposed framework for differentiating the 21 Pew competencies by level of nursing education. *Nursing Health Care Perspectives, 21*(1), 30-35.

Brawer, P. A., Handl1, P. J., Fabricatore, A. N., Roberts, R., & Wajda-Johnston, V. A. (2002). Training and education in religion/spirituality within APA-accredited clinical psychology programs. *Professional Psychology: Research and Prctice, 33*, 203-206.

Breunlin, D. C., Karrer, B. M., McGuire, D. E., & Cimmarusti, R. A. (1988). Cybernetics of videotape supervision. In H. A. Liddle, D. C. Breunlin, & R. C. Schwartz (Eds.), *Handbook of family therapy traning and supervision* (pp. 194-206). New

York: Guilford Press.

Breunlin, D. C., Rampage, C., & Eovaldi, M. L. (1995). Family therapy supervision: Toward an integrative perspective. In R. H. Mikesell, D.-D. Lusterman, & S. H. McDaniel (Eds.), *Integrating family therapy: Handbook of family psychology and systems theory* (pp. 547-560). Washington, DC: American Psychological Association.

Bridge, P., & Bascue, L. O. (1990). Documentation of psychotherapy supervision. *Psychotherapy in Private Practice, 8*(1), 79-86.

Bridges, N. A. (2001). Therapist's self-disclosure: Expanding the comfort zone. *Psychotherapy: Theory, Research, Practice, Training, 38*(1), 21-30.

Brislin, R. (2000). *Undrstanding culture's influence on behavior.* Fort Worth, TX: Harcourt College Publishers.

Brodsky, A. M. (1989). Sex between patient and therapist: Psychology's data and Response. In G. O. Gabbard (Ed.), *Sexual exploitation in professional relationships* (pp. 15-25). Washington, DC: American Psychiatric Publishing.

Bromberg, P. M. (1982). The supervisory process and parallel process in psychoanalysis. *Contemporary Psychoanalysis, 18*, 92-111.

Brown, M. T., & Landrum-Brown, J. (1995). Counselor supervision: Cross-cultural perspectives. In J. M. Casas & J. G. Ponterotto (Eds.), *Handbook of multicultural counseling* (pp. 263-286). Thousand Oaks, CA: Sage.

Brown, R. T., Freeman, W. S., Brown, R. A., Belar, C., Hersch, L., Hornyak, L. et al. (2002). The role of psychology in health care delivery. *Professional Psychology: Research and Practice, 33*, 536-545.

Browning, D. (1987). *Religious thought and the modern psychologies.* Philadelphia: Fortress.

Bruss, K. V., Brack, C. J., Brack, G., Glickauf-Hughes, C., & O'Leary, M. (1997). A developmentalmodel for supervising therapists treating gay, lesbian, and bisexual clients. *The Clinical Supervisor, 15*(1), 61-73.

Bruyere, S. N. (2002). Disability nondiscrimination in the employment process: The role for testing professinonals. In D. K. Smith (Ed.), *Assessing individuals with disabilities in educational, employment, and counseling settings* (pp. 205–220). Washington, DC: American Psychological Publishing.

Bugental, H. F. T. (1965). *Search for authenticity.* New York: Holt, Rinehart & Winston.

Buhrke, R. A., & Douce, L. A. (1991). Training issues for counseling psychologists in working with lesbian women and gay men. *Counseling Psychologist, 19,* 216–234.

Burian, B. K., & Slimp, A. O. (2000). Social dual–role relationships during internship: A decision–making model. *Professional Psychology: Research and Practice, 31,* 332–338.

Burke, W. R., Goodyear, R. K., & Guzzard, C. R. (1998). Weakenings and repairs in supervisory alliances. *American Journal of Psychotherapy, 52,* 450–463.

Campbell, C. D., & Gordon, M. C. (2003). Acknowledging the inevitable: Understanding multiple relationships in rural practice. *Professional Psychology: Research and Practice, 34,* 430–434.

Cape, J., & Barkham, M. (2002). Practice improvement methods: Conceptual base, evidence–based research, and practice–based recommendations. *British Jounal of Clinical Psychology, 41,* 285–307.

Carifio, M. S., & Hess, A. K. (1987). Who is the ideal supervisor? *Professional Psychology: Research and Practice, 18,* 244–250.

Carney, C. G., & Kahn, K. B. (1984). Building competencies for effective crosscultural counseling: A developmental view. *The Counseling Psychologist, 12,* 111–119.

Carroll, L., & Gilroy, P. J. (2002). Transgender issues in counselor preparation. *Counselor Education and Supervision, 41,* 233–242.

Carroll, M. (1999). Training in the tasks of supervision. In E. Holloway & M. Carroll (Eds.), *Training Counselling Supervisors* (pp. 44–66). London: Sage.

Carter, R. T. (2001). Back to the future in cultural competence training. The *Counseling Psychologist, 29,* 787–789.

Cauce, A. M., Domerlech–Rodriguez, M., Paradise, M., Cochran, B. N., Shea, J. M., Srabnik, D., & Baydar, N. (2002). Cultural and contextual influences in mental health help seeking: A focus on ethnic minority youth. *Journal of Consulting and Clinical Psychology, 70*, 44–55.

Caudill, B. (2002). Risk management for psychotherapists: Avoiding the pitfalls. In L. VandeCreek & T. L. Jackson, (Eds.), *Innovations in clinical practice: A source book* (Vol. 20; p. 307). Sarasota, FL: Professional Resource Press.

Celenza, A. (1995). Love and hate in the countertransference supervisory concerns. *Psychothgrapy: Theory, Research, Practice, Training, 32*, 301–307.

Chambless, D. L., & Hollon, S. D. (1998). Defining empirically supported therapies. *Jounal of Consulting and Clinical Psychology, 66*(1), 7–18.

Chenneville, V. (2000). HIV, confidentiality, and duty to protect: A decisionmaking model. *Professional Psychology: Research and Pmctice, 31*, 661–670.

Chemiss, C., & Equatios, E. (1977). Styles of clinical supervision in community mental health programs. *Journal of Consulting and Clinical Psychology, 45*, 1195–1196.

Chung, Y. B., Baskin, M. L., & Case, A. B. (1998). Positive and negative supervisory experiences reported by counseling trainees. *Psychological Reports, 82*, 752.

Church, A. H. (1997). Do you see what I see? An exploration of congruence in ratings from multiple perspectives. *Journal of Applied Social Psychology, 27*, 983–1020.

Chused, J. (1991). The evocative power of enactments. *Journal of the American Psychoanalytic Association, 39*, 615–639.

Clark, R. A., Harden, S. L., & Johnson, W. B. (2000). Mentor relationships in clinical psychology doctoral training: Results of a national survey. *Teaching of Psychology, 27*, 262–268.

Clement, P. W. (1999). Outcomes and incomes: *How to evaluate, improve, and market your psychotherapy practice by measuring outcomes*. New York: Guilford Press.

Clinical Treatment and Services Research Workgroup. (1998). *Briding science and service*. Washington, DC: National Institute of Mental Health. Retrieved December 1, 2002 from http://www.nimh.nih.gov/research/bridge.htm

Cobia, D. C., & Boes, S. R. (2000). Professional disclosure statements and fonmal plans for supervision: Two strategies for minimizing the risk of ethical conflicts in post-master's supervision. *Journal of Counseling and Development, 78*, 293-296.

Cohen v. State of New York, 382 N.Y.S. 2d 128 (1975).

Coleman, H. L. K. (1997). Portfolio assessment of multicultural counseling competence. In D. B. Pope-Davis & H. L. K. Coleman (Eds.), *Multicultural counseling competencies* (pp. 43-59). Thousand Oaks, CA: Sage.

Coleman, H. L. K. (1998). General and multicultural counseling competency: Apples and oranges? *Journal of Multicultural Counseling and Development, 26*, 147-156.

Cone, J. J. (2001). *Evaluating outcomes: Empirical tools for effective practice.* Washington, DC: American Psychological Association.

Conroe, R. M., & Schank, J. A. (1989). Sexual intimacy in clinical supervision: Unmasking the silence. In G. R. Schoener, J. H. Milgrom, J. C. Gonsiorek, E. T. Leupker, & R. M. Conroe (Eds.), *Psychotherapist's sexual involvement with clients; Intervention and prevention* (pp. 245-262). Minneapolis, MN: Walk-in Counseling Center.

Constantine, M. G. (1997). Facilitating multicultural competency in counseling supervision. In D. B. Pope-Davis & H. L. K. Coleman (Eds.), *Multicultural counseling competencies* (pp. 310-324). Thousand Oaks, CA: Sage.

Constantine, M. G. (2001). Predictors of observer ratings of multicultural counseling competence in Black, Latino, and White American trainees. *Journal of Counseling Psychology, 48*, 456-462

Constantine, M. G. (2002). Predictors of satisfaction with counseling: Racial and ethnic minority client's attitudes toward counseling and ratings of their counselor's general and multicultural counseling competence. *Journal of Counseling Psychology, 49*, 255-263.

Constantine, M. G., & Kwan, K. K. (2003). Cross-cultural considerations of therapist self-disclosure. *JCLP/In Session, 59*, 581-588.

Constantine, M. G., & Ladany, N. (2000). Self-report multicultural counseling competence scales: Their relation to social desirability attitudes and multicultural case conceptualization ability. *Journal of Counseling Psychology, 47,* 155-164.

Constantine, M. G., & Ladany, N. (2001). New visions for defining and assessing multicultural counseling competence. In J. G. Porterotto, J. M. Casas, L. A. Suzuki, & C. M. Alexander (Eds.), *Handbook of multicultural counseling* (2nd ed., pp. 482-498). Thousand Oaks, CA: Sage.

Constantine, M. G., Ladany, N., Inman, A. G., & Ponterotto, J. G. (1996). Students, perceptions of multicultural training in counseling psychology program. *Journal of Multicultural Counseling and Development, 24,* 241-253.

Cook, D. A. (1994). Racial identity in supervision. *Counselor Education and Supervision, 34,* 132-138.

Cooper, S. H. (1998). Countertransference disclosure and the conceptualization of analytic technique. *The Psychoanalytic Quarterly, 67,* 128-154.

Corey, G., Corey, M., & Callahan, P. (2003). *Issues and ethics in the helping professions.* Pacific Grove, CA: Brooks/Cole.

Cormier, L. S., & Bernard, J. M. (1982). Ethical and legal responsibilities of clinical supervisors. *The Personnel and Guidance Journal, 60,* 486-491.

Coster, J. S., & Schwebel, M. (1997). Well-functioning in professional psychologists. *Professional Psychology: Researh and Practice, 28,* 5-13.

Creighton, A., & Kivel, P. (1992). Helping teens stop violence: *A practical guide for educators, counselors, and parents.* Almeda, CA: Hunter House.

Cummings, A. L. (2000). Teaching feminist counselor responses to novice female counselors. *Counselor Education and supervision, 40,* 47-57.

D'Andrea, M., & Daniels, J. (1991). Exploring the different levels of multicultural counseling training in counselor education. *Journal of Counseling and Development, 70,* 78-85 .

D'Andrea, M., & Daniels, J. (1997). Multicultural counseling supervision: Central issues, theoretical considerations, and practical strategies. In D. B. Pope-Davis & H. L. K. Coleman (Eds.), *Multicultural counseling competencies: Assessment, education and training, and supervision* (pp. 290-309). Thousand Oaks, CA: Sage.

D'Andrea, M., Daniels, J., & Heck, R. (1991). Evaluating the impact of multicultural counseling training. *Journal of Counseling and Development, 70,* 143-150.

Daniels, T. G., Rigazio-Diglio, S. A., & Ivey, A. E. (1997). Microcounseling: A training and supervision paradigm for the helping profession. In C. E. Watkins, Jr. (Ed.), *Handbook of psychotherapy supervision* (pp. 277-295). New York: Wiley.

DeAngelis, T. (2002). A new generation of issues for LGBT clients. *American Psychological Association Monitor on Psychology, 33*(2), 42-44.

deMayo, R. A. (1997). Patient sexual behavior and sexual harassment: a national survey of female psychologists. *Professional Psychology: Research and Practice, 28,* 58-62.

deMayo, R. A. (2000). Patient's sexual behavior and sexual harassment: A survey of clinical supervisors. *Professional Psychology: Research and Practice, 31,* 706-709.

Dendinger, D. C., & Kohn, E. (1989). Assessing supervisory skills. *The Clinical Supervisor, 7*(1), 41-55.

Dewald, P. (1987). Learning process in psychoanalytic supervision: Complexities and challenges. Madison, CT: International Universities Press.

Dewald, P. A. (1997). The process of supervision in psychoanalysis. In C. E. Watkins, (Ed.), *Handbook of psychotherapy supervision* (pp. 31-43). New York: Wiley.

Dickinson, S. C., & Johnson, W. B. (2000). Mentoring in clinical psychology doctoral programs: A national survey of directors of training. *The Clinical Supervisior, 19*(1), 137-152.

Dienst, E. R., & Armstrong, P. M. (1988). Evaluations of student's clinical competence. *Professional Psychology: Research and Practice, 19,* 339-341.

Disney, M. J., & Stephens, A. M. (1994). *The ACA Legal Series (Vol. 10): Legal issues in clinical supervision.* Alexandria, VA: American Counseling Association.

Doehrman, M. J. (1976). Parallel processes in supervision and psychotherapy. *Bulletin of the Menninger Clinic, 40,* 9-104.

Duan, C., & Roehlke, H. (2001), A descriptive "snapshot" of cross-racial supervision in university counseling center internships. *Journal of Multicultural Counseling and Development, 29,* 131-146.

Dubin, S. S. (1972). obsolescence or lifelong education: A choice for the profession. *American Psychologist, 27,* 486-498.

Dunn, J. (1995). Intersubjectivity in psychoanalysis: A critical review. *The International Journal of Psychoanalysis, 76,* 723-738.

Dye, H. A., & Borders, L. D. (1990). counseling supervisors: Standards for preparation and practice. *Journal of Counseling and Development, 69,* 27-32.

Ebert, B. W. (2002). Dual-relationship prohibitions: A concept whose time never shold have come. In A. A. Lazarus & O. Zur (Eds.), *Dual relationships and psychotherapy* (pp. 169-211). New York: Springer Publishing Company.

Eby, L. T., McManus, S. E., Simon, S. A., & Russell, J. E. A. (2000). The protégé's perspective regarding negative mentoring experiences: The development of a taxonomy. *Journal of Vocational Behavior, 57,* 1-21.

Efstation, J. F., Patton, M. J., & Kardash, C. M. (1990). Measuring the working alliance in counselor supervision. *Journal of Counseling Psychology, 37,* 322-329.

Egan, G. (1986). *The skilled helper: Models, skills and methods for effective helping* (3rd ed.). Monterey, CA: Brooks/Cole.

Ekstein, R., & Wallerstein, R. S. (1958). *The teaching and learning of psychotherapy.* New York: Basic Books.

Ekstein, R., & Wallerstein, R. S. (1972). *The teaching and learnling of psychotherapy* (2nd ed.). New York: International Universities Press.

Ellis, M. V. (1991a). Critical incidents in clinical supervision and in supervisor supervision: Assessing supervisory issues. *Journal of Counseling Psychology, 38,* 342-349.

Ellis, M. V. (1991b). Research in clinical supervision: Revitalizing a scientific Agenda. *Counselor Education and Supervision, 30,* 238-251.

Ellis, M. V. (2001). Harmful supervision, a cause for alarm: Comment on Gray et al.(2001) and Nelson and Friedlander (2001). *Journal of Counseling Psychology, 48,* 401-406.

Ellis, M. V., & Dell, D. M. (1986). Dimensionality of supervisor roles: Supervisor's perceptions of supervision. *Journal of Counseling Psychology, 33,* 282–291.

Ellis, M. V., & Douce, L. A. (1994). Group supervision of novice clinical supervisors: Eight recurring issues. *Journal of Counseling and Development, 72,* 520–525.

Ellis, M. V., Krengel, M., & Beck, M. (2002). Testing self–focused attention theory in clinical supervision: Effects on supervisee anxiety and performance. *Journal of Counseling Psychology, 49,* 101–116.

Ellis, M. V., & Ladany, N. (1997). Inferences concerning supervisees and clients in clinical supervision: An integrative review. In C. E. watkins, Jr. (Ed.), *Handbook of psychotherapy supervision* (pp. 447–507). New York: Wiley.

Ellis, M. V., & Ladany, N., Krengel, M., & Schult, D. (1996). Clinical supervision research from 1981 to 1993: A methodological critique. *Journal of Counseling Psychology, 43,* 35–50.

Enns, C. Z. (1993). Twenty years of feminist counseling and therapy. *The Counseling Psychologist, 21,* 3–87.

Enyedy, K. C., Arcinue, F., Puri, N. N., Carter, J. W., Goodyear, R. K., & Getzelman, M. A. (2003). Hindering phenomena in group supervision: Implications for practice. *Profssional Psychology: Research and Practice, 34,* 312–317.

Epstein, R. M., & Hundert, E. M. (2002). Defining and assessing professional competence. *Journal of the American Medical Association, 287,* 226–235.

Falender, C. (1999). *Supervisor's maps.* Unpublished manuscript.

Falender, C. (2000, October). Education and training in the 21st century. *California Psychologist,* 18–20.

Falender, C. (2001). Development of supervisees during the training year. Unpublished manuscript.

Falender, C. (2003). Supervision contract outline. Unpublished measure.

Falender, C. A., Cornish, J. A. E., Goodyear, R., Hatcher, R., Kaslow, N. J., Leventhal, G., et al. (in press). Defining competencies in psychology supervision: A consensus statement. *Journal of Clinical Psychology.*

Falender, C. A., & Shafranske, E. P. (2004). 360–degree evaluation applied to psychology training. Manuscript in preparation.

Falicov, C. J. (1988). Learning to think culturally. In H. A. Liddle, D. C. Breunlin, & R. C. Schwartz (Eds.), *Handbook of family therapy training and supervision* (pp. 335–357). New York: Guilford Press.

Falicov, C. J. (1995). Training to think culturally: A multidimensional comparative framework. *Family Process, 34*, 373–388.

Falicov, C. J. (1998). *Latino families in therapy: A guide to multicultural practice.* New York: Guilford.

Falvey, J. E. (2002). Managing clinical supervision: Ethical practice and legal risk management. Pacific Grove, CA: Brooks/Cole.

Fantuzzo, J. W. (1984). Mastery: A competency–based training model for clinical psychologists. *The Clinical Psychologist, 37*(1), 29–30.

Fantuzzo, J. W., & Moon, G. W. (1984). Competency mandate: A model for teaching skills in the administration of the WAIS–R. *Journal of Clinical Psychology, 40,* 1053–1059.

Fantuzzo, J. W., Sisemore, T. A., & Spradlin, W. H. (1983). A competency–based model for teaching skills in the administration of intelligence tests. *Professional Psychology: Research and Practice, 14,* 224–231.

Fassinger, R. E., & Richie, B. S. (1997). Sex matters: Gender and sexual orientation in training for multicultural counseling competency. In D. B. Pope–Davis & H. L. K. Coleman (Eds.), *Multicultural counseling competencies: Assessment, education and training, and supervision* (pp. 83–110). Thousand Oaks, CA: Sage.

Finkelstein, H., & Tuckman, A. (1997). Supervision of psychological assessment: A developmental model. *Professional Psychology: Research and Practice, 28,* 92–95.

Fischer, A. R., Jome, L. M., & Atkinson, D. R. (1998). Reconceptualizing multicultural counseling: Universal healing conditions in a culturally specific context. *Counseling Psychologist, 26,* 525–588.

Fischer, C. T. (1998). Phenomenological, existential and humanistic foundations for psychology as a human–science. In M. Hersen & A. Bellack (Series Eds.), *Comprehensive clinical psychology* C. E. Walker (Vol. Ed.). *Vol. 1: Foundations* (pp. 449-472). London: Elsevier Science.

Fly, B. J., van Bark, W. P., Weinman, L., Kitchener, K. S., & Lang, P. R, (1997). Ethical transgression of psychology graduate students: Critical incidents with implications for training. *Professional Psychology: Research and Practice, 28*, 492-495.

Folman, R. Z. (1991). Therapist-patient sex: Attraction and boundary problems. *Psychotherapy, 28*, 168-173.

Ford, G. G. (2001). *Ethical reasoning in the mental health professions.* Boca Raton, FL: CRC Press.

Ford, M. P., & Hendrick, S. S. (2003). Therapist's sexual values for self and clients: Implications for practice and training. *Professional Psychology: Research and Practice, 34*, 80-87.

Forrest, L., Elman, N., Gizara, S., & Vacha-Haase, T. (1999). Trainee impairment: A review of identification, remediation, dismissal, and Iegal issues. *The Counseling Psychologist, 27*, 627-686.

Fosshage, J. L. (1997). Towards a model of psychoanalytic supervision from a self-psychology/intersubjective perspective. In M. H. Rock (Ed.), *Psychodynamic supervision* (pp. 189-212). Northvale, NJ: Jason Aronson.

Frame, M. W., & Stevens-Smith, P. (1995). Out of harm's way: Enhancing monitoring and dismissal processes in caunselor education programs. *Counselor Education and Supervision, 35*, 118-129.

Frank, J. D., & Frank, J. B. (1991). *Persuasion andhealing* (3rd ed.). Baltimore: John Hopkins University Press. (Original work published 1961)

Franklin, G. (1990). The multiple meanings of neutrality. *Journal of the American Psychoanalytic Association, 38*(1), 195-220.

Frawley-O'Dea, M. G., & Sarnat, J. E. (2001). *The supervisory relationship: A contemporary psychodynamic approach.* New York: Guilford Press.

Frazier, P., Dik, B. J., Glaser, T., Steward, J., & Tashiro, T. (2002). *Integrating science and practice in advanced practica.* Roundtable discussion at the Annual Meeting of the American Psychological Association, Chicago, IL.

Freud, S. (1910). The future prospects of psycho-analytic therapy. In J. Strachey (Ed. &

Trans.), *Standard edition of the collected works of Sigmund Freud* (vol. 10, pp. 139-151). London: Hogarth Press. (Original work published 1923)

Freud, S. (1912). Recommendations to physicians practicing psycho-analysis. In J. Strachey (Ed. & Trans.), *Standard edition of the collected works of Sigmund Freud* (Vol. 12, pp. 111-125). London: Hogarth Press. (Original work published 1923)

Friedberg, R. D., & Taylor, L. A. (1994). Perspectives on supervision in cognitive therapy. *Journal of Rational-Emotive & Cognitive Behavior Therapy, 12*(3), 147-161.

Friedlander, M. L., Siegel, S., & Brenock, K. (1989). Parallel process in counseling and supervision: A case study. *Journal of Counseling Psychology, 36*, 149-157.

Friedlander, M. L., & Ward, L. G. (1984). Development and validation of the supervisory styles inventory. *Journal of Counseling Psychology, 31*, 541-557.

Friedman, D., & Kaslow, N. J. (1986). The development of professional identity in psychotherapists. In F. W. Kaslow (Ed.), *Supervision and training: Models, dilemmas, and challenges* (pp. 29-49). New York: Haworth Press.

Friedman, S. C., & Gelso, C. J. (2000). The development of the inventory of countertransference behavior. *Journal of Clinical Psychology, 56*, 1221-1235.

Fruzzetti, A. E., Waltz, J. A., & Linehan, M. M. (1997). Supervision in dialectical behavior therapy. In C. E. Watkins, Jr. (Ed.), *Handbook of psychotherapy supervision* (pp. 84-100). New York: Wiley.

Fuertes, J. N. (2002). *Facilitating trainee's multicultural counseling competence.* Paper presented at the 110th Annual Convention of the American Psychological Association, Chicago, IL.

Fuertes, J. N., & Brobst, K. (2002). Client's ratings of counselor multicultural Competency. *Cultural Diversity & Ethnic Minority Psychology, 8*(3), 214-223.

Fuertes, J. N., Mueller, L. N., Chauhan, R. V., Walker, J. A., & Ladany, N. (2002). An investigation of European American therapist's approach to counseling African American clients. *The Counseling Psychologist, 30*, 763-788.

Fukuyama, M. A. (1994a). Critical incidents in multi-cultural counseling supervision: A phenomenological approach to supervision. *Counselor Education and Supervision, 34,* 142-151.

Fukuyama, M. A. (1994b). Multicultural training: If not now when? If not you who? *The Counseling Psychologist, 22,* 296-299.

Fukuyama, M. A., & Ferguson, A. D. (2000). Lesbian, gay, and bisexual people of color: Understanding cultural complexity and managing multiple oppressions. In R. M. Perez, K. A. Debord, & K. Bieschke (Eds.), *Handbook of counseling and psychotherapy with lesbian, gay, and bisexual clients* (pp. 81-105). Washington, DC: American Psychological Association.

FukuYama, M. A., & Sevig, T. D. (1999). *Integrating spirituality into multicultural counseling.* Thousand Oaks, CA: Sage.

Fuqua, D. R., Newman, J. L., Scott, T. B., & Gade, E. M. (1986). Variability across sources of performance ratings: Further evidence. *Journal of Counseling Psychology, 33,* 353-356.

Gabbard, G. O. (2001). A contemporary psychoanalytic model of countertransference. *Jounal of Clinical Psychology, 57,* 983-991.

Gabbard, G., Horwitz, L., Frieswyk, S., Allen, J., Colson, D., Newsom, G., et al. (1988). The effect of therapist interventions on the therapeutic alliance with borderline patients. *Journal of the American Psychoanalytic Association, 36,* 697-727.

Gabbard, G. O., & Wilkinson, S. M. (1994). *Management of counteransference with borderline patients.* Washington, DC: American Psychiatric Publishing.

Gadamer, H. -G. (1962/1976). On the problem of self understanding. In D. E. Linge (Ed. & Trans.), *Philosophical hermeneutics* (pp. 44-58). Berkeley, CA: University of California Press.

Gallessich, J., & Olmstead, K. M. ( 1987). Training in counseling psychology: Issues and trends in 1986. *The Counseling Psychologist, 15,* 596-600.

Gallup, G., Jr., & Johnson B. R. (2003, January 28). New index tracks "Spiritual State of the Union." The Gallup Organization. Retrieved February 2, 2003 from http://www.gallup.com/poll/tb/religValue/20030128.asp#rm

Gallup, G., Jr., & Jones, T. (2000). *The next American spirituality: Finding God in the twenty-first century.* Colorado Springs, CO: Cook Communications.

Gandolfo, R. L., & Brown, R. (1987). Psychology intern ratings of actual and ideal supervision of psychotherapy. *The Journal of Training and Practice in Professional Psychology, 1*(1), 15-28.

Garamella, Conservator for the estate of Denny Almonte v. New York Medical College et al., CIV.NO.3:93CV116(HBF). United States District Court for the District of Connecticut, 23 F. Supp. 2d 167; 1998 U.S. Dist. Lexis 16696.

Garb, H. N. (1989). Clinical judgment, clmical training, and professional experience: *Psychological Bulletin, 105*, 387-396.

Garnets, L., Hancock, K. A., Cochran, S. D., Goodchilds, J., & Peplau, L. A. (1991). Issues in psychotherapy with lesbians and gay men: A survey of psychologists. *American Psychologist, 46*, 964-972.

Garrett, M. T., Borders, L. D., Crutchfield, L. B., Torres-Rivera, E., Brotherton, D., & Curtis, R. (2001). Multicultural superVISION: A paradigm of cultural responsiveness for supervisors. *Journal of Multicultural Counseling and Devlopment, 29*, 147-159.

Gaston, L., Thomson, L., Gallagher, D., Cournoyer, L.-G., & Gagnon, R. (1998). Alliance, technique, and their interactions in predicting outcome of behavioral, cognitive, and brief dynamic therapy. *Psychotherapy Research, 8*, 190-209.

Gatmon, D., Jackson, D., Koshkarian, L., Martos-Perry, N., Molina, A, Patel, N., et al. (2001). Exploring ethnic gender and social orientation variables in supervision: Do they really matter? *Journal of Multicultural Counseling and Devlopment, 29*, 102-113.

Gediman, H. K., & Wolkenfeld, F. (1980). The parallelism phenomenon in psychoanalysis and supervision: Its reconsideration as a triadic system. *Psychoanalytic Quarterly, 49*, 234-255.

Gelso, C. J., & Hayes, J. A. (2001). Countertransference management. *Psychotherapy, 38*, 418-422.

Gelso, C. J., Latts, M. G., Gomez, M. J., & Fassinger, R. E. (2002). Countertransference management and therapy outcome: An initial evaluation. *Journal of Clinical*

*Psychology, 58,* 861–867.

Gergen, K. J. (1994). Exploring the postmodern: Perils or potentials? *American Psychologist, 49,* 412–416.

Gerson, B. (Ed.). (1996). *The therapist as a person: Life crises, life choices, life expectancies, and their effects on treatment.* Hillsdale, NJ: Analytic Press.

Gerson, S. (1996). Neutrality, resistance, and self-disclosure in an intersubjective psychoanalysis. *Psychoanalytic Dialogues, 6,* 623–645.

Getz, H. G. (1999). Assessment of clinical supervisor competencies. *Journal of Counseling and Development, 77,* 491–497.

Gill, M. (1994). *Psychoanalysis in transition: A personal view.* Hillsdale, NJ: Analytic Press.

Giorgi, A. (1970). *Psychology as a human science.* New York: Harper & Row.

Glaser, R. D., & Thorpe, J. S. (1986). Unethical intimacy: A survey of sexual contact and advances between psychology educators and female graduate students. *American Psychologist, 41,* 43–51.

Gold, J. H., & Nemiah, J. C. (Eds.). (1993). When the therapist's real life intrudes. In M. R. Goldfried & G. C. Davison (Eds.), *Clinical behavior therapy.* New York: Holt, Rinedart & Winston.

Gonsalvez, C. J., Oades, L. G., & Freestone, J. (2002). The objectives approach to clinical supervision: Towards integration and empirical evaluation. *Australian Psychologist, 37*(1), 68–77.

Goodman-Delahunty, J. (2000). Psychologicai impairment under the Amencans With Disabilities Act: Legal guidelines. *Professional Psychology: Research and Practice, 31,* 197–205.

Goodyear, R. K., & Bernard, J. M. (1998). Clinical supervision: Lessons from the literature. *Counselor Education and Supervision, 38,* 6–22.

Goodyear, R. K., & Guzzardo, C. R. (2000). Psychotherapy supervision and training. In S. D. Brown & R. W. Lent (Eds.), *Handbook of counseling psychology* (3rd ed., pp. 83–108). New York: Wiley.

Goodyear, R. K., & Nelson, M. L. (1997). The major formats of psychotherapy

Supervision. In C. E. Watkins, Jr. (Ed.), *Handbook of psychotherapy supervision* (pp. 328–344). New York: Wiley.

Goodyear, R. K., & Robyak, J. E. (1982). Supervisor's theory and experience in supervisory focus. *Psychological Reports, 51*, 978.

Gottlieb, M. C. (1993). Avoiding exploitative dual relationships: A decisionmaking model. *Psychotherapy, 30*, 41–48.

Gould, L. J., & Bradley, L. J. (2001). Evaluation in supervision. In L. J. Bradley & N. Ladany (Eds.), *Counselor education: Principles, process, and* practice (pp. 271–303). Philadelphia: Brunner–Routledge.

Granello, D. H., Beamish, P. M., & Davis, T. E. (1997). Supervisee empowerment: Does gender make a difference? *Counselor Education and Supervision, 36*, 305–317.

Grater, H. A. (1985). Stages in psychotherapy supervision: From therapy skills to skilled therapist. *Professional Psychology: Research and Practice, 5*, 605–610.

Gray, L. A., Ladany, N., Walker, J. A., & Ancis, J. R. (2001). Psychotherapy trainee's experience of counterproductive events in supervision. *Journal of Counseling Psychology, 48*, 371–383.

Greben, S. E. (1985). Dear Brutus: Dealing with unresponsiveness through supervision. *Canadian Journal of Psychiatry, 30*, 48–53.

Greenberg, J. (1986). The problem of analytic neutrality. *Contemporary Psychoanalysis, 22*, 76–86.

Greenson, R. (1967). *The technique and practice of psychoanalysis.* New York: International Universities Press.

Greenwald, M., & Young, J. (1998). Schema–focused therapy: An integrative approach to psychotherapy supervision. *Journal of Cognitive Psychotherapy: An International Quarterly, 12*(2), 109–125.

Grey, A. G., & Fiscalini, J. (1987). Parallel process as countertransference–counter-transference interaction. *Psychoanalytic Psychology, 4*, 131–144.

Grote, C. L., Robiner, W. N., & Haut, A. (2001). Disclosure of negative information in letters of recommendation: Writer's intentions and reader's experiences. *Professional Psychology: Research and Practice, 32*, 655–661.

Guest, C. L., Jr., & Dooley, K. (1999). Supervisor malpractice: Liability to the supervisee in clinical supervision. *Counselor Education and Supervision, 38*, 269-279.

Guest, P. D., & Beutler, L. E. (1988). Impact of psychotherapy supervision on therapist orientation and values. *Journal of Consulting and Clinical Psychology, 56*, 653-658.

Gustafson, K. E., & McNamara, J. R. (1999). Confidentiality with minor clients: Issues and guidelines for therapists. In D. N. Bersoff (Ed.), *Ethical conflicts in psychology* (2nd ed., pp. 200-204). Washington, DC: American Psychological Association.

Gutheil, T. G., & Gabbard, G. O. (1993). The concept of boundaries in clinical practice: Theoretical and risk-management dimensions. *American Journal of Psychiatry, 150*, 188-196.

Gutheil, T. G., & Simon, R. I. (2002). Non-sexual boundary crossings and boundary violations: The ethical dimension. *Psychiatric Clinics of North America, 25*, 585-592.

Guthrie, R. V. (1998). *Even the rat was white: A historical view of psychology* (2nd ed.). Boston: Allyn & Bacon.

Guy, J. D., Brown, C. K., & Poelstra, P. L. (1992). Safety concerns and protective measures used by psychotherapists. *Professional Psychology: Research and Practice, 23*, 421-423.

Haas, L. J., & Malouf, J. L. (1989). *Keeping up the good work: A practitioner's guide to mental health ethics.* Sarasota, FL: Professional Resource Exchange.

Hahn, W. K. (2001). The experience of shame in supervision. *Psychotherapy, 38*, 272-282.

Hahn, W. K., & Molnar, S. (1991). Intern evaluation in university counseling centers. *The Counseling Psychologist, 19*, 414-430.

Hall-Marley, S. (2000). Therapist evaluation checklist. Unpublished measure.

Han-Marley, S. (2001). Supervision feedback. Unpublished measure.

Hanlacek, D. E. (1985). *Psychology in teaching, learning, and growth.* Boston: Allyn & Bacon.

Hamilton, J. C., & Spruill, J. (1999). Identifying and reducing risk factors related to trainee-client sexual misconduct. *Professional Psychology: Research and Practice, 30*, 318-327.

Hammel, G. A., Olkin, E., & Taube, D. O. (1996). Student-educator sex in clinical and counseling psychology doctoral training. *Professional Psychology: Research and Practice, 27*, 93-97.

Handelsman, M. M. (1986). Problems with ethics training by osmosis. *Professional Psychology: Research and Practice, 17*, 371-372.

Handelsman, M. M. (1990). Do written consent forms influence client's first impressions of therapists? *Professional Psychology: Research and Practice, 21*, 451-454.

Handelsman, M. M., Gottlieb, M. C., & Knapp, S. (2002, August). *Training ethical psychologists: An acculturation model.* Paper presented at the American Psychological Association annual meeting, Chicago.

Handelsman, M. M., Kemper, M. B., Kesson-Craig, P., McLain, J., & Johnsrud, C. (1986). Use, content, and readability of written informed consent forms for treatment. *Professional Psychology: Research and Practice, 17*, 514-518.

Hanna, M. A., & Smith, J. (1998). Innovative Methods: Using rubrics for documentation of clinical work supervision. *Counselor Education and Supervision, 37*, 269-278.

Hansen, J. C. (1965). Trainee's expectations of supervision in the counseling program. *Counselor Education and Supervision, 2*, 75-80.

Hansen, N. D., & Goldberg, S. G. (1999). Navigating the nuances: A matrix of considerations for ethical-legal dilemmas. *Professional Psychology: Research and Practice, 30*, 495-503.

Hansen, N. D., Pepitone-Arreola-Rockwell, F., & Greene, A. F. (2000). Multicultural competence: Criteria and case examples. *Professional Psychology: Research and Practice, 31*, 652-660.

Harrar, W. R., VandeCreek, L., & Knapp, S. (1990). Ethical and legal aspects of clinical supervision. *Professional Psychology: Research and Pratice, 21*, 37-41.

Harris, E. (2002). *Legal and ethical risk management in professional psychological practice-Sequence I.* Presentation sponsored by the APA Insurance Trust and the California Psychological Association, Los Angeles, CA.

Hayes, J. A., Riker, J. R., & Ingram, K. M. (1997). Countertransference behavior and management in brief counseling: A field study. *Psychotherapy Research, 7,* 145–153.

Hayman, P. M., & Covert, J. A. (1986). Ethical dilemmas in college counseling Centers. *Journal of Counseling and Development, 64,* 318–320.

Hays, K. A., Rardin, D. K., Jarvis, P. A., Taylor, N. M., Moorman, A. S., & Armstead, C. D. (2002). An exploratory survey on empirically supported treatments: Implications for internship training. *Professional Psychology: Research and Practice, 33,* 207–211.

Hays, P. A. (2001). Addressing cultural complexities in practice: A framework for clinicians and counselors. Washington, DC: American Psychological Association Press.

Hedlund v. The Superior Court of Orange County. 34 Cal. 3d 695; 194 Cal. Rptr. 805, 669 P. 2d 41 (Sept. 1983).

Heimann, P. (1950). On counter-transference. *International Journal of Psychoanalysis, 31,* 81–84.

Helms, J. E. (1990). *Black and white racial identity: Theory, research, and practice.* Westport, CT: Greenwood Press.

Helms, J. E., & Richardson, T.Q. (1997). How "multiculturalism" obscures race and culture as differential aspects of counseling competency. In D. B. Pope-Davis, & H. L. K. Coleman (Eds.), *Multicultural counseling competencies: Assessment, education and supervision* (pp. 60–82). Thousand Oaks, CA: Sage.

Henderson, C. E., Cawyer, C. S., & Watkins, C. E., Jr. (1999). A comparison of student and supervisor perceptions of effective practicum supervision. *The Clinical Supervisor, 18,* 47–74.

Henggeler, S. W., & Schoenwald, S. K. (1998). *The MST supervisory manual: Promoting quality assurance at the clinical level.* Charleston, SC: MST Institute.

Henggeler, S. W., Schoenwald, S. K., Liao, J. G., Letourneau, E. J., & Edwards, D. L. (2002). Transporting efficacious treatments to field settings: The link between supervisory practices and therapist fidelity in MST programs. *Journal of Clinical Child Psychology, 31*(2), 155–167.

Heppner, P. P., & Roehlke, H. J. (1984). Differences among supervisees at different levels of supervision. *Journal of Consulting Psychology, 31,* 76–90.

Herlihy, B., & Sheeley, V. L. (1988). Counselor liability and the duty to warn: Selected cases, statutory trends, and implications for practice. *Counselor Education and Supervision, 27,* 203–215.

Herman, K. C. (1993). Reassessing predictors of therapist competence. *Journal of Counseling and Development, 72,* 29–32.

Hermann, N. (1996). SuperVisor evaluation: From theory to implementation. *Academic Psychiatry, 20*(4), 205–211.

Hernandez, A., & Lafromboise, T. D. (1983). *Cross-cultural counseling inventory.* Unpublished measure.

Hess, A. K. (Ed.). (1980a). Psychotherapy supervision: *Theory, research and practice.* New York: Wiley.

Hess, A. K. (1980b). Training models and the nature of psychotherapy supervision. In A. K. Hess (Ed.), *Psychotherapy supervision: Theory, research and practice* (pp. 15–28). New York: Wiley.

Hess, A. K. (1986). Growth in supervision: Stages of supervisee and supervisor development. *The Clinical Supervisor, 4,* 51–67.

Hess, A. K. (1987a). Advances in psychotherapy supervision: Introduction. *Professional Psychology: Research and Practice, 18,* 187–188.

Hess, A. K. (1987b), Psychotherapy supervision: Stages, Buber, and a theory of Relationship. *Professional Psychology: Research and Practice, 18,* 251–259.

Hill, C. E., Helms, J. E., Tichenor, V., Spiegel, S. B., O'Grady, K. E., & Perry, E. S. (1988). The effects of therapist response modes in brief psychotherapy. *Journal of Counseling Psychology, 35,* 222–233.

Hill, C. E., & Knox, S. (2001). Self-disclosure. *Psychotherapy, 38,* 413–417.

Hill, C. E., Mahalik, J. R., & Thompson, B. J. (1989). Therapist self-disclosure. *Psychotherapy, 26,* 290–295.

Hill, C. E., Nutt-Williams, E., Heaton, K. J., Thompson, B. J., & Rhodes, R. H. (1996). Therapist retrospective recall of impasses in long-term psychotherapy: A qualitative study. *Journal of Counseling Psychology, 43,* 207-217.

Hird, J. S., Cavalieri, C. E., Dulko, J. P., Felice, A. A. D., & Ho, T. A. (2001). Visions and realities: Supervisee perspectives of multicultural supervision. *Journal of Multicultural Counseling and Development, 29,* 114-130.

Hirsch, I. (1998). The concept of enactment and theoretical convergence. *Psychoanalytic Quarterly, 67,* 78-101.

Hoch, E. L., Ross, A. O., & Winder, C. L. (Eds.). (1966). *Professional preparation of clinical psychologists.* Washington, DC: American Psychological Association.

Hoffman, I. (1983). The patient as interpreter of the analyst's experience. *Contemporary Psychoanalysis, 19,* 389-422.

Hoffman, I. (1991). Discussion: Toward a social-constructivist view of the psychoanalytic situation. *Psychoanalytic Dialogues, 1,* 74-105.

Hogan, R. A. (1964). Issues and approaches in supervision. *Psychotherapy: Theory, Research, and Practice, 1,* 139-141.

Holloway, E. L. (1995). *Clinical supervision: A systems approach.* Thousand Oaks, CA: Sage.

Holloway, E. L. (1997). Structures for the analysis and teaching of supervision. In C. E. Watkins, Jr. (Ed.), *Handbook of psychotherapy supervision* (pp. 249-276). New York: Wiley.

Holloway, E. L. (1999). A framework for supervision training. In E. Holloway & M. Carroll (Eds.), *Training counselling supervisors* (pp. 8-43). London: Sage.

Holloway, E. L., & Carroll, M. (1996). Reaction to the specialsection on supervision research: Comment on Ellis et al. (1996), Ladany et al. (1996), Neufeldt et al. (1996), and Worthen & McNeill (1996). *Journal of Counseling Psychology, 43,* 51-55.

Holloway, E. L., & Neufeldt, A. A. (1995). Supervision: Its contributions to treatment efficacy. *Journal of Consulting and Clinical Psychology, 63*(2), 207-213.

Holloway, E. L., & Wolleat, P. L. (1994). Supervision: The pragmatics of empowerment.

*Journal of Educational and Psychological Consultation, 5*(1), 23-43.

Holmes, D. L., Rupert, P. A., Ross, S. A., & Shapera, W. E. (1999). Student perceptions of dual relationships between faculty and students. *Ethics and Behavior, 9*(2), 79-107.

Holroyd, J. C., & Brodsky, A. (1977). Psychologist's attitudes and practices regarding erotic and nonerotic physical contact with clients. *American Psychologist, 32,* 843-849.

Horvath, A. O. (1994). Research on the alliance. In A. O. Horvath & L. S. Greenberg (Eds.), *The working alliance: Theory, researh, and practice* (pp. 259-286). New York: Wiley.

Horvath, A. O. (2000). The therapeutic relationship: From transference to alliance. *Journal of Clinical Psychology/In Session: Psychotherapy in Practice, 56*(2), 163-173.

Horvath, A. O. (2001). The alliance. *Psychotherapy, 38,* 365-372.

Horvath, A. O., & Greenberg, L. S. (Eds.) (1994). The working alliance: Theory, research, and practice. New York: Wiley.

Horvath, A. O., & Symonds, D. B. (1991). Relationship between working alliance and outcome inpsychotherapy: A meta-analysis. *Journalof Counseling Psychology, 38,* 139-149.

Hoshmand, L. T. (1994). *Orientation to inquiry in a reflective professional psychology.* Albany: State University of New York Press.

Hoshmand, L. T., & Polkinghorne, D. E. (1992). Redefining the science-practice relationship and professional training. *American Psychologist, 47,* 55-66.

Housman, L. M., & Stake, J. E. (1999). The current state of sexual ethics training in clinical psychology: Issues of quantity, quality, and effectiveness. *Professional Psychology: Researh and Practice, 30,* 302-311.

Hutt, C. H., Scott, J., & King, M. (1983). A phenomenological study of supervisee's positive and negative experiences in supervision. *Psychotherapy: Theory, Research, and Practice, 20*(1), 118-123.

Ibrahim, F. A., & Kahn, H. (1987). Assessment of worldviews. *Psychological Reports,*

*60,* 163-176.

Illfelder-Kaye, J. (2002). Tips for trainers: Implications of the new Ethical Principles of Psychologists and Code of Conduct on Internship and Post-Doctoral Training Program. *APPIC Newsletter, 27*(2), 25.

Jablonski v. United States, 712 F.2d 391 (9th Cir. 1983).

Jackson, S. W. (1999). *Care of the psyche: A history of psychological healing.* New Haven, CT: Yale University Press.

Jacobs, T. (1986). On countertransference enactments. *Journal of the American Psychoanalytic Association, 34,* 289-307.

Jaffee v. Redmond, 51 F.3d 1346, 1357 (7th Cir. 1995).

Johan, M. (1992). Enactments in psychoarialysis. *Journal of the American Psychoanalytic Association, 40,* 827-841.

Johnson, W. B. (2002). The intentional mentor: Strategies and guidelines for the practice of mentoring. *Professional Psychology: Research and Practice, 33,* 88-96.

Johnson, W. B., & Campbell, C. D. (2002). Character and fitness requirements for professional psychologists: Are there any? *Professional Psychology: Research and Practice, 33,* 46-53.

Johnson, W. B., & Huwe, J. M. (2002). Toward a typology of mentorship dysfunction in graduate school. Psychotherapy: *Theory, Researh, Practice, Training, 39*(1), 44-55.

Johnson, W. B., Koch, C., Fallow, G. O., & Huwe, J. M. (2000). Prevalence of mentoring in clinical versus experimental doctoral programs: Survey findings, implications, and recommendations. *Psychotherapy, 37,* 325-334.

Johnson, W. B., & Nelson, N. (1999). Mentor-protégé relationships in graduate training: Some ethical concerns. *Ethics and Behavior, 9,* 189-210.

Jones, S. L. (1994). A constructive relationship for religion with the science and profession of psychology: Perhaps the boldest model yet. *American Psychologist, 49,* 184-199.

Jury finds psychiatrist was negligent in pedophile case. (1998, October 9). *The New York Times* , p. B4.

Kadushin, A. (1968). Games people play in supervision. *Social Work, 13*, 23-32.

Kagan, H., & Kagan, N. (1997). Interpersonal process recall: Influencing human interaction. In C. E. Watkins, Jr. (Ed.), *Handbook of psychotherapy supervision* (pp. 296-309). New York: Wiley.

Kagan, N. (1980). Influencing human interaction—eighteen years with IPR. In A. K. Hess (Ed.), *Psychotherapy supervision: Theory, research, and Practice* (pp. 262-286). New York: Wiley.

Kagan, N. I., & Kagan, H. (1990). IPR—A validated model for the 1990s and beyond. *The Counselirig Psychologist, 18*, 436-440.

Kanfer, F. H. (1990). The scientist-practitioner connection: A bridge in need of constant attention. *Professional Psychology: Research and Practice, 21*, 264-270.

Kanz, J. E. (2001). Clinical-supervision.com: Issues in the provision of online supervision. *Professional Psychology: Research and Practice, 32*, 415-420.

Kaslow, N. J. (2002). Future directions in education and credentialing in Professional Psychology. Paper presented at the 2002 Competencies Conference, Scottsdale, AZ.

Kaslow, N. J., & Deering, C. G. (1994). A developmental approach to psychotherapy supervision of interns and postdoctoral fellows. *The Psychotherapy Bulletin, 28*(4), 20-23.

Kaslow, N. J., & Rice, D. G. (1985). Developmental stresses of predoctoral internship training: What training staffcan do to help. *Professional Psychology: Research and Practice, 23*, 369-375.

Kauderer, S., & Herron, W. G. (1990). The supervisory relationship in psychotherapy over time. *Psychological Reports, 67*, 471-480.

Kelly, E. W. (1990). Counselor responsiveness to client religiousness. *Counseling & Values, 35*(1), 69-72.

Kemp, N. T., & Mallinckrodt, B. (1996). Impact of professional training on case conceptualization of clients with a disability. *Professional Psychology: Research and Practice, 27*, 378-385.

Kendall, P. C., & Southam-Gerow, M. A. (1995). Issues in the transportability of treatment: The case of anxiety disorders for youth. *Journal of Consulting and Clinical Psychology, 63,* 702-708.

Kennard, B. D., Stewart, S. M., & Gluck, M. R. (1987). The supervision relationship: Variables contributing to positive versus negative experiences. *Professional Psychology: Research and Practice, 18,* 172-175.

Kerl, S. B., Gacia, J. L., McCullough, C. S., & Maxwell, M. E, (2002). Systematic evaluation of professional performance: Legally supported procedure and process. *Counselor Education and Supervision, 41,* 321-334.

Kernberg, O. (1965). Notes on countertransference. *Journal of the American Psychoanalytic Association, 13,* 38-56.

Kiesler, D. J. (1996). *Contemporary interpersonal theory and research. Personality, psychopathology, and psychotherapy.* New York: Wiley.

Kitchener, K. S. (1984). Intuition, critical evaluation and ethical principles: The foundation for ethical decisions in counseling psychology. *The Counseling Psychologist, 12,* 43-56.

Kitchener, K. S. (1986). Teaching applied ethics in counselor education: An integration of psychological processes and philosophical arialysis. *Journal of Counseling and Development, 64,* 306-310.

Kitchener, K. S. (1988). Dual role relationships: What makes them so problematic? *Journal of Counseling and Development, 67,* 217-221.

Kitchener, K. S. (1992). Psychologist as teacher and mentor: Affirming ethical values throughout the curriculum. *Professional Psychologist: Researh and Practice, 23,* 190-195.

Kitchener, K. S. (2000). *Foundations of ethical practice, research, and teaching in psychology.* Mahwah, NJ: Erlbaum.

Kivlighan, D. M., Jr., & Quigley, S. T. (1991). Dimensions used by experienced and novice group therapists to conceptualize group process. *Journal of Counseling Psychology, 38,* 415-423.

Kivlighan, D. M., & Schmitz, P. J. (1992). Counselor technical activity in cases with improving working alliances and continuing-poor working alliances. *Journal of*

*Counseling Psychology, 39,* 32-38.

Kleespies, P. (1993). The stress of patient suicidal behavior: Implications for interns and training programs in psychology. *Professional Psychology: Research and Practice, 24,* 477-482.

Kleespies, P., & Dettmer, E. L. (2000). The stress of patient emergencies for the clinician: Incident, impact, and means of coping. *Journal of Clinical Psychology, 56,* 1353-1369.

Kleespies, P., Penk, W., & Forsyth, J. (1993). The stress of patient suicidal behavior during clinical training: Incidence, impact, and recovery. *Professional Psychology: Researh and Practice, 24,* 293-303.

Kleintjes, S., & Swartz, L. (1996). Black clinical psychology trainees at a "White" South Afican University: Issues for clinical supervision. *Clinical Supervisor, 14*(1), 87-109.

Knoff, H. M., & Prout, H. T. (1985). Terminating students from professional psychology programs: Criteria, procedures, and legal issues. *Professional Psychology, 16,* 789-797.

Kolb, D. A. (1984). *Experiential learning: Experience as the source of learning and Development.* Englewood Cliffs, NJ: Prentice Hall.

Koocher, G. P. (2002). Mentor revealed: Masculinization of an early feminist construct. *Professional Psychology: Research and Practice, 33,* 509-510.

Koocher, G. P., & Keith-Spiegel, P. (1998). *Ethics in psychology: Professional standards and cases* (2nd ed.). New Yord: Oxford University Press.

Kratochwill, T. R., & Bergan, J. R. (1978). Training school psychologists: Some perspectives on a competency-based behavioral consultation model. *Professional Psychology: Research and Practice, 13,* 71-82.

Kratochwill, T. R., Lepage, K. M., & McGivern, J. (1997). Child and adolescent psychotherapy supervision. In C. E. Watkins, Jr. (Ed.), *Handbook of psychotheapy supervision* (pp. 347-365). New York: Wiley.

Kratochwill, T. R., Van Someren, K. R., & Sheridan, S. M. (1989). Training behavioral consultants: A competency-based model to teach interview skills. *Professional*

*School Psychology, 4*, 41-58.

Kurpius, D., Gibson, G., Lewis, J., & Corbet, M. (1991). Ethical issues in supervising counseling practitioners. *Counselor Education and Supervision, 31*(1), 48-57.

Kutz, S. L. (1986). Comment: Defining "impaired psychologist." *American Psychologist, 41*, 220.

Ladany, N. (2002). Psychotherapy supervision: How dressed is the emperor? *Psychotherapy Bulletin, 37*, 14-18.

Ladany, N., Constantine, M. G., Miller, K., Erickson, C. D., & Muse-Burke, J. L. (2000). Supervisor countertransference: A qualitative investigation into its identification and description. *Journal of Counseling Psychology, 47*, 102-115.

Ladany, N., Ellis, M. V., & Friedlander, M. L. (1999). The supervisory working alliance, trainee self-efficacy, and satisfaction. *Journal of Counseling and Development, 77*, 447-455.

Ladany, N., & Friedlander, M. L. (1995). The relationship between the supervisory working alliance and trainee's experience of role conflict and role ambiguity. *Counsel or Education and Supervision, 34*, 220-231.

Ladany, N., Hill, C. E., Corbett, M. M., & Nutt, E. A. (1996). Nature, extent and importance of what psychotherapy trainees do not disclose to their supervisors. *Journal of Counseling Psychology, 43*, 10-24.

Ladany, N., Inman, A. G., Constantine, M. G., & Hofheinz, E. W. (1997). Supervisee multicultural case conceptualization ability and self-reported multicultural competence as functions of supervisee racial identity and supervisor focus. *Jounal of Counseling Psychology, 44*, 284-293.

Ladany, N., & Lehrman-Waterman, D. (1999). The content and hequency of supervisor self-disclosures and their relationship to supervisor styleand the supervisory working alliance. *Counselor Education and Supervision, 38*, 143-160.

Ladany, N., Lehrman-Waterman, D., Molinaro, M., & Wolgast, B. (1999). Psychotherapy supervisor ethical practices: Adherence to guidelines, the supervisory working alliance, and supervisee eatisfaction. *The Counseling Psychologist, 27*, 443-475.

Ladany, N., & Melincoff, D. S. (1999). The nature of counselor supervisor nondisclosure.

*Counselor Education and Supervision, 38*, 161–176.

Ladany, N., O'Brien, K. M., Hill, C. E., Melincoff, D. S., Knox, S., & Petersen, D. A. (1997). Sexual attraction towards clients, use of supervision, and prior training: A qualitative study of psychology predoctoral interns. *Journal of Counseling Psychology, 44*, 413–424.

Ladany, N., & Walker, J. A. (2003). Supervisor self-disclosure: Balancing the uncontrollable narcissist with the indomitable altruist. *JCLP/In Session, 59*, 611–621.

LaFromboise, T. D., Coleman, H. L. K., & Hernandez, A. (1991). Development and factor stucture of the Cross-Cultural Counseling Inventory—Revised. *Professional Psychology: Researh and Practice, 22*, 380–388.

Laliotis, D., & Grayson, J. (1985). Psychologist heal thyself: What is available to the impaired psychologist? *American Psychologist, 40*, 84–96.

Lamb, D. H. (1999). Addressing impairment and its relationship to professional boundary issues. *The Counseling Psychologist, 27*, 702–711.

Lamb, D. H. (2001). *Sexual and non-sexual dual relationship dilemmas with clients, super-visees, and students.* American Psychological Association Continuing Professional Education Pre-Convention Workshop. Chicago, IL.

Lamb, D. H., Anderson, S., Rapp, D., Rathnow, S., & Sesan, R. (1986). Perspectives on an internship: The passages of training directors during the internship year. *Professional Psychology: Research and Practice, 17*, 100–105.

Lamb, D. H., Baker, J., Iennings, M., & Yarris, E. (1982). Passages of an internship in professional psychology. *Professional Psychology, 13*, 661–669.

Lamb, D. H., & Catanzaro, S. I. (1998). Sexual and nonsexual boundary violations involving psychologists, clients, supervisees, and students: Implications for professional practice. *Professional Psychology: Research and Practice, 29*, 498–503.

Lamb, D. H., Catanzaro, S. J., & Moorman, A. S. (2003). Psychologists reflect on their sexual relationships with clients, supervisees, and students: Occurrence, impact, rationales, and collegial intervention. *Professional Psychology: Research and*

*Practice, 34,* 102-107.

Lamb, D. H., Cochran, D. J., & Jackson, V. R. (1991). Training and organizational issues associated with identifying and responding to intern impairment. Professional impairment during the internship: Identification, due process, and remediation. *Professional Psychology: Researh and Practice, 18,* 597-603.

Lamb, D. H., Roehlke, H., & Butler, A. (1986). Passages of psychologists: Career stages of internship directors. *Professional Psychology: Research and Practice, 17,* 158-160.

Lambert, M. J. (1982). *The effcts of psychotherapy* (Vol. 2). New York: Human Sciences Library.

Lambert, M. J. (1983). Introduction to assessment of psychotherapy outcome: Historical perspective and current issues. In M. J. Lambert, E. R. Christiansen, & S. S. DeJulio (Eds.), *The assessment of psychotherapy outcome* (pp. 3-32). New York: Wiley.

Lambert, M. J., & Barley, D. E. (2001). Research summary on the therapeutic relationship and psychotherapy outcome. *Psychotherapy, 38,* 357-361.

Lambert, M. J., & Bergin, A. E. (1994). The effectiveness of psychotherapy. In A. E. Bergin & S. L. Garfield (Eds.), *Handbook of psychotherapy and behavior change* (4th ed., pp. 143-189). New York: Wiley.

Lambert, M. J., & Burlingame, G. M. (1996). *OQ-45.* Stevenson, MD: American Professional Credentialing Services, LLC.

Lambert, M. J., & Hawkins, E. J. (2001). Using information about patient progress in supervision: Are outcomes enhanced? *Australian Psychologist, 36,* 131-138.

Lambert, M. J., & Ogles, B. M. (1997). The effectiveness of psychotherapy supervision. In C. E. Watkins, Jr. (Ed.), *Handbook of psychotherapy supervision* (pp. 421-446). New York: Wiley.

Lambert, M. J., Whipple, J. L., Smart, D. W., Vermeersch, D. A., Nielsen, S. L., & Hawkins, E. J. (2001). The effects of providing therapists with feedback on patient progress during psychotherapy: Are outcomes enhanced? *Psychotherapy Research, 11*(1), 49-68.

Lambert, M. J., Whipple, J. L., Vermeersch, D. A., Smart, D. W., Hawkins, E. J., Nielsen, S. L., et al. (2002). Enhancing psychotherapy outcomes via providing feedback on client progress: A replication. *Clinical Psychology and Psychotherapy, 9*, 91-103.

Lanning, W. (1986). Development of the supervisor emphasis rating form. *Counselor Education and Supervision, 33*, 294-304.

Layman, M. J., & McNamara, R. (1997). Remediation for ethics violations: Focus on psychotherapist's sexual contact with clients. *Professional Psychology: Research and Practice, 28*, 281-292.

Lazarus, A. A., & Zur, O. (Eds.). (2002). *Dual relationships and psychotherapy.* New York: Springer.

Leach, D. C. (2002). Editorial: Competence is a habit. *Journal of the American Medical Association, 287*, 243-244.

Leddick, G. R., & Dye, H. A. (1987). Effective supervision as portrayed by trainee expectations and preferences. *Counselor Education and Supervision, 27*, 139-154.

Lee, R. M., Chalk, L., Conner, S. E., Kawasaki, N., Jannetti, A., LaRue, T., et al. (1999). The status of multicultural counseling training at counseling internship sites. *Journal of Multicultural Counseling and Development, 27*(2), 58-74.

Lefley, H. (1986). Mental health training across cultures. In P. Pedersen (Ed.), *Handbook of cross-cultural counseling and therapy* (pp. 256-266). Wrestport, CT: Greenwood Press.

Lehrman-Waterman, D., & Ladany, N. (2001). Development and validation of the evaluation process within supervision inventory. *Journal of Counseling Psychology, 48*, 168-177.

Leong, F. T. L., & Wagner, N. M. (1994). Cross-cultural counseling supervision: What do we know? What do we need to know? *Counselor Education and Supervision, 34*, 117-131.

Lerman, H., & Porter, N. (1990). The contribution of feminism to ethics in psychotherapy. In H. Leman & N. Porter (Eds.) *Feminist ethics in psychotherapy* (pp. 5-13). New

York: Springer Publishing Company.

Liddle, H. A., Becker, D., & Diamond, G. M. (1997). Family therapy supervision. In C. E. Watkins, Jr. (Ed.), *Handbook of psychotherapy supervision* (pp. 400–418). New York: Wiley.

Liddle, H. A., Braunlin, D. C., & Schwartz, R. C. (Eds.). (1988). *Handbook of family therapy training and supervision*. New York: Guilford Press.

Liddle, H. A., Davidson, G. S., & Barrett, M. J. (1988). Outcomes of live supervision: Trainee perspectives. In H. A. Liddle, D. C. Breunlin, & R. C. Schwartz (Eds.), *Handbook of family therapy training and supervision* (pp. 386–398). New York: Guilford Press.

Liese, B. S., & Beck, J. S. (1997). Cognitive therapy supervision. In C. E. Wakins, Jr. (Ed.), *Handbook of psychotherapy supervision* (pp. 114–133). New York: Wiley.

Lipovsky, Julie A. (1988). Internship year in clinical psychology training as a professional adolescence. *Professional Psychology: Research and Practice, 19*, 606–608.

Littrell, J. M., Lee–Borden, N., & Lorenz, J. (1979). A developmental framework for counseling supervision. *Counselor Education and Supervision, 19*, 129–136.

Lloyd, D. N., & Newbrough, J. R. (1966). Previous conferences on graduate education in psychology: A summary and review. In E. L. Hoch, A. O. Ross, & C. L. Winder (Eds.), *Professional preparation of clinical psychologists* (pp. 122–139). Washington, DC: American Psychological Association.

Lochner, B. T., & Melchert, T. P. (1997). Relationship of cognitive style and theoretical orientation to psychology intern's preferences for supervision. *Journal of Counseling Psychology, 44*, 256–260.

Loganbill, C., Hardy, E., & Delworth, U. (1982). Supervision: A conceptual model. *The Counseling Psychologist, 10*, 3–42.

London, P. (1964). *The modes and morals of psychotherapy*. New York: Holt, Rinehart and Winston.

Long, J. R. (2001). Goal agreement and early therapeutic change. *Psychotherapy, 38*, 219–232.

Lopez, S. J., Oehlert, M. E., & Moberly, R. L. (1996). Selection criteria for APA–

accredited internship programs: A survey of training directors. *Professional Psychology: Research and Practice, 27*, 518–520.

Luborsky, L. (1994). Therapeutic alliances as predictors of psychotherapy outcomes: Factors explaining the predictive success. In A. O. Horvath& L. S. Greenberg, (Eds.), *The working alliance: Theory, research, and practice* (pp. 38–49). New York: Wiley.

Lynn, D. J., & Vaillant, G. E. (1998). Anonymity, neutrality, and confidentiality in the actual methods of Sigmund Freud: A review of 43 cases, 1907–1939. *American Journal of Psychiatry, 155*(2), 163–171.

Lyotard, J.-F. (1984). *The postmodern condition: A report on knowledge* (G. Bennington & B. Massumi, Trans.). Minneapolis, MN: University of Minnesota Press.

Magnuson, S., Wilcoxon, S. A., & Norem, K. (2000). A profile of lousy supervision: Experienced counselor's perspectives. *Counselor Education and Supervision, 39*, 189–202.

Mahalik, J. R., worthington, R. L., & Crump. S. (1999). Influence of racial/ethnic membership and "therapist culture" on therapist's worldview. *Journal of Multicultural Counseling and Development, 27*, 2–17.

Mahrer, A. R. (1996). *The complete guide to experiential psychotherapy.* New York: wiley.

Mahrer, A. R., & Boulet, D. B. (1997). The experiential model of on-the-job teaching. In C. E. Watkins, Jr. (Ed.), *Handbook of psychotherapy supervision* (pp. 164–183). New York: Wiley.

Makari, G. J. (1997). Current conceptions of neutrality and abstinence. *Journal of the American Psychoanalytic Association, 45*, 1231–1239.

Mannheim, C. I., Sancilio, M., Phipps-Yonas, S., Brunnquell, D., Somers, P., Farseth, G., et al. (2002). Ethical ambiguities in the practice of child clinical psychology. *Professional Psychology: Research and Practice, 33*, 24–29.

Marcus, H. E., & King, D. A. (2003). A survey of group psychotherapy training during predoctoral psychology internship. *Professional Psychology: Research and*

*Practice, 34*, 203-209.

Marikis, D. A., Russell, R. K., & Dell, D. M. (1985). Effects of supervisor experience level on planning and in-session supervisor verbal behavior. *Journal of Counseling Psychology, 32*, 410-416.

Martin, D. J., Garske, J. P., & Davis, M. K. (2000). Relation of the therapeutic alliance with outcome and other variables: A meta-analytic review. *Journal of Consulting & Clinical Psychology, 68*(3), 438-450.

Martin, J. S., Goodyear, R. K., & Newton, F. B. (1987). Clinical supervision: An intensive case study. *Professional Psychology: Research and Practice, 18*, 225-235.

Mayfield, W. A., Kardash, C. M., & Kivlighan, D. M. (1999). Differences in experienced and novice counselor's knowledge structures about clients: Implications for case conceptualization. *Journal of Counseling Psychology, 46*, 504-514.

McCann, A. L., Babler, W. J., & Cohen, P. A. (1998). Lessons learned from the competency-based curriculum initiative at Baylor College of Dentistry. *Journal of Dental Education, 62*, 197-207.

McCarthy, P., DeBell, C., Kanuha, V., & McLeod, J. (1988). Myths of supervision: Identifying the gaps between theory and practice. *Counselor Education and Supervision, 28*, 22-28.

McCarthy, P., Kulakowski, D., & Kenfield, J. A. (1994). Clinical supervision practices of licensed psychologists. *Professonal Psychology: Research and Practice, 25*, 177-181.

McCarthy, P., Sugden, S., Koker, M., Lamendola, F., Maurer, S., & Renninger, S. (1995). A practical guide to informed consent in clinical supervision. *Counselor Education and Supervision, 35*, 130-138.

McClelland, D. C. (1998). Identifying competencies with behavioral-event interviews. *Psychological Science, 9*, 331-339.

McConnaughy, E. A., Prochaska, J. O., & Velicer, W. F. (1983). Stages of change in psychotherapy: Measurement and sample profiles. *Psychotherapy: Theory, Researh and Practice, 20*, 368-375.

McLaughlin, J. (1987). The play of transference: Some reflections on enactment in the psychoanalytic situation. *Journal of the American Psychoanalytic Association, 35*, 557–582.

McLaughlin, J. T. (1991). Clinical and theoretical aspects of enactment. *Journal of the American Psychoanalytic Association, 39*, 595–614.

McNamara, J. R. (1975). An assessment proposal for determining the competence of professional psychologists. *Professional Psychology, 6*(2), 135–139.

McNeill, B. W., Hom, K. L., & Perez, J. A. (1995). The training and supervisory needs of social/ethnic minority students. *Journal of Multicultural Counseling and Development, 23*, 246–258.

McNeill, B. W., Stoltenberg, C. D., & Romans, J. S. (1992). The Integrated Developmental Model of supervision: Scale development and validation procedures. *Professional Psychologist: Research and Practice, 23*, 504–508.

McNeill, B. W., & Worthen, V. (1989). The parallel process in psychotherapy Supervision. *Professional Psychology: Research and Practice, 20*(5), 329–333.

McRoy, R. G., Freeman, E. M., Logan, S. L., & Blackmon, B. (1986). Cross–cultural field supervision: Implications for social work education. *Journal of Social Work Education, 22*, 50–56.

Meara, N. M., Schmidt, L. D., & Day, J. D. (1996). Principles and virtues: A foundation for ethical decisions, policies, and character. *The Counseling Psychologist, 24*, 4–77.

Mearns, J., & Allen, G. J. (1991). Graduate student experiences in dealing with impaired peers, compared with faculty predictions: An exploratory study. *Ethics and Behavior, 1*, 191–202.

Meissner, W. (1998). Neutrality, abstinence, and the therapeutic alliance. *Journal of the American Psychoanalytic Association, 46*, 1089–1128.

Miller, C. D., & Oetting, E. R. (1966). Students react to supervision. *Counselor Education and Supervision, 6*(1), 73–74.

Miller, G. M., & Larrabee, M. J. (1995). Sexual intimacy in counselor education and supervision: A national survey. *Counselor Education & Supervision, 34*, 332–343.

Miller, L., & Twomey, J. E. (1999). A parallel without a process: A relational view of a supervisory experience. *Contemporary Psychoanalysis, 35,* 557–580.

Miller, M. (2002). The psychologist as defendant. In "Psychology in Litigation and Legislation," Presented at annual meeting of APA and reported by Eric Harris, 2002, Legal and ethical risk management in professional psychological practice: Sequence 1. APA Insurance Trust and California Psychological Association, Los Angeles.

Miller, R. K., & Van Rybroek, G. J. (1988). Internship letters of recommendation: Where are the other 90%? *Professional Psychology: Research and Pratice, 19,* 115–117.

Milne, D. L., & James, I. A. (2000). A systematic review of effective cognitive-behavioural supervision. *British Journal of Clinical Psychology, 39,* 111–129.

Milne, D. L., & James, I. A. (2002). The observed impact of training on competence in clinical supervision. *British Journal of Clinical Psychology, 41,* 55–72.

Milne, D. L., James, I. A., Keegan, D., & Dudley, M. (2002). Teacher's PETS: A new observational measure of experiential training interactions. *Clinical Psychology & Psychotherapy, 9,* 187–199.

Milne, D. L., & Oliver, V. (2000). Flexible formats of clinical supervision: Description, evaluation and implementation. *Journal of Mental Health, 9,* 291–304.

Mintz, L. B., Bartels, K. M., & Rideout, C. A. (1995). Training in counseling ethnic minorities and race-based availability of graduate school resources. *Professional Psychology: Researh and Practice, 26,* 316–321.

Mission Bay conference resolutions for professional psychology programs. (1987). In E. F. Bourg, R. J. Bent, J. E. Callan, N. F. Jones, J. McHolland, & G. Stricker (Eds.), *Standards and eveluation in the education and training of professional psychologists: Knowledge, attitudes, and skills* (pp. 25–29). Norman, OK: Transcript Press.

Mitnick, M. K. (2002). Internships and the law: Disability issues in internships and postdoctoral fellowships. *APPIC Newsletter, 26*(3), 21.

Mohr, J. J. (2002). Heterosexual identity and the heterosexual therapist: An identity perspective on sexual orientation dynamics in psychotherapy. *The Counseling*

*Psychologist, 30,* 532–566.

Molinari, V., Karen, M., Jones, S., Zeiss, A., Cooley, S. G., Wray, L., et al., (2003). Recommendations about the knowledge and skills required of psychologists working with older adults. *Professional Psychology: Research and Practice, 34,* 435–443.

Moline, M. E., Williams, G. T., & Austin, K. M. (1998). *Documenting psychotherapy.* Thousand Oaks, CA: Sage.

Montgomery, L. M., Cupit, B. E., & Wimberley, T. K. (1999). Complaints, malpractice, and risk management: Professional issues and personal experiences. *Professional Psychology: Research and Practice, 30,* 402–410.

Moore, E. R. (1984). Competency–based training evaluation. *Traning and Development Journal, 38*(11), 92–94.

Morrison, A., O'Connor, L., & Williams, B. (1991). National Council of Schools of Professional Psychology core curriculum survey. In R. Peterson, R. J. Mc–Holland, E. Bent, E. Davis–Russell, G. E. Edwall, K. Polite, et al. (Eds.), *The core Curriculum in profassional psychology* (pp. 49–55). Washington, DC: American Psychological Association.

Morrissey, J., & Tribe, R. (2001). Parallel process in supervision. *Counseling Psychology Quarterly, 14*(2), 103–110.

Mosher, P. W., & Squire, P. P. (2002). The ethical and legal implications of Jaffee v Redmond and the HIPAA medical privacy rule for psychotherapy and general psychiatry. *Psychianic Clinics of North America, 25,* 575–584.

Moskowitz, S. A., & Rupert, P. A. (1983). Conflict resolution within the supervisory relationship. *Professional Psychology: Research and Practice, 14,* 632–641.

Mothersole, G. (1999). Parallel Process: A review. *Clinical Supervisor, 18*(2), 107–121.

Muran, J. C., Segal, Z. V., Samstag, L. W., & Crawford, C. E. (1994). Patient pretreatment interpersonal problems and the therapeutic alliance in short–term cognitive therapy. *Journal of Consulting & Clinical Psychology, 62*(1), 185–190.

Muratori, M. C. (2001). Examining supervisor impairment from the counselor trainee's perspective. *Counselor Education and Supervision, 41,* 41–56.

Murphy, J. A., Rawlings, E. I., & Howe, S. R. (2002). A survey of clinical psychologists on treating lesbian, gay, and bisexual clients. *Professional Psychology: Research and Practice, 33*, 183-189.

Myers, H. F., Echemendia, R. J., & Trimble, J. E. (1991). The need for training ethnic minority psychologists. In H. F. Myers, P. Wohlford, L. P. Guzman, & R. J. Echemendia (Eds.), *Ethnic Minority Perspectives on Clinical Training and Services in Psychology* (pp. 3-11). Washington, DC: American Psychological Association.

Nathanson, D. L. (1992). *Sham and pride: Affect, sex and the birth of the Self.* New York: Norton.

Natterson, J. (1991). *Beyond countertransference.* Northvale, NJ: Jason Aronson, Inc.

Neimeyer, R. A., & Mahoney, M. J. (Eds.). (1995). *Constructivism in psychotherapy.* Washington, DC: American Psychological Association.

Nelson, E. C., Batalden, P. B., & Ryer, J. C. (1998). *Clinical improvement guide.* Chicago: Joint Commission on Accreditation of Healthcare Organizations.

Nelson, G. L. (1978). Psychotherapy supervision from the trainee's point of view: A survey of preferences. *Professional Psychology, 9,* 539-550.

Nelson, M. L., & Friedlander, M. L. (2001). A close look at conflictual supervisory relationships: The trainee's perspective. *Journal of Counseling Psychology, 48,* 384-395.

Nelson, M. L., Gray, L. A., Friedlander, M. L., Ladany, N., & Walker, J. A. (2001). Toward relationship-centered supervision: Reply to Veach (2001) and Ellis (2001). *Journal of Counseling Psyhology, 48,* 407-409.

Nelson, M. L., & Holloway, E. L. (1990). Relation of gender to power and involvement in supervision. *Journal of Counseling Psychology, 37,* 473-481.

Nerdrum, P., & Ronnestad, M. H. (2002). The trainee's perspective: A qualitative study of learning empathic communication in Norway. *The Counseling Psychologist, 30,* 609-629.

Neufeld, V. R. (1985). An introduction to measurement properties. In v. R. Neufeld & G. R. Norman (Eds.), *Assessing clinical competence* (pp. 39-50). New York:

Springer Publishing Company.

Neufeldt, S. A. (1999a). Reflective processes in supervision. In E. Holloway & M. Carroll (Eds.), *Training counselling supervisors* (pp. 92–105). London: Sage.

Neufeldt, S. A. (1999b). *Supervision strategies for the first practicum* (2nd ed.). Alexandria, VA: American Counseling Association.

Neufeldt, S. A., Beutler, L. E., & Banchero, R. (1997). Research on supervisor variables in psychotherapy supervision. In C. E. Watkins, Jr. (Ed.), *Handbook of psychotherapy supervision* (pp. 508–524). New York: Wiley.

Neufeldt, S. A., Karno, M. P., & Nelson, M. L. (1996). A qualitative study of Expert's conceptualization of supervisee reflectivity. *Journal of Counseling Psychology, 43*, 3–9.

Neville, H. A., Heppner, M. J., Louie, C. E., Thompson, C. E., Brooks, L., & Baker, C. E. (1996). The impact of multicultural training on white racial identity attitudes and therapy competencies. *Professional Psychology: Research and Practice, 27*, 83–89.

Newman, A. S. (1981). Ethical issues in the supervision of psychotherapy. *Professional Psychology: Research and Practice, 12*, 690–695.

Newman, J. L., & Scott, T. B. (1988). The construct problem in measuring counseling performance. *Counselor Education and Supervision, 28*, 71–79.

Nicolai, K. M., & Scott, N. A. (1994). Provision of confidentiality information and its relation to child abuse reporting. *Professional Psychology: Research and Practice, 25*, 154–160.

Nilsson, J. E., Berkel, L. A., Flores, L. Y., Love, K. M., Wendler, A. M., & Mecklenburg, E. C. (2003). An 11–year review of professional psychology: Research and practice content and sample analysis with an emphasis on diversity. *Professional Psychology: Researsh and Practice, 34*, 611–616.

Norcross, J. C., & Halgin, R. P. (1997). Integrative approaches to psychotherapy supervision. In C. E. Watkins, Jr. (Ed.), *Handbook of psychotherapy supervision* (pp. 203–222). New York: Wiley.

Norcross, J. C., Hedges, M., & Castle, P. H. (2002). Psychologists conducting psychotherapy in 2001: A study of the Division 29 membership. *Psychotherapy: Theory/Research/Practice, 39*(1), 97–102.

Norcross, J. C., Hedges, M., & Prochaska, J. O. (2002). The face of 2010: A Delphi poll on the future of psychotherapy. *Professional Psychology: Research & Practice, 33,* 316–322.

Norcross, J. C., & Stevenson, J. F. (1984). How shall we judge ourselves? Training evaluation in clinical psychology programs. *Professional Psychology: Research and Practice, 15,* 497–508.

Norcross, J. C., Stevenson, J. F., & Nash, J. M. (1986). Evaluation of internship training: Practices, problems, and prospects. *Professional Psychology: Research and Practice, 17,* 280–282.

Norman, G. R. (1985). Defining competence: A methodological review. In W. R. Neufeld & G. R. Norman (Eds.), *Assessing clinical competence* (pp. 15–35). New York: Springer Publishing Company.

Nwachuku, U. T., & Ivey, A. E. (1991). Culture–specific counseling: An alternative training model. *Journal of Counseling and Development, 70,* 106–111.

O'Donohue, W. (1989). The (even) bolder model: The clinical psychologist as metaphysician–scientist–practicitioner. *American Psychologist, 44,* 1460–1468.

Ogden, T. H. (1988). On the dialectical structure of experience: Some clinical and theoretical implications. *Contemporary Psychoanalysis, 24,* 17–45.

Ogden, T. H. (1994). The analytic third: working with intersubjective clinical facts. *International Journal of Psycho–analysis, 75,* 3–20.

Olk, M., & Friedlander, M. L. (1992). Trainee's experiences of role conflict and role ambiguity in supervisory relationships. *Journal of Counseling Psychology, 39,* 389–397.

Olkin, R. (2002). Could you hold the door for me? Including disability in diversity. *Cultural Diversity and Ethnic Minority Psychology, 8*(2), 130–137.

Olkin, R., & Gaughen, S. (1991). Evaluation and dismissal of students in master's level clinical programs: Legal parameters and survey results. *Counselor Education and Supervision, 30*(4), 276–288.

Omer, H. (1994). *Critical interventions in psychotherapy: From impasse to turning point*. NY: Norton.

Omer, H. (2000). Troubles in the therapeutic relationship: A pluralistic perspective. *Journal of Clinical Psychology/InSession: Psychotherapy in Practice, 56*(2), 201–210.

Orlinsky, D. E., Grawe, K., & Parks, B. K. (1994). Process and outcome in-psychotherapy-Noch einmal. In A. E. Bergin & S. L. Garfield (Eds.), *Handbook of psychotherapy and behavior change* (4th ed., pp. 270–376). New York: Wiley.

Osborne, C. J., & Davis, T. E. (1996). The supervision contract: Making it perfectly clear. *The Clinical Supervisor, 14*(2), 121–134.

Overholser, J. C., & Fine, M. A. (1990). Defining the boundaries of professional competence: Managing subtle cases of clinical incompetence. *Professional Psychology: Research and Practice, 21*, 462–469.

Patrick, K. D. (1989). Unique ethical dilemmas in counselor training. *Counselor Education and Supervision, 28*, 337–341

Patterson, C. S. (1997). Client-centered supervision. In C. E. Watkins, Jr. (Ed.), Handbook of psychotherapy sypernision (pp. 134–146). New York: Wiley.

Patton, M. J., & Kivoighan, D. M. J. (1997). Relevance of the supervisory alliance to the counseling alliance and to treatment adherence in counselor training. *Journal of Counseling Psychology, 44,* 108–111.

Pearlman, L., & Maclan, P. (1995). Vicarious traumatization: An empirical study of the effects of trauma work on trauma therapists. *Professional Psychology: Research and Practice, 26*, 558–565.

Peck v. The Counseling Service of Addison County, 499 A.2d 422 (Vt. 1985).

Pedersen, P. B. (2002). Ethics, competence, and other professionalissues in culture-centered counseling. In P. B. Pedersen, J. G. Draguns, W. J. Lonner, & J. E. Trimble (Eds.), *Counseling across cultures* (2nd ed., pp. 3–27), Thousand Oaks: Sage.

Perris, C. (1994). Supervising cognitive psychotherapy and training supervisors. *Journal of Cognitive Psychotherapy, 8*(2), 83–103.

Peterson, D. R. (1991). Connection and disconnection of research and practice in the education of professional psychologists. *American Psychologist, 46*, 422–429.

Peterson, D. R. (2000). Scientist–practitioner or scientific practitioner. *American Psychologist, 55,* 252–253.

Peterson, D. R., & Bry, B. H. (1980). Dimensions of perceived competence in professional psychology. *Professional Psychology, 11*(6), 965–971.

Peterson, F. K. (1991). Issues of race and ethnicity in supervision: Emphasizing who you are, not what you know. In T. H. Peake & J. Ball (Eds.), *Psychotherapy training: Contextual and developmental influence in settings, stages, and mind sets* (pp. 15–31). New York: Haworth Press.

Peterson, R. L., McHolland, J. D., Bent, R. J., Davis-Russell, E., Edwall, G. E., Polite, K., et al. (Eds.). (1991). *The core curriculum in professional psychology.* Washington, DC: American Psychological Association.

Peterson, R. L., Peterson, D. R., Abrams, J. C., & Stricker, G. (1997). The National Council of Schools and Programs of Professional Psychology education model. *Professional Psychology: Researh & Practice, 28,* 373–386.

Phillips, J. C. (2000). Training issues and considerations. In R. M. Perez, K. A. DeBord, & K. Bicschke (Eds.), *Handbook of counseling and psychotherapy with lesbian, gay, and bisexual clients* (pp. 337–358). Washington, DC: American Psychological Association.

Phillips, J. C., & Fischer, A. R. (1998). Graduate student's training experiences with lesbian, gay, and bisexual issues. *The Counseling Psychologist, 26,* 712–734.

Phinney, J. S. (1996). When we talk about American ethnic groups, what do we mean? *American Psychologist, 51,* 918–927.

Plante, T. G. (1995). Training child clinical predoctoral interns and postdoctoral fellows in ethics and professional issues: An experiential model. *Professional Psychology: Research and Practice, 26,* 616–619.

Poland, W. (1984). On the analyst's neutrality. *Journal of the American Psychoanalytic Association, 32,* 283–299.

Polanski, P. J. (2003). Spirituality in supervision. *Counseling & Values, 47,* 131–141.

Polite, K., & Bourg, E. (1991). Relationship competency. In R. Peterson (Ed.), *Core curriculum in professional psychology* (pp. 83-88). Washington, DC: American Psychological Association Press.

Polkinghorne, D. E. (1988). *Narrative knowing and the human sciences.* Albany, NY: State University of New York Press.

Ponterotto, J. G., Alexander, C. M., & Grieger, I. (1995). A multicultural competency checklist for counseling training programs. *Journal of Multicultural Counseling and Development, 23,* 11-20.

Ponterotto, J. G., & Casas, J. M. (1987). In search of multicultural competence within counselor education programs. *Journal of Counseling and Development, 65,* 430-434.

Ponterotto, J. G., Fuertes, J. N., & Chen, E. C. (2000). Models of multicultural counseling. In S. D. Brown, & R. W. Lent (Eds.), *Handbook of Counseling Psychology* (3rd ed., pp. 639-669). New York: Wiley.

Ponterotto, J. G., & Furlong, M. J. (1985). Evaluating counselor effectiveness: A critical review of rating scale instruments. *Journal of Counseling Psychology, 32,* 597-616.

Ponterotto, J. G., Gretchen, D., Utsey, S. O., Rieger, B. P., & Austin, R. (2002). A construct validity study of the Multicultural Counseling Awareness Scale (MCAS). *Journal of Multicultural Counseling and Development, 30,* 153-180.

Ponterotto, J. G., Rieger, B. P., Barrett, A., & Sparks, R. (1994). Assessing multicultural counseling competence: A review of instrumentation. *Journal of Counseling and Development, 72,* 316-322.

Pope, K. S. (1999). Dual relationships in psychotherapy. In D. N. Bersoff (Ed.), *Ethical conflicts in psychology* (2nd ed., pp. 231-234). Washington DC: American Psychological Association.

Pope, K. S., & Bajt, T. R. (1988). When laws and values conflict: A dilemma for psychologists. *American Psychologist, 43,* 828-829.

Pope, K. S., & Feldman-Summers, S. (1992). National survey of psychologist's sexual and physicalabuse history and their evaluation of training and competence in these areas. *Professional Psychology: Research and Practice, 23*, 353–361.

Pope, K. S., Keith-Spiegel, P., & Tabachnick, B. G. (1986). Sexual attraction to clients: The human therapist and the (sometimes) inhuman training system. *American Psychologist, 41*, 147–158.

Pope, K. S., Levenson, H., & Schover, L. R. (1979). Sexual intimacy in psychology training: Results and implications of a national survey. *American Psychologist, 34*, 682–689.

Pope, K. S., Schover, L. R., & Levenson, H. (1980). Sexual behavior between clinical supervisors and trainees: Implications for professional standards. *Professional Psychology, 11*, 157–162.

Pope, K. S., Sonne, J. L., & Holroyd, J. (1993). *Sexual feelings in psychotherapy: Explorations for therapists and therapists in training.* Washington, DC: American Psychological Association.

Pope, K. S., & Tabachnick, B. G. (1993). Therapist's anger, hate, fear, and sexual feelings: National survey of therapist responses, client characteristics, critical events, formal complaints, and training. *Profesional Psychology: Researh and Practice, 24*, 142–152.

Pope, K. S., & Vasquez, M. J. T. (1998). *Ethics in psychotherapy and counseling* (2nd ed.). San Francisco: Jossey-Bass.

Pope, K. S., & Vasquez, M. J. T. (1999). Ethics in psychotherapy and counseling: A practical guide for psychologist. In D. N. Bersoff (Ed.), *Ethical conflicts in psychology* (2nd ed., pp. 240–243). Washington DC: American Psychological Association.

Pope, K. S., & Vetter, V. A. (1992). Ethical dilemmas encountered by members of the American Psychological Association: *A national survey. American Psychologist, 47*, 397–411.

Pope-Davis, D. B., Liu, W. M., Toporek, R. L., & Brittan-Powell, C. S. (2001). What's missing from multiculural competency research: Review, introspection, and recommendations. *Cultural Diversity and Ethnic Minority Psychology, 7*(2), 121–138.

Pope-Davis, D. B., Reynolds, A. L., Dings, J. G., & Nielson, D. (1995). Examining multicultural counseling competerlcies of graduate students in psychology. *Professional Psychology: Research and Practice, 26,* 322-329.

Pope-Davis, D. B., Reynolds, A. L., Dings, J. G., & Ottavi, T. M. (1994). Multicultural competencies of doctoral interns at university counseling centers: An exploratory investigation. *Professional Psychology: Research and Practice, 25,* 466-470.

Pope-Davis, D. B., Toporek, R. L., Ortega-Villalobos, L., Ligiero, D. P., Brittan-Powell, C. S., Liu, W. M., et al. (2002). Client perspectives of multicultural counseling competence: A qualitative examination. *The Counseling Psychologist, 30,* 355-393.

Porter, N. (1985). New perspectives on therapy supervision. In L. B. Rosewater, & L. E.Walker (Eds.), *Handbook of feminist therapy: Women's issues in psychotherapy* (pp. 332-343). New York: Springer Publishing Company.

Porter, N. (1995). Therapist self-care: A proactive ethical approach. In E. J. Rave, & C. C. Larsen (Eds.). *Ethical decision making in therapy: Feminist perspectives* (pp. 247-266). New York: Guilford.

Porter, N., & Vasquez, M. (1997). Covision: Feminist supervision, process, and collaboration. In J. Worell & N. G. Johnson (Eds.), *Shaping the future of feminist psychology* (pp. 155-171). Washington, DC: American Psychological AssociatIon.

Powell, M., Leyden, G., & Osborne, E. (1990). A curriculum for training in supervision. *Educational and Child Psychology, 7*(3), 44-52.

Priest, R. (1994). Minority supervisor and majority supervisee: Another perspective of clinical reality. *Counselor Education and Supervision, 34,* 152-158.

Prilleltensky, I. (1997). Values, assumptions, and practices: Assessing the moral implications of psychological discourse and action. *American Psychologist, 52,* 517-535.

Procidano, M. E., Busch-Rossnagel, N. A., Reznikoof, M., & Geisinger, K. F. (1995). Responding to graduate student's professiona1 deficiencies: A national survey. *Journal of Clinical Psychology, 51,* 426-433.

Proctor, B. (1997). Contracting in supervision. In C. Sills (Ed.), *Contacts in counselling* (pp. 191-206). London: Sage.

Prouty, A. (2001). Experiencing feminist family therapy supervision. *Journal of Feminist Family Therapy, 12*(4), 171-203.

Pulakos, J. (1994). Incidental encounters between therapists and clients: A client's Perspective. *Professional Psychology: Research and Practice, 25*, 300-303.

Putney, M. W., Worthington, E. L., Jr., & McCullough, M. E. (1992). Effects of supervisor and supervisee theoretical orientation and supervisor-supervisee matching on intern's perceptions of supervision. *Journal of Couseling Psychology, 39*, 258-265.

Qualls, S. H., Segal, D. L., Norman, S., Niederehe, G., & Gallagher-Thompson, D. (2002). Psychologists in practice with older adults: Current patters, sources of training, and need for continuing education. *Profassional Psychology: Research and Practice, 33*, 435-442.

Quintana, S. M., & Atkinson, D. R. (2002). A multicultural perspective on principles of empirically supported interventions. *Counseling Psychologist, 30*, 281-291.

Quintana, S. M., & Bernal, M. E. (1995). Ethnic minority training in counseling psychology: Comparisons with clinical psychology and proposed standards. *The Counseling Psychologist, 23*, 102-121.

Racker, H. (1953). A contribution to the problem of counter-transference. *International Journal of Psychoanalysis, 34*, 313-324.

Raimy, V. C. (1950). *Training in clinical psychology.* New York: Prentice Hall.

Ramos-Sanchez, L., Esnil, E., Goodwin, A., Riggs, S., Touster, L. O., Wright, L. K., et al. (2002). Negative supervisory events: Effects on supervision satisfaction and supervisory alliance. *Professional Psychology: Research and Practice, 33*, 197-202.

Ramsbottom-Lucier, M. T., Gillmore, G. M., Irby, D. M., & Ramsey, P. G. (1994). Evaluation of clinical teaching by general internal medicine faculty in outpatient and inpatient settings. *Academic Medicine, 69*(2), 152-154.

Range, L. M., Menyhert, A., Walsh, M. L., Hardin, K. N., Craddick, R., & Ellis, J. B. (1991). Letters of recommendation: Perspectives, recommendations, and ethics.

*Professional Psychology: Research and Practice, 22,* 389-392.

Reichelt, S., & Skjerve, J. (2002). Correspondence between supervisors and trainees in their perception of supervision events. *Journal of Clinical Psychology, 58,* 759-772.

Renik, O. (1993). Analytic interaction: Conceptualizing technique in light of the analyst's irreducible subjectivity. *Psychoanalytic Quarterly, 62,* 553-571.

Renik, O. (1995). The ideal of the anonymous analyst and the problem of self-disclosure. *Psychoanalytic Quarterly, 64,* 466-495.

Renik, O. (1996). The perils of neutrality. *Psychoanalytic Quarterly, 65,* 495-517.

Renninger, S. M., Veach, P. M., & Bagdade, P. (2002). Psychologist's knowledge, opinions, and decision-making processes regarding child abuse and neglect reporting laws. *Professional Psychology: Research and Practice, 33,* 19-23.

Rest, J. R. (1984). Research on moral development: Implications for training counseling psychologists. *The Counseling Psychologist, 12,* 19-29.

Reynolds, A. L., & Hanjorgiris, W. F. (2000). Coming out: Lesbian, gay, and bisexual identity development. In R. M. Perez, K. A. Debord, & K. Bieschke (Eds.), *Handbook of counseling and psychotherapy with lesbian, gay, and bisexual clients* (pp. 35-55). Washington, DC: American Psychological Association.

Rhodes, R., Hill, C., Thompson, B., & Elliott, R. (1994). Client retrospective recall of resolved and unresolved misunderstanding events. *Counseling Psychologist, 41,* 473-483.

Richardson, T. Q., & Molinaro, K. L. (1996). White counselor awareness: A prerequisite for multicultural competence. *Journal of Counseling and Development, 74,* 238-242.

Ridley, C. R., Liddle, M. C., Hill, C. L., & Li, L. C. (2001). Ethical decision making in multicultural counseling. In J. G. Ponterotto, J. M. Casas, L. A. Suzuki, & C. M. Alexander (Eds.), *Handbook of multicultural counseling* (2nd ed., pp. 165-188). Thousand Oaks, CA: Sage.

Ridley, C. R., Mendoza, D. W., & Kanitz, B. E. (1994). Multicultural training: Reexamination, operationalization, and integration. *The Counseling Psychologist, 22,* 76-102.

Riva, M. T., & Cornish, J. A. E. (1995). Group supervision practices at psychology predoctoral internship program: A national survey. *Professional Psychology: Research and Practice, 26*, 523-525.

Robiner, W. N., Fuhrman, M., & Ristvedt, S. (1993). Evaluation difficulties in supervising psychology interns. *The Clinical Psychologist, 46*(1), 3-13.

Robiner, W. N., Saltzman, S. R., Hoberman, H. M., & Schirvar, J. A. (1997). Psychology supervisor's training, experiences, supervisory evaluation and self-rated competence. *The Clinical Supervisor, 16*(1), 117-144.

Robiner, W. N., Saltzman, S. R., Hoberman, H. M., Semrud-Clikeman, M., & Schirvar, J. A. (1997). Psychology supervisors, bias in evaluations and letters of recommendation. *The Clinical Supervisor, 16*(2), 49-72.

Robinson, T. L. (1999). The intersections of dominant discurses across race, gender, and other identities. *Journal of Counseling and Development, 77*, 73-79.

Robinson, W. L., & Reid, P. T. (1985). Sexual intimacies in psychology revisited. *Professional Psychology: Research and Practice, 16*, 512-520.

Rock, M. H. (Ed.). (1997). Psychodynamic supervision: *Perspectives of the supervisor and the supervisee*. Northvale, NJ: Jason Aronson.

Rodenhauser, P. (1997). Psychotherapy supervision: Prerequisites and problems in the process. In C. E. Watkins, Jr. (Ed.), *Handbook of psychothempy superevision* (pp. 527-548). New York: Wiley.

Rodenhauser, P., Rudisill, J. R., & Painter, A. F. (1989). Attributes conducive to learning in psychotherapy supervision. *American Journal of Psychotherapy, 43*(3), 368-377.

Rodolfa, E. R., Hall, T., Holms, V., Davena, A., Komatz, D., Antunez, M., et al. (1994). The management of sexual feelings in therapy. *Professional Psychology: Research and Practice, 25*, 168-172.

Rodolfa, E. R., Haynes, S., Kaplan, D., Chamberlain, M., Goh, M., Marquis, P., et al. (1998). Supervisory practices of psychologists psychologists—Does time since licensure matter? *The Clinical Supevisor, 17*(2), 177-183.

Rodolfa, E. R., Kitzrow, M., Vohra, S., & Wilson, B. (1990). Training intems to respond to sexual dilemmas. *Professional Psychology: Research and Practice, 21*, 313–315.

Rodolfa, E. R., Kraft, W. A., & Reilley, R. R. (1988). Stressors of professionals and trainees at APA–approved counseling and VA medical center internship sites. *Professional Psychology: Research and Practice, 26,* 396–400.

Roe, R. A. (2002). What makes a competent psychologist? *European Psychologist, 7*(3), 192–202.

Rogers, C. R. (1951). *Client–centered therapy.* Boston: Houghton Mifflin.

Rogers, C. R. (1957). The necessary and sufficient conditions of therapeutic personality change. *Journal of Consulting Psychology, 22,* 95–103.

Romans, J. S. C., Boswell, D. L., Carlozzi, A. F., & Ferguson, D. B. (1995). Training and supervision practices in clinical, counseling, and school psychology progams. *Professional Psychology: Research and Practice, 26,* 407–412.

Ronnestad, M. H., & Skovholt, T. M. (1993). Supervision of beginning and advanced graduate students of counseling and psychotherapy. *Journal of Counseling and Development, 71,* 396–405.

Rorty, R. (1991). *Objectivity, relativism, and truth.* New York: Cambridge University Press.

Rosenau, P. M. (1992). *Post–modernism and the social sciences.* Princeton, NJ: Princeton University Press.

Rosenbaum, M., & Ronen, T. (1998). Clinical supervision from the standpoint of cognitive–behavior therapy. *Psychotherapy: Theory, Research, Practice, Training, 35*(2), 220–230.

Rosenberg, J. I. (1999). Suicide prevention: An integrated training model using affective and action–based intervention. *Professional Psychology: Research and Practice, 30,* 83–87.

Rotholz, T., & Werk, A. (1984). Student supervision: An educational process. *Clinical Supervisor, 2,* 15–27.

Roughton, R. E. (1993). Useful aspects acting out: Repetition, enactment, actualization. *Journal of the American Psychoanalytic Association, 41,* 443–472.

Roysircar-Sodowsky, G., & Maestas, M. V. (2000). Acculturation, ethnic identity, and acculturative stress: Evidence and measurement. In R. H. Dana, (Ed.), *Handbook of cross-cultural and multicultural personality assessment* (pp. 131-172). Mahwah, NJ: Erlbaum.

Rupert, P., Kozlowski, N. F., Hoffman, L A., Daniels, D. D., & Piette, J. M. (1999). Practical and ethical issues in teaching psychological testing. *Prfessional Psychology: Research and Practice, 30*, 209-214.

Russell, R. K., & Petrie, T. (1994). Issues in training effective supervisors. *Applied and Prevetative Psychobgy, 3*, 27-42.

Ryan, A. S., & Hendricks, C. O. (1989). Culture and communication: Supervising the Asian and Hispanic social worker. *Clinical Supervisor, 7*(1), 27-40.

Sabnani, H. B., Ponterotto, J. G., & Borodovsky, L. G. (1991). White racial identity development and cross-cultural counselor training: A stage model. *The Counseling Psychologist, 19*, 76-102.

Saccuzzo, D. P. (2002). Liability for failure to supervise adequately: Let the master beware. *The National Register of Health Service Providers in Psychology: The Psychologist's Legal Update, 13*, 1-14.

Safran, J. D. (1993a). Breaches in the therapeutic alliance: An arena for negotiating authentic relatedness. *Psychotherapy: Research, Theory, and Practice, 30*, 11-24.

Safran, J. D. (1993b). The therapeutic alliance as a transtheoretical phenomenon: Defintional and conceptual issues. *Journal of Psychotherapy Integration, 3*, 3-49.

Safran, J. D., & Muran, J. C. (1994). Toward a working alliance between research and practice. In P. F. Talley, H. H. Strupp, & S. F. Butler (Eds.), *Psychotherapy research and practice: Bridging the gap* (pp. 206-226). New York: Basic Books.

Safran, J. D., & Muran, J. C. (Eds.) (1995). The therapeutic alliance [Special issue]. *In Session: Psychotherapy in Practice, 1*, 1-2.

Safran, J. D., & Muran, J. C. (1996). The resolution of therapeutic of ruptures in the therapeutic alliance. *Journal of Consulting and Clinical Psychology, 64*, 447-

458.

Safran, J. D., & Muran, J. C. (Eds.). (1998). *The therapeutic alliance in brief psychotherapy*. Washington, DC: American Psychological Association.

Safran, J. D., & Muran, J. C. (2000a). Introduction. *Journal of Clinical Psychology/In Session: Psychotherapy in Pratice, 56*(2), 159-161.

Safran, J. D., & Muran, J. C. (2000b). *Negotiating the therapeutic relationship*. New York: Guilford Press.

Safran, J. D., & Muran, J. C. (2000c). Resolving therapeutic alliance ruptures: Diversity and integration. *Journal of Clinical Psychology/In Session: Psychotherapy in Practice, 56*(2), 233-243.

Safran, J. D., Muran, J. C., & Samstag, L. W. (1994). Resolving therapeutic alliance ruptures: A task analytic investigation. In A. O. Horvath & L. S. Greenberg (Eds.), *The working alliance: Theory, research, and practice* (pp. 225-255). New York: Wiley.

Safran, I. D., Muran, J. C., Samstag, L. W., & Stevens, C. (2001). Repairing alliance Ruptyres. *Psychotherapy:Theory/Research/Practice/Training, 38*(4), 406-412.

Sala, F., & Dwight, S. A. (2002). Predicting executive performance with multirater surveys: Whom you ask makes a difference. *Consulting Psychology Journal: Practice and Research, 54*(3), 166-172.

Samuel, S. E., & Gorton, G. E. (1998). National survey of psychology internship directors regarding education for prevention of psychologist-patient sexual exploitation. *Professional Psychology: Research and Practice, 29*, 86-90.

Sandler, J. (1976). Countertransference and role responsiveness. *International Review of Psycho-analysis, 3*, 43-47.

Sansbury, D. L. (1982). Developmental supervision from a skills perspective. *Counseling Psychology, 10*(1), 53-57.

Santisteban, D. A., & Mitrani, V. B. (2003). The influence of acculturation processes on the family. In K. M. Chun, P. B. Organista, & G. Marin (Eds.), *Acculturation: Advances in Theory, Measurement, and Applied Research* (pp. 121-135). Washington, DC: American Psychological Association.

Scanlon, C. (2002). Group supervision of individual cases in the training of counselors and psychotherapists: Towards a group-analytic model? *British Journal of Psychotherapy, 19*(2), 219-233.

Schank, J. A., & Skovholt, T. M. (1997). Dual-relationship dilemmas of rural and small-community psychologists. *Professional Psychology: Research and Practice, 28*, 44-49.

Schneider, K., Bugental, J. F. T., & Pierson, J. F. (Eds.). (2001). *The handbook of humanistic psychology.* Thousand Oaks, CA: Sage.

Schön, D. A. (1983). *The reflective practitioner: How professinals think in action.* New York: Basic Books.

Schön, D. A. (1987). *Educating the reflective practitioner.* San Francisco: Jossey-Bass.

Schön, D. A. (1995). The new scholarship requires a new espistemology. *Change, 27*(6), 26-35.

Schulte, D. L., Skinner, T. A., & Claiborn, C. D. (2002). Religious and spiritual issues in counseling psychology training. *The Counseling Psychologist, 30,* 118-134.

Scofield, M. E., & Yoxtheimer, L. L. (1983). Psychometric issues in the assessment of clinical competencies. *Journal of Counseling Psychology, 30,* 413-420.

Scott, K. J., Ingram, K. M., Vitanza, S. A., & Smith, N. G. (2000). Training in supervision: A survey of current practices. *The Counseling Psychologist, 28,* 403-422.

Searles, H. F. (1955). The informational value of supervisor's emotional experience. *Psychiatry, 18,* 135-146.

Seligman, M. E. P. (2002). *Authentic happiness: Using the new positive psychology to Realize your potential for lasting fulfillment.* New York: Free Press.

Sells, J., Goodyear, R., Lichtenberg, J., & Polkinghorne, D. (1997). Relationship of supervisor and trainee gender to in-session verbal behavior and ratings of trainee skills. *Journal of Counseling Psychology, 44,* 1-7.

Sexton, H. C., Hembre, K., & Kvarme, G. (1996). The interaction of the alliance and therapy microprocess: A sequential analysis. *Journal of Consulting and Clinical Psychology, 64*(3), 471-480.

Shafranske, E. P. (in press). Psychology of religion in clinical and counseling psychology. In R. Paloutzian & C. Park, (Eds.), *Handbook of the psychology of religion.* New York: Guilford Press.

Shafranske, E. P., & Falender, C. A. (2004). Addressing religious and spiritual issues in clinical supervision. Manuscript in preparation.

Shakow, D. (1976). What is clinical psychology? *American Psychologist, 31,* 553-560.

Shanfield, S. B., Hetherly, V. V., & Matthews, K. L. (2001). Excellent supervision: The resident's perspective. *Journal of Psychotherapy Practice and Research, 10,* 23-27.

Shanfield, S. B., Matthews, K. L., & Hetherly, V. (1993). What do excellent psychotherapy supervisors do? *American Journal of Psychiatry, 150*(7), 1081-1084.

Shanfield, S. B., Mohl, P. C., Matthews, K. L., & Hetherly, V. (1992). Quantitative assessment of the behavior of psychotherapy supervisors. *American Journal of Psychiatry, 149,* 352-357.

Shapiro, T. (1984). On neutrality. *Journal of the American Psychoanalytic Association, 32*(2), 269-282.

Sharkin, B. S., & Birky, I. (1992). Incidental encounters between therapists and their clients. *Professional Psychology: Research and Practice, 23,* 326-328.

Shaw, B. F., & Dodson, K. S. (1988). Competency judgments in the training and evaluation of psychotherapists. *Journal of Consulting and Clinical Psychology, 56,* 666-672.

Sherman, M. D., & Thelen, M. H. (1998). Distress and professional impairment among psychologists in clinical practice. *Professional Psychology: Research and Practice, 29,* 79-85.

Sherry, P. (1991). Ethical issues in the conduct of supervision. *The Counseling Psychologist, 19,* 566-584.

Sinclair, C., Simon, N. P., & Pettifor, J. L. (1996). The history of ethical codes and licensure. In L. J. Bass, S. T. DeMers, J. R. P. Ogloff, C. Peterson, J. L. Pettifor, R. P. Reaves, et al. (Eds.), *Professional conduct and discipline in psychology* (pp. 1-15). Washington, DC: American Psychological Association and Association of State and Provincial Psychology Boards.

Skorina, J., Bissell, L., & DeSoto, C. (1990). Alcoholic psychologists: Route to recovery. *Professional Psychology: Research and Practice, 21,* 248-251.

Slimp, P. A. O., & Burian, B. K. (1994). Multiple role relationships during internship: Consequences and recommendations. *Professional Psychology: Research and Practice, 25,* 39-45.

Slovenko, R. (1980). Legal issues in psychotherapy supervision. In A. K. Hess (Ed.), *Psychotherapy supervision: Theory, research and practice* (pp. 453-473). New York: Wiley.

Smith, D., & Fitzpatrick, M. (1995). Patient-therapist boundary issues: An integrative review of theory and research. *Professional Psychology: Research and Practice, 26,* 499-505.

Smith, T. S., McGuire, J. M., Abbott, D. W., & Blau, B. I. (1991). Clinical ethical decision making: An investigation of me rationales used to justify doing less than one believes one should. *Professional Psychology: Research and Practice, 22,* 235-239.

Snyder, C. R., Michael, S. T., & Cheavens, J. S. (1999). Hope as a psychotherapeutic foundation of common factors, placebos, and expectancies. In M. A. Hubble, B. L. Duncan, & S. D. Miller (Eds.), *Thg heart and soul of change: What works in therapy* (pp. 179-200). Washington, DC: American Psychological Association.

Sodowsky, G. R., Kuo-Jackson, P. Y., Richardson, M. F., & Corey, A. T. (1998). Correlates of selfreported multicultural competencies: Counselor multicultural social desirability, race, social inadequacy, locus of control, racial ideology, and multicultural training. *Journal of Counseling Psychology, 45,* 256-264.

Sodowsky, G. R., Kwan, K. L. K., & Pannu, R. (1995). Ethnic identity of Asians in the United States: Conceptualization and illustrations. In J. Ponterotto, M. Casas, L. Suzuki, & C. Alexander (Eds.), *Handbook of multicultural ounseling* (pp. 123-154). Newbury Park, CA: Sage.

Sodowsky, G. R., Taffe, R. C., Gutkin, T. B., & Wise, S. L. (1994). Development of the multicultural counseling inventory: A self-report measure of multicultural competencies. *Journal of Counseling Psychology, 41,* 137-148.

Sonne, J. L. (1999). Multiple relationships: Does the new ethics code answer the right questiom. In D. N. Bersoff (Ed.), *Ethical conflicts in psychology* (pp. 227-230). Washington, DC: American Psychological Association.

Sperry, L., & Shafranske, E. (in press). *Spiritual-oriented psychotherapy: Contemporary Approaches*. Washington, DC: American Psychological Association.

Stadler, H. A., Willing, K. L., Eberhage, M. G., & Ward, W. H. (1988). Impairment: Implications for the counseling profession. *Journal of Counseling and Development, 66*, 258-260.

Stedman, J. M., Neff, J. A., Donohoe, C. P., Kopel, K., & Hayes, J. R. (1995). Applicant characteristics of the most desirable internship training program. *Professional Psychology: Researh and Practice, 26*, 396-400.

Stein, D. M., & Lambert, M. J. (1995). Graduate training in psychotherapy: Are therapy outcomes enhanced? *Journal of Counseling and Clinical Psychology, 63*, 182-196.

Steinhelber, J., Patterson V., Cliffe, K., & LeGoullon, M. (1984). An investigation of some relationships between psychotherapy supervision and patient change. *Journal of Clinical Psychology, 40*, 1346-1352.

Sterba, R. (1934). The fate of the ego in analytic therapy. *International Journal of Psychoanalysis, 15*, 117-126.

Sterling, M., & Bugental, J. F. (1993). The meld experience in psychotherapy supervision. *Journal of Humanistic Psychology, 33*(2), 38-48.

Stevens, S. E., Hynan, M. T., & Allen, M. (2000). A meta-analysis of common factor and specific treatment effects across the outcome domains of the phase model of psychotherapy. *Clinical Psychology: Science & Practice, 7*(3), 273-290.

Stevens-Smith, P. (1995). Gender issues in counselor education: Current status and challenges. *Counselor Education and Supervision, 34*, 283-293.

Steward, R. J., Wright, D. J., Jackson, J. D., & Jo, H. I. (1998). The relationship between multicultural counseling training and the evaluation of culturally sensitive and culturally insensitive counselors. *Journal of Multicultural Counseling and Development, 26*, 205-217.

Stigall, T. T., Bourg, E. F., Bricklin, P. M., Kovacs, A. L., Larsen, K. G., Lorion, R. P., et al. (Eds.). (1990). *Report of the Joint Council on Professional Education in Psychology*. Baton Rouge, LA: Joint Council on Professional Education in Psychology.

Stolorow, R. D., Atwood, G. E., & Orange, D. M. (2002). *Worlds of experience: Interweaving philosophical and clinical dimensions in psychoanalysis*. New York: Basic Books.

Stoltenberg, C. D. (1981). Approaching supervision from a developmental perspective: The counselor complexity model. *Journal of Counseling Psychology, 28*, 59–65.

Stoltenberg, C. D., & Delworth, U. (1987). *Supervising counselors and therapists*. San Francisco: Jossey–Bass.

Stoltenberg, C. D., & McNeill, B. W. (1997). Clinical supervision from a developmental perspective: Research and practice. In C. E. Watkins, Jr. (Ed.), *Handbook of psychotherapy supervision* (pp. 184–202). New York: Wiley.

Stoltenberg, C. D., McNeill, B. W., & Crethar, H. C. (1994). Changes in supervision as counselors and tharapists gain experience: A review. *Professional Psychology: Researh and Practice, 25*, 416–449.

Stoltenberg, C. D., McNeill, B. W., & Delworth, U. (1998). *IDM Supervision: An irltegrated developmental model for Supervising counselors and therapists*. San Francisco: Jossey–Bass.

Stone, G. L. (1980). Effects of experience on supervisor planning. *Journal of Counseling Psychology, 27*, 84–88.

Stone, G. L. (1997). Multiculturalism as a context for supervision. In D. B. Pope–Davis & H. L. K. Coleman (Eds.), *Multicultural counseling competencies: Assessment, education and anecdotal training* (pp. 263–289). Thousand Oaks, CA: Sage.

Storm, C. L., Todd, T. C., Sprenkle, D. H., & Morgan, M. M. (2001). Gaps between MFT supervision assumptions and common practice: Suggested best practices. *Journal of Marital and Family Therapy, 27*(2), 227–239.

Stout, C. E. (1987). The role of ethical standards in the supervision of psychotherapy. *The Clinical Supervisior, 5*(1), 89–97.

Stratford, R. (1994). A competency approach to educational psychology practice: The implications for quality. *Educational and Child Psychology, 11*, 21-28.

Stricker, G. (1990). Self-disclosure and psychotherapy. In G. Stricker & M. Fisher (Eds.), *Self-disclosure in the therapeutic relationship* (pp. 277-289). New York: Plenum Press.

Stricker, G., & Trierweiler, S. J. (1995). The local clinical scientist: A bridge between science and practice. *American Psychologist, 50*, 995-1002.

Stromberg, C. D, Haggarty, D. J., Leibenleft, R. F., McMillian, M. H., Mishkin, B., Ruhin, B. L., et al. (1988). *The psychologist's legal handbook.* Washington, DC: Council for the National Register of Health Service Providers in Psychology.

Strupp, H. H. (1980). Success and failure in time-limited psychotherapy: Further evidence (Comprison 4). *Archives of General Psychiatry, 37*, 947-954.

Sue, D. W. (2001). Multidimensional facets of cultural competence. *The Counseling Psychologist, 29*, 790-821.

Sue, D. W., Arredondo, P., & McDavis, R. J. (1992). Multicultural counseling competencies and standards: A call to the profession. *Journal of Counseling and Devvelopment, 70*, 477-486.

Sue, D. W., Bernier, J. E., Durran, A., Feinberg, L., Pedersen, P., Smith, E. J., & Vasquez-Nuttall, E. (1982). Position paper: Cross-cultural counseling competencies. *The Counseling Psychologist, 10*, 45-52.

Sue, D. W., & Sue, D. (1990). *Counseling the culturally different: Theory and practice.* New Yerk: Wiley.

Sue, S., Zane, N., & Young, K. (1994). Research on psychotherapy with culturally diverse populations. In A. E. Bergin & S. L. Garfield (Eds.), *Handbook of psychotherapy and behavior change* (4th ed., pp. 783-817). New York: Wiley.

Sullivan, H. S. (1954). *The psychiatric interview.* New York: Norton.

Sullivan, J. R., Ramirez, E., Rae, W. A., Razo, N. P., & George, C. A. (2002). Factors contributing to breaking confidentiality with adolescent clients: A survey of pediatric psychologists. *Professional Psychology: Research and Practice, 33*, 396-401.

Sumerall, S. W., Lopez, S. J., & Oehlert, M. E. (2000). *Competency-based education and training in psychology.* Springfield, IL: Charles C. Thomas.

Sutter, E., McPherson, R. H., & Geeseman, R. (2002). Contracting for supervision. *Professional Psychology: Research and Practice, 33,* 495-498.

Ruzuki, L. A., McRae, M. B., & Short, E. L. (2001). The facets of cultural competence: Searching outside the box. *The Counseling Psychologist, 29,* 842-849.

Taibbi, R. (1995). *Clinical supervision.* Milwaukee, WI: Families International, Inc.

Takushi, R., & Uomoto, J. M. (2001). The clinical interview from a multicultural perspective. In L. A. Suzuki, J. G. Ponterotto, & P. J. Meller (Eds.), *Handbook of multicultural assessment: Clinical, psychological, and educational applications,* (2nd ed., pp. 47-66). San Francisco: Jossey-Bass.

Talbert, F. S., & Pipes, R. B. (1988). Informed consent for psychotherapy: Content analysis of selected forms. *Professional Psychology: Research and Practice, 19,* 131-132.

Talbot, N. L. (1995). Unearthing shame in the supervisory relationship. *American Journal of Psychotherapy, 49*(3), 338-349.

Talen, M. R., & Schindler, N. (1993). Goal-directed supervision plans: A model for trainee supervision and evaluation. *The Clinical Supervisor, 11*(2), 77-88.

Tarasoff v. Regents of the University of California, 13 Cal.3d 177, 529 P.2d 533 (1974), vacated, 17 Cal.3d 425, 551 P.2d 334 (1976).

Task Force on Promotion and Dissemination of Psychological Procedures. (1995). Training in and dissemination of empirically-validated psychological treatments. *The Clinical Psychologist, 48*(1), 3-23.

Taylor, C. (1989). *Sources of self: The making of the modem identity.* Cambridge, MA: Harvard University Press.

Taylor, L., & Adelman, H. S. (1995). Reframing the confidentiality dilemma to work in children's best interests. In D. N. Bersoff (Ed.), *Ethical conflicts in psychology* (pp. 198-201). Washington, DC: American Psychological Association.

Tedesco, J. F. (1982). Premature termination of psychology interns. *Professional Psychology: Research and Practice, 13,* 695-698.

Teitelbaum, S. H. (1990). Supertransference: The role of the supervisor's blind spots. *Psychoanalytic Psychology, 7,* 243-258.

Tepper, B. J. (2000). Consequences of abusive supervision. *Academy of Management Journal, 43,* 178-190.

Thompson, M. G. (1996). Freud's concept of neutrality. *Contemporary Psychoanalysis, 32,* 25-42.

Tipton, R. M. (1996). Education and training. In L. J. Bass, S. T. DeMers, J. R. P. Ogloff, C. Peterson, J. L. Pettifor, R. P. Reaves, et al. (Eds.), *Professinal conduct and disciplin in psychology* (pp. 17-37). Washington, DC: American Psychological Association and Association of State and Provincial Psychology Boards.

Tishler, C. L., Gordon, L. B., & Landry-Meyer, L. (2000). Managing the violent patient: A guide for psychologists and other mental health professionals. *Professional Psychology: Researh and Practice, 31,* 34-41.

Tjeltveit, A. C. (1986). The ethics of value conversion in psychotherapy: Appropriate and inappropriate therapist influence on client values. *Clinical Psychology Review, 6,* 515-537.

Tomlinson-Clarke, S. (2000). Assessing outcomes in a multicultural training course: A qualitative study. *Counseling Psychology Quarterly, 13*(2), 221-231.

Torres-Rivera, E., Phan, L. T., Maddux, C., Wilbur, M. P., & Garrett, M. T. (2001). Process Versus content: Integrating personal awareness and conselling skills to meet me multicultural challenge of the twenty-first century. *Counselor Education and Supervision, 41,* 28.

Trimble, J. E. (1991). The mental health service and training needs of American Indians. In H. F. Myers, P. Wohlford, L. P. Guzman, & R. J. Echemendia (Eds.), *Ethnic minority perspectives on clinical training and service in psychology* (pp. 43-48). Washington, DC: American Psychological Association.

Trimble, J. E. (2003). Introduction: Social change and acculturation. In K. M. Chun, P. B. Organista, & G. Marin (Eds.), *Acculturation: Advances in theory, measurement, and applied research* (pp. 3-13). Washington, DC: American Psychological Association.

Tryon, G. S., & Winograd, G. (2002). Goal consensus and collaboration. In J. C. Norcross (Ed.), *Psychotherapy relationships that work* (pp. 106–122). New York: Oxford University Press.

Tyler, J. D., Sloan, L. L., & King, A. R. (2000). Psychotherapy supervision practices of academic faculty: A national survey. *Psychotherapy: Theory, Researh, Practice, 17*(1), 98–101.

Tymchuk, A. J. (1981). Ethical decision making and psychological treatment. *Journal of Psychiatric Treatment and Evaluation, 3,* 507–513.

Tymchuk, A. J. (1986). Guidelines for ethical decision-making. *Canadian Psychology, 27,* 36–43.

Tymchuk, A. J., Drapkin, R., Major-Kingsley, S., AcKerman, A. B., Coffman, E. W., & Baum, M. S. (1995). Ethical decision making and psychologist's attitudes toward training in ethics. In D. N. Bersoff (Ed.), *Ethical conflicts in psychology* (pp. 94–98). Washington, DC: American Psychological Association.

Tyson, R., & Renik, O. (1986). Countertransference in theory and practice. *Journal of the American Psychoanalytic Association, 34,* 699–708.

Ulman, K. H. (2001). Unwitting exposure of the therapist. *Journal of Psychotherapy Practice Research, 10*(1), 14–22.

Urch, G. E. (1975). A philosophicalperspective on competency-based education. In R. T. Utz & L. D. Leonard (Eds.), *The foundations of competency-based education* (pp. 30–47). Dubuque, IA: Kendall/Hunt Publishing.

U.S. Department of Education, National Centerfor Education Statistics. (2002). *Defining and assessing learning: Exploring competency-based initiaties,* NCES 2002–159, prepared by E. A. Jones and R. A. Voorhees, with K. Paulson, for the Council of the National Postsecondary Education Cooperative Working Group on Competency-Based Initiatives. Washington, DC: Author.

U.S. Department of Health and Human Services. (1999). *Mental Health: A Report of the Surgeon General—Executive Summary.* Rockville, MD: U.S. Department of Health and Human Services, Substance Abuse and Mental Health Services Administration, Center for Mental Health Services, National Institutes of Health,

National Institue of Mental Health.

U.S. Equal employment Opportunity Commission. Executive Summary: Compliance Manual, Section 902, Definition of Disability. Rettieved February 16, 2004, from http://www.eeoc./gov/policy/docs/902sum.html

Vacha-Haase, T. (1995). *Impaired graduate students in APA-accredited clinical, counseling, and school psychology programs.* Unpublished doctoral dissertation, Texas A&M University, College Station, Texas.

VandeCreek, L., & Knapp, S. (1993). *Tarasoff and beyond: Legal and clinical considerations in the treatment of life-endangering patients* (rev. ed.). Sarasota, FL: Professional Resource Press.

VandeCreek, L., & Knapp, S. (2001). *Tarasoff and beyond: Legal and clinical consideration in the treatment of life-endangering patients* (3rd ed.). Sarasota, FL: Professional Resource Press.

VanWagoner, S. L., Gelso, C. J., Hayes, J. A., & Diemer, R. A. (1991). Counter-transference and tha reputedly excellent therapist. *Psychotherapy, 28,* 411-421.

Vasquez, M. J. T. (1988). Counselor-client sexual contact: Implications for ethics training. *Journal of Counseling and Development, 67,* 238-241.

Vasquez, M. J. T. (1992). Psychologist as clinical supervisor: Promoting ethical practice. *Professional Psychology: Research and Practice, 23,* 196-202.

Veach, P. M. (2001). Conflict and counterproductivity in supervision—When relationships are less than ideal: Comment on Nelson and Friedlander (2001) and Gray et al. (2001). *Journal of Counlseling Psychology, 48,* 396-400.

Vespia, K. M., Heckman-Stone, C., & Delworth, U. (2002). Describing and facilitating effective supervision behavior in counseling trainees. *Psychotherapy Theory, Research, Practice, Training, 39*(1), 56-65.

Voorhees, A. B. (2001). Creating and implementing competency-based learning models. *New Directions for Institutional Research, 110,* 83-95.

Voorhees, R. A. (2001a). Competency-based learning models: A necessary future. *New Directions for Institutional Research, 110,* 5-13.

Voorhees, R. A. (Ed.). (2001b). Measuring what matters: Competency-based learning models in higher education. *New Directions for Institutional Research, 110,* 1–116.

Ward, L. G., Friedlarider, M. L., Schoen, L. G., & Klein, J. G. (1985). Strategic self-presentation in supervision. *Journal of Counseling Psychology, 32,* 111–118.

Warech, M. A., Smither, J. W., Reilly, R. R., Millsap, R. E., & Reilly, S. P. (1998). Self-monitoring and 360-degree ratings. *Leadership Quarterly, 9*(4), 449–473.

Watkins, C. E., Jr. (1990). Development of the psychotherapy supervisor. *Psychotherapy, 27,* 553–560.

Wakins, C. E., Jr. (1990). The effects of counselor self-disclosure: A research review. *The Counseling Psychologist, 18,* 477–500.

Watkins, C. E., Jr. (1992). Reflections on the preparation of psychotherpy supervisors. *Journal of Clinical Psychology, 48,* 145–147.

Watkins, C. E., Jr. (1993). Development of the psychotherapy supervisor: Concepts, assumptions, and hypotheses of the supervisor complexity model. *American Journal of Psychotherapy, 47,* 58–74.

Watkins, C. E., Jr. (1995a). Psychotherapy supervision in the 1990's: Some observations and reflections. *American Journal of Psychotherapy, 49,* 568–581.

Watkins, C. E., Jr. (1995b). Psychotherapy supervisor and supervise: Developmental models and research nine years later. *Clinical Psychology Review, 15*(7), 647–680.

Watkins, C. E., Jr. (1997a). Defining psychotherapy supervision and understanding supervision functioning. In C. E. Watkins, Jr. (Ed.), *Handbook of psychotherapy supervision* (pp. 3–10). New York: Wiley.

Watkins, C. E., Jr. (Ed.). (1997b). *Handbook of psychotherapy supervision.* New York: Wiley.

Watkins, C. E., Jr. (1997c). The ineffective psychotherapy supervisor: Some reflections about bad behaviors, poor process, and offensive outcomes. *The Clinical Supervisor, 16*(1), 163–180.

Watkins, C. E., Jr. (1997d). Some concluding thoughts about psychotherapy supervision. In C. E. Watkins, Jr. (Ed.), *Handbook of psychotherapy supervision.* New York:

Wiley.

Watson, J. C., & Greenberg, L. S. (2000). Alliance ruptures and repairs in experiential therapy. *Journal of Clinical Psychology/In Session: Psychotherapy in Practice, 56*(2), 175–186.

Weiss, B. J. (1991). Toward a competency-based core curriculum in professional psychology: A critical history. In R. Peterson (Ed.), *Core curriculum in professinal psychology* (pp. 13–21). Washington, DC: American Psychological Association.

Weiss, J., Sampson, H., & Mount Zion Psychotherapy Research Group. (1986). *The psychoanalytic process.* New York: Guilford Press.

Weisz, J. R., & Weiss, B. (1991). Studying the "referability" of child clinical problems. *Journal of Consulting and Clinical Psychology, 59,* 266–273.

Welch, B. L. (2000). Preface. In Hedges, L. E., *Facing the challenge of liability in psychotherapy* (pp. xiv). Northvale, NJ: Jason Aronson.

welfel, E. R. (1992). Psychologist as ethics educator: Successes, failures, and unanswered questions. *Professinal Psychology: Research and Practice, 23,* 182–189.

Welfel, E. R. (1995). Psychologist as ethics educator: Successes, failures, and unanswered questions. In D. N. Bersoff (Ed.), *Ethical conflicts in psychology* (pp. 113–114). Washington, DC: American Psychological Association.

Wells, M. G., Burlingame, G. M., Lambert, M. J., Hoag, M. J., & Hope, C. A. (1996). Conceptualization and measurement of patient change during psychotherapy: Development of the outcome questionnaire and youth outcome questionnaire. *Psychotherapy: Theory, Research, Practice, Training, 33*(2), 275–283.

Werstlein, P. O., & Borders, L. D. (1997). Group process variables in group supervision. *Journal for Specialists in Group Work, 22,* 120–136.

Wester, S. R., & Vogel, D. L. (2002). Working with the masculine mystique: Male gender role conflict, counseling self-efficacy, and the training of male psychologists. *Professional Psychology: Research and Practice, 33,* 370–376.

Whaley, A. L. (2001). Cultural mistrust: An important psychological construct for diagnosis and treatment of African Americans. *Professional Psychology: Research and Practice, 32,* 555–562.

Whiston, S. C., & Emerson, S. (1989). Ethical implications for supervisors in counseling of trainees. *Counselero Education and Supervivion, 28*, 319–325.

Wiliams, E. N., Judge, A. B., Hill, C. E., & Hoffman, M. A. (1997). Experiences Of novice therapists in prepracticum: Trainee's, client's, and supervisors, perceptions of therapist's personal reactions and management strategies. *Journal of Counseling Psychology, 44*, 390–399.

Williams, E. N., Polster, D., Grizzard, M. B., Rockenbaugh, J., & Judge, Ann B. (2003). What happens when therapists feel bored or anxious? A qualitative study of distracting self–awareness and therapist's management Strategies. *Journal of Contemporary Psychotherapy, 33*(1), 5–18.

Williams, J. R., & Johnson, M. A. (2000). Self–supervisor agreement: The influence of feedback seeking on the relationiship between self and supervisor ratings of performance. *Journal of Applied Social Psychology, 30*(2), 275–292.

Wise, P. S., Lowery, S., & Silverglade, L. (1989). Personal counseling for Counselors in training: Guidelines for supervisors. *Counselor Education & Supervision, 28*(4), 326–336.

Wisnia, C. S., & Falender, C. (1999). Training in cultural competence. *APPIC Newsletter Journal of Training*, 12.

Wisnia, C. S., & Falender, C. A. (2004). Training in cultural competency. Manuscript in preparation.

wong, L. C. J., & Wong, P. T. P. (2002). *What helps and what hinders in multicultural supervision: From the perspective of supervisors.* Paper presented at the convention of the American Psychological Association during the roundtable discussion "Hot Topics in Clinical Supervision and Training," Chicago, IL.

Wood, B. J., Klein, S., Cross, H., Lammers, C. J., & Elliott, J. K. (1985). Impaired practitioners: Psychologist's options about prevalence, and proposals for intervention. *Professional Psychology, 16*, 843–850.

Woods, P. J., & Ellis, A. (1997). Supervision in rational emotive behavior therapy. In C. E. Watkins, Jr. (Ed.), *Handbook of psychotherapy supervision* (pp. 101–113). New York: Wiley.

Woody, R. H. (1999). Domestic violations of confidentiality. *Professional Psychology: Research and Practice, 30*, 607-610.

Worthen, V. E., & Isakson, R. L. (2000). *Supervision Outcomes Survey.* Unpublished scale.

Worthen, V. E., & Isakson, R. L. (2002). *Using client outcom data in supervision.* Paper presented at the annual meeting of the American Psychological Association, Chicago, IL.

Worthen, V. E., & McNeill, B. W. (1996). A phenomenological investigation of "good" supervision events. *Journal of Counseling Psychology, 43*, 25-34.

Worthington, E. L. (1984a). Empirical investigations of supervision of counselors as they gain experience. *Journal of Counseling Psychology, 31*, 63-75 .

Worthington, E. L. (1984b). Use of trait labels in counseling supervision by experienced and inexperienced supervisors. *Professional Psychology: Research and practice, 15*, 457-461.

Worthington, E. L. (1987). Changes in supervision as counselors and supervisors gain experience: A review. *Professional Psychology: Researh and Practice, 4*, 189-208.

Worthington, E. L., & Roehlke, H. J. (1979). Effective supervision as perceived by beginning counselors-in-training. *Journal of Counseling Psychology, 26*, 64-73.

Worthington, R. L., Mobley, M., Franks, R. P., Tan, J. A., & Andreas, J. (2000). Multicultural counseling competencies: Verbal content, counselor attributions, and social desirability. *Journal of Counseling Psychology, 47*, 460-468.

Worthington, R. L., Tan, J. A., & Poulin, K. (2002). Ethically questionable behaviors among supervisees: An exploratory investigation. *Ethics & Behavior, 12*, 323-351.

Wulf, J., & Nelson, M. L. (2000) . Experienced psychologist's recollections of internship supervision and its contributions to their development. *The Clinical Supervisor, 19*(2), 123-145.

Yourman, D. B., & Farber, B. A. (1996). Nondisclosure and distortion in psychotherapy supervision. *Psychotherapy, 33*, 567-575.

Yutrzenka, B. A. (1995). Making a case for training in ethnic and cultural diversity in increasing treatment efficacy. *Journal of Consulting & Clinical Psychology, 63*(2), 197–206.

Zane, N., & Sue, S. (1991). Culturally responsive mental health services for Asian-Americans: Treatment and training issucs. In H. F. Myers, P. Wohlford, L. P. Guzman, & R. J. Echemendia (Eds.), *Ethnic minority perspectives on clinical training and services in psychology* (pp. 49–58). Washington, DC: American Psychological Association.

Zetzel, E. R. (1956). Current concepts of transference. *International Journal of Psychoanalysis, 37,* 369–376.

Zimmerman, T. S., & Haddock, S. A. (2001). The weave of gender and culture in the tapestry of a family therapy training program: Promoting social justice in the practice of family therapy. *Journal of Feminist Family Therapy, 12*(2–3), 1–31.

찾아보기

〈인 명〉

〈내 용〉

## • 저자 소개 •

Carol A. Falender, PhD는 미국 페퍼다인(Pepperdine) 대학교 겸임교수이며, 미국 로스앤젤레스 캘리포니아 대학교 심리학과 임상교수다. Falender는 미국 심리학협회(American Psychological Association: APA)에서 20년 넘게 훈련보조감독자와 훈련감독자를 지냈다. 또한 세인트존스건강센터(Saint John's Health Center)에서 5년 동안 치료자, 연구소장, 훈련감독자를 역임하였다. 그녀는 APA 37분과(아동, 청소년, 가족)의 총무를 역임하였고, 캘리포니아 심리학협회의 교육과 훈련 분과의 분과장, 로스앤젤레스 주 심리학협회 윤리위원회 회원이었다. 또한 캘리포니아 심리학협회의 교육과 훈련 분과에서 그해의 슈퍼바이저상을 받았다. Falender는 슈퍼비전과 관련된 주제를 강의하고 자문해 오고 있다. 또한 학문적으로도 임상 분야에 기여한 바가 크다. Falender는 임상가이자 슈퍼바이저로 일하고 있다.


Edward P. Shafranske, PhD, ABPP는 심리학 교수다. 미국 페퍼다인 대학교에서 임상심리학과 박사학위과정을 지도·감독하고 있다. 미국 심리학협회의 36분과의 회장이었다. 또한 APA 임원회의의 회원이며, 캘리포니아 심리학협회 교육과 훈련 분과의 의장이다. 그는 『*Religion and the Clinical Practice of Psychology*』의 편집자였고, 『*Encyclopedia of Psychology*』(APA, 2000)의 편집에 참여하였으며, 근간 서적인 『*Spiritually Oriented Psychotherapy*』의 공동저자다. 또한 Shafranske는 대학에서 연구 활동을 지속하고 있으며, 캘리포니아 어빈에서 임상심리학자로 개인상담을 하고 있다.

## • 역자 소개 •

유미숙(You Mi-Suk)
숙명여자대학교 아동복지학과 학사, 석사, 박사 졸업
한국놀이치료학회 공인 놀이치료전문가
한국상담심리학회 공인 상담심리전문가
한국놀이치료학회 회장 역임
현 숙명여자대학교 아동복지학부 교수, 놀이치료 전공 주임교수
　　미국놀이치료협회(APT) 공인 Play Therapist & Supervisor


전성희(Jeon Seong-Hui)
숙명여자대학교 아동복지학과 석사, 박사 졸업
이혜련상담연구소 놀이치료사
연세마인드케어 상담센터 놀이치료사
한남대학교 아동복지학과 강사
현 원광아동상담연구소 상담연구원
　　숙명여자대학교 사회교육대학원 아동복지학부 강사


정윤경(Jeong Yun-Kyoung)
숙명여자대학교 아동복지학과 석사 졸업, 박사 수료
소은희 정신과의원 놀이치료사
반포종합사회복지관 놀이치료사
숙명여자대학교 아동복지학과 강사
한일장신대학교 사회복지학과 강사
동신대학교 상담심리학과 강사
현 수원지방법원 안산지원 가사조사관

# 임상 슈퍼비전

- 단계별 효과적인 슈퍼비전이란 무엇인가 -

Clinical Supervision: A Competency-Based Approach

2015년 1월 15일 1판 1쇄 인쇄
2015년 1월 20일 1판 1쇄 발행

지은이 • Carol A. Falender · Edward P. Shafranske
옮긴이 • 유미숙 · 전성희 · 정윤경
펴낸이 • 김진환
펴낸곳 • (주) 학지사

121-838 서울특별시 마포구 양화로 15길 20 마인드월드빌딩
대표전화 • 02)330-5114     팩스 • 02)324-2345
등록번호 • 제313-2006-000265호

홈페이지 • http://www.hakjisa.co.kr
커뮤니티 • http://cafe.naver.com/hakjisa

ISBN 978-89-997-0586-1 93180

Korean Translation Copyright ⓒ 2015 by Hakjisa Publisher, Inc.

정가 19,000원

인터넷 학술논문 원문 서비스 **뉴논문** www.newnonmun.com

이 도서의 국립중앙도서관 출판시도서목록(CIP)은 서지정보유통지
원시스템 홈페이지(http://seoji.nl.go.kr)와 국가자료공동목록시스템
(http://www.nl.go.kr/kolisnet)에서 이용하실 수 있습니다.
(CIP제어번호: CIP2014037981)